LE
VICOMTE DE BÉZIERS

PAR

FRÉDÉRIC SOULIÉ

PARIS
MICHEL LÉVY FRÈRES, LIBRAIRES-ÉDITEURS
RUE VIVIENNE, 2 BIS
—
1860

COLLECTION MICHEL LÉVY

OEUVRES COMPLÈTES

DE

FRÉDÉRIC SOULIÉ

ŒUVRES COMPLÈTES
DE
FRÉDÉRIC SOULIÉ
PARUES DANS LA COLLECTION MICHEL LÉVY

LES MÉMOIRES DU DIABLE.	2 vol.
CONFESSION GÉNÉRALE.	2 —
LES DEUX CADAVRES.	1 —
LES QUATRE SŒURS.	1 —
AU JOUR LE JOUR.	1 —
MARGUERITE. — LE MAITRE D'ÉCOLE.	1 —
HUIT JOURS AU CHATEAU.	1 —
LE BANANIER. — EULALIE PONTOIS.	1 —
SI JEUNESSE SAVAIT!... SI VIEILLESSE POUVAIT	2 —
LE PORT DE CRÉTEIL.	1 —
LE CONSEILLER D'ÉTAT.	1 —
UN MALHEUR COMPLET.	1 —
LE MAGNÉTISEUR.	1 —
LA LIONNE.	1 —
LA COMTESSE DE MONRION.	1 —
LES DRAMES INCONNUS.	4 —
LA MAISON N° 3 DE LA RUE DE PROVENCE.	1 —
AVENTURES D'UN JEUNE CADET DE FAMILLE.	1 —
AMOURS DE VICTOR BONSENNE.	1 —
OLIVIER DUHAMEL.	1 —
LES FORGERONS.	1 —
UN ÉTÉ A MEUDON.	1 —
LE CHATEAU DES PYRÉNÉES.	2 —
UN RÊVE D'AMOUR.	1 —
DIANE ET LOUISE.	1 —
LES PRÉTENDUS.	1 —
CONTES POUR LES ENFANTS.	1 —
LES QUATRE ÉPOQUES.	1 —
SATHANIEL.	1 —
LE COMTE DE TOULOUSE.	1 —
LE VICOMTE DE BÉZIERS.	1 —

Les autres ouvrages paraîtront successivement.

IMPRIMERIE DE BEAU, A SAINT-GERMAIN-EN-LAYE.

LE
VICOMTE DE BÉZIERS

LIVRE PREMIER

I

LE MARCHÉ

Dans une salle haute du château de Carcassonne étaient réunis trois hommes, dont le silence était assurément la suite d'une violente discussion.

Le plus âgé, qui avait près de cinquante ans, était assis sur un large fauteuil en racine d'olivier, inégalement sculpté, car l'un des pieds de devant représentait un gros serpent roulé en spirale, et l'autre une sainte Vierge avec une sorte de couronne carrée. Cet homme était vêtu d'une longue robe de serge brune, serrée à la taille par une ceinture de cuir à laquelle pendaient une épée large et haute et un poignard court et étroit. Il tenait ses regards sévèrement attachés sur un jeune homme de vingt-quatre ans tout au plus, assis comme lui, mais sur une pile de coussins, et qui, le menton dans le creux de ses mains, tordant sa moustache blonde du bout de ses doigts, et les yeux fixés à terre, semblait dévorer sa colère.

L'aspect de cette chambre présentait le singulier contraste de la rusticité des Goths et de la mollesse orientale. En effet, elle n'était autre chose qu'une de ces salles octogones si communes dans les constructions de cette époque. Chacun de ses côtés était marqué par un pilier à arêtes tranchantes surmonté d'un chapiteau d'où partait le cintre en ogive qui soutenait la voûte. Il n'y avait que deux ouvertures à cette salle : une porte qui donnait sur une pièce également octogone, et en face une fenêtre profonde de toute l'épaisseur du mur extérieur, qui n'avait pas moins de huit à neuf pieds.

Le jour qui pénétrait par cette fenêtre arrivait donc comme un rayon vivement tranché, et séparait, pour ainsi dire, l'obscurité en deux. Il laissait alors dans l'ombre les deux hommes dont nous venons de parler, l'un sur son fauteuil, l'autre sur ses coussins, et tombait d'aplomb sur un troisième personnage dont l'immobilité avait un caractère particulier d'indifférence. Celui-ci était debout à l'entrée de la porte, les bras croisés sur sa poitrine. Sa peau d'un noir jaune et luisant, et ses larges bracelets d'or rivés à ses bras, annonçaient que c'était un de ces esclaves que les croisades avaient amenés en Carcassez, à la suite des nobles de ce pays qui avaient été combattre dans la terre sainte. Ses yeux étincelants, fixés devant lui, étaient immobiles comme son corps, et son regard était si insensible et si perdu, que l'on peut dire que, s'il voyait quelque chose, à coup sûr il ne regardait rien.

Du reste l'ameublement, aussi bien que cette figure étrangère, attestait l'introduction alors très-commune du luxe de l'Orient parmi les rusticités du vieux marquisat de Gothie. Des tapis venus de Tripoli ou de Pise couvraient le sol et étaient cloués aux murs ; et, pour que toutes les époques de l'histoire de cette belle province, aujourd'hui française, fussent représentées dans ce petit espace, on remarquait dans un coin un trépied d'or massif du modèle antique le plus pur, et qui remontait au temps de cette riche Narbonnaise dont Rome était si fière.

Le silence régnait encore, lorsque le jeune homme, las de

tordre ses moustaches et de compter de l'œil les bigarrures de ses tapis, releva la tête et rencontra le regard sévère de son vieux compagnon. Il parut blessé de cette investigation de sa pensée, exercée sur les mouvements de sa figure, et il se leva fièrement en disant d'une voix plutôt irritée que résolue :

— Je te dis, Saissac, qu'il me faut cet argent.

— Invente donc un moyen d'en fabriquer, répondit celui-ci, car les produits de tes mines de Villomagne sont absorbés jusqu'à la Nativité, et, si je ne me trompe, c'était Pâques il y a un mois ; le juif Bonnet tient dans ses mains le revenu de tes meilleures terres pour gage de son dernier prêt, et je ne pense pas que tu espères faire payer deux fois à nobles, bourgeois ou serfs le droit de queste pour le maintien de la paix que tu as signée avec ton oncle de Toulouse.

— Je n'ai pas l'habitude d'exactions ni de violences envers mes hommes, chevaliers, bourgeois ou serfs, répondit aigrement le jeune homme, et s'il faut que quelqu'un soit dépouillé en cette circonstance, ce sera moi.

Puis, se tournant du côté de l'esclave, il ajouta :

— Holà, Kaëb ! qu'on fasse venir Raymond Lombard.

L'esclave noir sortit sans qu'aucun signe de ses yeux ou de sa tête eût témoigné qu'il avait entendu ou compris cet ordre, et celui que le jeune homme avait appelé Saissac se leva à son tour comme frappé de consternation.

— Raymond Lombard ! s'écria-t-il ! oh ! Roger, mon enfant, tu m'avais promis de ne plus consulter ce misérable ; il te poussera à quelque mauvaise action dont tu te repentiras un jour.

— Pourquoi ne pas le consulter ? répondit sèchement le jeune Roger ; n'est-il pas après nous le premier du pays de Carcassez, le bayle de l'honneur du comtat ? et n'a-t-il pas été régulièrement élu par l'évêque de Carcassonne, selon le droit qui lui en a été cédé, durant ma minorité, par mon digne et prudent tuteur, le châtelain de Saissac ?

— Tu me reproches bien cruellement une concession faite pour me racheter d'une violence commise dans ton intérêt, reprit le châtelain : mais je n'y prendrai pas garde si ce reproche me prouve que tu connais le danger de perdre l'un de tes droits, et surtout le malheur qu'il y a à les voir passer aux mains des évêques de tes villes. J'aimerais mieux te voir vendre la justice de tes domaines du Carcassez à un homme de race juive, comme tu as fait à Samuel pour ceux d'Alby, malgré les canons de Lombers ; je préférerais voir admettre au nombre de tes sergents et de tes arbalétriers tous les hérétiques et Vaudois du comté, au mépris de la censure du légat du saint-père, que de penser que tu feras un marché ou un accord avec Béranger, ton évêque, surtout si ce Raymond Lombard s'en mêle.

— Ne crains rien, Saissac, répliqua Roger avec dédain. Je ne lui céderai pas ma justice pour les actes passés sous ma minorité; et le fait de l'élection de Bozon ne sera pas recherché.

Un vif mécontentement se peignit sur le visage du vieux chevalier. Cependant il garda le silence, et suivit quelque temps des yeux la promenade active que faisait le jeune homme, de la porte à la fenêtre et de la fenêtre à la porte, tout en sifflant un air de chanson. Saissac semblait discuter en lui-même s'il devait encore essayer une dernière objection contre une résolution qui semblait invariablement prise. Cependant, après un moment d'hésitation et après avoir prononcé tout bas un nom qu'il semblait invoquer, il releva la tête, prit sa toque de drap qu'il avait déposée sur le trépied d'or, s'avança solennellement en face de Roger, et se plaça fièrement devant lui. Roger s'arrêta de même, le sourcil froncé et l'œil menaçant. Le châtelain lui dit alors d'un ton ferme et grave :

— Vicomte de Béziers, car je n'ai plus rien à dire à mon pupille, voici deux fois que tu me rappelles avec aigreur un fait dont l'absolution m'a été depuis longtemps accordée par jugement de l'évêque de Narbonne. Tu étais bien jeune à l'époque de ce jugement, et presque enfant lorsque je commis la violence dont il fallut me faire absoudre. Il y a si longtemps qu'on ne parle plus ni de l'un ni de l'autre, que j'en ai cru le souvenir éteint dans la mémoire des hommes. Mais puisque je le trouve si présent dans ton esprit, il faut que tu saches ce qui me détermina à cette époque, et tu jugeras si j'ai trahi tes intérêts et abandonné tes droits. En 1197, tu avais alors douze ans, Pons d'Amely, abbé d'Alet, fit entourer sa ville et son monastère de murailles, contrairement à tes droits de suzeraineté. Je me préparais à l'en punir lorsqu'il mourut. Les religieux d'Alet, selon leur règle canonique, élurent leur abbé dans la nuit qui suivit la mort de Pons d'Amely ; mais, au mépris de ton pouvoir temporel, ils firent cette élection en rebelles, portes closes et herses levées. Le choix qu'ils firent de Bernard de Saint-Ferréol m'éclaira encore plus sur leurs desseins que l'irrégularité de son élection, car je le savais vendu aux intrigues du comte de Foix, à qui il avait promis l'hommage du monastère d'Alet, de son château et de ses faubourgs, du moment qu'il en serait abbé. Je mandai aux religieux de procéder à une nouvelle élection, et sur l'heure même je me rendis avec trente chevaliers pour prévenir une nouvelle révolte. Assurément bien me prit d'arriver le premier : car, à deux lieues d'Alet, je rencontrai le sire de Terrides, bayle du château de Mirepoix, qui marchait vers Alet avec quinze lances, pour en prendre sans doute possession. Je lui fis demander par mon écuyer, lances basses et visières baissées, pourquoi il mettait le pied et chevauchait ainsi sur le territoire du vicomte de Béziers ; il répondit en biaisant, comme un homme surpris à faire une mauvaise action, qu'il s'était laissé aller à la poursuite de quelques routiers qui désolaient la contrée, mais qu'il était prêt à sortir du pays sur ma réclamation. Ainsi fit-il, et nous relevâmes nos lances. Nous entrâmes dans Alet, et, sans quitter nos selles, au grand trot de nos chevaux, nous envahîmes le monastère. Il était temps, car déjà les créneaux étaient garnis d'arbalétriers, et les sergents de la garde abbatiale étaient requis de défendre leur seigneur. Ma diligence prévint la rébellion des religieux. Au moment où j'entrai dans l'église, Bernard s'asseyait sur son siége, et s'apprêtait à recevoir l'hommage des habitants d'Alet, et à le rendre au comte de Foix en la personne de son bayle, le sire de Terrides. Juge de son effroi lorsqu'au lieu de celui-ci il nous vit entrer moi et mes lances. Je marchai droit à lui, je l'arrachai de ma propre main de son siège usurpé. Sans désemparer, je fis extraire de son caveau et de sa bière le corps de Pons d'Amely : il fut assis comme vivant dans la chaire abbatiale, qui, d'après les saints canons, ne peut rester vacante, et moi, l'épée nue à côté de ce cadavre, et chacun de mes chevaliers, l'épée nue

1.

à côté de l'un des moines, nous fîmes faire une nouvelle élection. C'est ainsi que Bozon a été nommé abbé d'Alet ; voilà le fait que tu me reproches, tel qu'il s'est passé. Certes, si quelque plainte s'éleva alors, elle ne partit ni des nobles de tes comtés, ni des chapitres de tes bourgeois, car tous m'approuvèrent. Béranger seul, ton évêque de Carcassonne, voulut maintenir l'élection de Bernard et casser celle de Bozon ; j'appelai de sa décision à son évêque métropolitain de Narbonne, et l'élection de Bozon fut maintenue, et ma conduite approuvée. A cette époque, Imbert, légat de Célestin III, parcourait les provinces, réglant les différends des seigneurs et des religieux, et je fus averti que Béranger voulait porter devant lui la cause de Bozon et de Bernard. D'après ce que j'appris des démarches du comte de Foix auprès de ce légat, je fus assuré qu'il jugerait en faveur de Bernard, et je compris que la ville d'Alet était perdue pour toi. En cette circonstance, je pensais que je pouvais transiger pour prévenir ce jugement, et ce fut à cette occasion que je cédai à Béranger le droit de nommer le viguier de Carcassonne, à condition qu'il ne contesterait plus l'élection de Bozon. Voilà ce fait auquel tu viens de faire allusion à deux fois différentes, et je te demande en quoi tu le trouves répréhensible ou de mauvaise tutelle, parce qu'à l'heure de nous séparer je ne veux pas que tu puisses dire à quelqu'un que j'ai laissé usurper tes droits ou que je les ai abandonnés.

Après ces paroles, le châtelain se tut, attendant la réponse de Roger. Celui-ci, qui l'avait impatiemment écouté, porta alors sa main sur la poignée de la large épée de Saissac : puis la prenant et la tirant du fourreau, il l'éleva au-dessus de sa tête, et, frappant d'un coup terrible le fauteuil d'olivier que Saissac venait de quitter, il le fendit dans toute sa hauteur ; il considéra ensuite la lame, et, la remettant à Saissac, il lui dit :

— Cette épée était cependant assez forte pour briser une mitre d'évêque aussi bien qu'une mitre d'abbé, si elle eût été dans une bonne main.

— Tu es fou, Roger, répondit doucement le châtelain ; ton bras est jeune et ton épée bien forte ; mais crains de la briser contre le bâton blanc de quelque pauvre religieux. Une violence de plus m'eût coûté à cette époque une concession de plus. Tes nobles t'aiment comme le plus brave d'entre eux, tes bourgeois ont confiance en ta parole, tes comtés sont riches, tes chevaliers nombreux, tes châteaux épais et bien munis; mais ils ne te défendront ni d'un anathème, ni d'une trahison, et tu te les attireras par le mépris que tu fais de l'Eglise et de ses serviteurs. Pourquoi faire venir Raymond Lombard?

— Parce qu'il me faut de l'argent, répliqua avec rage le jeune vicomte, et que celui-là m'en trouvera... Celui-là que je foulerai aux pieds comme un reptile qu'il est, s'il me résiste.

— Encore quelque violence dont le bruit retentira jusqu'à la cour du saint-père. Prends garde, Roger! Ta ville d'Alby est le refuge de tous les hérétiques, Pierre de Castelnau s'en est plaint à toi, et tu n'as tenu aucun compte de ses remontrances.

— Pierre de Castelnau est mort, et ses remontrances avec lui.

— Le légat Milon les renouvellera bientôt; il arrive, dit-on.

— Faut-il donc que je me fasse le questionneur de chacun de mes bourgeois et de mes serfs sur les articles de la foi? et si, par hasard, je découvre qu'ils portent des sandales au lieu de chaussures couvertes, dois-je les faire brûler pour ce crime? Je n'ai ni assez de bois ni assez d'hommes pour ce jeu-là, et je le laisse à mon oncle de Toulouse. Quant à ce que j'attends de Béranger et de son viguier, ce n'est point une taxe forcée, mais un marché amiable, un marché qu'ils désirent depuis longtemps.

— Alors, reprit gravement Saissac, entre dans son église, renverse son tabernacle, prends ses vases sacrés et fais-les fondre plutôt: car un marché fait avec Béranger, et par l'intermédiaire de Raymond Lombard, c'est un piége à coup sûr, un piége où tu laisseras les plus belles fleurs de ta couronne de comte.

— Je te dis, Saissac, qu'il me faut de l'argent, s'écria Roger hors de lui; pour de l'argent à cette heure, vois-tu, je vendrais mon château de Béziers, mes armures d'acier trempées à Ponte-Loches, et mon cheval Algibeck; je te vendrais, toi, si tu valais un marc d'argent fin.

Cette apostrophe irrita le vieux chevalier au point qu'il ne garda plus de mesure, et répondit avec une colère égale à celle de Roger :

— Il te faut de l'argent, vicomte de Béziers, pour payer des baladins et des jongleurs, n'est-ce pas ? et les faire danser la nuit dans tes salles parfumées, au bruit des instruments et des cithares ! il te faut de l'argent pour courir avec une troupe de jeunes libertins dans la rue Chaude de Montpellier, pour y ramasser, de maison en maison, toutes les ribaudes auxquelles Pierre d'Aragon donne asile ; pour les vêtir de soie et de velours, et les chasser devant vous jusqu'à l'église, où vous les ferez asseoir dans les bancs des plus nobles dames et des plus riches bourgeoises qui seront forcées d'écouter la messe debout ou à genoux sur la pierre, comme le menu peuple et les serfs ! voilà pourquoi il te faut de l'argent.

Cette accusation, au lieu d'éveiller la fureur de Roger, comme il semblait que cela dût arriver, le fit seulement devenir triste ; car, répondant à Saissac, et en même temps sans doute à quelque pensée secrète, il lui dit doucement :

— Tu as raison, car elle me l'a aussi reproché.

A qui s'adressait ce souvenir ? Quelle voix, si bien gravée au cœur de Roger, lui avait fait ce reproche ? Les amis de Roger eussent pu en nommer cent et ne pas se rencontrer : car la rêverie qui suivit ce mot fut si profonde, qu'elle venait assurément de quelque amour puissant, de l'un de ces amours qu'on cache et qu'on ne jette pas aux flux des paroles d'une cour.

A ce moment Kaëb rentra et Roger se contenta de le regarder. Au coup d'œil qu'ils échangèrent, le vicomte comprit que ses ordres avaient été exécutés. Le silence revint et chacun demeura à la place qu'il occupait : Saissac, ne pouvant se résoudre malgré sa colère à quitter la partie, tant que sa présence pouvait être un obstacle à la conclusion du marché ; et Roger, n'osant pas chasser de sa présence celui que, pendant dix ans, il avait considéré comme son père.

Enfin Saissac, avec cette obstination d'ami qui ne se fatigue ni des refus, ni des insultes, ni du silence, comprenant qu'il fallait consentir à quelque chose pour obtenir quelque chose à son tour, et voulant, au moins par la forme, diminuer le danger de la concession qui allait être faite, Saissac se hasarda à demander quels droits, quelle justice Roger voulait céder à l'évêque. Le vicomte, décidé qu'il était à en finir, malgré ses observations, était prêt à lui répondre, lorsqu'un quatrième personnage entra sans se faire annoncer. C'était Raymond Lombard.

Quoique bayle ou viguier de l'honneur du comtat, et, par conséquent, bien que ses fonctions fussent plutôt celles d'un chevalier que celles d'un juge, il portait cependant le costume des viguiers et bayles de simple justice, c'est-à-dire une longue robe d'un drap brun, garnie au bas, aux revers des manches et à la poitrine, d'épaisses fourrures, et serrée à la ceinture par une corde de laine. Il était sans armes d'aucune espèce, et, contre l'ordinaire des nobles de cette époque, il portait toute sa barbe. Cette apparence pacifique, Raymond Lombard l'affectait dans sa personne comme dans son costume. Ainsi il entra les yeux baissés, se courba humblement devant Roger et devant Saissac, et, d'une voix manifestement étudiée, il dit qu'il se rendait aux ordres qu'il avait reçus. Saissac détourna la tête devant son salut, et Roger ne le lui rendit pas. Lombard parut ne pas le remarquer et attendit qu'on lui adressât la parole. En considérant cet homme, il semble que d'inspiration chacun eût pu le nommer *le mensonge*. En effet, cette tête et ces membres qu'il venait de courber étaient si athlétiquement dessinés, cette main qui allait manier une plume était si large et si musculeuse ; cette voix flûtée pouvait devenir si retentissante ; et quand il relevait ses paupières d'un brun rouge, le regard qui s'échappait de ses yeux gris était si aigu, qu'il était impossible de ne pas reconnaître, sous son enveloppe hypocrite, le tigre souple comme le serpent, fort comme le lion. Le dédain que lui témoignaient Roger et Saissac était à la fois une preuve qu'ils connaissaient ce caractère et une preuve qu'ils ne le connaissaient pas. Ainsi donc ils le méprisaient parce qu'ils le savaient un homme fourbe et sans loyauté ; mais ils lui montraient ce mépris et marchaient imprudemment sur son orgueil, parce qu'ils le croyaient incapable de relever la tête.

Après un court silence, Roger prit la parole le premier et

s'adressa à Lombard ; mais, espérant prévenir les objections de Saissac, il dit d'un ton amer :

— Sire Raymond Lombard, je vous ai fait mander pour achever avec vous un marché commencé depuis trop longtemps. Il y a douze ans ; n'est-ce pas, Saissac, qu'il y a douze ans ? mon digne tuteur a cédé à Béranger, notre évêque, le droit d'élire le viguier de l'honneur de ce comtat ; mais ce droit est bien vain, si cet élu ne peut juger qu'en notre nom, et si, sa justice relevant de la nôtre, il peut voir casser tous ses arrêts par notre refus de les approuver. Cet état de choses embarrasse le cours des affaires, et il doit cesser ; il faut que la justice du Carcassez appartienne tout entière au comte ou à l'évêque ; n'est-ce pas votre avis ?

— Oui, seigneur, répondit froidement Lombard.

— Sans doute, s'écria Saissac, et si pour la racheter il faut à l'évêché de l'or, des donations, des vœux, qu'il dise ses prétentions, et, parmi tes chevaliers et tes bourgeois, Roger, nous trouverons des hommes qui engageront leurs biens et leur parole pour toi. Et le premier de tous ces hommes ce sera moi, fallût-il livrer mon château et ses terres, dussé-je devenir chevalier citadin, sans domaine ni châtellenie, avec ma seule lance et ma ceinture militaire pour toute distinction et toute fortune.

A ces mots, Roger se tourna vers Saissac et lui dit :

— Donc, pour ceci, tu saurais me trouver des gages et de l'or ?

— Pour tout ce qui est de l'honneur du comté, répondit Saissac, des gages et de l'or, du sang même s'il le faut, tu peux tout demander, mais pour tes profusions et tes caprices de jeune homme, rien ! tu n'obtiendras rien !

Cette réponse rendit à Roger toute sa colère, et il s'écria vivement :

— Et vous, messieurs les nobles de mes comtés et les bourgeois de mes villes, vous vous ferez juges de mes actions, n'est-ce pas ? et vous direz dans vos chapitres : Allons, on peut bien donner un sou d'argent à cet enfant pour jouer et s'acheter un mail ou un bracelet de jais, car il a été sage et rangé ; ou bien si vous trouvez les franges d'or de ma robe trop longues à votre goût, ou si j'ai taché ma bavette de vin de Limoux, vous arrêterez mes folles dépenses et me mettrez en pénitence! Ah! certes, messieurs, il n'en sera pas ainsi. La tutelle vous a gâté la main, sire de Saissac. Faites-vous maître d'école si l'envie de régenter vous tient encore. Sire Lombard, quelle est la justice attachée à votre viguerie?

— Le droit de justice pour les crimes d'homicide, d'adultère et de vol, sur tous les habitants de Carcassonne et de ses faubourgs, répondit Lombard.

— Je te les cède, et tu en fixeras le prix.

— Vous ne le pouvez pas, dit vivement Saissac; la justice appartient bien plus à ceux à qui on la fait qu'à ceux qui la rendent; que les ecclésiastiques acceptent leur évêque pour juge, cela se peut; mais les bourgeois et les chevaliers ne peuvent relever que de votre autorité.

— Ce ne sont pas mes chevaliers ni mes bourgeois que je livre à Béranger, ce sont les voleurs, les homicides et les adultères, et ceux-là ont besoin de juges rigoureux.

— Jésus-Christ n'a pas dit cela, mon fils, ajouta Saissac tristement.

Roger ne s'arrêta pas à cette réflexion, et ajouta :

— Quel prix Béranger mettra-t-il à cette justice?

— Six mille sous melgoriens par an.

— Je la lui cède pour un an.

Saissac respira. Roger se promena vivement, puis il ajouta en se tournant vers Raymond Lombard :

— Il me faut encore de l'argent. Voyons, sire viguier, qu'avez-vous encore à demander?

— La justice souveraine sur les hérétiques vaudois, cathares et patarins.

— Oh! oh! reprit Roger, Béranger se fait glouton parce qu'il a une dent sur nos droits. Non, non, beau sire, vous n'obtiendrez pas cette justice. L'homicide, l'adultère et le vol sont crimes qu'il faut prouver et qui apparaissent par quelque acte; mais l'hérésie, messieurs du chapitre ecclésiastique, l'hérésie, c'est un crime qu'on commet, à votre dire, en éternuant à gauche plutôt qu'à droite. L'hérésie, ce serait pour vous une vache à lait que vous pourriez bien traire jusqu'au sang. Ne vois-je pas ce que Foulques de Toulouse tire de l'hérésie? Avec elle il paie ses créanciers et les ornements dont il charge son église. Ne tient-il pas en prison, sous accusation d'hérésie, onze bourgeois propriétaires de franc-alleu, parce qu'ils ont refusé de lui céder le droit de vendre seul son vin sur le port de Toulouse, le jour de la foire de Saint-Saturnin ? et n'a-t-il pas voulu faire brûler ce pauvre Vidal, parce qu'au milieu de sa folie, il s'est souvenu que Foulques avait été trouvère et jongleur, et que ses vers étaient mauvais ? Oh ! messieurs, vous seriez trop à l'aise avec la justice sur l'hérésie ; Béranger serait homme à rôtir tous les juifs de Carcassonne, s'ils se plaignaient qu'il fait métier d'usure à leur préjudice, et qu'en outre il rogne d'un denier chaque sou qui sort de ses coffres. Toi-même, Lombard, ferais hérétiques et condamnerais au feu les galants qui passent sous ta fenêtre pour y voir ton esclave Foë, ta noire Africaine, ta belle maîtresse aux yeux de feu, que tu rends, j'en suis sûr, la plus malheureuse des femmes.

— Et que vous voudriez bien consoler, ajouta Lombard, s'efforçant à sourire, tandis que ses dents claquaient de colère.

— Pas moi ! répondit étourdiment Roger.

Un regard de Kaëb brisa la parole sur les lèvres de Roger, et Lombard s'écria :

— Qui donc ?

Il promena alors ses yeux perçants sur Saissac, qui, plongé dans une profonde méditation, ne paraissait pas avoir entendu ; il les arrêta longtemps sur Kaëb, qui, l'œil fixé sur le sien, garda cette immobilité étrange et glacée, derrière laquelle il ne semblait y avoir ni intelligence ni pensée. Cet examen rassura ou parut rassurer Lombard, et il dit froidement à Roger :

— Cependant, sire vicomte, je suis autorisé à ne pas vous offrir moins de cinquante mille sous melgoriens en monnaie septenne pour cette justice.

— Pour rien au monde, messire, pour rien vous ne l'obtiendrez ; quand Béranger m'offrirait tout l'or que l'Ariége peut fournir en mille ans et que je serais sans asile ni pain, je ne lui céderais pas cette justice. N'en parlons donc plus, et voyez si vous avez d'autres propositions à me faire.

— J'en ai d'autres. Béranger demande à se racheter des droits de chevauchées extérieures et intérieures pour lesquelles il vous doit cinquante hommes lorsque vous portez la guerre hors de vos comtés, et cent lorsque vous combattez sur vos terres.

— Je l'affranchis de la première; s'il me plaît d'aller chercher querelle à mes voisins, c'est à moi à me suffire; mais je ne diminuerai pas d'un archer le nombre des hommes que j'ai droit d'appeler à la défense de notre territoire. Demandez-vous autre chose?

— Béranger souhaite encore s'affranchir du droit d'albergue pour lequel il doit le logement et la nourriture à cinquante de vos chevaliers, toutes les fois que vous venez dans votre ville de Carcassonne.

— C'est un service que je rends à mes chevaliers en leur cherchant un autre gîte. Je ne sache pas de manant qui ne leur donne meilleure table et meilleur asile. Que m'offrez-vous pour toutes ces concessions?

— Encore six mille sous melgoriens.

— Et quand me seront-ils comptés? reprit Roger.

— A l'instant même, répondit Lombard.

— Dressez donc l'acte et finissons-en, continua Roger.

— Il nous faut des témoins. Qui nous en servira? dit le viguier en regardant autour de lui.

— Ce n'est pas moi du moins, dit Saissac en s'avançant vers la porte. Puis s'arrêtant et se tournant vers son ancien pupille, il lui dit solennellement :

— A toi, Roger, vicomte de Béziers, je te déclare dégager ma châtellenie de ta suzeraineté, n'ayant ni épée ni lance au service de celui qui n'a plus au mien ni asile ni justice.

— Et où chercheras-tu asile et justice, Saissac? cria Roger en l'arrêtant violemment par le bras.

— Saissac est un château bien haut placé pour ton vol, jeune homme, répondit le châtelain en se dégageant de la main de Roger.

— Les flèches de mon esclave l'atteindraient du premier coup, dit Roger avec mépris. Voyons, Kaëb, montre à mon tuteur jusqu'où tu peux aller dénicher le vautour.

Kaëb prit à ces paroles un arc fait en bois d'ébène, et le tendant de toutes ses forces, il visa le sommet du clocher de Saint-Nazaire, et frappa au sommet l'immense croix dorée qui le dominait.

— C'est un coup d'enfant, dit Saissac avec mépris: quand

j'avais ton âge, esclave, j'aurais arrêté cette flèche au vol. A peine elle passerait la largeur de mes fossés. Donne-moi cet arc, je vais te montrer à quelle hauteur est le nid du vieux vautour.

Le châtelain prit l'arc, le tendit à son tour, et sans but marqué, il enleva une flèche à une hauteur si prodigieuse qu'elle disparut un moment dans l'azur du ciel et retomba à quelques pieds de la croisée, avec un sifflement aigu.

Le viguier sourit à ces deux essais. L'on peut dire que la main lui démangeait à s'emparer à son tour de l'arc et des flèches, et peut-être eût-il cédé à la tentation malgré son affectation à ne savoir faire usage d'aucune sorte d'armes, lorsque Roger le prévint. A son tour il ajusta une flèche sur l'arc qu'il avait arraché à Saissac, puis il sembla chercher au ciel quelque but éloigné. Aussitôt, et sans qu'il parût en avoir trouvé un, la flèche partit si rapidement que l'œil ne put la suivre, et qu'on l'eût dite disparue comme par enchantement ; et même, pendant quelques instants, Saissac et Lombard attendirent qu'elle retombât. Enfin un point noir qui semblait immobile dans l'espace s'agita tout à coup, il approcha en grossissant, et l'on vit descendre en se débattant un aigle percé de la flèche de Roger. Le visage de Lombard se rembrunit, et Saissac baissa la tête.

— Kaëb, dit alors Roger en mesurant son tuteur et le viguier d'un œil colère, va me chercher une plume de cet aigle. C'est avec elle que je veux signer ce traité, afin qu'il en reste bon souvenir à ceux qui l'improuvent comme à ceux qui vont le conclure.

Après ces paroles, Saissac sortit, et Lombard se mit en devoir d'écrire.

II

LA VICOMTESSE DE BÉZIERS.

Quelques heures après la scène que je viens de rapporter, le château de Carcassonne était tout en mouvement. On voyait qu'il s'agissait des apprêts d'un départ, car les valets rangeaient les armes dans les étuis, et les chevaliers en longue robe, le chaperon sur l'oreille, couraient dans les cours et corridors appelant leurs domestiques à haute voix : ceux-là recommandant bien qu'on visitât les fers du cheval qu'ils voulaient monter, d'autres désignant le costume qu'ils comptaient mettre en route ; tous joyeux et riants, et se promettant joie et plaisir pour bientôt, car le vicomte Roger avait fait annoncer aux chevaliers de sa lance qu'ils allaient à Montpellier où les attendait Pierre d'Aragon, seigneur de cette ville, qui devait les recevoir et les fêter, ainsi que le comte de Toulouse et ses hommes nobles. Sur quoi chacun préparait ses plus magnifiques habits : car sans doute il y aurait cour plénière, et ce serait une magnifique réunion. Au milieu de toute cette agitation qui animait du sommet à la base le vieux château de Carcassonne, Roger était resté seul dans la chambre où nous l'avons laissé. Il avait quitté son magnifique costume du matin, et n'était vêtu que d'un justaucorps fort simple et d'un pantalon de couleur brune ; il n'avait d'autre coiffure qu'un petit couvre-chef en feutre noir, et avait tout à fait la tournure de quelque jeune bourgeois, ou d'un écolier de la savante ville de Toulouse. Il n'avait ni épée ni poignard ; mais à une petite chaîne attachée à sa ceinture pendait un énorme couteau fermé, et il était appuyé sur un long bâton garni de fer à ses deux extrémités. Il paraissait attendre l'arrivée de quelqu'un avec impatience. Le jour était près de finir, et Roger suivait avec anxiété les ombres qui voilaient déjà les objets les plus éloignés de la campagne. Enfin Kaëb entra suivi de plusieurs hommes pliant sous le poids de sacoches de cuir pleines d'argent. Au même moment un homme à figure chétive et jaune se présenta ; il avait un énorme trousseau de clefs à la ceinture et regarda les sacoches d'un air de bonne humeur.

— Peillon, lui dit le vicomte, voici de l'argent pour défrayer nos hommes à Montpellier ; tu partiras demain matin en escorte de mes chevaliers, et prends garde d'égarer quelque sac en chemin, comme cela t'est arrivé à notre dernière visite à Beaucaire, car je te fais vendre au marché comme un âne ou un bouc si cela t'arrive.

— Qui voulez-vous qui achète un misérable comme moi, dit l'argentier en souriant du mieux qu'il put, et que pourriez-vous en tirer ?

— Celui qui t'achèterait, vilain, lui dit le vicomte moitié riant, moitié sérieux, je le connais et toi aussi.

— Qui serait-ce donc ? reprit Peillon d'un air qui affectait la niaiserie.

— Qui ? répliqua Roger. Toi ! beau sire, et si tu donnais, pour ne pas tomber aux serres de quelques malandrins, la moitié de ce que tu m'as volé, j'aurais fait une plus belle affaire que de vendre à notre évêque ma justice sur les voleurs et les homicides.

— Vous avez vendu votre justice sur les voleurs ? dit Peillon d'un ton surpris.

— Tu as peur pour ta peau, argentier d'enfer, dit Roger en riant ; que Dieu soit donc en aide à toi et aux tiens, car j'ai cédé à Béranger ma justice sur les adultères, et j'espère bien te voir un jour pendu à une branche d'orme, et ta femme promenée nue par les faubourgs. Va-t-elle toujours se confesser à Ribian l'Esperou, le beau chanoine de Saint-Jacques ?

— Quelquefois encore, répondit avec un sourire indicible le vieux hibou ; puis ils vont ensemble prier et pleurer sur la tombe de madame la comtesse Adélaïde votre mère.

— Mécréant, s'écria Roger plus pâle qu'un mort, prends cet argent : il y a là douze mille sous melgoriens ; s'il y manque un denier, n'oublie pas que je n'ai vendu ni mon bâton, ni mon couteau. Sors.

Quand l'argentier eut fait enlever les sacoches et qu'il fut parti, Roger se prit à se promener activement, et, sous l'impression que lui avaient causée les dernières paroles de Peillon, il se laissa aller à parler tout haut.

— Ah ! je mériterais, moi, d'être pendu et promené la hart sur le cou pour la sotte intempérance de ma langue. J'ai attiré à la mémoire de ma mère une injure de ce misérable. Et l'infâme savait qu'il me rendait un coup de poignard pour un coup d'épingle.

Kaëb, à ce mot de poignard, fit un geste significatif à Roger, en lui montrant le court damas qu'il portait à son côté.

— Punir cette injure, dit Roger, ce serait la comprendre. Va, Kaëb, mène nos chevaux à la poterne : dans une demi-heure je suis à toi.

Kaëb et Roger descendirent de la tour ; l'un continua jusqu'au rez-de-chaussée ; le vicomte s'arrêta et entra dans les vastes salles du premier étage. Une foule de valets y étaient en mouvement ; ils s'arrêtèrent à l'aspect du vicomte, et formèrent la haie. A mesure qu'il s'avançait, chacun, serf ou libre bourgeois, ou noble de ceux qui habitaient le château, venait se ranger sur son passage ; et il les salua tous de leur nom avec un air de courtoisie et de bienveillance dont chacun paraissait charmé. Ainsi de salle en salle, partout accueilli par les témoignages d'une affection sincère, Roger arriva jusqu'à une vaste chambre où son entrée fut le signal de vives acclamations. Mille questions se pressèrent en foule, et l'on interpella le vicomte de tous côtés.

— Oui, compagnons, leur répondit-il joyeusement, nous serons sous deux jours à Montpellier, chez notre beau-frère le roi d'Aragon, avec notre oncle le comte de Toulouse. Il y aura bals et banquets durant les nuits, tournois et carrousels durant le jour. Holà ! mes chevaliers, j'ai compté sur vos épées pour l'honneur du jour, comptez sur moi pour l'éclat des nuits. J'ai de l'or à faire damner la belle Constance et l'ermite de la Montagne-Noire. Préparez-vous, je veux que vous soyez beaux, mes chevaliers, et que les filles nobles et bourgeoises de Montpellier nous jettent des fenêtres leurs branches de lilas qu'elles baiseront en nous regardant.

Et les jeunes chevaliers, après cette harangue, s'enfuirent

en applaudissant et appelant plus fort que jamais leurs valets et leurs esclaves pour soigner les apprêts de leur départ. Un seul demeura pensif dans l'embrasure d'une croisée. C'était un jeune homme de vingt ans au plus, pâle et brun, frappé au cœur d'un malheur solennel ou d'une passion profonde et sans espoir. Roger le considéra un moment ; il contempla en silence ce jeune et beau visage, si triste et si résigné. Dans son regard, plein d'une tendre compassion, on pouvait deviner que Roger se retraçait l'histoire des douleurs de cette jeune existence, car une larme vint presque à ses yeux, et il lui dit, d'une voix émue :

— Sire Pons de Sabran, vous me suivrez, n'est-ce pas ?

— C'est un devoir en guerre, seigneur vicomte, répondit gravement le jeune homme.

— Ce serait amitié en partie de plaisir, reprit affectueusement Roger.

— Amitié ! répéta le jeune homme avec un triste sourire. Amitié !

— Pons, reprit le vicomte en lui tendant la main, viens-y, je t'en supplie, viens-y. Puis, hésitant un moment, il ajouta : Le comte Aimery de Narbonne y sera.

— Et sans doute Etiennette avec lui, murmura le jeune chevalier en chancelant et le regard égaré.

— Etiennette y sera, reprit Roger en assurant sa voix ; la belle Etiennette, la louve de Penaultier, consent à suivre son suzerain, le comte de Narbonne, et à quitter ses montagnes pour la cour du roi d'Aragon.

— Et pour l'amour du vicomte Roger, reprit froidement Pons.

— Et pour l'amour de toi, si tu veux ne plus être un enfant et ne pas t'effaroucher de ce nom de louve qui lui sert de masque aux yeux des sots et des fous.

— Et où sont les sots et les fous ? s'écria impétueusement le sire de Sabran, en portant la main sur la garde de son épée.

Le premier des sots est son mari ; le plus grand des fous c'est toi, qui vous laissez prendre à ses grimaces et à ses colères, répliqua doucement le vicomte.

— Oh ! tais-toi, Roger, dit le jeune homme, tais-toi ! L'avoir aimée deux années entières ! à chaque heure, à chaque minute de ces deux années, avoir fait d'elle ma vie, mon culte, ma croyance ; l'avoir vénérée jusqu'à n'oser penser qu'elle était belle, jusqu'à craindre de lui faire injure en baisant la place où ses pieds s'étaient posés, et savoir que, dans une nuit d'orgie, toi, Roger, tu l'as conduite délirante et folle, et pendue à tes lèvres, de la salle du festin jusqu'à ton lit ; ah ! c'est souffrir l'enfer que d'y penser. Que serait-ce si je le voyais ?

— Ce serait ton tour, enfant, si tu la voyais.

— Ne me dis pas cela, Roger, ne me fais pas croire qu'elle se donnerait à moi comme elle a fait à toi, car alors elle serait une débauchée, ouvrant ses bras aux caresses de tout amant : dis-moi que c'était une nuit de sabbat ; que tu l'as fascinée, trompée ; dis-moi que tu l'as enivrée, rendue folle, égarée, perdue ; mais ne me dis pas que pour moi aussi elle retrouverait ces brûlants baisers et ces instants d'amour que tu nous as si cruellement racontés ; car ce serait vice alors et non plus folie, ce serait crime, et je la mépriserais.

— Et tu ne l'aimerais plus au moins ? dit doucement Roger.

— Oh ! ajouta Pons avec un regard d'une inexprimable douleur, je l'aimerais toujours ; et il cacha sa tête dans ses mains.

Roger le quitta et entra dans une vaste chambre magnifiquement meublée. A son aspect, des femmes richement vêtues se levèrent, et laissèrent voir leur surprise de la venue du comte ; l'une d'elles s'avança pour soulever le rideau de la porte qui conduisait aux appartements plus éloignés.

— C'est inutile, dit Roger, avertissez Arnault de Marvoill que je l'attends. Ne dites pas à la vicomtesse que je suis ici.

Puis il se mit à se promener activement, selon sa coutume. De rapides réflexions se pressaient dans son esprit et venaient successivement s'écrire sur son front, où se succédaient de vives physionomies d'impatience et de colère ; il semblait qu'il redoutait l'entretien qu'il allait avoir, et qu'il s'irritait par avance des remontrances qu'il prévoyait. Il était si absorbé dans cette sorte de discussion anticipée, qu'il ne vit pas entrer la personne qu'il attendait.

Arnault de Marvoill avait été le poète le plus célèbre de son époque ; il avait passé, en outre, pour l'un des hommes les plus remarquables par sa grâce et sa beauté ; mais, à l'époque de cette histoire, de jeunes rivaux lui avaient succédé dans la faveur des princes et des dames, et ce n'était qu'avec un violent chagrin qu'il avait vu arriver ce changement. Cependant il avait retenu, autant que possible, les souvenirs du passé. Son costume, presque romain, se composait encore de la tunique et de la toge du siècle précédent. Des bandelettes pourpres, croisées sur les jambes, y attachaient cette sorte de pantalon qu'avait adopté la mollesse du Bas-Empire ; il portait les cheveux courts, et sa barbe, encore noire, était soigneusement peignée et parfumée. Il attendit un moment que Roger lui adressât la parole ; enfin il lui parla le premier.

— Vicomte Roger, vous m'avez fait demander ?

— J'ai à te parler, Arnault, répondit le jeune homme sans arrêter sa promenade.

— Je le crois, dit Arnault.

— Sais-tu ce que j'ai à te dire ?

— Je crains de le deviner.

Roger examina Arnault ; il vit que le poëte s'était préparé à ne pas fléchir dans la discussion qu'il prévoyait, et une teinte d'humeur et de chagrin se montra sur son visage. Il reprit sa marche, et, se parlant à lui-même, il s'exalta peu à peu.

— Toujours des obstacles, dit-il, des hommes qui se nomment mes amis et qui s'arment contre moi de ma condescendance. Ecoute, Arnault, je viens de voir Saissac ; le vieux fou m'a quitté en me menaçant et en se dégageant de ma suzeraineté.

— C'est que vous avez fait quelque chose de mal, dit Marvoill en interrompant le vicomte.

— Peux-tu parler ainsi ? dit Roger, Saissac est ton ennemi.

— Sans doute, mais il est votre ami.

— Eh bien ! s'écria Roger, ami ou ennemi, Saissac m'a résisté et m'a bravé ; il a épuisé tout ce que j'ai de patience. Ecoute-moi donc et obéis.

— J'écouterai d'abord, répondit froidement Arnault.

Roger le mesura de son regard de feu ; mais le poëte, comme pour échapper à cette puissance, tenait les yeux baissés, et le vicomte continua :

— Demain tu partiras pour Montpellier avec cette enfant dont tu as réclamé le soin.

— Quelle enfant? dit Arnault.

— Quelle enfant? reprit tristement Roger; cette enfant à laquelle toi et ma mère m'avez lié pour la vie. Cette fille au berceau dont vous avez fait ma femme, toi et ma mère, pendant que votre volonté était la même, pendant que votre volonté était la mienne, pendant que Saissac, d'un autre côté, perdait mes priviléges.

— Lorsque ta mère, moi et le conseil de tes tuteurs, nous t'avons fait épouser Agnès, le testament de Guillaume, qui lui assurait le comté de Montpellier pour héritage, existait encore.

— Oui, répliqua avec dérision le vicomte, Pierre d'Aragon vous l'affirmait, et pendant ce temps il épousait Marie, la sœur ainée d'Agnès, la pauvre déshéritée, comme il la nommait. Puis, lorsque Guillaume est mort, il ne s'est plus trouvé de testament. Le roi d'Aragon a eu le comté, et moi, j'étais marié avec une femme au maillot.

— Elle a grandi, seigneur, dit Marvoill.

— Et ma haine pour elle aussi, répondit sèchement Roger.

— Pourquoi la haïssez-vous? Vous ne la connaissez pas.

— Je ne la connais pas et ne veux pas la connaître. Je la hais comme je hais toute chaîne qui m'a été imposée et qui met obstacle à mes volontés. N'est-elle pas aujourd'hui l'écueil où se brisent tous mes projets? Sans elle, Sancie m'apportait le comté de Comminges. Il y a un an, je pouvais choisir entre Ermengarde et Doulce, filles d'Aimery de Lara, et Narbonne m'appartenait, ou Conserans était à moi. Mais non; on m'a fait épouser à douze ans une fille en nourrice, et lorsque, pendant ma minorité, on a laissé briser le testament qui lui assurait le comté de Montpellier, lorsqu'on l'a laissé lâchement retourner à Marie, sa sœur, et par suite à Pierre d'Aragon, l'époux de Marie, il faudra que toute ma vie je trouve cette enfant à mon encontre comme une barrière à mes désirs : non, c'est assez et je veux en finir.

Arnault regardait attentivement Roger : un imperceptible sourire d'incrédulité agitait ses lèvres pendant qu'il l'écou-

2.

tait, et il lui répondit doucement, avec une légère teinte d'ironie :

— Je ne savais pas que le vicomte Roger fît conquête de domaines et de suzerainetés à la pointe d'une plume de sénéchal ou de notaire. Je croyais qu'il laissait ce métier à son oncle de Toulouse, qui épouse et répudie par spéculation ; qui en est, je crois, à sa cinquième femme et à son cinquième comté, et qui en sera bientôt à son sixième, je suppose.

Ces derniers mots frappèrent le vicomte ; mais il feignit de ne pas les avoir entendus, et s'il murmura tout bas ces mots : « Pas encore, bel oncle, pas encore, » il répondait plutôt à lui-même qu'à Marvoill. Celui-ci continua donc :

— Et peut-on savoir maintenant, pour expliquer cette résolution d'en finir qui vous est si soudainement venue, quelle alliance se présente si glorieuse ? Il s'agit sans doute d'un duché ou d'un marquisat.

— Il s'agit, dit Roger d'un air sombre, que je le veux. Je te l'ai dit, Arnault : Saissac a épuisé ma patience, songe à m'obéir ; demain tu partiras avec cette enfant pour Montpellier.

— Je ne partirai pas, sire vicomte, répliqua sérieusement Arnault ; je n'emmènerai pas votre épouse hors du territoire de vos domaines ; je ne la conduirai pas à Montpellier, où Pierre d'Aragon et Raymond sont prêts à trafiquer de répudiations. Qu'ils chassent de leurs lits leurs épouses pour en prendre de nouvelles, ce ne sera pas chose bien étrange pour aucune. Marie de Montpellier n'est-elle pas à son troisième mariage ? et Éléonore d'Aragon a dû apprendre sans doute que son frère, en la donnant à Raymond, lui gardait une chance assez prochaine de liberté : aussi toutes deux ont assuré leurs riches douaires. Mais Agnès est une fille livrée à votre merci, qui tombera demain dans la misère d'une esclave, si vous la répudiez. Ici, en présence de vos chevaliers et de vos bourgeois, qui lui ont rendu hommage comme à leur vicomtesse, un tel acte vous épouvante, et vous n'osez le faire : mais à Montpellier, sous l'influence de Pierre et de Raymond, loin de toute remontrance et de tout frein, vous le feriez, Roger, et Agnès serait perdue. Je ne la conduirai pas à Montpellier.

Le vicomte regarda Arnault d'un air stupéfait, puis il s'écria violemment :

— Ces hommes sont fous et ne comprennent rien. As-tu entendu que je t'ai dit, Arnault, qu'il fallait qu'Agnès me suivît à Montpellier? Pour quels desseins? que t'importe! La seule chose que tu doives bien entendre, c'est que je le veux, et que ce mot est inflexible et sans retour. Ne vas-tu pas faire comme Saissac, qui par ses refus m'a forcé à demander de l'argent à Raymond Lombard? Faudra-t-il que ce qui aurait pu être un simple et facile accord des deux parts, tourne encore de ce côté en violence et folie? et veux-tu que j'appelle quelques archers qui emporteront Agnès en croupe comme une proie, et me la jetteront à Montpellier comme une fille de basse-cour ramassée sur le chemin?

— Vous ne le ferez pas, Roger, dit Arnault alarmé de la colère que le vicomte mettait dans ses paroles.

— Je le ferai, s'écria le vicomte.

— Cependant...

— Cependant... reprit Roger, en répétant ce mot avec rage, et en paraissant défier Arnault d'achever sa phrase.

A ce moment une main blanche et frêle souleva légèrement la portière de damas qui cachait l'entrée des autres appartements, et une voix si profondément émue qu'on l'entendait à peine, prononça ces paroles :

— Sire de Marvoill, nous partirons demain pour Montpellier.

Roger tourna vivement ses regards vers l'endroit où cette voix inconnue s'était fait entendre; mais il ne vit rien que le balancement de la tenture qui était retombée. Il se sentit confus et regarda Arnault comme pour l'interroger; mais, après un moment d'hésitation, il se décida à sortir et courut vers la poterne, où l'attendait Kaëb.

III

L'ESCLAVE.

La nuit commençait et les sommets des Pyrénées se perdaient dans les brumes qui s'élevaient à l'horizon, lorsque Roger arriva à la poterne. Deux chevaux étaient préparés, non point bardés de fer et le frontail en tête comme pour une bataille, mais tous deux avec une étroite couverte en fourrure de renard, retenue par une seule sangle sans étriers ni caparaçons. Un filet suffisait à les gouverner. Tous deux de taille moyenne, tous deux de pure race arabe; l'un noir et luisant comme le plumage d'un corbeau; l'autre de ce bai brun ondulé comme l'écorce des châtaignes mûres. A l'approche de Roger les chevaux pointèrent leurs courtes oreilles, et le coursier noir hennit à diverses fois en relevant la tête et en piétinant.

— Bien, Algibeck, dit Roger en le flattant, tu es beau, mon cheval! alerte! cette nuit nous irons voir Catherine.

Et il sauta sur le noble animal, qui partit comme un trait; et Roger, calmant sa fougueuse rapidité, se penchait jusque sur son cou; et passant ses mains dans ses longs crins, comme s'il caressait un enfant, il l'apaisait et lui parlait tout bas :

— Doucement, mon beau cheval, lui disait-il, la route est longue, et si tu pars ainsi, tu épuiseras ton haleine. Nous n'allons pas seulement aujourd'hui à l'abbaye de Saint-Hilaire boire le vin des religieux, au milieu des danses et des chansons des jongleurs; nous n'allons pas non plus chez les recluses de Campendu, où les mains blanches des plus belles filles du Razez te donnent l'avoine et te préparent un lit de fougère. Je n'ai plus désir ni de leurs voix célestes, ni de leurs baisers d'amour; ces courses de quelques heures t'ont rendu impatient; mais calme-toi, car nous ne verrons pas le but de notre voyage avant la nuit prochaine. Montpellier est loin d'ici, et je ne veux pas que tu arrives sous les fenêtres de Catherine haletant et fourbu. Je veux qu'elle te trouve beau aussi, noble Algibeck : doucement, plus doucement encore.

Et le joyeux coursier volait en bondissant; quelquefois il recourbait la tête de côté comme s'il voulait mordre le bout du pied qui serrait ses flancs. Alors il caracolait; il semblait agacer son cavalier ; il arrondissait son galop en ployant, comme un cygne, son cou noir et nerveux ; puis il le relevait vivement comme un arc qui se détend, et s'élançant plus rapide, l'œil brûlant, les naseaux ouverts, il jetait au vent des flammèches d'écume et faisait siffler derrière lui les pierres du chemin qu'il broyait de ses pieds mordants. Ainsi coururent longtemps le cheval et son cavalier, comme deux compagnons qui se comprennent : le maître, quelquefois immobile et pensif sur la course unie et facile de son cheval, d'autres fois gai et souriant, tandis que le coursier hennissait, secouant sa crinière et fouettant l'air de sa queue; tous les deux quelquefois tourmentant, l'un sa pensée par d'amères réflexions qui se combattaient dans son esprit, l'autre son galop qui devenait inégal et heurté.

Kaëb venait, suivant son maître de près.

Cependant, depuis qu'il était parti, sa marche était restée uniforme, et, bien que son cheval parût moins vigoureux que celui de Roger, sa rapidité patiente l'avait tenu à une courte distance, sans que rien décelât en lui la moindre fatigue. La nuit était enfin tombée, et soit crainte de surprise, soit toute autre raison, Kaëb, peu à peu, s'était rapproché de Roger, et bientôt il marcha tout à fait à ses côtés. Roger jeta un léger coup d'œil sur son esclave. Puis, après un moment de silence, il lui dit :

— Je n'ai pas été content de toi ce matin, Kaëb : à vingt ans, on lance une flèche mieux que tu ne l'as fait.

— C'est que mes bracelets me gênent, répondit Kaëb en montrant ces signes de son esclavage.

— Fais-toi chrétien, et ils tomberont demain, reprit Roger.

— Votre pape écrivit la même chose que vous venez de me dire à Asser, calife de Bagdad : savez-vous ce que celui-ci lui répondit? « Je me ferai chrétien quand vous vous ferez mahométan. »

— Reste donc ce que tu voudras, ajoua Roger avec insouciance; mais, musulman ou chrétien, esclave ou libre, tâche de savoir mieux te servir d'un arc et d'une flèche.

— La flèche est une arme qui a l'œil et le vent pour guides, répondit froidement Kaëb; le poignard est plus sûr, il ne quitte pas la main.

— Mais, ajouta Roger en faisant allusion à sa querelle avec Saissac, le nid du vautour est si élevé quelquefois que nul bras ne peut l'atteindre, et que le vol d'une flèche y peut seul arriver.

— Les serpents de l'Afrique, reprit Kaëb toujours insensible, se nourrissent des œufs du condor, qui bâtit son nid sur des pointes de rocs où nulle flèche ne pourrait monter.

— Et comment y arrivent-ils? répliqua Roger avec dédain.

— En rampant! répliqua l'esclave.

A ce mot, Roger, par un mouvement instinctif, serra dans sa main un long bâton ferré, avec lequel il jouait nonchalamment; il regarda Kaëb, mais rien ne transpirait sur son visage des sentiments de son âme. C'était un masque immobile, un regard indifférent, une inexpression complète. Ils continuèrent leur route. Tout à coup, comme d'un commun accord, les chevaux ralentirent leur course; celui de Kaëb aspira l'air avec force et pointa ses oreilles. L'impatient Algibeck lui-même prit aussi un galop moins hardi, et, le nez au vent, il sembla flairer l'espace. Le vicomte se retourna vers Kaëb, qui ne laissa voir ni surprise ni crainte; seulement son œil plus ouvert et qui rayonnait d'un éclat singulier, semblait vouloir percer l'obscurité.

— Il y a quelqu'un sur la route? dit le vicomte d'un ton d'interrogation et de menace à la fois.

— Oui, dit Kaëb, des hommes à cheval à coup sûr, car nos coursiers, d'abord intimidés, reprennent leur vol; voyez comme ils s'étendent et se déploient : il y a quelque cavale sur cette route.

Et, en effet, les deux chevaux s'allongeaient rasant la terre comme des lévriers, côte à côte, déjà rivaux, essayant d'échanger une morsure, ruant dans leur galop et hennissant aux fades odeurs de la brise. Ils s'animèrent l'un et l'autre, et, bien que Kaëb ne parût pas presser son coursier plus qu'il n'avait fait jusqu'à ce moment, sa marche devenait si rapide qu'elle dépassait quelquefois la course d'Algibeck. Un soupçon vint à l'esprit de Roger ; il savait combien d'ennemis sa fougueuse jeunesse lui avait attirés. L'un d'eux n'avait-il pas pu être averti par son esclave de ses projets de voyage nocturne? une embûche ne pouvait-elle pas avoir été dressée sur son passage ; et Kaëb ne l'entraînait-il pas dans un piége adroitement préparé? Le vicomte discutait avec lui-même ce qu'il devait résoudre : car quoique la conduite de Kaëb ne lui eût jamais donné lieu de croire à une trahison de sa part, cependant son caractère taciturne pouvait cacher une profonde astuce aussi bien qu'un complet dévouement. La rapidité de la course de Kaëb s'augmentait encore, et Roger s'apprêtait à l'arrêter, lorsqu'une bouffée de vent leur apporta le bruit lointain d'un hennissement, et soudain le cheval de l'esclave, bondissant deux fois sur lui-même, s'arrêta immobile et comme si ses pieds s'étaient fichés en terre. Roger retint Algibeck, et l'Africain se tournant alors vers son maître, lui dit :

— Roger, mon maître, ceci est l'heure de la vie ou de la mort pour moi. Pour toi, c'est l'heure de faire de Kaëb un malheureux qui brisera sa chaîne, fût-elle d'acier, dût-il le faire avec son poignard, aujourd'hui ou demain, dans sa poitrine ou dans la tienne. C'est l'heure aussi de faire de Kaëb un esclave avec un cœur de chien et les ongles d'un tigre, un esclave qui te prêtera son corps pour marchepied, qui t'obéira comme ta main t'obéit, qui frappera comme ta main peut frapper, sans réflexions ni révolte. Cet esclave sera un bras de plus à ton corps ; un bras qui descendra ou montera où le vicomte Roger ne peut, peut-être, ni monter ni descendre. Ce sera un œil qui verra tout, une oreille qui entendra tout, une bouche qui dira tout. Ce sera tout un homme qui n'a au cœur, ni crainte superstitieuse qui fasse plier ses genoux ou son poignard devant l'anathème d'un prêtre chrétien, ni fol orgueil qui l'empêche de se coucher à terre pour atteindre ses ennemis dans l'ombre. Choisis entre ces deux hommes.

— Je ne crains pas le premier, et n'ai pas besoin du second, répondit hautainement Roger; mais tu m'as menacé, esclave, et tu seras puni : tourne la bride de ton cheval et rentre à Carcassonne.

Pour la première fois, depuis un an que Kaëb appartenait à Roger, l'obéissance ne fut pas aussi rapide que le commandement. Roger était presque sans armes, et Kaëb avait gardé son sabre courbé et son poignard de Damas ; le vicomte reprit tout à coup ses soupçons.

— M'as-tu entendu, esclave ? s'écria-t-il avec colère.

— Je t'ai entendu, maître, répondit Kaëb avec résolution ; mais toi, tu ne m'as pas entendu. Vois cette route, chasse-moi devant toi du côté où nous allons, au lieu de me faire retourner en arrière, et tu auras l'esclave fidèle ; tu auras le cœur, le bras et la vie d'un homme, plus à toi que ton bras, que ton cœur, que ta propre vie ; car tu pourras les jeter à qui tu voudras, à un crime et à un bourreau. Mais si tu me fais retourner en arrière, alors, Roger, ce sera le serpent que tu auras dans ta main.

— Encore une menace ? répliqua le vicomte avec emportement ; retourne !

Et comme Kaëb n'obéit pas, un coup du lourd bâton de Roger tomba sur la main gauche qui tenait la bride, et la main brisée laissa pendre la bride sur la crinière du cheval. Nul cri ne s'échappa de la poitrine de Kaëb à cette douleur : on eût même dit qu'il n'avait pas été atteint, car, la tête tournée vers l'horizon, il semblait écouter. Une rafale de vent leur apporta encore le même bruit, le même hennissement, mais plus lointain et comme plaintif. Kaëb ramena ses regards sur son maître, et, soulevant son poignet qui pendait inerte et sanglant, il lui dit doucement :

— Et maintenant encore, accepte, Roger, accepte.

— Des conditions de mon esclave ? reprit le vicomte, aucune !

— Alors, dit Kaëb, tue-moi tout de suite, car je ne retournerai pas. Sens-tu cette haleine de vent qui m'apportait la vie que tu vas m'ôter ? Laisse-moi la respirer un moment.

Et le bruit lointain arriva encore une fois, mais si effacé qu'il troubla à peine le profond silence de la nuit. Kaëb tressaillit.

— Oh ! maître, dit-il en sanglotant et en montrant la route, là-bas, là-bas.

Roger, étonné de cette obstination, ne put s'empêcher de lui dire :

— Mais nous y courions tous les deux ?

— Mais il faut que j'arrive seul, dit l'esclave, seul à l'endroit d'où part ce bruit. Retardez d'une heure votre course, d'une demi-heure seulement, et cet instant vous aura valu une longue vie de dévouement.

— Mais pourquoi ? demanda Roger en qui la curiosité faisait place à la colère.

— Parce que, répondit Kaëb... Et, comme il allait continuer, une nouvelle ondée de vent souleva les cheveux de Roger, mais muette et sans rien apporter avec elle, ni bruit pour Roger, ni espérance, ni joie pour Kaëb; il baissa tristement la tête, et tournant son cheval du côté de Carcassonne, il dit à voix basse :

— Ah ! ma vie s'en va ! ma vie s'en est allée.

Roger le regardait s'éloigner, lorsque Kaëb se redressa soudain, et revint près de son maître ; puis, avec une inexprimable prière dans le regard, dans la voix, dans le geste, il lui dit en lui tendant sa main droite :

— Maître, casse-moi encore ce bras et laisse-moi partir.

— Kaëb, lui dit son maître, vaincu par cette sombre et singulière résolution, pars donc, tu vas à un amour ou à une vengeance : car on ne marche pas si obstinément à une trahison. Mais je te veux rendre le temps que je t'ai ravi. Prends cette écharpe de lin, enveloppe ton bras et monte mon bel Algibeck qui te portera comme le vent.

— Roger, lui répondit Kaëb avec un regard de joie, garde ton cheval et ton écharpe, tu m'as donné tout ce que je voulais de toi, et pour ce que tu m'as donné, je t'appartiens désormais, car c'est moi qui me donne à toi maintenant. Regarde donc ce que tu as acheté pour un mot : car tu ne connaissais ni Kaëb ni son coursier.

— Aussitôt, de sa main droite, il descendit jusqu'à son poignet le bracelet d'or qui entourait son bras gauche, et le serrant violemment dans ses dents, il l'aplatit et le rendit assez étroit pour maintenir la fracture ; puis s'inclinant sur le garrot de son cheval, il le fit partir avec une rapidité dont nulle expression ne peut donner l'idée.

Algibeck surpris de ce départ s'élança à son tour, et,

tandis que Roger s'occupait à le calmer et à le retenir, Kaëb disparut, et bientôt après, le bruit de son galop ardent diminua rapidement, et s'éteignit tout à fait dans le silence de la nuit.

IV

LE LOUP.

Lorsque Roger se fut ainsi séparé de son esclave, il ralentit sa marche et se laissa peu à peu gagner par des réflexions sérieuses. D'abord il avait essayé, pour amuser sa route, de chanter ou de siffler tous les airs des rimes qu'il savait. Puis il avait joué avec son bâton ferré, tantôt en le faisant voler autour de lui, ainsi qu'eût pu le faire le plus habile montagnard, ou en le lançant en l'air et en le rattrapant malgré l'obscurité, comme les bateleurs basques. Mais il s'était bientôt ennuyé de ces deux occupations, et, par un de ces caprices si ordinaires à l'homme, il arriva que son esclave auquel il n'eût peut-être pas dit un mot ni demandé un service durant tout le reste de la route, lui fit faute, et qu'il se repentit d'avoir été assez indulgent pour le laisser partir. Puis, une fois sur le chapitre de sa propre indulgence, il se trouva trop bon; il se reprocha de n'avoir pas fait arrêter Saissac, s'accusa en lui-même d'avoir laissé à Peillon la langue qui avait insulté la mémoire de sa mère, et la résistance d'Arnault lui parut mériter une punition éclatante. Toutefois ce concours de volontés qui s'étaient opposées à la sienne, ces deux amis que lui avait légués la tendresse d'Adélaïde, et qui semblaient acquitter, en sollicitude et en dévouement pour le fils, une dette de bonheur contractée avec la mère; ces deux rivaux qui avaient étouffé pour lui une vieille haine d'amour et qui se trouvaient réunis dans leur résistance ; l'insolente repartie de l'argentier, et jusqu'à la facilité de Lombard ; toutes ces circonstances revinrent à l'esprit du vicomte ; il se sentit convaincu qu'il faisait mal sans pouvoir d'abord s'en rendre compte ; et, comme il n'était pas face à face de ces observations qu'il avait si hautement repoussées, il se laissa aller à les discuter du moment que ce n'était que lui-même qui se les faisait.

Et nous, comme le diable de Lesage, enlevons à la pensée son toit sous lequel elle se déshabille et se met toute nue, cachée qu'elle croit être aux regards, et, comme lui, plongeons dans les secrets de l'intérieur, si singuliers et si invraisemblables quelquefois. Or, c'était une curieuse étude que celle de la tête de Roger ; c'était une âme et un esprit ardents et vastes qui s'y disputaient et qui avaient à l'ordre de leur victoire un bras de fer et un corps infatigable et brave. Et c'est ce que vous allez lire que le vicomte et Roger se disaient l'un à l'autre en chevauchant tout seul.

— Or, commençait le vicomte, l'hérésie gagne tous les habitants de la province ; l'Albigeois est infecté de Vaudois ; et moi, le plus faible souverain de ce pays, je leur offre asile et protection, en désobéissance des bulles et des canons des saints conciles. N'oublions pas que je n'ai pour voisins que des hommes sans courage ni résolution, qui m'abandonneront à la première attaque sérieuse, et qui me jetteront, moi, faible en territoire et en chevaliers, à la merci de la colère de Rome.

— Mais, répondait Roger, si je permets aux hérétiques d'entrer et de trouver sûreté dans nos villes, du moins suis-je bon chrétien ; et si la guerre me menace, quelle lance voudrait jouter contre ma lance, quelle épée se croiser avec la mienne ? Mon oncle Raymond me vendrait pour une labourée de terre, mais c'est un lâche que je ferai trembler en le regardant ; d'ailleurs n'est-il pas responsable de l'assassinat de Pierre de Castelnau, légat du Saint-Père ? n'est-ce pas un de ses hommes qui l'a frappé ? et l'excommunication que Rome lui a lancée pour ce fait ne le jette-t-elle pas dans mes mains ? Mon beau-frère d'Aragon est un libertin que je mènerai par la souquenille de la première jolie ribaude que je lui donnerai. Aimery de Lara et son comté de Narbonne sont entre mes deux griffes de Carcassonne et de Béziers : que je serre la main et je l'écrase. Le comte de Foix est le plus enragé hérétique de la province, et mon premier appel le trouvera fidèle à sa cause.

— Mais, reprenait le vicomte, l'Eglise gémit et se plaint des progrès de l'hérésie : voici venir Milon, légat du pape, qui menace et qui promet de faire de l'Albigeois une nouvelle Ninive. La croisade contre les albigeois se prêche en France comme s'il s'agissait de Sarrasins ; on a déjà semé la discorde entre les seigneurs du pays ; les prêtres qui ont voulu garder leur indépendance ont été dépouillés de leurs siéges par les commissaires de Rome ; et les nouveaux choix qu'on a faits attestent un esprit de conspiration contre la noblesse du pays. Ainsi ils ont chassé de Toulouse le vénérable Raymond de Rabastens dont l'indulgence était le seul crime, lui, l'exemple de toutes les vertus patriarcales ; et ils ont mis à sa place le misérable Foulques qui suscite à Raymond de Toulouse des querelles avec ses bourgeois, qui sème la division entre les châtelains qui relèvent de lui, qui l'affaiblit dans son autorité par les intrigues les plus impudentes, mais qui a pour excuse aux yeux du pape d'être sans pitié pour les hérétiques, car il donnerait son bras pour en faire un brandon à allumer leur bûcher. N'ont-ils pas aussi maintenu, malgré les censures des conciles de la province, l'abbé de Maguelonne, qui enlève les plus belles filles de ses domaines et les cache dans les cellules de ses moines ; et quoiqu'il frappe de la monnaie au coin de l'antechrist Mahom, dans laquelle il met un tiers de cuivre, disant que c'est une œuvre chrétienne que de voler les infidèles, ne l'ont-ils pas confirmé parce qu'il fait chasser les hérétiques à épieux et à chiens comme des bêtes fauves ? Chacun des évêques du pays ne marche-t-il pas ardemment, sous l'impulsion de Rome, à usurper les droits des seigneurs, les uns par la force, les autres par la ruse ? Toutes les abbayes, au lieu d'être gouvernées par des prévôts nommés par les suzerains, n'ont-elles pas pris ou acheté le droit des abbés de les élire elles-mêmes ? Et toi, vicomte, n'as-tu pas fait une faute encore aujourd'hui ? et parce que tu as fait payer ta justice à Béranger, l'en as-tu moins perdue ? et des hommes ne s'accoutumeront-ils pas, peut-être, à voir leur seigneur là où ils trouveront leur juge ?

— Oh! non, répondit Roger, les choix mêmes des légats perdront la cause qu'ils veulent défendre. On ne croira point à la religion qui veut triompher par le mensonge, à l'humanité qui ne prêche que bûchers, à la vertu qui n'a d'autres défenseurs que la dissolution et le vice. J'éclairerai Raymond, et Foulques n'est qu'un faquin dont je sifflerai les sermons ; quant aux abbés, ils pensent plus à boire et à se goberger qu'à toute autre chose ; et celui de Belbonne, dont on nous fait tant de peur, applique toute son activité à établir une ligne d'hommes à cheval qui se rejoignent les uns et les autres, et qui lui apportent du poisson frais de la côte de Narbonne et de celle de Bordeaux, pour servir le même jour sur sa table un grand saumon du grand Océan et une belle dorade de la Méditerranée. Allons ! la première fois que j'irai à Toulouse, je pousserai jusque chez lui, et j'irai lui demander à souper. Pour mon évêque, Béranger, s'il s'avise d'être trop juste pour mes hommes libres, je ferai fondre ses vases d'or pour lui racheter mes droits, et je lui mettrai le manche de mon poignard dans la gorge pour l'empêcher de crier ; ou s'il crie encore, va pour la lame.

— Mais, reprenait le vicomte, un tel crime attirerait sur toi l'anathème de toute l'Église, et sur tous ceux qui te prêteraient assistance ; tu n'aurais plus ni chevaliers, ni serfs même pour dénouer tes éperons. Et puis le pays est épuisé de tailles, de quêtes, et de toutes sortes d'impôts ; les routiers le ravagent, brûlent les récoltes, et arrachent les vignes, pendant que tu vas chantant et courant le pays en aventurier. Quel jaloux n'as-tu pas alarmé par tes amoureuses entreprises ? quel chevalier n'as-tu pas humilié de tes amères réflexions ? quel prêtre n'as-tu pas longuement moqué et raillé jusqu'à te faire crier : Assez ! par les plus impies ? quel ménagement as-tu gardé avec tes voisins, et combien en est-il dont tu as saccagé le pays parce qu'un de leurs chiens avait poursuivi un daim de leurs terres jusque sur les tiennes, ou étranglé un de tes cerfs qui s'était réfugié sur les leurs ? ton caprice a été ta loi, et la violence ton droit.

— J'ai été vainqueur, et la victoire c'est la raison, reprit Roger.

— Mais, ajouta le vicomte, à mille signes certains, il est évident que l'orage approche. Des religieux, le bâton blanc à la main, parcourent la France, et excitent les habitants d'outre-Loire à se verser comme un torrent dans les belles plaines de l'Aquitaine et de la Provence ; prends garde ; tu es le plus jeune, ils t'attaqueront le premier.

— Je suis le plus fort, et ils s'adresseront mal, dit Roger.

— Si tu es le plus fort, ils s'adresseront bien ; car toi détruit, toute la chaîne seigneuriale s'échappera maille à maille, ville à ville, château à château. Penses-y.

— J'y ai pensé, répondit Roger, j'y ai pensé ; et la cour plénière de Montpellier étonnera, certes, ceux qui y viendront, et ceux qui ne s'en promettent que plaisir.

— Mais n'est-il pas trop tard, et ne vas-tu pas perdre des jours précieux ?

Et comme le vicomte avait raison, Roger, fatigué de la discussion, s'écria tout haut sans y faire attention :

— Demain, après-demain, ce sera assez tôt quand j'aurai dépensé mes beaux sous melgoriens, et que j'aurai revu Catherine.

Puis il pressa doucement Algibeck du talon, et la course recommença rapide et capricieuse.

Pendant cette longue dissertation du vicomte avec lui-même, la nuit s'était passée, et le matin nuançait l'horizon de pommelures empourprées : avec le jour le bruit s'éveillait et les joyeux oiseaux commençaient leurs chants. Roger remarqua cependant que les champs étaient déserts. Quelques rares paysans, dispersés dans la campagne, tentaient le hasard d'une récolte, peut-être saccagée avant d'arriver à sa maturité, et presque assurément enlevée par les quêteurs des monastères et les hommes d'armes des châtelains, s'il advenait que les routiers l'épargnassent et ne la fissent point paître à leurs chevaux. Roger traversait alors une partie du comté de Narbonne, et il établissait une comparaison avantageuse pour ses domaines : car, malgré la négligente administration du vicomte, il avait cependant défendu ses hommes de quelques-unes des calamités qui dévoraient ce beau pays. Sa magnificence avait sans doute pressuré d'impôts les bourgeois et les serfs de ses comtés, il avait souvent jeté en fêtes et en banquets les sommes qu'il devait à la réparation des murailles de ses villes, mais son esprit guerrier avait délivré le pays des dévastations des Aragonais et des malandrins, et sa haine contre le clergé avait réprimé les exactions des évêques.

Ainsi Roger avançait dans sa route et dans sa propre apologie, lorsque des cris lointains appelèrent son attention. Au milieu du long murmure qui bruissait au loin, on entendait s'élever de temps à autre la clameur d'alarme : Au loup ! au coup ! Roger reconnut que c'était un de ces animaux, lancé par des paysans, qu'on poursuivait, et bientôt les aboiements des chiens, les sons du cornet à bec d'argent, lui apprirent que c'était une chasse en règle qui avait lieu. Il s'y précipita avec rapidité, et, tout plein du désir d'abattre la bête féroce. Il courait joyeux de penser qu'il allait arriver sous son déguisement parmi de nobles dames et des chevaliers ; il se voyait inconnu au milieu de toute cette compagnie ; les seigneurs irrités de ce qu'il leur avait enlevé leur proie, les dames souriant à sa bonne grâce, les valets et les chasseurs l'épieu levé contre lui, et lui, Roger, après avoir rendu un sourire aux dames, jeté un regard insolent aux chevaliers et bâtonné quelques serfs, s'échappant sur son bon cheval Algibeck. Dans cet espoir, et regardant déjà ce qu'il avait rêvé comme accompli, il courait à faire siffler l'air autour de lui. A mesure qu'il avançait, les cris devenaient de plus en plus bruyants ; mais ils n'avaient pas cette ardeur sérieuse d'une chasse hardie, et puis les chiens ne donnaient qu'à peine ; on entendait qu'ils avaient besoin d'être excités par le fouet ; et, en consultant l'allure de son cheval, il ne vit pas que, dans sa rapidité, elle eût rien de cette retenue que le meilleur coursier garde à l'odeur d'une bête fauve. Algibeck jouait en courant, sa tête ni ses oreilles n'étaient tendues et immobiles. Le vicomte soupçonna que ce pouvait être quelque jeu de serfs et d'enfants, et il reprit sa marche indolente. A peine avait-il fait ainsi quelques pas, que la chasse, qui d'abord semblait fuir devant lui, se rapprocha soudainement. Bientôt les cris : Au loup !... devinrent plus distincts, et il entendit qu'il s'y mêlait clairement des éclats de rire et des huées bruyantes ; les aboiements des chiens, quoique mous et inégaux, continuaient, et les cornets retentissaient de tout leur bruit criard et discordant. Dans ce moment, le vicomte se trouvait dans un chemin creux, entre deux élévations couronnées d'arbres dont quelques-uns pendaient sur la route. Le bruit, les cris, les rires se rapprochaient de plus en plus, et de temps à autre il s'y mêlait des lamentations d'une nature si singulière, que Roger s'arrêta tout court. Enfin, sur la partie du bois qui s'élevait à sa droite, il entend crier les bruyères et se briser les halliers, et bientôt, sur les branches d'un arbre presque horizontalement couché au-dessus de la route, il voit s'élancer un monstre énorme ayant la brune couleur d'un loup. Cet animal court avec légèreté jusqu'aux extrêmes branches de l'arbre, qui se plient et se brisent sous son poids, et il tombe lourdement aux pieds d'Algibeck, qui, d'abord, se cabre épouvanté, et qui presqu'aussitôt se rapproche et se penche sur le monstre en le flairant. A l'instant même, les valets, armés de pieux, arrivent ; quelques chiens des plus animés se précipitent, et portent la dent sur l'animal haletant. Un cri de douleur atroce s'échappe de cette peau fauve et velue : c'est un cri d'homme, un cri à briser l'âme d'un bourreau. D'un tour de son bâton ferré, Roger écarte les chiens et empêche les valets d'approcher.

— Holà! manant, lui crie un teneur de lesse, tu as frappé les chiens d'un noble homme ; commence par payer six deniers d'amende à moi son forestier, et laisse ce loup à la dent des mâtins, si tu ne veux qu'ils fassent de toi comme de lui.

— Si tu ne veux que je fasse de toi comme de tes chiens, repart le vicomte, réponds : quel misérable et quel infâme, se disant libre et noble, a pu te commander cette affreuse expédition ?

— Si tu veux le savoir, il te le dira bientôt lui-même, car il accourt en compagnie de sa noble et dame suzeraine ; mais, comme il pourrait bien nous faire fouetter pour n'avoir pas fait selon ses ordres, va-t'en, à moins que nous ne lui montrions pour excuse deux peaux sanglantes au lieu d'une. Sus, mes chiens, sus au manant!

Roger fit tourner son bâton, Algibeck lança une preste ruade aux chiens qui venaient le flairer, et deux ou trois mâtins éclopés, hurlant à ameuter une contrée, allèrent se cacher derrière le forestier. Celui-ci, et les valets qui arrivaient l'un après l'autre, indignés de l'audace du manant, brandirent leurs pieux contre lui ; mais Roger les prévenant, adressa un coup de bâton si furieux sur la tête du forestier, que celui-ci, après être resté immobile un moment, ouvrit et ferma les yeux convulsivement deux ou trois fois, et tomba comme une lourde masse. Tous les autres serfs restèrent épouvantés. Cependant, à l'instigation de l'un d'eux, qui paraissait plus hardi que les autres, ils allaient se précipiter sur Roger, lorsque les pas des chevaux retentirent dans un chemin qui aboutissait à la route, et bientôt quelques cavaliers débouchèrent à deux pas du vicomte.

Le malheureux que Roger venait de sauver avait profité du relâche qui lui était si soudainement arrivé pour essayer de s'échapper, et il s'était traîné à quelques pas de l'endroit où le vicomte tenait en respect chasseurs et chiens. A peine les cavaliers avaient-ils paru sur la route, que Roger descendit de cheval, et se tourna du côté du misérable gisant qu'il chercha à secourir. Quelle fut sa surprise en reconnaissant sous ce bizarre accoutrement, tout recouvert de peaux de loup, avec une tête armée de dents énormes, le fameux Pierre Vidal, poëte provençal! Fou de poésie, et le plus souvent fou d'amour, il était célèbre par ses nombreuses extravagances, et ses tentatives présomptueuses lui avaient valu plus d'une mésaventure. Roger comprit sur-le-champ quel avait pu être le crime de Vidal, mais il ne devina pas qui avait pu inventer une barbare punition d'une folie si connue. Pendant le peu de temps qui suffit à Roger pour faire cette découverte et ces réflexions, deux nouveaux personnages arrivèrent sur la route, et la voix d'un homme se fit entendre.

— Or, vous allez voir, noble dame, comment vos serviteurs savent punir ceux qui insultent par leurs désirs à l'austérité de votre vertu. Holà! forestiers, apportez en hommage à votre maîtresse la patte de cet animal. C'est la main, noble dame, qui vous insulta en vous écrivant des vers d'amour qui parlaient d'espérance. Avec cette correction, le bout de langue qu'un Sicilien lui fit couper à Marseille pour avoir conté de longues histoires à sa femme, et l'oreille que lui arracha Beaudoin pour avoir écouté les doux propos de sa sœur : je pense que la bête sera guérie de la poésie et de l'amour.

Après cette courte harangue, le cavalier s'arrêta, et de-

meura fort étonné de ne pas voir le forestier présentant à
la dame la main de Vidal coupée comme un pied de loup. Il
répéta son ordre, et, s'irritant du silence qui répondit seul,
il s'écria :

— Holà ! manants et écuyers, où est donc notre gibier et
notre forestier ? Auriez-vous laissé échapper le premier, et
le second se serait-il échappé tout seul de peur de notre
fouet ?

— Hélas ! sire vidame, répondit le valet qui avait voulu
ameuter ses camarades contre Roger, nous tenions le maudit animal, lorsque ce manant s'est jeté entre lui et nous, et
a frappé vos chiens de son bâton.

— Et le forestier ne l'a pas étendu mort à ses pieds ? s'é-
cria le vidame furieux. Par la Pâque, il a trahi sa maîtresse
en me laissant ce soin.

— Il n'a pas trahi sa maîtresse, répond le serf, et il vous
a laissé plus de soin que vous ne croyez, car il était homme
lige de cette châtellenie, et vous devez vengeance à sa mort.

Et, en disant ces paroles, le serf montra au cavalier le
corps du forestier étendu la face contre terre et le bras jeté
en avant de sa tête. A cet aspect, le chasseur, sans répondre
un mot, se précipita sur Roger le pieu levé. Mais celui-ci se
retournant vivement, fit voler d'un coup de son bâton l'arme
du chevalier, et, le saisissant par une jambe, le renversa
durement de son cheval ; puis, s'élançant sur lui, il lui posa
le pied sur la gorge avant qu'il eût le temps de se reconnaître, et lui cria :

— Vassal lâche et fanfaron, si tu bouges je te brise le
crâne.

Le chevalier voulut se dégager, mais le pied du vicomte
lui pesait comme une enclume sur la poitrine ; et les valets
le voyant ainsi livré à la merci de Roger, n'osaient s'avancer
pour le secourir. La dame, à cet aspect, poussa vivement
son cheval du côté de Roger. Mais en le regardant elle s'arrêta, et une subite pâleur lui blanchit le visage. Le vicomte,
à son tour, laissa percer sur ses lèvres un sourire d'indignation et de mépris ; et retirant alors son pied de la gorge du
malheureux, il ôta son chaperon, et dit à la dame, avec une
courtoisie dédaigneuse :

— Ce sont de pareils loups qu'il faut à la Louve de Penaultier ; je le sais et ne m'en étonne pas; mais peut-on savoir depuis quand elle les chasse, depuis quand il faut des hommes aux dents de ses chiens ?

Puis il ajouta à voix basse et presque inintelligible :

— Est-ce le rebut de ses baisers qu'elle leur jette :

La pâleur d'Etiennette devint presque affreuse, malgré sa surprenante beauté. Cependant elle contint l'expression de la rage qui l'animait, et fit signe à son vidame de se tenir à quelques pas. Puis, du haut de son cheval, regardant Roger, les paupières à demi closes, faisant glisser ses regards à travers ses longs cils, elle lui jeta un sourire, et, d'une voix qui tremblait doucement, elle lui dit, en paraissant vouloir respecter le mystère de son déguisement :

— Etes-vous si mal appris, mon jeune bourgeois, de ne pas savoir que ce qui est permis à l'un est défendu à l'autre ? Si vous m'aviez plus connue, vous en seriez persuadé.

— Ce dont je suis persuadé avant tout, reprit Roger sans faire semblant de comprendre ce que voulait lui rappeler Etiennette, c'est qu'il n'est permis à personne d'user d'un chrétien comme d'une bête fauve ; et ce que je tiens pour vrai, c'est que le chasseur qui prête son cheval à ce cruel caprice d'une femme est indigne de la ceinture militaire.

Etiennette, qui voyait qu'une querelle allait s'engager, se hâta de prévenir la réponse du chevalier, et dit sèchement à Roger :

— Maître bourgeois, si vous allez à Montpellier, priez de ma part la belle Catherine Rebuffe de vous dire s'il y a grande différence entre le jongleur qui se fait loup pour plaire à la dame qu'il aime, et le suzerain de quatre comtés qui se fait manant pour être rebuté par la fille d'un insolent bourgeois.

Ce fut le tour de Roger d'être interdit. Il regarda Etiennette avec colère ; elle lui répondit par un regard de mépris. Cependant il se remit, et répliqua à la châtelaine :

— La différence, c'est que l'un sait ce qu'il fait et où il va, tandis que celui-ci est un pauvre fou dont on se sert comme d'un jouet.

— Ils sont aussi fous l'un que l'autre, dit une voix forte à côté de Roger ; seulement l'un est fou de la tête et l'autre du cœur, et tous deux sont des jouets de femme.

En se retournant, Etiennette et Roger aperçurent derrière eux un homme d'une taille colossale, le visage barbu, le front presque couvert de cheveux noirs et crépus. Il était à pied, et portait, comme Roger, un long bâton ferré et un énorme couteau. Roger le regarda sans se rappeler l'avoir jamais vu. Etiennette eut un mouvement de joie en le reconnaissant.

— S'ils sont fous tous deux, répondit Roger en fronçant le sourcil, du moins il y en a un pour qui nul de vous ici n'a les dents assez longues ; et celui-là dit que ce sont des lâches, qui déchirent le faible et qui n'oseraient égratigner le fort.

Le nouveau venu répondit fièrement :

— Voici un couteau qui a dépecé plus d'une peau qui se croyait plus dure que celle d'un loup.

A ces paroles, Etiennette et cet homme échangèrent un regard où tout un marché sembla conclu dans un instant. Le malheureux jongleur, pendant cette discussion, s'était traîné jusqu'aux pieds du vicomte. Il était couvert de morsures et inondé de sang ; il se souleva un peu lorsqu'il fut près du cheval d'Etiennette, et, se mettant à genoux, il lui dit d'une voix faible et presque inarticulée :

— Je suis votre loup, n'est-il pas vrai ? je suis votre loup. Oui, sire, reprit-il, en se retournant vers Roger, la farouche Etiennette, dont la vertu sauvage lui a valu ce titre si beau de Louve de Penaultier, cette fière châtelaine m'a dit : Je ne veux pas perdre ce nom que tu aimes, et pourtant je t'aime autant que tu aimes ce nom : deviens mon loup, et la Louve te récompensera.

Roger jeta un regard de pitié sur le malheureux poëte ; puis s'adressant à la châtelaine, il lui dit amèrement :

— Oh ! je comprends maintenant les paroles de votre vidame : il faut effacer des propos de nos chevaliers le souvenir d'une nuit trop fameuse ; le traitement fait à cet amant doit servir de démenti au traitement fait à un autre. Du sang répandu sur une robe blanche y cachera des taches de vin, et quelques peaux de loup jetées sur un lit en voileront le honteux désordre. N'est-ce pas cela, Etiennette ?

Elle ne comprit que trop cette allusion à une nuit d'orgie; mais elle n'eut pas la présence d'esprit d'y répondre : l'inconnu s'en chargea, et il ajouta avec un rire significatif :

— Cela est vrai, mais le choix est mal fait ; car un peu de sang noble et un habit de manant conviendraient mieux à cet emploi.

— Tu as raison, s'écria la dame de Penaultier, tu as raison.

Cette fois, le signe d'intelligence qu'elle échangea avec l'inconnu ne put échapper au vicomte. Il comprit toute la menace renfermée dans les paroles de cet homme, et l'assentiment donné à cette menace. Il regarda autour de lui, et vit qu'il n'était entouré que d'ennemis : cependant il était assuré qu'Etiennette n'oserait commander manifestement un meurtre à ses serviteurs, et qu'en se nommant il arrêterait l'obéissance des plus dévoués. Mais à un geste qu'elle fit, tous s'éloignèrent et disparurent dans le chemin par où ils étaient arrivés. Etiennette elle-même poussa son cheval vers ce chemin ; mais, se retournant tout à coup, elle revint sur ses pas et s'arrêta près de Roger. Le malheureux Vidal était étendu mourant à ses pieds : l'inconnu, à quelques pas, restait immobile, appuyé sur son bâton. La dame de Penaultier regarda un moment Roger : elle semblait se complaire à parcourir ces beaux traits si fiers et si calmes ; on pouvait voir qu'un ressouvenir faisait battre son cœur, enflammait ses joues d'une vive rougeur et affaissait sous une pensée enivrante le dur éclat de ses yeux : elle sembla combattre un moment cette pensée ; puis s'en laissant dominer tout à fait, elle tira de son sein une longue tresse et dit à demi-voix à Roger :

— Voici de beaux cheveux coupés sur le seul front qui se soit jamais appuyé sur mon cœur. Ah ! que j'en possède encore une fois autant, et j'en ferai une chaîne qui me liera comme une esclave et une servante !

En disant ces paroles, la voix d'Etiennette était faible et suppliante ; son corps, à demi penché sur son cheval, était comme suspendu au-dessus de Roger ; elle planait, pour ainsi dire, sur lui, et son regard le dominait et l'embrassait à la fois. Un sourire de Roger, et il semble qu'elle tombait éperdue dans ses bras. Le vicomte recula d'un pas, et, sans lui répondre, il couvrit dédaigneusement sa tête de son chaperon, et lui cacha ces cheveux dont elle tenait une tresse si

3.

soigneusement conservée. A ce moment, Etiennette se redressa sur son cheval et cria à l'inconnu :

— Perdriol, il me faut de ses cheveux, c'est à toi à m'en donner. Voici de quoi les reconnaître!

Et en même temps elle lui jeta la tresse qu'elle avait en ses mains et une lourde bourse. L'inconnu la saisit, et, la faisant sonner, il répondit avec un horrible sourire :

— Si beaux que soient ces cheveux, voici de quoi payer toute la chevelure.

Aussitôt la dame de Penaultier, tournant bride, s'élança dans le chemin par où ses domestiques s'étaient éloignés, et, du pied de son cheval, elle heurta en passant le malheureux Vidal, qui, ainsi rappelé à lui, trouva la force de murmurer encore :

— Je suis votre loup... je suis votre loup, n'est-ce pas ?

V

LES ROUTIERS.

Le nom que la dame de Penaultier venait de prononcer eût alarmé tout autre que le vicomte, car il lui apprenait qu'elle le laissait seul avec le plus fameux des brigands qui, sous le nom de routiers ou de mainades, désolaient la Provence. On racontait des choses merveilleuses de son audace et de sa force. Sa cruauté avait jeté l'épouvante dans les campagnes, et Roger ne devait pas ignorer qu'il était pour cet homme un objet particulier de haine. En effet, il avait expulsé sa compagnie de ses territoires et n'avait jamais manqué de faire pendre au gibet de ses châteaux, soit les morts que les routiers avaient laissés dans ses rencontres, soit les prisonniers qu'on avait faits dans le combat. Roger, après un moment de silence, se prit à considérer son ennemi. Celui-ci resta immobile durant cet examen. On eût dit qu'il se complaisait à laisser parcourir ainsi son énorme stature et la musculeuse ondulation de ses membres. Peut-être, en sa pensée, se plaçait-il en face de Roger comme un destin vivant et inévitable ; car il ne paraissait pas probable qu'un jeune homme, au corps élégant et frêle, pût tenter une lutte avantageuse contre cet athlète puissant, dont les formes, développées jusqu'aux extrêmes de la force, attestaient que ce qu'on racontait de sa vigueur n'était pas mensonge et vaine renommée. Une sorte de satisfaction vaniteuse se laissait voir sur le visage de Perdriol, et l'air moqueur, le perfide sourire avec lequel il supportait l'inspection curieuse de Roger, semblaient une assurance intime de sa supériorité et de la crainte qu'elle devait jeter dans l'âme du jeune homme.

Quelque redoutable que fut l'aspect de ce brigand, il n'inspira cependant aucune appréhension au vicomte. Roger avait à la fois ce courage qui méprise le danger le plus certain, et cette confiance de jeune homme qui ne voit de danger nulle part. Toutefois il pensa que le résultat d'une lutte avec Perdriol, si elle ne lui était désavantageuse, lui causerait du moins un retard considérable, et il voulut décider sur-le-champ quel parti il lui fallait prendre pour en finir au plus vite. Ainsi donc il adressa la parole au routier et lui dit :

— Combien t'a donné la belle Louve pour ma tête et mes cheveux, maître brigand ? Dis-moi un peu ce qu'elle estime mort celui à qui elle n'a rien refusé vivant ?

Perdriol secoua dédaigneusement la tête à cette question et répondit à Roger :

— Etiennette est une folle, et je ne t'arracherais pas un cheveu de la tête pour ces vingt pièces d'or, bien qu'elles soient de monnaie pure et sans alliage, et frappées au coin des comtes de Comminges.

— Alors, dit le vicomte, en voici vingt autres et laisse-moi passer. Et il lui jeta une bourse d'une peau souple et mince, dont la forte odeur décelait l'origine.

— Ce n'est pas à ce prix, répliqua le brigand, en laissant tomber la bourse à terre, que je traiterais de ta rançon, si j'avais dessein de le faire, et il me faudrait d'autres sommes que tes vingt pièces d'or pour te rendre ta liberté. Mais sache, vicomte de Béziers, que j'en eusse donné cent fois autant pour l'heure qui est arrivée. Enfin, Roger, grand justicier de quatre belles comtés, te voici en la justice du brigand Perdriol. Sur les os dispersés de mes compagnons pendus par tes ordres, je te jure que la mienne ne sera ni en arrière, ni en avant de la tienne, et que tout ce que tu as fait te sera fait.

— Pour cela, répliqua Roger, il faut tenir ton prisonnier. Allons, puisque mes pièces d'or ne te conviennent pas, voyons si tu trouveras mon bâton de meilleur poids.

Et, sans autre explication, le fougueux vicomte s'apprêtait à attaquer Perdriol, lorsque, des deux côtés de la route, s'élancèrent sur lui une foule d'hommes qui, malgré ses efforts, l'eurent bientôt terrassé et désarmé. Quand Roger eut reconnu que toute lutte devenait impossible, il se laissa paisiblement lier les mains; puis, tandis que les routiers l'emportaient rapidement dans le taillis voisin, il reprit sa figure insouciante, et recommença à siffler selon son habitude; il regarda tous ces visages sinistres, qui l'entouraient, d'un air calme et le plus souvent moqueur. Les brigands étaient déjà à quelque distance de la route, dans un taillis épais où se trouvait une sorte de clairière, lorsque Roger s'écria tout à coup :

— Certes, je suis un grand étourdi; j'ai oublié sur la route ce pauvre Vidal et mon bel Algibeck; allez me les chercher sur-le-champ.

Les routiers se mirent à rire à cet ordre donné avec une aisance toute particulière. Le vicomte, qu'ils avaient couché par terre, se relevant vivement, leur cria avec colère :

— Or çà, bandits, m'avez-vous entendu? Sur mon âme, je vous ferai écarteler avant de vous faire pendre, si vous n'obéissez sur l'heure. Je vous dis que mon cheval Algibeck est ici près, et que le pauvre fou Vidal est sur la route étendu et couvert de blessures.

Les routiers se regardèrent entre eux, surpris de cette assurance. Quelques-uns, la prenant pour une bravade, y répondirent par un sourire de pitié; d'autres, n'y voyant qu'une insulte, menacèrent Roger de leur bâton; car nul de ces brigands n'était autrement armé que Perdriol. On en verra bientôt la raison. Cependant, au milieu des murmures qu'avait soulevés l'ordre de Roger, une voix s'écria :

— Que parle-t-il d'Algibeck? est-ce ce beau cheval de race africaine qu'on dit valoir plus de trente marcs d'argent fin?

— C'est lui, répliqua Roger, et j'accorde sa grâce à celui d'entre vous qui me le ramènera.

Cette fois, ce fut un éclat de rire bien franc qui répondit à cette parole de Roger. Perdriol lui-même, qui causait particulièrement dans un groupe séparé de routiers, retourna la tête et regarda dédaigneusement le vicomte par-dessus l'épaule. Roger continua :

— Oui, sa grâce à celui qui ramènera mon cheval, et sa grâce à celui qui ramassera Vidal et qui le pansera et le sauvera.

— N'est-ce pas un fou? demanda l'un des routiers...

— Oui, reprit gravement Roger, un fou de ceux qui ont été visités par l'Esprit de Dieu, et dont la raison humaine a suivi cet hôte immortel, lorsqu'il est retourné au ciel.

Plusieurs des auditeurs se signèrent à cette déclaration.

— Celui qui bat un fou, dit l'un des brigands, sera maudit et mourra dans la lune de sa malédiction.

— Celui qui le laisse nu et sans pain, reprit un autre, n'aura ni pain, ni vêtement, durant autant de jours que le fou aura prononcé de paroles pour l'implorer.

— Et celui, dit Roger en élevant la voix, qui le laisse mourir déchiré de morsures et saignant par dix plaies, sera déchiré par dix fois, et par dix fois torturé de la main du bourreau.

Quelques brigands voulurent murmurer à cette menace; l'un d'eux les prévint et s'écria :

— Ce serait justice; c'est un fanfaron bavard, mais il a raison pour le fou. Trois fois malheur à celui qui ne le secourt pas quand il le peut!

Quelques hommes se détachèrent alors de la troupe, et allèrent enlever Vidal. Perdriol qui, sans avoir l'air de l'écouter, avait entendu tout ce qui venait de se dire, s'approcha de Roger; mais celui-ci, sans daigner le regarder, lui tourna le dos et répéta à ceux qui étaient près de lui :

— Personne ne veut-il donc gagner sa grâce en me ramenant mon cheval?

Les routiers entourèrent alors leur chef, se mirent à plaisanter cruellement sur l'assurance du vicomte, et sur son désir de revoir son cheval ; Perdriol, après les avoir écoutés, leur répondit en regardant Roger d'un œil qui semblait par avance se repaître des tortures qu'il lui ferait subir :

— Il a raison; n'est-ce pas une coutume de chevalier, qu'on jette dans sa tombe le cheval sur lequel il avait coutume de combattre?

Trois ou quatre voix de jeunes routiers répondirent par une joyeuse acclamation à cette parole du chef, et ils s'élancèrent du côté de la route en criant :

— Au cheval! au cheval!

Roger sourit en les voyant s'éloigner, et, reprenant son indifférence, il se recoucha paisiblement sur la terre. Pendant ce temps, Perdriol donna quelques ordres, et ce fut alors que Roger comprit pourquoi tous les routiers, au lieu d'être, selon leur coutume, le sabre au côté et la lance au poing, étaient vêtus comme des marchands et des campagnards. Il vit, à travers le bois, qu'ils avaient avec eux des mulets chargés, et beaucoup plus de chevaux qu'il n'en fallait pour les monter tous. Devinant alors leurs projets, il s'adressa à l'un des hommes qui veillaient plus particulièrement sur lui.

— Ainsi, lui dit-il, vous allez à Montpellier?

— Oui certes, lui répondit le brigand ; la foire libre de Montpellier a été déclarée hier et restera ouverte pendant huit jours, à partir de demain, c'est-à-dire durant tout le séjour du roi en cette ville.

— Comment, s'écria le vicomte, malgré les représentations de tous les seigneurs, le roi d'Aragon a fait cette folie? Ainsi la noble ville de Montpellier sera pendant huit jours lieu d'asile pour tous les criminels, et vous irez sans doute vendre impunément vos marchandises à ceux à qui vous les avez volées?

— Oui, vraiment, répondit le brigand en ricanant, et si tu ne devais être justicié ce soir, je me ferais plaisir d'aller te vendre ton cheval Algibeck.

— Et je te paierais d'un bon coup de hache sur la tête, répliqua Roger.

— Non pas, sire, non pas, reprit le brigand ; les bourgeois ne sont pas de cet avis ; ils ont payé à leur seigneur, le roi d'Aragon, la somme de dix mille sous raymondiens pour leur foire libre ; ils en défendront les priviléges, et nous protégeront de leurs lances. Ils savent bien qu'il n'y a que cette bonne foi qui puisse faire prospérer leur commerce. Si le roi d'Aragon faisait arrêter un seul homme pour un fait antérieur à ces huit jours, ce serait une trahison indigne, et il mériterait d'être dégradé de son titre de suzerain.

— C'est un moyen infâme de se procurer de l'argent, que de laisser huit jours de relâche, huit jours d'impunité à des brigands de votre sorte, s'écria Roger.

— Ce n'est pas plus infâme, dit Perdriol, qui, tout en disposant chacun de ses hommes et en visitant ses mulets, ne perdait pas un mot de ce qui se disait ; ce n'est pas plus infâme que de vendre sa justice à un évêque qui s'appelle Béranger.

Roger fut vivement surpris de ce que le routier connaissait son marché. En ramenant successivement dans sa tête le souvenir de tout ce qui s'était passé depuis la conclusion de cette affaire, il craignait que Kaëb ne fût un traître qui ne l'avait devancé que pour avertir le brigand de son passage. Cependant le vicomte dissimula à la fois sa surprise et sa colère, et, comme il l'avait déjà fait, il se détourna de Perdriol avec un air de mépris. Ce mouvement, que personne n'avait remarqué la première fois, frappa tout le monde, et le chef lui-même en parut vivement irrité. Mais, à ce moment, les routiers qui avaient fait enlever Vidal reparurent. Outre le misérable poëte, ils ramenaient deux hommes dont l'aspect était singulièrement remarquable.

Ils étaient attachés par une chaîne rivée au bras droit de l'un et au bras gauche de l'autre : cette chaîne avait cinq ou six pieds de longueur, et devait être passablement lourde à traîner ; le plus jeune de ces hommes était un religieux de l'ordre de Cîteaux ; sa taille était élevée, sa figure d'une pâleur et d'une maigreur remarquables ; ses yeux ardents et sombres avaient une puissance d'interrogation inconcevable. Il semblait que cet homme dût lire la vérité dans le fond des âmes, et que, lorsqu'il avait fait une question appuyée de l'inquisition surnaturelle de ce regard, il fût impossible de lui répondre un mensonge. Celui qui l'accompagnait était un homme court et amaigri par l'abstinence, mais qui gardait encore sur son visage les restes pourprés d'une ancienne habitude de bonne chère. Cet homme pouvait bien avoir une cinquantaine d'années, et tremblait de tous ses membres. Il portait une robe flottante qui ne descendait pas plus bas que le genou, et ouverte sur le côté, à la hauteur des bras, qui sortaient nus de ce vêtement. Une croix en feutre était cousue sur la poitrine et sur les épaules. Cette croix était rouge, la partie verticale fort longue, et la barre transversale fort courte, contre l'usage ordinaire. Cet homme n'était autre qu'un hérétique vaudois, accomplissant quelque grande pénitence ; et le religieux qui l'accompagnait était sans doute un de ceux qui, voyant que les prédications ne ramenaient point les chrétiens égarés, s'étaient voués au salut de quelques âmes en les accompagnant dans leurs pèlerinages. Le peu d'esprits exaltés qui avaient embrassé cette rude tâche de conversion étaient l'objet particulier de la haine des hérétiques, et ne trouvaient que peu d'appui parmi les évêques. Car si, par l'exemple de leurs austères vertus, ils avaient souvent rallié à la foi romaine beaucoup de cœurs indécis, ils avaient en même temps fait la plus cruelle satire du luxe et de l'impudicité des abbés et des moines de l'époque. Ces hommes étaient arrivés en Provence à la suite de l'évêque d'Osma. La nouveauté de leurs prédications, et surtout la pauvreté dont ils faisaient affectation, les avaient mis dans le mépris de tous. Mais bientôt le peuple les considéra comme des apôtres. Les évêques, en présence de cette nouvelle milice patiente et pauvre, furent facilement jugés par la comparaison et condamnés dans leurs débordements et leurs ambitions. Leur haine mit donc le plus d'obstacle qu'elle put à l'empire qu'ils acquéraient chaque jour. D'un autre côté, les *bons hommes*, ou prêcheurs hérétiques, dont la meilleure arme contre le clergé étaient les vices mêmes de ce clergé, comprirent qu'ils lutteraient désavantageusement avec de pareils antagonistes. Aussi n'était-il ni embûches ni guerre dont ils ne les eussent entourés. Mais la persévérance de ceux qui avaient entrepris cette lutte était appuyée sur une religion ou un fanatisme si puissant, qu'aucun danger, aucun dégoût ne les rebuta.

Cependant cette sorte d'appariement, par lequel un religieux se vouait à la pénitence d'un pécheur pour veiller à ce qu'elle s'accomplît certainement était une chose assez rare, et elle n'avait lieu que lorsqu'il s'agissait, pour la religion, d'une conquête importante et de quelque personne considérable, dont l'exemple pût entraîner un grand nombre de consciences. C'est ce que savaient les routiers, et c'est ce qui les avait décidés à s'emparer des deux pénitents pour voir s'il n'y avait pas à en tirer rançon. A peine furent-ils arrivés près de Perdriol, qu'un son de cor retentit au loin; le chef en parut joyeux comme d'un signal qu'il attendait.

— Ceci m'annonce, s'écria-t-il, que Buat s'est emparé du château de Mont-à-Dieu; nous y passerons le jour. Cette nuit, nous reprendrons notre route, car, jusqu'à ce que nous ayons atteint les terres du comté de Montpellier, il n'y a de sûreté pour nous que dans nos lances, dans l'ombre de la nuit, ou dans une bonne enceinte de murs; et comme nous avons laissé nos lances pour prendre des bâtons de marchands, et que le jour commence, il faut nous enfermer sûrement. Allons, qu'on attache tous ces prisonniers à la queue de nos mulets; nous réglerons leur compte à souper. Tout le monde est-il ici?

— Oui, répondit quelqu'un, excepté les deux garnements qui ont tenté d'attraper le cheval du vicomte; depuis un quart d'heure qu'ils courent après, ils n'ont pu l'approcher; s'ils n'y renoncent pas, il leur fera faire du chemin.

— Je le crois, se dit Roger en lui-même avec un sourire de satisfaction.

— Tant pis pour eux, dit Perdriol.

— Tant pis pour toi, pensa Roger.

On se mit en route, et, par des sentiers détournés, Perdriol et les routiers gagnèrent le château de Mont-à-Dieu. Il était situé sur un rocher, et l'on n'y arrivait que par une route escarpée. Plusieurs fois, pendant la marche, le chef des routiers s'était approché du vicomte, soit pour le narguer, soit pour le menacer. A chaque fois, Roger, qui causait familièrement avec ceux qui l'entouraient, avait affecté de se détourner, comme avec dégoût, de l'entretien de Perdriol,

Dans sa colère, le capitaine avait essayé de s'en prendre aux autres prisonniers ; mais sa faiblesse et sa folie protégeaient suffisamment le malheureux Vidal ; et lorsque Perdriol voulut s'adresser au religieux, celui-ci garda un si absolu silence, qu'il fallut se contenter des plaintes et des gémissements du pauvre pénitent, qui se lamentait à chaque menace du terrible bandit.

La conduite de Roger était-elle le résultat d'un calcul ou celui d'une hauteur naturelle ? était-ce imprudence ou juste appréciation de sa position ? c'est ce qu'il était difficile de pénétrer ; mais cette conduite n'en attirait pas moins l'attention des bandits, et le mépris qu'il affectait pour leur capitaine, sans le leur adresser à eux-mêmes, fit naître dans leur cœur une sorte de curiosité et presque d'intérêt en sa faveur. Il est hors de doute que Roger savait que nul chef ne pouvait disposer d'un prisonnier sans l'assentiment de tous ses associés. Quelle que fût, d'ailleurs, la part réservée au capitaine, c'était la compagnie en masse qui décidait si le captif devait périr ou être admis à rançon. Aussi Roger n'avait-il pas à craindre que sa façon d'agir lui attirât quelque brutalité de la part de Perdriol ; toutefois, il ne paraissait pas prudent de l'irriter ; et quelques routiers furent si surpris de la conduite du vicomte, que l'un d'eux dit d'un ton où la brutalité se mêlait à quelque chose de triste :

— N'es-tu pas assez sûr d'être coupé par morceaux, jeune homme, que tu aiguises encore le couteau ?

Roger répondit froidement à cet homme :

— Eh ! mon camarade, je n'oublierai jamais qu'un jour j'avais forcé un jeune lièvre à la course ; je le tenais par les deux pattes de derrière, et j'allais l'achever sur les oreilles avec le manche de mon couteau, lorsque le pauvre animal se retourna furieusement et me mordit la main avec une telle rage, que je le laissai tomber et qu'il m'échappa. Je suis pris comme le lièvre, mais j'ai les dents bonnes, et le couteau n'est pas encore levé sur moi.

Cependant on arriva au château, et les compagnons de Perdriol, qui s'en étaient emparés, y reçurent joyeusement leur capitaine et ceux qui le suivaient. Perdriol et Buat se placèrent sous la porte étroite dont la herse était levée, et firent lentement défiler tous les routiers devant eux. Perdriol, s'adressant alors à son lieutenant, lui dit :

— Nous ne sommes pas restés inactifs non plus, et voici des oiseaux pour la cage que tu as prise.

— Quel est ce jeune faucon? dit Buat en montrant Roger, dont le visage parut le frapper d'une vive surprise : il ne me paraît pas de condition à en tirer quelques belles plumes pour empenner nos flèches qui s'ébarbent tous les jours.

— C'est pourtant ce que j'ai de mieux, dit Perdriol, et à défaut de plumes, nous lui tirerons du sang; du plus noble et du plus pur de toute la Provence.

— A ce bourgeois? dit Buat.

— Ce bourgeois, reprit Perdriol, s'appelle le vicomte de Béziers.

A ce nom, Buat pâlit et une émotion profonde l'agita. Cependant tous les bandits qui étaient dans le château se précipitèrent vers la porte, et regardèrent passer Roger avec une ardente curiosité. Mais leur attention fut détournée par Buat, qui, d'abord resté comme anéanti à l'aspect du vicomte, s'écria vivement en voyant le religieux et son pénitent qui s'avançaient à leur tour :

— Sur mon âme! je ne me trompe pas; cet hérétique enchaîné à ce va-nu-pieds est une de mes anciennes connaissances. Jour du ciel! Perdriol, voici notre meilleure prise. Sais-tu quel est cet homme ainsi accouplé à ce chien tonsuré ?

— Quel est-il? s'écria-t-on de toutes parts.

— Eh! par Dieu! répliqua Buat, c'est Pierre Mauran, dit Jean l'Évangéliste, le chef des Vaudois de Toulouse, le plus riche bourgeois du comté. Il a plus de terres que nous n'en pourrions parcourir en un jour au trot de notre meilleur alezan; il a plus d'or que n'en pourrait porter notre plus vigoureux mulet. Ripaille, compagnons! ripaille....... Le jour est heureux, qu'on dresse la table dans la grande salle; les caves sont bien garnies.

Aussitôt les routiers se dispersèrent dans le château, et, quelque nombreux qu'ils fussent, ils eurent bientôt trouvé de quoi faire un splendide repas. En moins d'un rien, les outres de vin de Roussillon, les cruches de vin de Limoux et de Cahors furent montées à la grande salle et les tables dressées; les perchoirs furent dégarnis, la basse-cour massacrée:

les feux allumés dans les cuisines rôtissaient d'énormes quartiers de bœuf, des moutons presque entiers ; il ne manquait ni de cuisiniers, ni de rôtisseurs, chacun se donnant beaucoup de peine dans l'espoir d'un magnifique banquet.

Pendant ce temps, Pierre Mauran, toujours attaché à son religieux, était assis par terre, dans un coin de la grande cour que formaient au centre du château ses quatre tours et les corps de logis qui les unissaient. Pierre Vidal, couché sur de la paille, y recevait les soins empressés de quelques routiers. On l'avait dépouillé de sa peau de loup et vêtu d'un habit plus convenable. Ce malheureux, qui semblait être devenu insensible, voulut résister lorsqu'on le déshabilla, et il répétait sans cesse avec de grands cris :

— Je suis son loup, je suis le loup de la belle Louve. Laissez, elle ne me reconnaîtra plus.

On ne tint compte de ses plaintes et l'on pansa ses blessures. Pendant ce temps, Buat et Perdriol se promenaient rapidement d'un bout à l'autre de la cour, tandis que Roger, nonchalamment appuyé à l'angle d'un mur, les observait avec soin. Ces deux hommes, associés à une même vie de crimes et de pillage, étaient cependant tout à fait dissemblables d'apparence. Perdriol, colosse vigoureux, aux formes repoussantes et brutales, au langage dur et toujours menaçant, était le véritable type du brigand, à vice inné, pour qui le vol, l'assassinat et la cruauté étaient une vie de nature et d'instinct. Buat, au contraire, jeune homme au front élevé, à l'œil noble et fier, pâle et sérieux toutes les fois qu'il ne s'animait pas à quelque parole féroce ou à quelque action cruelle, semblait être jeté là hors de sa nature. Cette existence ne lui convenait pas à coup sûr ; c'était un résultat du malheur ou des circonstances qui l'avait mis où il était. Perdriol, comme un torrent qui s'échappe d'un haut rocher, n'avait eu et n'avait pu avoir qu'une pente, il avait nécessairement débordé dans le crime comme dans son lit naturel. Il n'en était pas de même de Buat, et, en le voyant, l'on eût pu dire de lui qu'il avait dû tenir sa vie un moment suspendue dans sa main comme un buveur tient sa coupe, et qu'après avoir discuté longtemps avec lui-même, il l'avait de sa volonté versée du côté funeste. Mais par cela même qu'il s'était jeté dans la fatale voie par sa volonté, cette volonté de fer l'y rendait souvent plus implacable que Perdriol; et Roger, qui les considérait attentivement, ne dut attendre d'eux aucune espérance de salut, tant ils paraissaient d'accord dans leurs sentiments sur son compte.

— Tout l'or qu'il a obtenu de l'évêque de Carcassonne ne nous vaut pas une goutte de son sang, disait Perdriol.

— Tu as raison, répondit Buat, en jetant un singulier regard sur le vicomte; d'ailleurs Pierre Mauran nous paiera les deux rançons.

Roger entendit cette dernière phrase de l'entretien des deux brigands, et elle ne lui laissait plus de doute ni sur la trahison de Kaëb, ni sur le peu de chances qui lui restaient d'échapper à la mort. D'un autre côté, le nom de Pierre Mauran l'avait vivement frappé; souvent il avait entendu Catherine parler de cet homme comme du frère de sa mère, et l'immense fortune, ainsi que la qualité d'hérétique que lui donnait Buat, ne lui laissait plus de doute sur l'identité du pénitent.

Tout s'apprêtait cependant pour le festin des routiers, les tables étaient dressées, et, comme la nuit approchait, on avait attaché au mur d'énormes flambeaux de résine tirés des forêts de Bellestat. D'après les ordres de Buat, on plaça les prisonniers à l'entrée de la salle, sous la garde de quatre routiers. Tous les autres compagnons, au nombre de deux cents environ, prirent place autour de la table étroite qui occupait les trois autres côtés de la salle. Ils étaient tous assis le dos appuyé à la muraille, de façon que le milieu de la pièce était libre. Ce grand espace servait ordinairement à faire danser les histrions et les bateleurs, et c'est là que se plaçaient les jongleurs qui chantaient des rimes pour égayer le repas des châtelains. Quelquefois ceux-ci y recevaient les hommages de leurs bourgeois, et il y en a qui y tenaient leurs plaids particuliers entre ceux qui relevaient directement de leur justice. Ce soir-là cette place était destinée à devenir le théâtre d'un plus triste spectacle que celui auquel elle avait habitude de servir. En effet, ce château appartenait à Bernard de Got, bourgeois du comté de Narbonne, qui, le matin même, avait quitté sa demeure avec tous ses domestiques, se confiant dans le traité que Perdriol avait passé avec son seigneur, et par lequel toutes les terres qui relevaient de sa comté étaient exemptes de pillage, moyennant une redevance de dix chevaux d'armes ou de cinquante marcs d'argent, au choix du comte. Bernard de Got, dont la richesse était immense, allait à Montpellier rivaliser de magnificence avec les plus hauts seigneurs de la Provence, portant gravé sur son écu ce vieil adage provençal qui fut un moment écrit dans la loi gothique : *Celui-là est noble qui vit noblement.* Il emmenait avec lui ses valets et ses jongleurs qu'il nourrissait et habillait comme l'eût fait un roi. Buat n'avait donc trouvé dans le château d'autres défenseurs qu'un vieux serviteur et quelques femmes, et s'était facilement emparé de la place.

Cependant le repas était servi, la nuit tout à fait tombée, et le moment où le sort des prisonniers allait se décider était probablement venu. Nous avons dit quelle était la disposition du festin, il faut que nous en fassions connaître l'aspect.

A voir la porte d'entrée de la grande salle où le festin avait lieu, on eût dit une caverne de l'enfer. Les nombreux flambeaux de résine, fichés aux murs, répandaient dans la salle une clarté rougeâtre ; la fumée qui s'en échappait lourde et noire montait péniblement jusqu'aux voûtes, ondulant comme les nues pesantes d'un orage, s'abaissant çà et là, s'amoncelant minute à minute. Elle cacha bientôt le plafond sous un voile sombre, épais et suffocant. Les convives, sinistrement éclairés de la flamme sanglante des torches, s'agitaient à travers les gobelets et les coupes, tandis que le vin ignoblement répandu sur les tables et sur le sol, les cris des uns, les appels des autres, les espérances des plus paisibles, et enfin le rire des plus cruels faisaient une horrible fête de ce repas. Roger, qui les considérait avec soin, remarqua que Buat, si ardent à exciter tout le monde, gardait pour lui-même une sage retenue, et goûtait à peine le vin qu'on lui versait, ou le répandait à terre ; et cependant il s'agitait ainsi que les autres, feignant l'ivresse et se plaignant qu'il n'y eût pas assez de gaieté parmi les convives. Bientôt cette gaieté s'alluma à l'ardeur des vins qui ruisselaient de toutes parts, et à l'aspect lugubre du banquet succéda bientôt un tableau non moins hideux, mais plus animé, plus bruyant, plus terrible. Une fois l'ivresse ajoutée à la rudesse ordinaire de ces bandits, ce fut un odieux spectacle que de les voir autour de cette longue table, s'entrechoquant les uns les autres; se levant à demi sur leurs bancs, et retombant lourdement sur la table ; renversant les cruches, dispersant les mets, puis brandissant leurs coupes d'un air féroce qui finissait par un rire hébété ; commençant une chanson qui se perdait dans un bégaiement obtus et invincible ; essayant des récits qui se croisaient les uns les autres, s'embarrassaient, se contredisaient, et finissaient par quelque coup violent asséné à l'un des raconteurs, qui allait lourdement fermenter sous les pieds de ses compagnons. Les uns s'interpellaient, se menaçant de quelque vieille haine, et, levés l'un contre l'autre, tombaient avant de pouvoir s'attaquer; les autres échangeaient leurs coupes, se juraient des fraternités d'armes, et s'entre-baisaient en pleurant d'attendrissement dans une accolade qui les entraînait dans une même chute. Ceux-ci, mornes et abrutis, buvaient coup sur coup, s'emplissant avec l'impassibilité d'un tonneau jusqu'à ce que la machine débordât; ceux-là, plus joyeux, voulant montrer leur adresse, jetaient en l'air les dames-jeannes pour les rattraper au vol, et les dames-jeannes, brisées en tombant, répandaient le vin à flots. Quelques-uns faisaient ce jeu avec leur poignard, qui venait parfois leur clouer la main sur la table, et le sang se mêlait au vin. Les spectateurs riaient ; les blessés hurlaient ; la fumée s'abaissait par degrés. C'était un grincement de deux cents voix rauques et cassées ; c'était l'exhalaison de deux cents haleines puantes et avinées ; c'était la clarté rouge, voilée et enfumée d'une fournaise : c'était une effroyable orgie.

Pourquoi Buat, lui si calme, attisait-il ainsi la débauche et l'ivresse ? Avait-il peur que Roger ne glissât au cœur des compagnons quelque intérêt de sa jeunesse, quelque terreur de la vengeance des siens, et voulait-il prévenir ces sentiments ? Le vicomte ne savait qu'en penser. Il dut croire cependant que tel était son dessein, lorsque, au milieu de ce cliquetis de chants, de plaintes et de menaces, la voix de Buat s'éleva puissante et terrible, et cria :

— Enfants! le capitaine Perdriol dit que c'est le moment de juger les prisonniers.

Roger, qui n'avait pas quitté Buat du regard, comprit

qu'il y avait quelque ruse cachée dans sa conduite ; car Perdriol, saturé de vin jusqu'à l'abrutissement, n'avait d'autre force que de se tenir droit et immobile sur son siége, tandis que sa figure, rouge à crever, luisait comme un tison dans la fumée qui commençait à pendre jusqu'aux têtes les plus élevées. A peine ces mots furent-ils prononcés, que les routiers, qui veillaient sur les prisonniers et qui n'avaient pris aucune part au repas, les entraînèrent au milieu de la salle : le pauvre Vidal comme les autres. Ce fut une chose remarquable que, dans leur malheur commun, le religieux et Roger se regardèrent attentivement pour la première fois, chacun paraissant s'occuper davantage du sort de l'autre que du sien propre ; tous deux cependant, plus curieux qu'intéressés, s'examinant plutôt pour se connaître que pour se plaindre ou se secourir.

Alors chacun se prépara pour le supplice annoncé.

VI

LE MOINE.

D'abord il sembla qu'il allait s'élever une querelle pour savoir par qui l'on commencerait ; mais Buat y mit fin aussitôt. Il se pencha vers Perdriol, comme pour le consulter ; et feignant d'avoir reçu sa réponse, il annonça que la volonté du capitaine était que l'on s'occupât d'abord du religieux et de Pierre Mauran.

—Les affaires d'abord, criait Buat, les plaisirs après : rançonnons ceux-ci, nous nous amuserons ensuite des deux autres.

La plaisanterie eut du succès, et les quatre bandits qui n'étaient pas ivres firent avancer le religieux et Mauran, mettant pour le moment Pierre Vidal et Roger en réserve et à l'écart. Lorsque les deux prisonniers furent ainsi offerts aux yeux de tous, une sorte de silence s'établit sur cette triple ligne de visages enluminés. De minces et perçants sourires qui espéraient une bonne rançon ; des clignements d'yeux moqueurs et cruels ; des doigts tendus pour montrer les victimes ; de petites confidences à voix basse pour se dire secrètement quelque atroce invention de torture propre à bien dépouiller le prisonnier ; quelques-uns, les coudes sur la table, se casant commodément pour le spectacle qui allait avoir lieu ; les beaux parleurs apprêtant des plaisanteries que la vanité d'être plus gais l'un que l'autre promettait de pousser jusqu'au délire de la cruauté ; des visages se renfrognant comme des têtes de juges ; et, par-dessus tout, la belle et pâle figure de Buat, qui jeta, comme Satan, un long et superbe regard sur sa troupe avinée : toutes ces circonstances firent de ce silence quelque chose de plus terrible que le désordre qui l'avait précédé, car la cruauté n'en était pas chassée, et la solennité y pénétrait.

Buat rompit le premier ce silence, et dit à voix haute, et en s'adressant à Pierre Mauran :

— Or sus, maître Pierre Mauran, tu vas ouïr ce que veut de toi la bonne et sainte assemblée devant laquelle tu es admis ; réponds d'abord à ces questions ; d'où viens-tu ?

— De Toulouse, où, après avoir été promené nu et la corde au cou dans la ville, et flagellé durant cette marche, j'ai été appelé à faire amende honorable devant chacune des principales églises de la cité.

— Ensuite ?

— Ensuite, j'ai été lié au vénérable religieux que voici pour aller en pèlerinage en dix-sept églises différentes, pour autant d'années qu'a duré mon crime et mon impiété.

— C'est bien, dit Buat ; et le comte de Toulouse a permis que les légats du pape traitassent ainsi l'un de ses plus riches bourgeois ?

— Dieu l'a voulu et le comte l'a permis, répondit Pierre Mauran.

— Le lâche ! murmura Buat en grinçant des dents et avec l'amer sourire d'un homme à qui revient un affreux souvenir ; puis il continua :

— Alors, tu lui diras ceci : Que le suzerain qui laisse ar-

4.

racher à l'un de ses hommes un poil de la moustache par la main de l'Eglise y laissera un jour toute sa barbe.

— Tu blasphèmes, bandit, répliqua sévèrement le religieux ; c'est la main de Dieu qui a puni cet homme, et qui frappera le comte de Toulouse quand il en sera temps ; songe qu'elle est levée sur toi comme sur tous.

— La main de Dieu ! répliqua Buat avec une dignité qu'on ne lui eût pas supposée, la main de Dieu est pleine de miséricordes et non de châtiments. Puis reprenant sa figure ordinaire, il ajouta : Mais, vous autres moines, vous lui avez mis au bout des doigts les griffes de Satan ; c'est ce qui la rend si dure aux pauvres chrétiens. Tais-toi, moine, et laisse répondre cet homme. — Crois-tu, Pierre Mauran, que pour le salut de ton âme il te faille accomplir les dix-sept pèlerinages auxquels tu t'es soumis ?

— Je le crois, répondit Pierre Mauran.

— Le croyez-vous aussi ? ajouta Buat en s'adressant au religieux.

Celui-ci le considéra avec attention, puis il répondit, après un moment de silence :

— Une heure de martyre peut le sauver comme dix années de pénitence.

Buat sourit dédaigneusement à cette réponse, dont lui seul en ce moment comprit la duplicité ; car le moine croyait avoir ainsi échappé au piège que Buat lui avait tendu en lui adressant sa question ; puis il répliqua au religieux :

— Avez-vous le droit de changer la pénitence de cet homme ?

— Je suis prêtre, dit le religieux, et il est dit au prêtre : Ce que tu lieras sur la terre sera lié dans le ciel ; ce que tu délieras sur la terre sera délié dans le ciel.

— Il suffit, dit Buat ; voici nos volontés.

Jusqu'à ce moment, le plus grand nombre des brigands ne savait où Buat en voulait venir ; mais sûre de son impitoyable cruauté, la troupe étonnée attendait, patiente, attentive et presque calme. Buat monta alors debout sur la table, et, dominant toute la salle, il dit solennellement :

— Nous, compagnons de Perdriol, voulant en cette occasion gagner les bonnes grâces de l'Église, nous permettons, à son intention, audit Pierre Mauran de continuer son pèlerinage, moyennant qu'il nous paiera mille marcs d'or pour droit de péage sur nos terres, droit auquel nos serments nous empêchent de renoncer.

— Bien ! très bien ! cria-t-on de toutes parts.

— Ce droit ne peut être acquitté par cet homme, dit le religieux ; car tous ses biens doivent revenir à l'Église, par don qu'il a promis d'en faire à la sainte abbaye de Bolbonne, une fois sa pénitence achevée.

Un violent murmure accueillit cette réponse. Buat l'apaisa de la main et répliqua :

— Je m'en doutais ; mais puisque la rançon ne peut être acquittée, que nous manquerions à nos premières règles de compagnie en délivrant un prisonnier sans rançon, et que nous ne pouvons cependant laisser périr ainsi une âme faute de pénitence, nous infligerons à ce vénérable bourgeois le martyre qui peut la remplacer, selon l'opinion de ce moine, et de cette façon nous aurons satisfait à nos lois et aux ordres de l'Église. Préparez donc les lacets et les courroies, à moins que ce saint religieux, qui peut tout lier et tout délier, ne veuille consentir à ce que ledit Pierre continue son pèlerinage au prix que nous exigeons.

A cette réplique, un assentiment unanime éclata dans toute la salle, et mille félicitations furent adressées à Buat sur la bonne tournure que prenait l'affaire. Mais Pierre Mauran, secouant sa chaîne, se prit à pousser des cris lugubres en implorant la pitié des brigands.

— Grâce, disait-il, je vous donnerai mes châteaux et mes terres pour le salut de mon corps, et ce digne religieux consentira à cet emploi de ma fortune, puisqu'il me permettra d'accomplir ma pénitence et de satisfaire au salut de mon âme.

— Tes châteaux et tes terres, dit le religieux, appartiennent à l'Église ; tu n'en peux disposer sans rappeler sur toi l'anathème de Dieu et les tortures de l'enfer.

— C'est juste, dit Buat ; ton âme au ciel, tes châteaux à l'Église, Pierre Mauran. Vois ton bonheur, tu touches au martyre. Allons, bienheureux hérétique, voici que tu deviens un saint.

En ce moment, en effet, les quatre exécuteurs s'approchèrent, portant des courroies ayant leurs boucles avec son ardillon à leur extrémité, et ils se mirent en devoir d'en frapper Pierre Mauran. Les routiers souriaient, quelques-uns se frottaient les mains.

— Arrêtez, cria Mauran; qu'exigez-vous? que faut-il faire?

— Signer sur ce parchemin, reprit Buat, la vente volontaire de toutes tes propriétés, et les engager pour mille marcs d'or à ton parent Rastoing, qui nous les paiera à Montpellier pendant la foire libre qui va s'ouvrir.

— Pierre Mauran, dit le religieux, l'Église a reçu ta promesse; songe que ses châtiments t'attendent hors d'ici.

— Pierre Mauran, reprit Buat, qui s'animait à mesure qu'il voyait son plan se développer et s'accomplir, c'est une belle chose que le martyre et le salut éternel; nous allons te fouetter avec nos courroies, comme le Seigneur fut frappé de verges, jusqu'à ce que ta peau se déchire, jusqu'à ce que tes chairs se gonflent et crèvent, jusqu'à ce que ton corps ruisselle comme les fentes d'un rocher après l'orage.

— Non! non!... s'écria Pierre Mauran, je ne veux pas... je signerai... je vais signer.

— Et alors, s'écria le religieux en l'arrêtant par le bras, hérétique relaps et sans espérance, tu seras excommunié et interdit, tu iras par les chemins demandant l'aumône, sans que nul chrétien puisse te la donner : chacun aura le droit de te cracher au visage; tu seras chassé de toute habitation humaine; tu n'auras d'asile que les cavernes, de nourriture que les fruits sauvages; tu tomberas de soif, de froid et de faim, car le pain, le feu et l'eau te seront interdits; l'on ameutera contre toi les chiens des campagnes; et l'on te jettera les pierres des chemins, jusqu'à ce que tu en sois écrasé.

— Miséricorde! cria Mauran, mieux vaut mourir ici : et il tomba à genoux.

— Qu'il soit fait comme tu veux, dit Buat; à l'œuvre, enfants! faites un saint d'un hérétique, mes braves excommuniés : ceci est curieux, compagnons.

Et aussitôt deux des routiers dépouillèrent Mauran jusqu'à la ceinture, et les deux autres se mirent à le frapper de toutes leurs forces. Bientôt les chairs bleuirent, les meurtrissures suèrent le sang, et les plaies s'ouvrirent abondantes et vives. A chaque coup des routiers, un sourd gémissement du patient; à chaque gémissement du patient, une prière muette du religieux, qui, les yeux au ciel et les mains sous sa haire, gardait une figure immobile. Puis, les gémissements, d'abord retenus et amortis par Pierre Mauran, percèrent amèrement ; puis ce furent de cruelles plaintes ; puis des cris aigus : et les routiers accompagnant chaque coup d'un mouvement du corps et d'une joyeuse clameur d'assentiment, il en résulta une sorte de chant général et de balancement universel qui ne s'arrêta que lorsque le patient se releva, brisé, haletant et en s'écriant :

— Assez ! assez ! je vais signer... signer tout ce que vous voudrez...

— Bah ! bah ! dit Buat, tu veux sauver ton corps aux dépens de ton âme ; tu te trompes.

— Non, non, s'écria Pierre ; donne ce parchemin, je vais le signer.

— Si ta main touche ce parchemin, dit le religieux, la justice du légat Milon t'attend. Le bourreau brûlera ta main comme celle d'un pestiféré ; tes chairs seront ouvertes par des tenailles ardentes, et tes blessures cicatrisées par du plomb fondu.

— Oh ! pitié, cria Mauran, pitié... laissez-moi signer, mon père.

— Arrête, ou je te maudis, répliqua le moine, l'œil en feu, les mains tendues et la voix tonnante.

— Courage donc, dit Buat en ricanant atrocement ; l'Église est habile, mais les routiers sont fins ; vos tortionnaires sont savants, mais nos questionneurs sont vigoureux. Qu'on chauffe le dos à ce cuistre.

Et les routiers approchèrent un brasier : ils approchèrent le misérable des charbons qui pétillaient, et exposèrent ses sanglantes blessures à leur cuisante chaleur.

— Courage, martyr, disait avec un enthousiasme ardent le pâle religieux ; courage, ou la malédiction éternelle t'attend.

— Approchez le feu, disait Buat...

Pierre Mauran pleurait et criait. Les routiers applaudissaient.

— Point de faiblesse, ou le tourment d'une heure sera celui de l'éternité ! éprouve-le pour le craindre, s'écria le moine.

— Soufflez, soufflez, disait Buat; soufflez le feu, mes amis... le ciel ne peut s'acheter trop cher.

Le patient criait et hurlait; les routiers crièrent aussi et se dressèrent sur les tables.

— Meurs, s'il le faut, reprenait le religieux; meurs plutôt que de vivre pour voir la maladie te ronger les os comme un chien affamé, jusqu'à l'heure de la mort.

— Ce feu s'éteint, criait Buat; de l'huile au feu, du vinaigre aux blessures.

Pierre Mauran se tordait aux yeux des routiers, qui riaient et se balançaient dans une sorte d'extase de contentement, lorsque la voix du malheureux, comme le déchirement d'un chêne dans l'orage, éclata par-dessus toutes avec un cri horrible.

— Je signerai, dit-il...

Et s'arrachant aux mains des routiers, il s'élança vers la table où était un parchemin, traînant le religieux à sa chaîne. Tous les routiers, le cou tendu, restaient béants et riants, en le suivant des yeux. Roger s'approcha de lui.

Pierre Mauran saisit la plume et voulut signer : l'implacable moine l'arrêta.

— Encore un effort, et je t'absous, lui dit-il rapidement.

— Très-bien, dit Buat; voici le couteau pour te dépouiller le crâne.

— Chrétien, cria le moine, le ciel s'ouvre devant toi : sauve-toi, résiste...

— Encore mieux, répliqua Buat... voici de quoi t'arracher les ongles... sauve-toi.

— Pierre, reprit le religieux, le Seigneur t'appelle, il tend sa droite, il t'assied parmi ses élus; sauve-toi.

— Pierre, ajouta Buat, le fer rougit pour te crever les yeux et t'arracher la langue... sauve-toi.

— Et ton âme sera au ciel, dit le religieux...

— Et tes châteaux aux mains des moines de Bolbonne, dit Buat.

— Et tu verras avec mépris les faux biens de ce monde, reprit le religieux.

— Et les moines se gorgeront de tes récoltes, répéta Buat.

— Et tu t'exalteras dans la gloire du Seigneur, s'écria le premier.

— Et les moines, ivres de tes vins, se pâmeront de rire à ton histoire, ajouta le brigand.

Le moine, à côté de Mauran, le pressant et l'appelant, semblait prêt à le précipiter dans les abîmes de l'éternité; tandis que Buat, debout sur la table, suspendait au-dessus de sa tête les instruments du supplice avec un cruel ricanement : et le malheureux, haletant, flagellé par ces deux voix, l'une terrible et forte, l'autre âcre et féroce, la tête perdue et la raison chancelante, regardait tour à tour le moine et Buat d'un œil déjà atone et stupide.

— Allons, s'écria Buat, signe ou meurs.

— Refuse ou sois damné! cria le religieux d'une voix où tonnait le fanatisme.

Le malheureux Pierre tomba anéanti.

— Qu'on en finisse, dit Buat, irrité de ne pas avoir vaincu cette résistance : qu'il meure à l'instant...

— Meurs aujourd'hui, dit le religieux, pour ne pas mourir éternellement.

Le supplice allait recommencer. Roger s'avança...

— Prêtre, cria-t-il au religieux, ta vertu est celle d'un lâche, ta rigidité celle d'un barbare ; si tu es chrétien, rappelle-toi l'exemple du Sauveur très-miséricordieux, regarde ces épaules ouvertes et brûlées, prends pitié de ce misérable et ordonne-lui de signer.

— Si tu es chrétien, vicomte de Béziers, répliqua le moine avec un mépris froid et hideux, apprends comment le Christ souffrit pour l'exemple des hommes, regarde ma poitrine, et conseille-lui de persévérer.

Et à ces mots, ouvrant sa haire, il fit voir sa poitrine déchirée et sanglante, sa poitrine qu'il avait hachée de la pointe d'un poignard à chaque torture qu'on avait fait subir à son pénitent. Tous reculèrent épouvantés; Buat lui-même devint pensif; les routiers poussèrent un profond soupir d'étonnement; Perdriol ricana ; Roger se tut.

Cependant le courage de Pierre Mauran était épuisé : il signa. Le religieux, ouvrant alors avec une petite clef la chaîne qui les unissait, se sépara de lui, et, étendant la main sur sa tête, il lui dit :

— Pierre Mauran, hérétique et relaps, je t'ajourne devant Foulques, évêque de Toulouse, au saint jour de Pâques...

— Pierre Mauran, dit Roger en écrivant un mot sur un parchemin, va dans ma bonne ville de Béziers, tous ceux qui en habitent les murs sont libres et respectés, hérétiques ou catholiques. Prends cette sauvegarde : les hommes d'armes de tous les comtes de Provence ont coutume de la respecter, et si les moines ne le faisaient pas, je les y habituerais.

— Tu rendras compte de cette action au concile des évêques de la Provence, dit le religieux à Roger ; tu auras à te laver d'avoir arraché un hérétique à la vengeance de l'Église.

— Et qui m'y accusera? dit le vicomte.

— Moi, dit le moine.

— Et qui es-tu pour le faire ? s'écria Roger furieux.

— Je suis un simple religieux d'Osma, répondit le moine, un serviteur du ciel, qui marche pieds nus et dort sur le bord des chemins, et à qui les hommes d'armes ne pourront enlever ni riche abbaye, ni prieuré ; mais sache que si la voie du ciel est rude, la volonté du chrétien est puissante.

— Ton nom, moine? dit Roger.

— Je m'appelle Dominique, répondit le religieux.

Puis, après ces mots que les routiers avaient écoutés dans un profond silence, Buat s'écria en agitant le parchemin :

— Quant à nous, nous avons pris mille marcs d'or à l'Église et rendu une âme au diable : c'est double profit pour des routiers.

Roger regardait avec attention ce moine qui venait de se découvrir à lui si fanatique et si implacable ; il le mesurait en sa pensée comme l'un de ces hommes destinés aux grandes fortunes, si le hasard ne les brise à leur départ.

En ce moment même où un danger personnel l'assiégeait, Roger ne pouvait s'empêcher de lui garder son attention, lorsque les cris unanimes des routiers lui rappelèrent que son tour était venu de répondre devant ce terrible tribunal. Après ce qu'il venait de voir de Buat, il s'attendait à être livré par lui à la colère de tous ces hommes en humeur de férocité, comme on jette une nouvelle proie à celle de limiers déjà alléchés par une première victime. Sa surprise fut donc extrême quand Buat se rassit paisiblement dès qu'il fut question de lui. Un routier secoua alors Perdriol avec violence, et l'appelant dans son ivresse comme s'il était plongé dans un lourd sommeil, il lui cria :

— Eh ! capitaine, voici votre prisonnier : qu'en prétendez-vous faire ?...

— Ah ! dit Perdriol, avec un stupide sourire et en balbutiant.... c'est vrai.... c'est mon prisonnier, le vicomte de Béziers, il m'appartient.... il est à moi.... hé ! hé ! hé ! ce que j'en veux faire ?... je veux le boire et le manger....

Ce propos épouvanta les plus atroces. Quelques-uns, arrivés à un degré d'hébétement hideux, répondirent par un groguement de joie. Roger remarqua le regard perçant de Buat, qui s'attachait ardemment sur lui. Cependant Perdriol continua, en tirant son poignard et en se soulevant à demi....

— Apportez, apportez-moi mon prisonnier....

— Je ne suis point ton prisonnier, s'écria le vicomte de Béziers ; je ne suis pas le prisonnier d'un lâche....

Buat sourit à ce mot qui effleura comme une flèche aiguë l'enveloppe d'ivresse et d'abrutissement qui recouvrait le cœur de Perdriol ; le capitaine en devint pâle, et son œil hagard sembla reprendre un éclair d'intelligence.

— Un lâche, répéta-t-il en essayant de franchir la table.

— Oui, reprit le vicomte, et j'en appelle à tous tes compagnons. Perdriol, tu t'es trouvé avec moi, ton mortel ennemi, face à face dans un chemin enfoncé où il n'y avait d'issue ni à droite, ni à gauche. J'avais en main un bâton, et un couteau à la ceinture ; et toi à la ceinture un couteau, et à la main un bâton ; et quoique ce soient là les armes d'un bandit plutôt que celles d'un chevalier, je t'ai défié et tu as eu peur, et m'as fait désarmer par trente de tes hommes. Je dis donc que tu n'es qu'un lâche.

Le terrible Perdriol, redevenu rouge et haletant, rugissait sans pouvoir parler et faisait de vains efforts pour s'élancer par-dessus la table. Buat, d'un léger signe de tête, fit comprendre à Roger qu'il fallait continuer ; les routiers, qui estimaient, malgré leur férocité, tout ce qui attestait un courage personnel, se taisaient et attendaient.

— Perdriol, continua Roger, quoique tu sois le plus infâme brigand de la Provence, si jamais dans une rencontre je t'eusse trouvé à la longueur de mon épée, je te jure que je n'eusse commis à personne le soin de te punir; mais alors je te croyais digne d'une mort de soldat, et je vois que tu ne vaux que le gibet.

Perdriol, suffoqué de colère, retomba sur son banc; et là, écumant, étouffé, il essaya quelques ordres inarticulés, et ne put se faire entendre. Buat le regarda un moment, et après lui tous ses compagnons : l'attention était immense, mais indécise; il hasarda de la déterminer : il se mit à rire, et la moitié des routiers fit de même. Roger sentit que Buat voulait le sauver; mais la raison de Perdriol s'éveilla à cette audace de ses compagnons, comme elle avait fait un moment à l'insulte de Roger. Il se redressa, et, promenant un regard presque assuré sur sa troupe interdite, il s'écria d'une voix redevenue soudainement intelligible :

— Mes compagnons! attendez, attendez pour rire que je sois mort, et qu'on ait attaché la pierre de ma tombe avec des chaînes de fer scellées de plomb fondu, ou jamais sourire de femme n'aura coûté tant de larmes que le vôtre. Quant à toi, vicomte, j'ai promis ton sang au sang de nos compagnons versé dans les combats, et tes os aux os de nos compagnons pendus et flottants à tes fourches patibulaires; et ceci n'est pas pour rire, je te le jure.

Ces mots furent d'un effet prodigieux : ils remirent Perdriol et le vicomte chacun à sa place. Le capitaine reprit son ascendant et reparut dans toute sa force; Roger retomba un objet de haine et d'exécration pour les routiers. Il voulut reprendre ses avantages, et s'écria vivement :

— On ne verse que le sang de ceux qui combattent courageusement, et je n'ai pu faire pendre que ceux qui ne fuyaient pas assez vite; aussi es-tu sain et sauf, Perdriol.

Mais Buat n'osait plus rire, et les routiers murmurèrent : car Perdriol se tint debout, ferme sur ses jambes, l'œil étendu sur tous. Puis, ce reproche de lâcheté, qui les avait presque surpris d'abord à la vue de leur capitaine ivre et impuissant, leur semblait une insulte qui ne pouvait l'atteindre, maintenant qu'il se replaçait à leurs yeux dans sa posture d'audace inouïe et de force irrésistible. Le silence était grand, chacun demeurait immobile, et Buat, la tête dans ses mains, semblait renoncer à conduire cette nouvelle scène, comme il avait fait de celle de Pierre Mauran. Roger lui-même jeta autour de lui un regard inquiet, comme pour découvrir un secours dans quelque hasard ; mais il s'aperçut que la fuite ou le combat était impossible. Sur un signe de Perdriol, les quatre routiers avaient tiré leur poignard sur lui: la mort était inévitable.

Roger parcourut de nouveau toute cette salle, et rencontra la figure du moine attentive et joyeuse. Sur un nouveau signe de Perdriol, les quatre routiers s'approchèrent du vicomte. Il essaya encore d'interroger du regard tout ce qui l'entourait, cherchant une arme, une issue, un incident, quelque chose à tenter enfin ; mais il ne vit qu'un cercle de visages béants qui déjà se ravivaient à l'espoir du sang et des supplices. Cependant il fallait se résoudre à mourir en tendant la tête comme une victime, ou prendre un parti désespéré de défense. C'était du moins une chance de mort plus facile. Dans une lutte, pensa Roger, les brigands ne ménageront pas la victime comme dans un supplice, et, si je dois périr, ce sera au moins d'un coup de poignard ou de bâton bien asséné qui en finira tout de suite. Roger mesura donc de l'œil les deux hommes qui étaient le plus près de lui, et, sûr de les renverser, il se décida à s'élancer sur Perdriol, à s'attacher à ce colosse et à le jeter vivant sous ses pieds. C'était encore une chance de salut : car la troupe des bandits pouvait vouloir racheter la vie de Perdriol ainsi menacée. Roger allait exécuter ce projet, lorsque tout à coup Buat releva la tête, et, commandant le silence, de la main, d'un air étrangement alarmé, il parut écouter. Ce mouvement détourna l'attention de Roger, et quelques brigands eux-mêmes prêtèrent l'oreille, comme s'ils avaient entendu un son lointain. Mais le bruit que chacun avait cru saisir ne se renouvela pas, à moins que ce bruit ne fût le triste et doux gémissement qui partit de l'un des coins de la salle. On regarda, et l'on vit Pierre Vidal qui se soulevait. Lui aussi paraissait écouter quelque signal perdu dans l'espace, et, l'œil animé, souriant à sa folie et à son espérance, il balançait lentement la tête et murmurait doucement une chanson. Le respect qu'inspirait la folie, joint à la vénération que cette époque portait aux poëtes, fit diversion aux sentiments cruels des routiers, et lorsqu'on put entendre que Vidal voulait chanter, tout le monde se tut soudainement et on l'écouta en silence. Voici la chanson qu'il disait et qu'il avait lui-même composée et adressée à ses rivaux, en y conservant toute l'allégorie que le surnom bizarre de la dame de Penaultier permettait d'y introduire :

> Elle dort, dites-vous, seule sur sa montagne ;
> Allons, troupeaux joyeux, y chercher pour compagne
> Cette blanche brebis pour quelque fier bélier.
> Fuyez, béliers, agneaux ! fuyez troupeaux sans force !
> Oh ! ne vous laissez pas attraper à l'amorce
> Qui la fait voir si douce à l'œil de son gibier.
> Vous y péririez tous, comme sous l'avalanche,
> Dispersés et meurtris : car cette brebis blanche,
>   C'est la Louve de Penaultier.

Le supplice de Roger n'était pas assez ardemment désiré pour que la troupe n'acceptât pas la distraction qui s'offrait en attendant l'autre : aussi elle écouta ce couplet avec attention. D'ailleurs la voix de Pierre Vidal avait quelque chose de si pur et de si sonore à la fois, qu'elle vibrait parmi ces flots de fumée et ces exhalaisons fétides de vin et de débauches, comme un rayon de lumière du ciel, comme un souffle frais de la mer.

Perdriol voulut parler.

— Pauvre fou ! s'écria Buat avec un accent de pitié pour Vidal et de reproche pour le capitaine.

Les routiers furent de l'avis de Buat, si laconiquement exprimé, et il se forma une sorte de murmure général des mots : — Oui ! oui ! qu'il chante ! — C'est la bénédiction du ciel que les chansons d'un fou. — C'est un pronostic de joie.

— C'est un bouclier contre la mort, dit Buat en adressant ce mot à Roger.

Le bruit assez calme qu'avait fait naître ce petit incident fut encore interrompu par l'attention qu'on prêta à un son lointain qui semblait avoir pénétré dans la salle. Mais cette fois était-ce une plainte de Vidal, le gémissement d'un hibou, le son d'un cor, ou l'une de ces imitations des instruments que quelques jongleurs poussaient jusqu'à la perfection, et dont ils se servaient pour attirer l'attention de leurs auditeurs ? Aucun des brigands n'était assez calme pour en juger, excepté Buat peut-être; mais il parut n'avoir rien entendu. Aussitôt le second couplet mit fin à toute réflexion à cet égard.

> Ah! vous avez voulu vous approcher encore,
> Et vous tremblez, agneaux, car son œil vous dévore.
> Sa griffe vous retient, sa dent vous fait crier.
> Oh! ce n'est pas ainsi qu'il faut que l'on approche :
> Cette Louve terrible est reine sur sa roche.
> Malheur à qui la flatte ou la veut supplier!
> C'est en la menaçant qu'il lui faut apparaître.
> Faites-vous loups, agneaux : un loup sera le maître
>   De la Louve de Penaultier.

Les routiers connaissaient l'histoire du pauvre Vidal, et ils se prirent à rire à cet avis qui lui avait si mal réussi pour lui-même. Mais ce rire fut aussitôt interrompu par le son bien distinct d'un cor à une distance assez rapprochée.

— C'est Kaëb, pensa Roger.

Toute la troupe s'émut et se tourna vers son capitaine. Buat était plus pâle que jamais; il semblait indécis entre deux partis qui se combattaient dans son esprit. Un silence glacé s'étendit sur toute la salle, et Perdriol lui-même se redressant sur son banc, cherchait à donner des ordres. Un nouveau son éclata, mais si rapproché qu'il semblait que celui qui faisait entendre successivement ces appels arrivât sur les ailes du vent.

— C'est Kaëb, pensa de nouveau Roger, Kaëb monté sur son agile coursier.

— Trahison! s'écria Buat : que personne ne sorte! On a livré le secret de notre séjour ici. Que chacun songe à se défendre.

Et d'un geste particulier il désigna Roger, et Pierre Vidal qui était près de lui. Le vicomte s'en rapprocha tout à fait sans trop comprendre le but de ce qu'on lui indiquait, lorsque Perdriol s'écria au milieu de son ivresse :

— Tuez d'abord! sus au vicomte! sus! frappez!

Les quatre routiers s'élancèrent sur lui. Mais, par un mouvement instinctif de protection, Vidal, à l'aspect des poignards tirés, se dressa entre eux et le vicomte, et les bras s'arrêtèrent. Roger comprit le geste de Buat, et, s'emparant de Vidal avec la force supérieure dont il était doué, il s'en fit un bouclier, selon l'expression du brigand.

— Frappez!... frappez! criait Perdriol; fou et vicomte, tuez! tuez!

Mais Buat s'élança sur la table, et, d'une voix retentissante, interrompant à temps les ordres de Perdriol, il s'écria de nouveau :

— Trahison! vous dis-je, enfants, on frappe à la porte du château : nous sommes vendus.

Cette nouvelle allocution surprit les routiers : car véritablement des coups redoublés ébranlaient la porte qui était en tête du pont-levis.

— Sus! sus! au vicomte! criait Perdriol avec rage.

Mais déjà les routiers ne l'écoutaient plus; ceux même qui étaient près de lui cherchaient à le maintenir pour mieux juger du bruit. On parvint à écouter, et l'on reconnut que les coups étaient précipités mais faibles. Un éclair de rage et presque de désespoir passa dans les traits de Buat.

— Ce sont des enfants qui jouent, reprit Perdriol. Au vicomte! au vicomte!... A moi son sang, puisque personne ne peut me le verser! et à son tour, il s'élança sur la table à côté de Buat.

— Aux armes! cria celui-ci avec violence, et en retenant le capitaine de sa main de fer : j'ai entendu les pas des chevaux : aux armes!

Ce cri, répété par les brigands, couvrit bientôt les violentes réclamations de Perdriol. Tous les routiers s'élancèrent hors de la salle pour aller chercher leurs armes. Le capitaine, furieux, se débarrassa enfin des mains qui le tenaient et voulut se précipiter sur Roger, mais un coup de poignard de Buat l'étendit mort. Roger et le religieux demeurèrent stupéfaits. Buat s'approcha du vicomte et lui demanda avec une singulière autorité :

— Me connais-tu, Roger?...

Roger le considéra; il crut retrouver dans ses traits, qu'il n'avait vus que de loin, une ressemblance singulière, mais inexplicable.

— Connais-tu ceci! s'écria le jeune homme; et il montra à Roger une image peinte sur vélin.

— Grand Dieu! cria le vicomte, ma...; et il reporta avec stupéfaction ses regards sur Buat.

— Tais-toi, Roger! lui dit Buat assez haut. Puis il ajouta plus bas : Maintenant, ta foi de chevalier que tu m'accorderas à Montpellier la protection que tu as trouvée ici.

— Je t'en donne ma parole, dit le vicomte.

— Je t'en relève, dit le religieux.

Les deux jeunes gens le regardèrent avec colère et mépris à la fois; mais il soutint fièrement leurs regards.

— Viens donc, dit Buat, et emmenons ces misérables, car lorsque mes compagnons verront Perdriol ainsi tué, ils voudront vous massacrer tous.

Et il les fit passer par une porte basse, qui, de corridors en corridors, conduisait au rempart. Ils y marchèrent quelque temps, Roger portant Pierre Vidal, et le routier le pauvre Mauran : le religieux les suivait.

— Et toi, dit Roger en avançant, que diras-tu pour nous avoir laissés fuir?

— Moi, répondit Buat en montrant Pierre Mauran, voilà ma justification : supplice et rançon; le misérable a payé pour tous. Je voulais les dégoûter de cris et de tortures, et t'obtenir les honneurs du combat pour te sauver, ainsi que j'avais cru que c'était ta pensée; mais cela a tourné autrement, tant mieux.

— Mais pour Perdriol, demanda Roger avec un intérêt qui prenait un caractère d'affection, que diras-tu?

— Que je l'ai tué, parce qu'il trahissait, reprit Buat.

— Comment! s'écria Roger.

— A Montpellier, à Montpellier, répéta le brigand, tout s'éclaircira. Nous voici à la porte du rempart. Allons, sortez et protégez-vous maintenant.

— Buat leur ouvrit alors une porte basse, et ils se trouvèrent au pied d'une tour qui semblait à pic au pied d'un précipice.

— Chargez-vous de votre ancien compagnon, dit Roger au religieux, je porterai celui-ci.

— Dieu l'a maudit, et maudit soit celui qui lui prêtera son aide, dit Dominique en s'éloignant, après avoir étendu sur lui et sur Roger ses bras en signe de malédiction.

Le vicomte fut tenté de le punir. Cependant Pierre Mauran,

rappelé à lui par la fraîcheur de la nuit, essaya de marcher, et, grâce à ces efforts prodigieux dont l'homme est capable lorsqu'il tente son salut, ils gagnèrent un sentier plus praticable. A peine y furent-ils arrivés que Roger siffla doucement, et presque aussitôt son cheval Algibeck arriva à côté de lui, et immédiatement après Kaëb les rejoignit. Ils placèrent chacun l'un des malheureux en avant de leur cheval, et s'éloignèrent bientôt à toute course.

LIVRE DEUXIÈME

I

CATHERINE.

— Vous dites qu'il vous a montré l'image d'une femme dont le nom vous est cher, et que vous lui avez promis de lui accorder sa première demande, disait Catherine Rebuffe au vicomte de Béziers assis à ses pieds ; quelle est cette femme, Roger ? je veux le savoir.

— Cette femme, répondit le vicomte avec tristesse, je ne puis te dire qui elle est, et je voudrais ne pas l'avoir vue.

— Ah ! dit Catherine en se détournant légèrement de lui et en repoussant sa tête qui reposait sur ses genoux, encore quelque maîtresse, n'est-ce pas ? encore quelqu'une de ces femmes qui regardent votre amour d'aujourd'hui comme un abaissement de votre cœur, comme un vol fait à leurs coquetteries ? Oh ! noble vicomte, pourquoi vous ai-je aimé ?

— Non, Catherine, répondit Roger en souriant, cette femme n'était point ma maîtresse : elle avait un titre plus sacré que celui de mon amour ou de mon caprice.

— Était-ce donc l'image de votre épouse ? dit curieusement Catherine.

— Ce n'était pas elle, répliqua encore Roger pensif.

— Alors, s'écria vivement la jeune fille, c'était donc ?....

— Roger leva sur elle un regard presque sévère, et Catherine se tut. Elle baissa humblement les yeux, garda le silence, et, comprenant en son cœur qu'elle avait deviné, elle ramena la tête de Roger sur ses genoux ; et lui passant doucement les mains dans les cheveux, elle lui dit :

— Et puis, mon Roger ?

— Et puis, continua le vicomte, après que nous fûmes sortis, comme je te l'ai dit, nous nous éloignâmes avec Kaëb de toute la vitesse de nos chevaux. Nous eûmes bientôt rejoint le petit nombre de chevaliers qu'il avait rencontrés sur la route se rendant à Montpellier, et qu'il avait instruits de ma mésaventure. Ils voulaient à toute force aller reprendre Mont-à-Dieu ; mais je ne me suis pas senti le droit de jeter ce nouvel embarras à Buat, et je les en ai dissuadés. Mais ce que je ne puis m'expliquer, c'est que cet infernal moine arriva presque aussitôt que nous, et je ne puis oublier le regard singulier qu'il attachait sur moi, tandis que je détournais les chevaliers de leur entreprise.

— Ce moine me fait peur, Roger, dit Catherine avec un tressaillement d'enfant qui lui fit presser doucement la tête de Roger sur ses genoux.

— Peur ! dit Roger qui répondait peut-être plus à sa propre pensée qu'aux paroles de Catherine ; peur ! non certes, mais dégoût.

— Et puis? dit encore la belle fille.

— Et puis, dit Roger en se mettant à genoux sur le coussin où il était assis et en regardant Catherine, les yeux et la bouche souriant, et puis, j'ai laissé ce pauvre Vidal et ton oncle aux soins de ces chevaliers, et je suis accouru avec Kaëb qui m'a quitté à quelques lieues de Montpellier.

— Une seconde fois ! dit Catherine avec curiosité.

— Une seconde fois, répondit Roger en lui baisant les mains et en parcourant du regard son frais visage avec un amour vaniteux de la trouver si belle.

— C'est bien, c'est bien, dit la jeune bourgeoise en retirant ses mains ; mais comment a-t-il appris votre captivité? et pourquoi vous a-t-il encore quitté?

— Je ne sais, répondit Roger en caressant les cheveux bruns de sa jeune maîtresse.

— Comment? dit Catherine, tout en essayant de maintenir

les mains de Roger dans les siennes, vous n'avez pas demandé à votre esclave où il allait ainsi?

— Je pensais où j'allais, reprit le vicomte, et je ne me sentais ni l'humeur ni le loisir de lui casser encore un bras. Kaëb est mon esclave, mais comme le chat qui habite notre maison; il m'appartient, mais je n'en suis pas le maître.

— Et vous ne craignez pas que cet homme vous trahisse? dit Catherine, plus curieuse à mesure qu'elle parlait.

— Je ne crains d'autre trahison que la tienne, dit Roger en souriant dans un baiser.

— Ah! Roger! dit en rougissant la jeune fille : puisque je t'ai dit que je t'aime, que veux-tu? laisse-moi. N'es-tu pas heureux ainsi?

— Quoi! dit Roger, dont la voix s'adoucit avec le regard, ne désires-tu rien au delà de notre amour!

— Rien, mon beau Roger, répondit Catherine en souriant : tu m'aimes, toi, le plus noble chevalier de la Provence, que veux-tu que désire de plus une pauvre orpheline?

— Oh! reprit Roger, quand tu attaches ainsi tes yeux sur les miens, il me semble que ton regard descend jusqu'à mon cœur, et je le sens qui se gonfle et bondit avec fureur! Quand ta voix me dit : Je t'aime, elle m'agite comme un souffle d'orage : quand ta main me touche, elle me brûle! N'éprouves-tu donc rien de ces douleurs, de ces tourments, de ces désirs?

— Rien vraiment, dit Catherine moitié étonnée, moitié attendrie : tu me dis toujours que tu souffres! Puis, après ces paroles, elle le regarda avec un doux sourire malicieux. Puis effleurant elle-même les lèvres de Roger d'un baiser rapide :

— Tiens, méchant, lui dit-elle, je sais bien ce que tu voulais.

Et, comme une fée légère, elle glissa entre les bras de Roger qui n'osa la retenir : car, parmi les transports qui lui dévoraient le cœur, ce qui lui plaisait encore le plus, c'était ce frais et pudique amour de Catherine, enfant dont l'ignorance lui ménageait chaque faveur plus lentement que la plus adroite coquetterie n'eût pu le faire. D'ailleurs, Roger, son amour fixé et attaché sur elle, comme un serpent sur sa proie, la voyait résister vainement, se débattre avec des plaintes, et s'approcher de sa chute pas à pas, sans qu'il pût comprendre le puissant prestige dont il l'entourait; et, joyeux, il attendait l'heure ineffable où, pure de corruption et de violence, elle se jetterait à lui, en disant : « Je t'aime!... » mais avec une autre voix que celle d'aujourd'hui.

Cependant il s'était assis à la place que venait de quitter Catherine, et la regardait jouant dans la chambre où ils se trouvaient, arrachant, des vases d'argent où elles baignaient leurs pieds, des fleurs dont elle jetait les débris à Roger. Elle lui dit alors :

— Mon beau vicomte, la cour d'après-demain sera bien belle, n'est-ce pas? et tu en seras le beau chevalier. Tu as une riche armure, je suppose, brillante d'or et d'argent. Moi, vois-tu, je serai aussi belle que les plus nobles dames qui y paraîtront, fût-ce la reine d'Aragon et la comtesse de Comminges. Ta petite femme y sera sans doute : il faut qu'elle les efface aussi toutes en magnificence, excepté moi pourtant.

Comme Roger se leva et parut devenir sérieux à ce souvenir, Catherine lui dit vivement :

— Je le veux, Roger : vous n'êtes pas juste pour cette enfant. Agnès de Montpellier est déjà la belle Agnès, à ce qu'on m'a dit. D'ailleurs elle vous appartient; tout ce qui t'appartient doit être beau, dit-elle en s'approchant du vicomte et en lui faisant un collier de ses bras; et demeurant dans cette position, elle continua en parlant si près à Roger que sa jeune et suave haleine le brûlait et l'enivrait :

— Moi, vois-tu, je serai vêtue d'une robe de laine de Tunis brochée d'or; ma sobreveste sera de soie, et le tour garni de pierres précieuses; j'aurai des diamants dans mes cheveux, et des fourrures aux manches ouvertes de ma chape.

— Et les ordonnances du sénéchal d'Aragon, ma belle bourgeoise! dit Roger en souriant.

— Et ne suis-je pas pupille des consuls de Montpellier, reprit Catherine, puisque, lorsque mon père mourut en me laissant la plus riche héritière de la Provence, je n'avais dans le comté aucun parent qui pût devenir mon tuteur? et ne suis-je pas ainsi placée au rang des plus nobles dames? Et c'est pour cela que je serai dans le haut échafaud des consuls, un bel échafaud tendu d'étoffes et ombragé des bannières de la ville, tout près de l'estrade de la reine, avec des gardes et des archers comme elle ; tu verras comme je serai fière et sérieuse, et si ce n'est pas moi qui semblerai la reine et elle la bourgeoise.

Dans cette douce attitude, Catherine se plaisait à sourire à Roger, à lui faire la moue, à le contrefaire les yeux à demi fermés, jouant comme un enfant avec l'amour qu'elle inspirait, plus dangereuse qu'une plus habile, l'attirant à elle et s'éloignant quand il cédait, se dressant sur la pointe de ses pieds pour être à sa hauteur, et lui, plus enivré qu'il ne le fut jamais des voluptueuses et ardentes caresses de ses maîtresses, se soumettait en riant à cet enfantillage, lorsqu'un coup violent frappé à la porte de la rue épouvanta Catherine, et la jeta tremblante dans les bras de Roger.

— Dieu ! mon Dieu ! s'écria-t-elle, je suis perdue !

— Qui peut donc venir à cette heure du soir ? dit Roger en baissant la voix.

— L'un de mes tuteurs, à coup sûr, dit Catherine, et sans doute le sire de Rastoing ! Oh ! malheur à moi ! s'il veut mettre sa mule à l'écurie, il y verra ton cheval Algibeck.

— Pourquoi ne pas l'avoir laissé attaché à la porte du jardin ? dit le vicomte.

— Las ! il était blanc d'écume et saignant au flanc : c'est ton cheval chéri : pauvre moi, j'en ai eu pitié, et il est à l'écurie.

Ils écoutèrent aussitôt et entendirent la voix de la nourrice de Catherine qui disputait l'entrée de la maison à un homme. Quelques serviteurs la soutenaient, mais la voix imposante de celui qui insistait rendait leurs représentations tremblantes et indécises.

— Justice divine ! s'écria Catherine, c'est le roi sans doute.

— C'est Pierre, en effet, dit Roger avec colère ; comment se fait-il qu'au mépris des conventions il ait pénétré dans Montpellier avant le jour de dimanche qui était convenu ? Ce n'est que ce jour que mon oncle de Toulouse et moi devons y être introduits. Il est venu sans doute pour intriguer près des consuls et des nobles de la ville, le serpent !

— Beau vicomte, lui dit Catherine d'un air moqueur, vous êtes dans la ville, et je ne crois pas que le roi d'Aragon soit ici à la porte d'un consul.

— Serait-ce donc, dit Roger dont la parole acheva la phrase ; serait-ce donc pour toi ?

— Oui ! oui ! ajouta bien bas la jeune fille ; depuis le jour qu'il me vit sur les remparts, il m'obsède de ses messages.

— Et tu les as reçus ? dit Roger sévèrement.

— Et même encouragés, répondit Catherine ; écoute, ajouta-t-elle encore plus bas, écoute ce qu'il dit.

— Allons, allons, valets, s'écriait Pierre, je vous dis que le sire de Rastoing m'a donné rendez-vous dans cette maison.

— Aussitôt Catherine, s'échappant des bras de Roger, s'élança vers le haut de l'escalier, et s'écria :

— Laissez entrer ce chevalier ; menez-le dans la grande salle où le souper est préparé. Le sire de Rastoing va venir.

Roger demeurait confondu et ne pouvait comprendre ce qui se passait ; mais son étonnement fut bien plus grand encore, lorsque Catherine le prenant par la main, lui dit doucement :

— Allons, maintenant, beau sire, il faut partir ; le temps du plaisir est passé ; c'est l'heure des affaires.

Si ce qu'il entendait étonnait profondément Roger, l'air de mystère et de gaîté dont Catherine accompagnait ses paroles le surprenait plus encore. Il se crut le sujet d'une plaisanterie, car il n'eût osé penser à une trahison. Cependant, malgré les instances moitié rieuses, moitié pressantes de Catherine, il ne s'en allait pas, résistant de même qu'elle priait, moitié riant, moitié fâché. Elle demanda enfin sérieusement qu'il s'éloignât, et il refusa sérieusement. A ce refus, Catherine devint pâle et tremblante. Il y avait un singulier étonnement dans sa crainte, le même, en vérité, que celui de Roger, lorsque Kaëb ne lui obéit pas tout de suite. Alors elle prit le bras de Roger, et, le secouant comme s'il lui paraissait tombé dans une distraction inouïe :

— Roger, Roger, lui dit-elle, il faut que vous partiez ; entendez-vous : le roi d'Aragon est en bas qui m'attend.

Il y avait dans cette étrange invitation tant de naïveté, que Roger vit bien tout de suite qu'il ne s'agissait pas d'une intrigue d'amour dont tout au moins Catherine fût complice ; mais il savait que Rastoing pouvait bien l'avoir attirée dans quelque piége honteux ; il savait que le libertinage de Pierre ne ménageait aucuns moyens pour arriver à ses fins ; et, tout en se rassurant sur le compte de l'innocence de Catherine, il en fut d'autant plus alarmé pour elle, et se résolut encore plus fermement à rester. Pendant qu'il discutait ainsi en lui-même, le temps se passait ; Catherine le priait, et lui, embarrassé de motiver son refus, répondait à peine, lorsqu'un nouveau coup, frappé à la porte, les fit taire tous deux.

— C'est le sire de Rastoing, dit-elle à Roger avec un regard où toute sa perte lui était reprochée.

— Non, pardieu! s'écria le vicomte plus surpris qu'on ne saurait l'imaginer, ce n'est point le sire de Rastoing, c'est mon oncle de Toulouse qui insiste aussi pour entrer. Puis, il ajouta vivement : Ecoute, Catherine, nous venons tous trois à Montpellier pour y vider nos différends : cet entretien de mes anciens ennemis, avant le jour fixé, ne peut être qu'une intrigue contre moi. Il faut que je la connaisse, ou mal m'en arrivera. Maintenant, si tu veux, je suis prêt à sortir.

— Viens donc, dit Catherine, et sois témoin de tout. et de ce que le conseil de mes tuteurs a exigé de moi en cette circonstance.

Aussitôt, par un escalier particulier, elle fit descendre Roger dans une petite chambre contiguë à celle où le souper était préparé pour quatre personnes, et le quitta aussitôt pour aller au-devant du sire de Rastoing qui arrivait enfin. Il descendit lentement de sa mule, et, selon son habitude, il allait la conduire lui-même à l'écurie, lorsque Catherine, saisissant le premier regard qu'il jeta sur elle, prit un air déterminé, et lui dit avec rapidité :

— Monseigneur, je suis venue à votre rencontre pour vous déclarer que je ne veux point assister à ce souper, et que je ne veux point servir d'instrument à vos intrigues.

Le digne consul fut si stupéfait de la déclaration, qu'il laissa tomber ses bras le long de sa robe brune, et que la bride qu'il tenait lui échappa. Catherine s'en saisit, la jeta à un valet et ne put s'empêcher de rire au nez de son tuteur.

— Sainte vie ! que dis-tu là, enfant? s'écria le sire de Rastoing ; une affaire, menée depuis deux mois avec la prudence la plus ingénieuse, manquer par l'étourderie d'une tête folle! Mais tu n'as donc pas compris que le sort de Montpellier en dépend?

— Est-ce que je le sais, moi? dit Catherine en boudant et toute décidée à se laisser fléchir, car le valet emmenait la mule du brave consul.

— Ah! s'écria rapidement le sire de Rastoing, en croyant user à propos d'une éloquence qui passait pour entraînante parmi les bourgeois! ah! Catherine, ne jette pas ainsi la belle couronne que je te prépare ; toi, pupille de la noble cité de Montpellier, tu es admise à partager le soin de son salut. Nous, hommes, nous combattons par la force, la patience et l'adresse; toi, femme, tu dois combattre par la séduction et l'amour. Ainsi Judith enivra Holopherne avant...

— De lui couper la tête, dit malicieusement la jeune fille.

— Ce n'est pas cela, Catherine, tu le sais bien, reprit le consul d'un air piqué. Eh bien! voyons : veux-tu abandonner la cause de Montpellier? veux-tu ne pas assister à cette conférence?

— Hum! je suis faible, dit Catherine, en se balançant presque avec humeur ; mais, tenez, pour l'amour de vous, je vais revenir, et je me ferai si belle, que Pierre d'Aragon vous vendra sa suzeraineté, si je veux.

— Bien! bien! dit le vieux consul avec un sourire satisfait, tu es belle et bonne. Tu m'as pourtant fait bien peur. Mais tu viendras, n'est-ce pas? pour l'amour de moi ; qu'en dis-tu? ou pour l'amour des belles parures que je t'ai promises?

— Oui, sans doute, pour l'amour de vous, répondit la jeune fille avec un ton de reproche et de tendresse.

Le vieillard sourit, et ils se quittèrent. Certes, Rastoing était un des hommes les plus fins de son époque, et ce qu'il obtint pour l'avantage de la ville en fait foi ; mais il avait affaire à une jeune fille de quinze ans, innocente, mais amoureuse, et il devait être battu : car tandis qu'il entrait dans la salle du banquet, en se félicitant d'avoir vaincu ce nouveau caprice, la mule était à l'écurie et il n'avait pas vu le beau cheval Algibeck.

L'élégance somptueuse de Pierre d'Aragon annonçait plutôt les projets d'un galant que ceux d'un suzerain, traitant de graves intérêts ; et la mine souriante et empressée du comte de Toulouse, qui tâchait à s'effacer autant que possible, contrastait avec la gravité consulaire et la morgue bourgeoise du sire de Rastoing. Après quelques premières salutations, Catherine arriva dans tout l'éclat d'une beauté si pure, que le consul en sourit, comme les vieillards de Troie à l'aspect d'Hélène, et que le comte de Toulouse, astucieux et froid semeur d'intrigues, en demeura frappé. Pierre d'Aragon parut en perdre la tête tout aussitôt, et, s'avançant vers elle :

— Pourquoi se fait-il, lui dit-il courtoisement, qu'il manque quelque chose à votre parure lorsqu'il ne manque rien à votre beauté?

— Que me manque-t-il donc, monseigneur, pour recevoir dignement votre visite?

— Une couronne de reine, dit Pierre d'Aragon, sur un front si pur serait une merveilleuse alliance du pouvoir et de la beauté.

— Si j'avais pu croire cela, reprit Catherine en fermant à moitié ses grands yeux éclatants, et en comprimant, par un léger sourire, l'air moqueur qu'elle prenait volontiers, si j'avais cru cela, j'aurais prié madame Marie, votre épouse, de me prêter la sienne; cela vous eût ainsi tout à fait agréé, je suppose?

Pierre d'Aragon ne fit pas semblant d'avoir entendu, et le souper commença. D'abord ce fut une simple conversation sur les apprêts de la cour plénière qui se tiendrait le surlendemain; et Pierre d'Aragon ne cessait de prédire à Catherine qu'elle en serait la plus belle, et qu'il n'y avait chevalier qui ne voulût rompre une lance pour elle. A toutes ces flatteries Catherine répondait avec un air de bonne foi et de satisfaction qui torturait Roger dans la pièce d'où il pouvait tout voir et tout entendre. Cependant, grâce aux soins du vieux sire de Rastoing, la conversation prit bientôt un ton plus sérieux.

— Oui, monseigneur, disait le consul, madame Marie, comtesse de Montpellier, de son chef, et reine d'Aragon par votre mariage, a consenti à tout ce que contient cette charte, écrite en latin pour plus de solennité, et il n'y manque que votre approbation.

— Lisez donc, s'écria Pierre, aux propos duquel Catherine

souriait alors d'une façon angélique ; lisez donc, je vous écoute.

Et le vieux consul lut ce qui suit :

« Nous, Pierre d'Aragon, et nous, Marie, reine d'Aragon, comtesse de Montpellier, fille de Guillaume de Montpellier et de l'impératrice Eudoxe, nous pardonnons à ceux de cette ville, chevaliers, nobles, bourgeois ou serfs, toutes les injures qu'ils nous ont faites, et les rétablissons dans notre amitié dès ce jour, et pour l'avenir. »

— Très-bien, très-bien, répondit le roi, qui s'était approché de Catherine pendant qu'elle suivait d'un mouvement de tête plein de grâce les propos amoureux et les flatteries dont il croyait la séduire ; c'est très-bien, continuez.

— Continuez, dit à voix basse Raymond.

Et il échangea un regard d'intelligence avec le sire de Rastoing, qui semblait déjà bien fier de sa ruse. Le bourgeois continua :

« L'engagement des châteaux de Lates et Montpellier et de leurs revenus, fait pour la somme de cent soixante quinze mille sols melgoriens, subsistera jusqu'à ce que cette somme soit acquittée, et le roi s'engage à rendre aux habitants de Montpellier tout ce qu'il leur a enlevé. »

Pierre avait davantage écouté cet important article, et au paragraphe où on parlait de restitution il avait laissé échapper une légère exclamation ; mais Catherine se pencha vers lui, et, parlant si bas qu'il fallut que le roi effleurât presque ses beaux cheveux pour l'entendre, elle lui dit en jouant avec un des bouts de sa ceinture ornée d'or :

— Comment prétendez-vous que je croie à votre amour, vous qui avez pour épouse la plus belle comtesse de la Provence, notre jeune souveraine, pour laquelle vous avez défié Comminges, le plus terrible chevalier de tous les comtés ?

Pierre écoutait et allait répondre : mais l'article était fini, et le silence qui régnait gênait le roi, qui ne causait librement qu'à la faveur de la voix de Rastoing. Raymond le regardait d'un œil anxieux. Pierre, sans y prendre garde, s'écria :

— Continuez, continuez ; c'est fort bien, j'approuve tout cela.

Et le consul reprit sa lecture pendant qu'il expliquait à Catherine que son mariage avec Marie n'était qu'une froide politique, tandis que son amour pour elle était une passion sans frein.

— Je l'ai épousée, disait-il, pour ses vastes domaines, et je donnerais les miens pour une heure de votre amour.

Pendant ce temps, le consul avait glissé l'article suivant :

« Le roi d'Aragon rendra les prisonniers qu'il a faits sur les habitants de Montpellier, et pour preuve de sa bonne foi, il remet les châteaux de Lates et d'Omelas à la garde du comte de Toulouse, qui les représentera audit roi à son vouloir, mais seulement quand il aura obtenu quittance de ce qu'il doit. »

— Parfait, continuez, parfait, cria Pierre, qui n'avait pas entendu un mot de ce qui avait été dit et à qui Catherine jetait en ce moment ces douces paroles, avec une voix dont l'émotion avait quelque chose de si moqueur, que Roger ne put s'empêcher de rire de la bonne foi du roi :

— Oh ! disait-elle, si je pouvais croire à un si puissant amour, d'un si puissant monarque... je...

— Continuez, donc, dit le roi au consul, qui se taisait habituellement.

Raymond et Rastoing sourirent ensemble : le consul dit :

« Enfin, le roi et la reine permettent aux consuls de Montpellier d'en détruire le château, la tour et les murailles jusqu'à leurs fondements, de manière à ce que ni eux, ni leurs successeurs ne puissent jamais s'y fortifier. »

— Oh ! pour cette clause, s'écria vivement le comte de Toulouse, elle est impossible ; le château me doit être remis comme ceux de Lates et d'Omelas. Ce sont nos conventions, dit-il tout bas au consul.

— Le château doit être rasé, répondit sévèrement Rastoing, tel est l'acte écrit et approuvé par la reine : Monseigneur y consent-il ?

Pierre, arraché, à ce qu'il croyait, à une victorieuse séduction, se tourna vers les interlocuteurs d'un air d'humeur en s'écriant :

— Or donc, de quoi s'agit-il ?

— De ce que vous ne pouvez permettre que le château de

votre ville soit ainsi rasé, dit Raymond ; c'est une injure à votre droit seigneurial dont vous êtes responsable à tous les comtés.

Pierre d'Aragon parut frappé de cette réflexion, lorsque Catherine, se penchant doucement et s'appuyant familièrement sur son épaule, lui dit à demi-voix :

— Eh ! sainte Vierge ! que le comte Raymond laisse raser tous les châteaux de la Provence et qu'il se rase un peu lui-même ; il doit avoir le visage comme une châtaigne hérissée, ce me semble. Puis elle ajouta en augmentant la pression de sa main sur le bras de Pierre : — Vous n'êtes pas ainsi, vous.

Pierre d'Aragon perdit le sens à cette parole et à ce geste, et il s'écria en riant :

— Rasez, mes consuls, rasez, je suis de votre avis.

Prenant alors la plume, il s'apprêta à tout approuver ; mais il la balança au-dessus du parchemin avant de signer, et, contenant à peine sa joie, regardant Rastoing avec un regard de félicitation pour tous deux, il lui dit en phrases entrecoupées de repos :

— Et vous, si prudent pour votre ville, sire Rastoing, on vous dit bien peu soucieux de votre pupille ; est-ce vrai qu'elle habite seule cette maison ?

— Avec quelques serviteurs, dit Rastoing.

— Qu'on pourrait gagner peut-être, reprit Pierre avec finesse ; et l'on ajoute qu'il y a au fond du jardin une porte basse par où l'on peut s'introduire.

— Les serviteurs veillent tard, dit Rastoing.

— Et les amants plus tard que les serviteurs, car je suppose qu'à minuit tout dort ici.

Et le roi s'arrêta un moment, sourit d'un air enchanté, et signa avec les marques évidentes d'une joie qu'il ne pouvait comprimer : c'est que pendant ce temps et à chaque question qu'il avait l'air de faire à Rastoing, la belle Catherine appuyait plus fortement sa main sur lui, et paraissait répondre aux explications qu'il demandait. Aussitôt le sire de Rastoing s'empara du manuscrit et avertit le roi et le comte de Toulouse qu'il fallait se retirer. Catherine s'élança hors de la salle pour qu'on amenât les chevaux, et la mule du consul. Rastoing la suivit pour la prévenir qu'on allait placer des gardes autour de sa maison pour empêcher les tentatives du roi d'Aragon. Le roi et le comte demeurèrent seuls.

— Cet homme, dit Pierre à Raymond, est un misérable; il me vend cet ange de beauté pour quelques pierres, dont après-demain je me soucierai comme d'une scie édentée. Voici, comte, l'acte de répudiation de ma femme Marie de Montpellier; sur votre foi et honneur, vous le soutiendrez devant le concile et la cour de Rome, surtout contre Roger et les évêques!

— Sur ma foi et honneur, je le ferai, répondit le comte; voici maintenant l'acte de répudiation que je fais de votre sœur Léonor d'Aragon; sur votre foi et honneur, vous m'y soutiendrez de même?

— Je vous le jure, répondit Pierre; quoique je ne sache pas trop ce que vous avez contre elle, si ce n'est d'épouser Sancie de Provence, qui avec ses cinq ans a, parbleu, le plus beau marquisat des Gaules.

— Je ne vais point sur vos brisées, dit modestement le comte, après qu'ils eurent échangé leurs deux parchemins.

— Non, je vous jure, dit Pierre d'Aragon, si quelque chose me faisait envie, ce serait plutôt ces deux bonnes villes de Carcassonne et de Béziers, qui sont là comme deux doigts de ma main, et qui une fois au bout de mon bras me serviraient à serrer le cou d'Amaury de Narbonne; et, par la pâques, je me soucierais peu même du roi de France. Mais, sur mon âme! je ne pense à présent qu'à cette belle fille aux yeux si ardents. A propos, il me vient une idée. Vous, comte, sortez lentement de la maison et faites-en tenir la porte ouverte; j'en sortirai au galop, moi; à dix pas je laisse mon cheval, et je rentre en me glissant furtivement parmi les valets; vous chasserez mon coursier au loin, et il deviendra ce qu'il pourra. Je me cacherais bien tout de suite, mais on s'inquièterait de ce que je suis devenu et l'on me découvrirait.

— Volontiers, répondit le comte, je ferai tout ce qu'il vous plaira.

A peine ils achevaient que Rastoing rentra avec Catherine.

Pierre souriait en lui-même de sa ruse. Cependant le consul les fit passer devant lui, ils montèrent tous trois à cheval.

Celui du roi partit comme un trait ; mais Raymond parut ne pas pouvoir maîtriser le sien, et il le laissa se cabrer jusqu'à ce qu'il eût vu Pierre reparaître dans l'ombre. Alors il passa à son tour, et Rastoing ne s'éloigna que lorsqu'il eût entendu soigneusement attacher les chaînes des portes de la maison. Pendant ce temps Catherine avait rejoint Roger, qui l'avait vivement entraînée dans la chambre supérieure, craignant que Pierre ne la rencontrât avant qu'elle fût enfermée.

— Viens, disait en riant Roger à Catherine ; ce rusé Pierre d'Aragon est dans la maison.

La jeune fille devint toute tremblante ; mais elle se rassura à la gaieté de Roger et ne put s'empêcher de lui dire :

— Comment trouves-tu que le sire de Rastoing l'a trompé ? Puis elle ajouta après une pause : Grâce à moi pourtant !

— Tu n'es qu'une enfant, dit Roger redevenant sérieux, à qui on a fait jouer un rôle indigne, et ton consul n'est qu'un vieux renard qui s'est fait duper par Pierre d'Aragon, que mon oncle de Toulouse a attrapé le mieux du monde.

— Comment cela ? s'écria Catherine toute surprise et désenchantée de ce qui lui avait semblé une si admirable ruse.

— Oh ! ceci serait trop long à t'expliquer, reprit vivement Roger, il faut d'abord prévenir leur petit complot, celui de mon oncle d'abord en ce qu'il pourrait bien m'être funeste ; quant au roi d'Aragon, s'il veut se mêler de mes affaires et s'il trouve mes villes à son gré, je lui mettrai aux jambes un chien de race dont il a déjà senti les morsures, et mon allié Raymond Roger de Foix le renverra dans ses montagnes.

— Et par quel moyen déjoueras-tu leurs machinations ? s'écria Catherine alarmée.

— Sois mon alliée, ma belle Catherine, repartit le vicomte ; fais et dis tout ce que je voudrai, et je te promets la plus joyeuse aventure... Mais écoute ! n'est-ce pas un pas d'homme qui se fait entendre sous ta fenêtre ? c'est Pierre ; il faut ouvrir et lui parler.

— Si tu le veux..... dit Catherine en ouvrant la fenêtre, et en finissant l'expression de sa pensée par ce consentement en action.

Mais Roger l'arrêta et lui expliqua rapidement ce qu'il at

tendait d'elle. Elle refusa d'abord et voulut connaître le but du vicomte; mais, après l'avoir longtemps priée, il lui dit sérieusement:

— Sur mon honneur, Catherine, je réponds de toi.

Pendant ce temps, le roi d'Aragon, posté sous la fenêtre de Catherine, toussait comme le plus vulgaire des amants frappait du pied, appelait à voix basse et s'irritait déjà de son peu de succès, lorsque la fenêtre s'ouvrit. Il laissa échapper une exclamation de joie.

— Bonté divine! s'écria Catherine faisant l'étonnée; c'est vous, seigneur? retirez-vous, par grâce, vous me perdez....

— Catherine, belle des belles! lui dit amoureusement le roi, descends, que je te parle et t'écoute! que je sente ton bras appuyé sur le mien, comme tantôt!

— Je ne puis descendre, dit la jeune fille avec une voix d'enfant, parce que ma nourrice a la clef de ma chambre sous son chevet, et qu'elle a le sommeil inquiet, léger.

— En ce cas, je puis monter? dit Pierre d'Aragon, en cherchant à escalader le mur.

— Dieu! mon Dieu! non, s'écria vivement la jeune fille, véritablement alarmée; elle est là qui dort près de moi.

Et Roger crut devoir laisser échapper un léger toussement, en disant d'une voix cassée:

— Catherine, enfant, la nuit est froide et l'air humide et malsain....

Pierre d'Aragon se tint coi, apaisant du geste le bruit que faisait Catherine, qui ne pouvait s'empêcher de rire, et qui répondit avec un trouble feint:

— C'est bien, nourrice, mais je ne puis dormir et la fièvre me dévore.

— Fièvre d'amour, murmura doucement Pierre d'Aragon.

A ce mot Roger eût éclaté de rire, s'il l'eût osé. Cependant le roi ne venait pas au sujet qu'il désirait lui voir aborder; et il craignait que Catherine n'en fût réduite à faire des avances, lorsque Pierre d'Aragon, s'approchant tout à fait du mur, dit de façon à n'être entendu que de Catherine:

— Cependant, ma Catherine, notre aventure ne peut finir ainsi, et si cette nuit ne peut m'être favorable, dis-moi si bientôt?...

— La nuit prochaine, répondit la jeune fille, ma nourrice

va veiller les reliques du saint qu'on invoque toute la nuit pour le succès de la cour qui se tiendra après-demain.

— La nuit prochaine, je viendrai, reprit Pierre d'Aragon.

— Oh ! ne le faites pas, répliqua rapinement Catherine, mon oncle Pierre Mauran de Toulouse arrive demain, et la maison sera inabordable.

— Que faire alors ? reprit Pierre d'Aragon, qui croyant de plus en plus à son triomphe, cherchait de bonne foi le moyen d'en profiter,

— Je puis bien dire, si je veux, que j'ai accompagné ma nourrice, dit Catherine à qui Roger dictait ses réponses.

— Sans doute, sans doute, dit vivement le roi s'élançant sur cette idée et la faisant chevaucher au galop dans le champ de ses espérances ; et tu viendras dans quelque secrète maison.

— Votre château d'Omelas est-il trop riche pour moi? dit Catherine d'un ton piqué.

— Ni mon château, ni ma couronne, ange, s'écria le roi d'Aragon ravi de ce qu'il entendait ; mais comment y viendras-tu ?

— Oh! dit Catherine, quelqu'un m'y conduira: j'ai près de moi un vieux serviteur de mon père qui n'a que moi pour espérance et soutien, il m'accompagnera et vous nous ferez voir les magnificences de votre demeure.

— Oui, oui, dit tout bas le roi d'Aragon, demain à minuit tu seras à moi.

— Oui, à minuit, dit Catherine. Adieu, mon beau sire, je vous envoie mon fidèle serviteur Baptiste; dites-lui ce que je ne puis entendre, il vous répondra ce que je n'ose vous dire. Il va vous ouvrir la porte du jardin.

Un instant après, Roger, le dos courbé, et enveloppé d'une vaste cape, était près du roi d'Aragon.

— Eh bien ! Baptiste, dit celui-ci, consent-elle à venir ?

— Il me semble que vous l'avez suffisamment entendu; mais, au milieu de son égarement, son amour garde encore quelques scrupules.

Le roi s'enquit vivement de ce qui alarmait Catherine Rebuffe. La jeune fille, au dire de Baptiste, ne voulait entrer que voilée et sans lumière dans les appartements du roi.

Pierre promit tout au prétendu serviteur, et, après lui avoir remis une clef pour pénétrer secrètement dans le château, il répondit :

— Tous les gardes seront éloignés, vieillard, et ta maîtresse pourra venir ainsi que tu me l'as dit, voilée et dans l'obscurité. A demain.

En disant ces mots Pierre donna à Roger une bourse assez pesante, que celui-ci reçut avec une humilité si admirable qu'il s'en réjouissait en lui-même. Une fois le roi éloigné, Roger retourna vers Catherine ; mais la porte était fermée aussi pour lui, et sa belle maîtresse lui dit du haut de sa fenêtre :

— Je t'ai obéi en donnant ce rendez-vous sans t'en demander ni le but ni le motif : obéis-moi en t'en allant. Adieu, mon beau vicomte, je t'aime et je vais dormir en pensant à toi.

— Adieu! répondit Roger, dont les desseins ne lui permettaient pas de demeurer plus tard, et qui fit de cette nécessité une apparence de soumission dévouée.

Aussitôt après, il prit son cheval à l'écurie, et dans peu de temps il arriva à une des extrémités du faubourg de Montpellier, dans une maison pauvre et mal tenue, où il trouva Kaëb, à qui il avait donné rendez-vous en ce lieu.

II

L'AFRICAINE.

Arrivé au bourg où il devait passer la nuit, Roger apprit enfin la cause de la conduite de Kaëb.

— Maître, lui dit celui-ci, lorsque nous sommes partis, je savais que Raymond Lombard était sorti de Carcassonne quelques heures avant nous, et qu'il emmenait avec lui Foë.

Lombard s'était fait accompagner de quelques hommes seulement, et Foë, je le savais, voyageait à cheval sur une des belles cavales de notre pays, que Lombard a achetées au grand marché de Beaucaire. Je n'ai point essayé de lui ravir Foë par la force, car lui et ses hommes étaient armés, et j'étais seul ; d'ailleurs il eût pu me reconnaître et te demander justice. Je n'avais point vu Foë, et je n'avais pu la prévenir. J'ai donc agi de ruse. Dès que je t'eus quitté, j'ai à plusieurs fois, à droite et à gauche de la route, mais à quelque distance, fait hennir mon cheval tourmenté de l'approche de la cavale et bondissant sous ma main. Bientôt à la voix du sire Lombard, que j'entendais avertir Foë de se tenir prudemment et de ne pas laisser ainsi s'animer sa monture, je compris que le moment était venu. Aussitôt je remonte sur la route. Peu à peu je m'approche, maintenant à grand peine la fougue ardente de mon cheval. J'entends la voix de Lombard qui s'inquiète ; Foë elle-même parle à sa cavale en la calmant. Je retiens mon cheval brûlant, furieux et qui hennit coup sur coup ; la chaude cavale répond. Aussitôt je donne le vol à mon coursier qui part comme une flèche. La cavale, mal retenue, fuit au bruit de son galop. Mon cheval la poursuit ; elle fuit plus vite. Le sire Lombard et ses hommes, montés sur leurs pesants limousins, veulent nous atteindre. Je les entends quelque temps me donner des avis sur la manière de retenir mon coursier. Mais Foë et moi, tous deux emportés par une course furieuse, les laissons bien loin au bout de quelques instants ; et alors seulement, je lui parle, je la calme et me fais reconnaître. Vous voyez qu'elle est innocente et je suis le seul coupable.

— N'as-tu rencontré personne sur la route ? dit le vicomte.

— Un seul homme qui semblait un marchand de chevaux, car il s'est plu à vanter la beauté du mien.

— Et cet homme, dit le vicomte, t'a reconnu, toi, Kaëb, pour mon esclave, et Foë pour celle de Lombard.

— Mais il s'est éloigné aussitôt, reprit Kaëb stupéfait.

— Pas assez tôt, répondit Roger, pour ne pas avoir vu passer Lombard qui vous poursuivait : pas assez tôt, pour qu'il ne lui ait pas dit que tu m'appartenais, et pour qu'ils n'aient pas deviné ensemble que j'arrivais après toi ; car cet homme m'a attendu sur la route, et c'est lui qui m'a retenu prisonnier. Je comprends tout ceci à présent. Et qu'es-tu devenu tout le jour ?

— Nous nous sommes cachés afin d'attendre la nuit pour pénétrer à Montpellier et échapper à tous les yeux. Nous allions nous remettre en marche, lorsque je vis arriver votre cheval Algibeck couvert de sueur ; je compris qu'un malheur vous était arrivé. Alors je suis retourné sur mes pas, avertissant tous les chevaliers que je rencontrais, et les précédant pour découvrir où vous pouviez être. Algibeck m'a conduit enfin à la porte de Mont-à-Dieu.

— Tu n'as pas retrouvé Lombard ? dit Roger.

— Il nous avait dépassés durant le jour, et depuis ce matin il est à Montpellier.

— Eh bien ! ou je le connais mal, ou dans une heure il sera ici. Et que. veux-tu que je lui réponde s'il redemande Foë, s'il réclame ton châtiment ?

— Mais, dit Kaëb tremblant, comment peut-il savoir où je suis ?

— Eh ! imprudent, lui dit Roger, ne t'a-t-il pas fallu payer le péage de la leude du Pérou pour entrer à Montpellier? Les hommes de la tolte lui auront dit que tu es entré ; et crois-tu qu'il y ait tant de bouges d'albergue à Montpellier, qu'il ne puisse les faire parcourir toutes en un jour ? Et s'il vient, que veux-tu que je fasse ?

L'impassibilité de Kaëb semblait anéantie de ces objections. Son esprit adroit et audacieux avait conçu un plan fondé sur une expérience prodigieuse des sens, et il avait réussi à l'exécuter tant que le tact et l'adresse physique avaient tout fait. Dans le désert même, il l'eût poussé plus loin, et par des manéges inouïs, il eût dérobé sa fuite aux poursuites les plus ardentes. Les traces de son cheval eussent disparu, ou il les eût mêlées comme un écheveau de lin inextricable ; mais dans cette société, tout incomplète qu'elle fût, l'instinct si fin du Maure se trouva en défaut dès qu'il eut à lutter contre son organisation, et ce ne fut pas sans étonnement que Roger vit cette volonté, qu'il savait être de fer, chanceler soudainement et se mettre à sa merci. Le vicomte était en outre violemment contrarié de ce que l'on pouvait ainsi découvrir sa présence à Montpellier. Il parcourut la chambre rapidement, discutant avec lui-même s'il abandonnerait son esclave à la vengeance de Raymond Lombard, et ne trouvant ni dans sa générosité naturelle ni dans son orgueil aucun moyen de s'excuser à lui-même cet abandon. Il y avait même, dans l'humeur qu'il éprouvait de ce nouvel embarras, une sorte de plaisir.

Car, ainsi qu'il aimait dans une rencontre à se jeter au fort d'une mêlée pour y combattre de tous côtés, parant et frappant à la fois et faisant face à vingt lances, l'œil sur chaque danger, l'épée haute sur tous, agile et terrible; de même, parmi cette tortueuse politique de ce siècle, parmi cette existence d'un suzerain, mêlée à tant d'intérêts, menacée partout, menacée d'en haut, d'en bas, de tous côtés, par l'Eglise, les manants et les chevaliers; de même, disons-nous, il se plaisait à déjouer les projets des uns, à renverser les calomnies des autres, à mettre au jour les sourdes menées, à réduire certaines jactances : toujours heureux de combattre et sûr de triompher. Aussi, dans cette simple circonstance, toute la différence de l'homme social avec l'homme instinctif se développa dans l'abattement de Kaëb et la présence d'esprit de Roger.

— Esclave, lui dit le vicomte, je ne te livrerai point à la colère de Raymond Lombard, non pour toi qui m'as désobéi, mais pour moi qui suis ton maître, et qu'on rendrait responsable de tes fautes. Amène ici Foë, couvre-la d'une large mante à capuce, et sortons de Montpellier.

Kaëb obéit, et dans peu d'instants ils gagnèrent la porte Saint-Gilles qu'on leur ouvrit moyennant quelques deniers septennes, et ils se dirigèrent vers l'hôpital du Saint-Esprit, fondé à une portée d'arbalète de la ville, par le sire Guy, qui en était le maître et recteur. Dès qu'ils furent arrivés à la porte, Roger y frappa avec force et elle s'ouvrit aussitôt.

— Sire hospitalier, dit Roger, je viens demander asile dans votre maison pour moi et ces deux personnes de ma suite. Je suis chevalier, et je parle à un chevalier : ma parole vous suffit pour nous introduire.

— Etranger, répondit avec une sorte d'aigreur celui à qui Roger s'était adressé, je ne suis point chevalier, mais clerc; nos frères les chevaliers ne s'abaissent pas aux derniers emplois de l'ordre, comme celui d'ouvrir la porte durant la nuit : ils nous laissent ce soin, surtout lorsqu'il s'agit de donner asile aux mendiants et vagabonds; mais ils le gardent pour eux lorsqu'ils prévoient quelque noble et haute visite.

— Et il paraît aussi, dit Roger avec hauteur, qu'ils gardent la politesse et le bon accueil, maître clerc, car la voie de votre hospitalité est si étroite, et vous tenez votre porte si près de l'huis, qu'il serait impossible, même au vagabond ou au mendiant le plus amaigri par la misère, de s'y glisser.

— Notre hospitalité est ce qu'elle peut être, dit le frère sans se troubler. Quand le vase est plein, on n'y peut mettre la moindre goutte de liqueur sans risque. Adieu donc, et cherchez ailleurs un gîte pour vous et vos montures.

— Un moment, s'écria Roger qui n'avait nulle envie de passer encore la nuit sans sommeil, et qui connaissait à fond les façons de ces clercs subalternes ; si vous croyez que je sois un mendiant ou un vagabond, et qu'à ce titre vous me refusiez l'hospitalité dont votre maison a fait vœu, détrompez-vous, car voici une aumône que je vous prie de verser au trésor de la chapelle.

Le clerc prit l'argent du vicomte, et, après l'avoir prudemment examiné, il répondit :

— Sire chevalier, vous comprenez qu'on ne peut prendre trop de précautions, mais cependant...

A ce moment, un moine parut et s'informa d'une voix sévère de la raison qui faisait ainsi retarder l'introduction des étrangers. Le frère répondit en balbutiant qu'il voulait s'assurer s'ils n'étaient point mendiants ou vagabonds.

— Que vous importe, répliqua le moine, ce qu'ils sont hors de ces murs? la seule condition pour y entrer est d'être pur chrétien.

— Je le suis, répondit Roger que cette voix avait singulièrement frappé.

— Et ceux de votre suite, dit le religieux avec un accent particulier, ne sont-ils vaudois ni hérétiques?

Roger s'arrêta un moment, car il savait que Foë ni Kaëb n'avaient abjuré leur religion ni l'un ni l'autre. Cependant, en se reproduisant la question qu'on venait de lui faire, il crut pouvoir y répondre en prenant avantage des mots plus que de la pensée.

— Je jure sur la croix que ceux qui me suivent ne sont ni hérétiques ni vaudois.

6.

— Entrez donc, dit le moine; et Roger, à la clarté rougeâtre de la lampe du frère, crut reconnaître Dominique, dont l'œil cherchait à pénétrer sous le voile de Foë et le capuchon de Kaëb; mais sans doute, à la tournure leste et svelte de l'esclave, il reconnut que ce n'était pas Pierre Mauran, et il s'éloigna.

— Ce religieux, dit Roger au frère hospitalier, est-il donc de votre maison, qu'il y commande en maître?

— Dieu sait ce qu'il est, reprit le clerc : ce qu'il y a de sûr, c'est que les frères chevaliers, tout hautains qu'ils sont, ont abaissé devant lui leur arrogance. C'est l'ancien collègue de Pierre de Castelnau, de celui qui fut assassiné sur le bord du Rhône par le sire Jehan de Verles, sergent du comte de Toulouse, et il doit assister, dit-on, monseigneur Milon dans le concile qui suivra la cour plénière d'après-demain.

Cette parole surprit si fort Roger qu'il se la fit répéter plusieurs fois. Et tout en parlant ainsi, le clerc hospitalier le conduisit dans une cellule de triste apparence.

— Pardieu! lui dit Roger, autant valait nous laisser à la porte que de nous offrir ce chenil pour toute hospitalité!

— Hélas! sire chevalier, reprit le religieux, je sais qu'il est indigne de vous; mais la suite de madame Agnès de Montpellier, vicomtesse de Béziers, et celle de madame Etiennette de Penaultier, ont pris les meilleurs gîtes, et je n'en ai point d'autres à vous offrir. Seulement je vais conduire cette femme dans une cellule particulière, selon les règles de la maison.

Kaëb s'alarma de ces dispositions, surtout lorsqu'il apprit que Foë ne serait point seule; il allait faire part de ses craintes au vicomte, lorsque celui-ci, qui en apprenant l'arrivée de sa femme et d'Etiennette était devenu tout à coup pensif, ordonna au religieux d'aller trouver le sire Arnauld de Marvoill, qui devait commander l'escorte de la vicomtesse de Béziers, et de lui dire qu'un étranger désirait lui parler; le clerc lui fit observer avec quelque raison que le sire Arnauld ne se dérangerait pas à cette heure avancée de la nuit pour un inconnu, et il demanda son nom au vicomte. Roger, désirant le tenir caché, parut un instant embarrassé; enfin il dit à Kaëb de suivre immédiatement le clerc, et d'apprendre secrètement à Arnauld de Marvoill son arrivée à l'hôpital du Saint-Esprit.

Le vicomte et Foë demeurèrent donc seuls, éclairés par une lampe à bec accrochée à un mur ; lui, repassant dans son esprit tous les événements de la journée ; elle, assise sur un étroit escabeau, muette et immobile comme elle avait toujours été durant la route.

Au milieu de mille pensées qui tourmentaient l'esprit de Roger, il jeta ses regards du côté où se trouvait Foë, et vit qu'elle avait relevé son voile, et qu'elle le considérait avec la fixité d'un oiseau de proie. Lorsqu'il s'en aperçut, son regard ne dérangea pas celui de l'Africaine : on eût dit même qu'il semblait devenir plus ouvert et plus tendu en plongeant dans les yeux de Roger. Il n'était point d'homme à qui le coup d'œil d'aigle du vicomte n'imposât : il n'avait trouvé aucune femme parmi les plus perdues de la rue Chaude de Montpellier, dont la paupière ne se fût baissée devant lui : il sentit donc quelque étonnement de se voir ainsi couvert d'un regard pour ainsi dire supérieur. Il en détourna le sien et voulut recommencer ses réflexions ; mais par un mouvement insurmontable de curiosité, ou soit parce qu'il sentait ce regard sur son visage, il releva encore les yeux, et retrouva Foë plus attentive peut-être à le considérer : seulement son visage noir était moins immobile ; entre ses lèvres entr'ouvertes, derrière lesquelles étincelaient ses dents brillantes, s'échappait une respiration haletante. Roger malgré lui ne put s'empêcher d'attacher ses yeux sur ceux de Foë, curieux d'en étudier la pensée. Mais ce regard qui débordait sur lui avait une expression qu'il ne savait comment expliquer. Ce n'était ni curiosité, ni étonnement ; ce n'était ni menace, ni prière ; ce n'était ni admiration, ni reconnaissance ; c'était quelque chose de sauvage et de tremblant, quelque chose de curieux et d'éperdu. Il craignait que tout ce qui s'était passé n'eût frappé de folie la malheureuse Foë, et il se sentit ému de pitié pour elle. Cependant il voyait sa poitrine bondir et ses dents claquer, l'éclat de ses yeux se noyait sous un voile humide. Roger surpris se leva et s'approcha d'elle. A ce mouvement elle tomba à genoux devant lui, la tête renversée sur ses épaules, les mains frémissantes et tendues, le regard indicible, la poitrine gonflée, la bouche entr'ouverte d'un sourire inouï. Roger se baissa pour la relever; mais prompte comme la tigresse qui bondit sur sa proie, elle jeta ses bras à son cou, attira Roger sur sa poitrine, dévora ses lèvres d'un baiser ardent; et, après quelques sanglots qui semblaient briser sa poitrine, tomba inanimée et presque évanouie à ses pieds.

Le vicomte doutait encore si c'était folie; cependant, sans qu'il pût s'en rendre compte, cette femme l'avait troublé. Rien assurément ne pouvait en elle plaire à l'élégant et dédaigneux Roger, et cependant il ne put s'empêcher de la considérer couchée sur les dalles froides de la cellule, ses longs vêtements blancs épars, et ses formes puissantes et jeunes dessinées par leurs légers plis. Ce n'était là ni la superbe beauté d'Etiennette, ni la candide perfection de Catherine : mais c'est sous une pareille image qu'on doit s'imaginer la passion qui dévore, le plaisir qui rugit, la volupté qui se tord avec des cris. Roger regardait cherchant à se rendre compte de ce qui venait de se passer, lorsque un bruit léger se fit entendre dans le corridor; il crut que c'était Kaëb, et se penchant vers Foë, il l'appela si doucement qu'on n'eût pu dire qu'ils s'étaient entendus.

— Foë, lui dit-il, Foë, on peut venir, le frère hospitalier va entrer, et il ne faut pas qu'il te voie ici.

A cette voix, l'esclave africaine se leva, remercia Roger d'un regard qui tout aussitôt se trempa de larmes; et, ramenant son voile sur son visage, se remit sur son étroit escabeau. Roger n'avait rien à lui dire sans doute, mais tout bruit avait cessé dans le corridor, et il lui parla.

— Foë, reprit-il, Kaëb va venir, que veux-tu que je fasse pour vous deux?

— Pour nous deux? reprit Foë d'une voix dont la musique avait quelque chose de traînant et de résolu à la fois; pour nous deux, tu feras bien de lui dire ce qui vient d'arriver : car alors Kaëb prendra son poignard, et il me tuera.

— Il te tuera! reprit Roger plus attendri qu'étonné; et pourquoi veux-tu qu'il te tue?

— Parce que je veux mourir, répondit Foë.

— Pourquoi mourir? dit Roger, dont la voix malgré lui marquait plus d'intérêt que de curiosité.

— Parce que... Foë s'arrêta, et, tombant à genoux devant

Roger, elle lui dit avec un accent de prière irrésistible : Ecoute, écoute-moi, et ne me demande pas pourquoi je veux mourir : car, vois-tu, tu ne m'as pas encore dit : Esclave, va-t'en ! tu ne m'as pas regardée avec mépris ; tu ne m'as pas frappée du pied et jetée à terre ; tu ne t'es pas détourné de moi avec dégoût ; et tout cela pourrait arriver si je te disais pourquoi je veux mourir. Je veux mourir, continua-t-elle en s'animant à chaque parole, parce que je suis heureuse, parce que j'ai touché ta main, savouré ton haleine ; parce que j'ai vécu une minute de cette vie que j'ai tant rêvée sans l'avoir jamais espérée, parce que je hais Lombard qui me redemandera à Kaëb que je n'aime plus ; enfin parce que je suis fille de Mahomet et toi fils de Jésus ; parce que je suis noire et toi beau et blanc ; parce que je suis esclave et toi vicomte, et que...

— Oh ! tais-toi, Foë, l'on vient, dit Roger en lui mettant doucement sa main ouverte sur la bouche ; il sentit le baiser de Foë à travers son voile ; et, sans y faire attention, en lui faisant signe de se relever, il lui sourit si doucement, qu'on ne peut dire que ce fût seulement de la pitié. Est-ce donc que, de même qu'il n'est point d'hommage, si grossier qu'il soit, qui ne flatte la vanité d'une femme, il n'y a point d'amour, si impossible qu'il puisse être, qui ne touche l'orgueil d'un homme ?

Presque aussitôt la porte s'ouvrit. Kaëb ramenait Arnauld de Marvoill. Au moment où ils entrèrent, la figure de Dominique se dessina dans les ombres du corridor, et le regard de Roger crut voir luire sur lui un éclair de cet œil farouche dont le premier aspect l'avait si vivement frappé. Cependant Arnauld vint demander ses ordres au vicomte. Sur un signe de Roger, Kaëb et Foë se tinrent à l'écart, et Roger s'entretint particulièrement avec Arnauld.

Dans cette conversation, le vicomte de Béziers révéla au vieux poëte la cause de la réunion de tous les comtés de la Provence dans la ville de Montpellier. Il lui apprit que c'était sur son appel qu'ils s'y rassemblaient sous le prétexte d'une cour plénière.

— Ce que je leur veux proposer, dit Roger, doit rester pour eux un secret jusqu'à notre solennelle réunion. Une indiscrétion pourrait anéantir des projets si prudemment conduits, et cependant ce que je viens d'apprendre par le propos indiscret du frère hôtellier de cet hospice, me donne lieu de penser, ou qu'on m'a trahi, ou qu'on m'a deviné. Arrange-toi de manière à faire causer un religieux d'Osma, qu'on nomme Dominique ; vois pourquoi il est ici, pourquoi le légat Milon se rend à Montpellier : cela m'intéresse plus que tu ne peux croire. J'avais résolu dans ma tête de donner ces jours-ci au plaisir seulement, et j'avais gardé pour plus tard les graves affaires qui planent sur la Provence, mais je vois que l'orage vient plus vite que je n'avais pensé ; je dois donc dès aujourd'hui prendre mes mesures. Demain est un jour consacré à donner à mon oncle et à mon beau-frère une leçon de bonne conduite ; après-demain c'est jour de fête. Lundi, Arnauld, je lèverai une bannière de salut et j'appellerai toute la Provence à la soutenir. Qu'elle le fasse, ou elle périt.

En parlant ainsi, Roger parcourait la cellule à grands pas, parlant par phrases entrecoupées, et Arnauld le considérait avec étonnement, lui qui, deux jours auparavant, l'avait vu paraître si insoucieux et inconsidéré. A plusieurs fois, il l'entendit répéter à voix basse :

— Milon à Montpellier ! — ce brandon, — ce furieux. — Ah ! c'est grave : Milon à Montpellier ! — Enfin il s'arrêta, et s'adressant à Arnauld, il lui dit, d'un air particulièrement occupé de cette pensée : Ce Dominique surtout, il faut voir ce Dominique.

Et son visage changeant tout à coup d'expression, comme un homme qui dépouille une pensée sans que rien lui en demeure à l'esprit, il ajouta :

— Et maintenant fais-toi donner une chambre, Kaëb restera près de moi. Quant à cette... Il s'arrêta et ne voulut pas dire le mot esclave. Il se souvenait donc des paroles de Foë. Il reprit sa phrase et dit à Kaëb :

— Ta compagne sera placée parmi les femmes qui servent la vicomtesse. Puis il ajouta en s'adressant à Arnauld :

— Dites à Agnès que je la lui recommande. Vous-même, veillez à ce qu'on ignore son séjour dans la maison de la vicomtesse ; vous saurez pourquoi.

Aussitôt après ils sortirent de la cellule où on les avait placés d'abord. Foë suivit Arnauld de Marvoill, et Roger et son esclave furent placés dans un vaste appartement où le vicomte s'endormit bientôt sur un lit somptueux, et l'esclave sur une natte : l'esclave plus tranquille d'esprit et de conscience que le maître.

III

LA COMTESSE DE MONTPELLIER.

Le matin qui suivit la nuit dont nous venons de rapporter quelques circonstances, Roger seul, et toujours sous son déguisement, se rendit à Montpellier. Il alla à l'hôtel de ville, habité alors par la Reine d'Aragon, le château comtal ayant été détruit par les habitants dans la révolte qui avait éclaté à l'époque du mariage de Marie avec Pierre, et lors de l'annulation du testament de Guillaume VII, père de la comtesse. Arrivé à la demeure de la reine, il fit avertir Gilles, comtor d'Hauterive, qui, s'étant soustrait à la suzeraineté du comte de Foix pour reconnaître celle du comte de Toulouse, avait été chassé par Raymond Roger de son château, et forcé de se mettre au service du roi d'Aragon, comme simple chevalier citadin. Il remplissait en ce moment l'emploi de sénéchal de la reine d'Aragon, comme comtesse de Montpellier. Il se hâta d'accourir près du vicomte dès qu'il le reconnut.

— Par Jésus ! lui dit-il vivement en l'entraînant dans l'hôtel, soyez le bienvenu. Je suis charmé de vous voir des premiers, car j'ai beaucoup de choses à vous dire.

— Dépêchez, sire d'Hauterive, lui répondit Roger, car je suis moi-même fort pressé de parler à ma sœur Marie.

— Cela serait difficile en ce moment, lui dit le comtor, car elle est en grand entretien avec le comte Raymond, et fort animée, je pense, au bruit qu'on peut entendre qu'ils font.

— Déjà ? dit Roger en souriant, mon oncle se lève de bonne heure ! Et de quoi croyez-vous qu'il s'agisse dans cet entretien, sire d'Hauterive ?

— De quelque intrigue basse et servile, sans doute, dit amèrement le comtor ; il veut associer peut-être madame Marie à une révolte contre les ordres du pape et l'armée de ses légats, tout prêt à l'abandonner lâchement, comme il fait toujours, quand il l'aura entraînée dans quelque grave danger.

— Ce que vous supposez n'est pas la vérité, répondit Roger ; mais je vous la dirai si vous voulez me servir ; et si vous le voulez, je vous donne ma foi de vicomte de vous remettre en bonne intelligence avec votre suzerain, le comte de Foix, et de vous faire rendre votre château d'Hauterive.

— Par ma foi de chrétien, je le ferai, dit le sire d'Hauterive avec embarras ; acceptez-la telle quelle, car je n'ai plus droit d'engager ma foi de chevalier, puisque je l'ai trahie envers mon suzerain.

— Je tiens la vôtre pour bonne : menez-moi donc en quelque endroit secret où je puisse librement vous parler jusqu'au départ de mon oncle de Toulouse ; mais avant cela, faites que tous les consuls de la ville soient avertis ainsi que les hommes nobles de la bannière seigneuriale de Montpellier : nous aurons besoin de leur concours.

— Votre confiance, dit le comtor d'Hauterive, commande la mienne ; je vais le faire quérir.

Après que le sieur d'Hauterive eut donné les ordres nécessaires, il s'enferma avec Roger. Lorsqu'il sortit pour l'introduire auprès de la reine, il y avait sur son visage une préoccupation sérieuse, qui cependant s'éclaircissait quelquefois d'un sourire pour ainsi dire irrésistible, et, en le conduisant dans la chambre de Marie, il ne put s'empêcher de dire à Roger :

— L'affaire est triste et le remède plaisant.

Lorsque Roger entra dans la chambre de Marie, il la trouva tout en larmes et dans un état de désespoir qui lui fit comprendre que Raymond lui avait appris la résolution du roi d'Aragon. En apercevant le vicomte, ses larmes redoublèrent, et des sanglots violents la suffoquèrent. Roger crut devoir se jeter tout à coup au cœur de la question ; il lui dit, en lui prenant la main :

— Eh bien ! ma sœur, eh bien ! ce malheur n'est pas encore arrivé ; il ne faut pas pleurer avant l'événement.

La comtesse ne put répondre, tant la douleur lui serrait le cœur et lui interceptait la voix. Roger s'étonna d'un si violent désespoir, et craignit que le comte de Toulouse n'eût fait le malheur plus grand qu'il n'était en effet. Il s'assit auprès de la comtesse, et, prenant avec elle ce ton de protection affectueuse dont il savait si bien charmer :

— Eh bien ! Marie, lui dit-il, eh bien ! qu'est-ce donc ? ne suis-je pas là pour vous protéger ? Faut-il vous tordre ainsi de chagrin et vous désoler pour un mari qui ne vaut pas un seul de ces beaux cheveux que vous voulez arracher. Nous le ramènerons à son devoir.

— Non ! non ! répondit la comtesse, il a juré de m'abandonner, l'ingrat ! non, je n'ai plus d'autre espérance que la mort ; car vous devez bien penser, mon frère, que je n'accepterai pas la proposition de cet odieux Raymond.

— Et quelle proposition peut vous faire mon oncle, laid et sordide, à vous, belle et charmante Marie ?

— Il me propose de m'épouser après la répudiation du roi. Je serais sa sixième femme, dit la comtesse avec un dédain singulier.

— Et il serait votre quatrième mari, reprit Roger en riant.

— Roger, dit la comtesse sérieusement, est-ce votre intention de m'insulter ou de me protéger ?

— De vous protéger, ma sœur, s'écria vivement le vicomte ; de vous protéger contre votre époux, bien qu'il ait indignement manqué à sa foi envers moi : car lorsqu'il me maria à votre sœur Agnès, il m'assura, comme son tuteur, les comtés dont votre père vous avait dépouillée en faveur des enfants de sa seconde femme, et cependant il a fait casser le testament de votre père, et vous a fait rendre vos domaines. Mon intention est de vous protéger, ajouta-t-il en adoucissant sa voix, en mêlant un sourire au ton de reproche qu'il prit alors, bien que vous ayez renoncé à ce comté, le 15 décembre 1197, par acte passé dans la chambre comtale de Guillaume, avec la permission de votre second mari, Bernard de Comminges, et sous la garantie de ce même comte de Toulouse, et de Vidal de Montaigu, aujourd'hui le favori de Pierre, et bien qu'aujourd'hui vous soyez ici souveraine.

— Mon frère Roger, répondit la comtesse, à Dieu ne plaise que je veuille inculper la mémoire de mon père, ni jeter aucune défaveur sur votre épouse et compagne, ma sœur Agnès ; mais il est notoire que jamais mon père ne put obtenir du pape que son second mariage fût légitimé : il reste encore, dans les chartes de sa seigneurie, une lettre d'Innocent qui lui refuse positivement cette légitimation. Ce fut donc une erreur de son esprit que de vouloir me priver de mes droits pour les transmettre aux enfants de sa maîtresse. Quant à l'acte de renonciation que j'ai fait, la date que vous venez de citer doit vous rappeler que j'avais à peine quinze ans lorsque cet acte fut passé ; et cet âge de quinze ans vous rappellera deux choses : et d'abord, pourquoi j'ai mis si peu de ma volonté dans une renonciation que je ne comprenais pas ; ensuite, ajouta-t-elle en baissant les yeux, cet âge vous dira pourquoi le comte de Comminges renonça si facilement à un comté qu'il fallait perdre pour m'obtenir.

— Je comprends ce qu'il a fait alors, dit Roger avec courtoisie.

— Et vous ne pouvez vous expliquer ce qu'il a fait depuis, reprit la comtesse avec un triste sourire. C'est une singulière existence que la mienne. Je n'avais pas six ans lorsque mon père me maria à Barral, vicomte de Marseille ; à dix ans j'étais veuve et rentrée avec un douaire considérable dans la famille de mon père. Ma présence gênait ses intentions, et à quinze ans il me maria au comte de Comminges. Tant que mon père vécut, le comte, dont l'amour pour moi s'était éteint bien vite pour avoir été trop violent, me garda cependant comme un fardeau qu'il craignait de jeter à terre. Mais à peine mon père fut-il mort qu'il me maltraita brutalement. Ce fut alors que Pierre, irrité de lui avoir vu lever sur moi le manche de son bâton comtal, lui reprocha sa lâcheté. Vous savez qu'en cette occasion eut lieu un champ clos où le comte de Comminges fut vaincu. Vous savez encore qu'après cette rencontre il me répudia selon les conditions que lui imposa le roi vainqueur, et que j'épousai

Pierre d'Aragon, fière de son courage et de son amour pour moi.

— Je sais tout cela, dit Roger en cherchant à pénétrer l'intention de la comtesse.

— Mais ce que vous ne savez pas, c'est que tout cela n'était qu'un jeu joué ; menaces de Comminges, indignation du roi, combat, défaite et victoire, conditions et mariage : tout cela était arrangé d'avance par Pierre, qui voulait réunir le comté de Montpellier à sa couronne d'Aragon, et qui n'avait pour y réussir que mes droits à relever. Pour cette affaire, le comte de Comminges a reçu cent mille sols raymondiens qui lui ont servi à payer ses dettes, et à dégager mon douaire des mains de ses créanciers.

A cette révélation, Roger ne put s'empêcher de penser que c'était véritablement une fâcheuse destinée que d'être ainsi prise et cédée par des maris qui se succédaient l'un à l'autre. Il en prit occasion pour raconter à Marie ce qu'il savait des projets du roi et de Raymond. Car en causant tous deux, ils s'éclairèrent mutuellement sur quelques points qui étaient demeurés obscurs pour chacun d'eux. Ainsi, Roger apprit que Rastoing avait fait signer l'acte de la veille à la comtesse, par l'assurance qu'il lui avait donnée de la remettre en bonne intelligence avec son mari ; et il comprit, d'après les projets de mariage de Raymond, de quel intérêt avait dû être pour lui la remise des châteaux de Lates et d'Omelas, et pourquoi il s'était si vivement opposé à l'entière destruction du château de Montpellier. Après avoir longtemps discouru ainsi, Roger, voyant la douleur de la comtesse calmée par l'occupation et l'intérêt de ces confidences, aborda enfin le sujet qui l'amenait. D'abord, la comtesse sembla refuser entièrement ce qu'on lui proposait ; puis, elle ne put s'empêcher de sourire à la pensée de ce singulier moyen : puis elle écouta sérieusement, et enfin ce fut en riant aux éclats qu'elle dit à Roger.

— Eh bien ! je le veux, Roger ; ce sera comme vous dites, et que Dieu nous aide !

— Il nous aidera, dit le vicomte, car nous travaillons dans sa voie.

— Mais que ceci demeure un secret entre nous...

— Un secret ! s'écria Roger, un secret ! non point, sur

mon âme, ma sœur! Et à quoi cela nous servirait-il si demain chacun ne le savait, et si les principaux de la ville ne l'avaient vu?

— Vu, dit Marie en rougissant jusqu'au blanc des yeux.

— Vu, belle sœur, dit Roger en la baisant au front, oh! ce rouge de pudeur vous rend vos quinze ans, et Comminges avait raison. Que Pierre vous voie ainsi, et tout sera dit. Comtesse, ajouta-t-il après un moment de silence, j'entends les nobles de votre maison, et les consuls de la ville assemblés par mon ordre: je vais leur faire part de vos intentions.

— Qu'allez vous faire? s'écria Marie en feignant de le retenir.

— Ordonner la cérémonie, s'écria le vicomte en s'échappant; et il laissa la comtesse seule, préoccupée, mais souriant par intervalles à sa pensée. A plusieurs fois, elle passa devant un miroir d'acier poli où elle se regarda longtemps : on eût dit qu'elle hésitait.

— C'est une folie, pensait-elle, qui ne me mènera à rien. Puis elle appela la femme qui peignait ses cheveux avec des aiguilles d'or, et lui donna quelques ordres. Je n'en recueillerai qu'une nouvelle humiliation, ajouta-t-elle encore en sa pensée; et baigna ses bras dans une eau de rose distillée chez les moines de Maguelonne. Pierre est perdu pour moi, murmurait-elle devant un miroir, et elle fermait à mi-partie ses yeux pour faire glisser son regard sous ses longs cils, et elle mordait doucement ses lèvres pour dessiner le blanc éblouissant de ses dents sur le rose éblouissant de ses lèvres ; puis triste, mais une espérance au cœur, elle s'avança, la tête penchée, vers la chambre secrète où, dans une vaste baignoire venue des marbres de Bayonne, l'attendait un bain frais et parfumé. Puis elle s'y plongea toute nue. Se posant avec grâce, et se regardant à travers le voile de l'eau, s'étudiant à être belle ; et enfin, après s'être ainsi longtemps considérée, elle se laissa aller à dire tout bas avec un sourire presque heureux :

— Peut-être!

Pendant ce temps, Roger continuait à ourdir tous les fils de son projet; mais loin de le présenter comme une idée qui lui fût propre, il parvint à persuader au sire de Rastoing que c'était lui-même qui avait eu le premier cette pensée, et véritablement elle était une si naturelle conséquence de ce qu'il avait fait la veille, que d'abord le vieux consul s'étonna de ce qu'il n'avait pas songé à la mettre sur-le-champ à exécution. Tout en la discutant avec Roger, il s'en enthousiasma au point qu'elle devint pour lui la grande solution des difficultés qui existaient entre tous les seigneurs de la Provence, et qu'en entrant au chapitre il était résolu à traiter de mauvais citoyen tout noble ou bourgeois qui eût fait la plus légère objection.

Ce fut donc un curieux spectacle que de voir proposer et discuter sérieusement l'étourderie de jeune homme la plus complète, par les têtes les plus graves du comté de Montpellier. Douze consuls bourgeois prirent part à cette discussion, avec quatre chevaliers, un évêque et le recteur de l'hôpital du Saint-Esprit. Tous signèrent l'arrêt par lequel on régla la façon dont se passeraient les choses et le cérémonial qui y serait observé. Nous allons le rapporter ainsi qu'il est attesté par plus d'un auteur contemporain.

Dès que la décision fut prise, l'évêque de la cathédrale de Maguelonne ordonna à tous les moines et prêtres de parer les églises et de se mettre en prières pour l'accomplissement d'une sainte et divine entreprise. Dès le milieu du jour, les cloches retentirent et appelèrent de toutes parts les chrétiens dans le temple. A mesure que la nef se remplissait, un prêtre, monté sur les marches de l'autel, disait avec une sorte d'inspiration confiante, car il ignorait ce dont il s'agissait :

— Chrétiens, habitants de Montpellier, vos consuls assistés de votre évêque et des chevaliers de la lance de madame Marie, notre comtesse, ont conçu et arrêté, dans leur sagesse, un projet qui doit ressusciter Montpellier comme Jérusalem l'a été. Priez pour le succès de leurs desseins, et confiez-vous en Dieu et en leur prudence.

Peu à peu le bruit de cette grande nouvelle se répandit par la ville, et de tous côtés, on s'assembla dans les églises ; le peuple déserta son travail, les marchands abandonnèrent leurs boutiques. Ce fut un immense concours de toute sorte de gens, se hâtant et se communiquant les plus folles conjectures sur le sujet probable de leurs prières. Les plus sages supposaient qu'il s'agissait des affaires qui devaient se discuter entre les comtes assemblés à Montpellier; d'autres, informés vaguement de l'arrivée des légats, soupçonnaient qu'on allait prendre quelque cruel arrêté contre les hérétiques, afin de les expulser tous du territoire du comté. Les marchands espéraient qu'on supprimerait les droits de souquet sur le vin et autres marchandises; mais aucun ne put pénétrer dans la profonde politique des consuls; et en définitive, chacun se mit en prière avec l'onction d'un bon chrétien plein de foi dans une promesse ou une espérance.

Cependant le son des cloches ébranlait la ville, et Pierre d'Aragon, ayant appris ce dont il s'agissait, en rit de tout son cœur, s'imaginant que c'était une ruse de la part des consuls pour faire valoir au peuple de Montpellier l'arrangement que Rastoing lui avait fait signer la veille. A l'hôpital du Saint-Esprit, on ne s'en alarma pas, quoiqu'il ne fût pas d'usage d'implorer si solennellement le Seigneur pour le succès d'une cour plénière. Cependant la nuit vint, et Catherine, qui avait entendu tout ce bruit et avait vu passer sous ses fenêtres tous les habitants de son faubourg se rendant à la cathédrale, se souvenant en même temps de ce qu'elle avait dit à Pierre d'Aragon, et n'osant aller s'informer de ce qui arrivait, devint fort soucieuse de l'imprudence qu'elle avait eue de servir les projets de son tuteur et d'avoir cédé aux désirs de Roger.

Toutefois son inquiétude était traversée d'un soin qui la lui rendait moins assidue à l'esprit. Son oncle, Pierre Mauran, s'était fait transporter chez elle en arrivant à Montpellier, et le misérable état où l'avaient mis sa pénitence, le rude traitement des brigands et les terreurs dont l'avait frappé Dominique, l'avaient jeté dans une ardente fièvre que suivit bientôt un terrible délire. Toute la lutte des brigands et du religieux se retraçait à son esprit, mais sous les formes agrandies et gigantesques d'un cerveau malade. Ce n'était plus Buat ni Dominique, c'était l'enfer et le ciel qu'il croyait entendre; ses douleurs étaient devenues les âcres morsures du démon ou les flèches brûlantes de la foudre. Il implorait à la fois Dieu et Satan, puis il appelait, pour le sauver de leurs mains, le vicomte Roger, et maudissait Raymond tout en pleurant comme un enfant. Catherine, épouvantée de cet état, avait envoyé chercher quelques médecins de l'école de

Montpellier, mais tous étaient à l'église, priant le Seigneur, et nul n'avait voulu se déranger pour un étranger condamné, d'ailleurs, pour hérésie. La nuit vint ainsi, et la malheureuse Catherine se trouvait dans un embarras auquel auraient succombé une moins jeune tête et un esprit plus ferme, lorsque Roger arriva chez elle. Informé de l'arrivée de Pierre Mauran, il se hâta d'ordonner qu'on allât chercher Nathanias de Chypre.

— Celui-ci, dit-il à Catherine, ne sera pas, à coup sûr, à prier à l'église ; et, d'ailleurs, il est le plus savant médecin de la Provence, au dire même des plus ignorants, ce qui est un hommage rare à obtenir.

— Oh! dit Catherine alarmée, un juif dans ma maison, Roger, je ne le veux pas. Les saints canons du concile de Lombers l'ont défendu sous peine d'excommunication.

— Mais non pas sous peine de mort, reprit le vicomte, et ton oncle en est là ; d'ailleurs, ajouta-t-il, le misérable a besoin du salut de son corps pour travailler au salut de son âme, car il est sous la malédiction du ciel. Laisse donc commencer le juif, le moine viendra après.

Catherine, dont la foi était fervente, mais dont l'humanité ne cherchait qu'un appui pour s'affranchir des terreurs religieuses qui la retenaient, envoya querir Nathanias. Ce premier soin accompli, elle s'informa curieusement de la cause de cet appel général des fidèles, et sa surprise fut bien grande lorsque Roger lui répondit qu'il s'agissait du rendez-vous qu'elle avait donné au roi d'Aragon, et qu'il fallait qu'elle songeât à accomplir sa promesse. Elle se mit à considérer Roger avec un étonnement qui portait en soi un charme d'amour inouï. Dans le regard qu'elle lui jeta, il y avait tout ce que son âme concevait à peine, tout ce que sa bouche n'eût osé dire, même pour se défendre de la mort. Ce regard disait :

— Toi ! Roger, toi, me mener au rendez-vous du roi d'Aragon ! Un autre que toi eût pu me jeter à cet homme ; un autre, pour une vaine ambition, eût pu me prendre innocente dans tes bras et mettre sous son pied la couronne blanche que tu as respectée ; mais toi ! toi ! Oh ! si la pudeur et la vie d'une pauvre fille ne te sont rien, à toi qui as coutume de jouer l'existence des hommes pour une passion et un caprice, du moins ce n'était pas à un autre que tu devais les sacrifier.... et, tout en pleurant ma vie innocente que je sentais chaque jour s'en aller, du moins je calmais les craintes de mon cœur en pensant que c'était toi qui me perdais ainsi ; et aujourd'hui... Oh ! malheureuse Catherine ! malheureuse que je suis ! Tu ne m'aimes donc pas ?

Et après ce regard où Roger vit tant d'étonnement s'effacer dans un amer désespoir, Catherine se mit à pleurer avec une douleur qui le ravit.

— Catherine, lui dit-il en se mettant à genoux devant elle, enfant, es-tu folle d'avoir ces pensées ? car il l'aimait trop pour ne pas les avoir devinées. Ecoute, je vais tout te raconter : j'avais voulu faire de ceci une bonne leçon à mon frère d'Aragon, et je voulais même t'en cacher les moyens pour t'en faire une joyeuse surprise ; mais je te dirai tout si tu pleures ainsi.

— Vous voulez que j'aille chez ce roi que je hais ! répondait Catherine, s'obstinant dans ses larmes qu'elle voyait bien que Roger saurait essuyer, mais à qui elle voulait rendre un peu de la douleur qu'elle avait soufferte.

— Mais non, enfant, disait le vicomte en lui séparant les mains dont elle cachait ses yeux, c'est une folle plaisanterie, et tu sauras...

— Je ne veux rien savoir, interrompit Catherine, qui eût été sans cela forcée à pardonner trop vite. Ce que je sais, c'est que vous ne m'aimez pas et que je ne suis pour vous qu'un jouet que vous briserez dès qu'il ne vous sera plus utile.

— Catherine, reprit le vicomte d'une voix profondément émue, tu dis que tu n'es pour moi qu'un jouet que je briserai ! Oh ! regarde ma vie, et, parmi tous ces hommes qui gouvernent la Provence, vois si ma couronne de vicomte n'est pas restée pure de tout autre malheur que du mien ! Tu dis que je ne t'aime pas : eh bien ! ordonne-le, et cette couronne, que j'ai dépensé mon sang à faire respecter, je t'en ferai un jouet, et tu pourras la briser et la jeter à ton gré.

Pendant ces paroles, Catherine avait écarté d'elle-même ses mains de ses yeux : elle s'était reprise à regarder son beau vicomte, un genou à terre devant elle, la main sur le cœur, l'œil superbe et triste, la tête haute, la voix profonde :

et, se laissant aller à son amour d'enfant, elle l'attira sur son cœur ; et, l'enlaçant de ses bras, imprudente et naïve, elle appuya son cœur sur celui de Roger et lui dit seulement : « Oh ! je t'aime ! »

Mais aussitôt elle se dégagea, avant que Roger fût revenu du trouble où ce mouvement l'avait plongé, avant qu'il pût lui-même l'entourer de ses bras et l'attacher palpitante à son cœur, dont les bonds eussent frappé au sien ; et elle lui dit avec la sérieuse légèreté d'un enfant qui balance entre un devoir et un plaisir :

— Mais je ne peux pas laisser mon oncle seul : comment ferons-nous?

Oh ! ce n'est pas toujours un calcul de coquetterie que ces rapides variations du cœur des femmes, qui nous brisent et nous relèvent ; ces caprices qui nous rejettent, ces caprices qui nous rappellent, ces larmes et ces rires, ces douleurs et ces joies ; tout cela mêlé sans raison et nous dominant sans raison : tout cela c'est la femme telle qu'elle est et qu'il faut qu'elle soit. Car demandez à ceux qui ont maudit, pendant sa durée, ce temps de printemps, tout de soleil, d'orages, de pluies, de froid et de chaudes haleines, où, dix fois le jour, le cœur s'épanouit et se resserre comme une fleur ; demandez plus tard à ceux-là si ce n'est pas cette vie qu'ils redemanderaient au ciel, s'ils osaient, au lieu de la quiétude de la vertu. Puis, lorsque le cœur se laisse aller aux sortiléges d'une coquette, c'est qu'elle imite bien cette nature inconstante et impérieuse ; c'est qu'elle joue, en comédienne habile, le rôle passé de sa jeunesse ; c'est qu'elle fait de l'amour le même semblant que le fourbe de la vertu : hypocrites tous deux ; tous deux d'autant plus dangereux qu'ils ressemblent davantage à la vérité.

Cependant Roger et Catherine discutaient rapidement les moyens de sortir convenablement de la maison, parlant tous deux à la fois, ne s'écoutant ni l'un ni l'autre, annonçant à chaque mot une heureuse idée qui ne venait pas, lorsqu'enfin ils entendirent arriver Nathanias. On l'introduisit près du malade, et les premiers ordres qu'il donna furent qu'on établît autour de lui le plus complet repos. Ensuite il s'engagea à demeurer près de lui jusqu'au lendemain ; et Catherine, insouciante enfant qu'appelait une ardente curiosité, se trouva suffisamment justifiée de son absence, car, disait-elle :

— Il faut du repos à mon oncle et je ne puis rester près de lui; d'ailleurs, les soins de Nathanias valent mieux que ceux que je pourrais imaginer.

Et aussitôt, après avoir recommandé à ses serviteurs de rester à portée d'obéir aux moindres ordres du médecin, elle fit semblant de se retirer dans sa chambre. Quelques minutes ensuite, aidée de sa vieille nourrice, elle sortit avec Roger par la porte secrète du jardin, tous deux enveloppés de larges mantes à capuchon, de façon qu'il était impossible de les reconnaître.

C'était dans une nuit du samedi au dimanche que se passèrent les événements que nous allons raconter. Si jusqu'à présent, nous avons suivi la marche des choses, comme simple narrateur, sans y mêler quelques réflexions, c'est que chacune des circonstances où nous avons trouvé le vicomte de Béziers, fut un des antécédents de sa courte et fameuse histoire; c'est qu'il arriva que chacun de ses actes et chacune de ses paroles, durant ces deux jours que nous venons de peindre, fut le principe de quelque malheur, et que nous avons craint d'en tirer trop vite les conséquences. Cette nuit appartient encore à cette partie de notre récit où nous établissons la scène, les hommes et les passions de l'époque : ne nous arrêtons donc pas, et continuons notre exposition.

IV

LE RENDEZ-VOUS.

Dès que Catherine et Roger furent sortis, ils se dirigèrent vers l'église de Saint-Pierre de Maguelonne, où était assemblé le plus grand concours des fidèles. En y pénétrant, ils furent éblouis de l'éclat des lumières qui resplendissaient de toutes parts. C'étaient de nombreux flambeaux de cire de différentes hauteurs, et qui, disposés les uns au-dessus des autres, enveloppaient l'autel d'un réseau merveilleux de lumière. Ces flambeaux étaient fournis à l'évêque de Saint-Pierre par les juifs de la ville, d'après l'accord passé en 1198. En vertu de cet accord, ils payaient à l'Église une taxe de quarante-quatre livres de cire à Noël et au vendredi saint : et, pour ce tribut, ils étaient soufferts dans la ville, ils pouvaient y posséder une synagogue et avaient le droit d'y enseigner la médecine, à la grande colère de l'université de Montpellier, qui réclamait déjà pour elle seule le privilége exclusif des sciences humaines. Ce jour-là on avait rendu l'église resplendissante de toutes ses beautés. De jeunes arbres, tout couverts de leurs feuillages et de leurs fleurs, étaient rangés sur les basses ogives des côtés de l'église ; des serges éclatantes enveloppaient les piliers en montant en spirale jusqu'à leur sommet, et le chœur était brillant de tapis. Dans les stalles de chêne bruni qui enveloppaient l'autel, étaient réunis les somptueux chanoines de Maguelonne, le capuce rouge en tête et la croix d'or sur la poitrine. Au milieu du chœur s'ouvrait un riche missel sur un pupitre immense ; ce pupitre représentait une sorte de serpent ailé dont le corps tortueux formait le pied de cette machine, et qui, ainsi dressé, déployait de vastes ailes merveilleusement travaillées, sur lesquelles reposait le saint livre. Le missel, avec ses vignettes éclatantes, était écrit sur deux colonnes séparées par les plus magnifiques travaux de peinture : et ses pages, où le texte se dessinait en noir, au milieu de ces arabesques, semblaient un parterre avec ses plates-bandes brunes, bordées de fleurs jaunes et brillantes. C'était un don du cardinal Néapoléon de Lara à l'église de Saint-Pierre, et il avait été béni par le pape Célestin III. L'encens venu de Narbonne, où l'apportaient les nombreux Pisans qui en faisaient le commerce, brûlait à la fois dans les vases d'or que la cathédrale tenait des riches dons de Guillaume VII, et dans les encensoirs que balançaient incessamment les jeunes clercs qui venaient deux à deux s'agenouiller devant l'évêque. A la droite, était assis Guy, recteur des hospitaliers du Saint-Esprit, portant une mitre dont le sommet laissait entrevoir la calotte d'acier ; la croix pastorale pendait sur son sein, et la ceinture militaire serrait son surplis de lin sur une cuirasse ; il reposait ses pieds sur un vaste coussin de drap rouge, où était brodée, en argent, une crosse en sautoir avec une lance. A la gauche, à genoux, les yeux levés au ciel dans une sainte extase, immobile et comme plongé dans un monde qui le détachait de sa nature présente, Dominique attirait l'admiration craintive des habitants de Montpellier qui l'avaient vu partir, trois ans avant, le front et les pieds nus, et qui le retrouvaient, après trois ans de combats et d'épreuves, plus ardent et plus résolu qu'à cette époque.

Cependant les chants remplissaient la nef de leur harmonie. Les voix, unies ensemble, tantôt faibles et retenues, se développaient quelquefois dans une puissante expansion pour se calmer de nouveau, se levant et s'abaissant si harmonieusement, que l'on eût dit un flot de la mer, qui murmure puis se gonfle comme pour se briser, et qui s'abaisse insensiblement ; si bien qu'en écoutant ce chant doux et fort, cette sourde et harmonique prière, et cette immense et mélodieuse acclamation se succédant l'un après l'autre, il arrivait que l'âme, balancée à ce chant, s'élevant et s'abaissant avec lui, se troublait peu à peu, s'amollissait doucement et finissait par se perdre dans une ivresse indicible, dans une volupté ineffable où la pensée n'a pas d'objet, comme les yeux point de but, mais où la vie inonde l'âme par tous les sens qui mènent à sa mystérieuse demeure.

Ainsi, Catherine et Roger, si rapides, si joyeux durant la marche qui les avait menés à l'église, l'esprit si dégagé dans leur moqueuse conversation, s'étaient laissés surprendre et attendrir. L'un sur l'autre appuyés dans la chapelle de Saint-Cyprien, se sentant vivre ensemble sans penser qu'ils étaient ensemble, confondant leur âme dans ce même bonheur qu'ils ne se disaient pas et qu'ils n'eussent pu exprimer, ils avaient oublié leurs projets et leur curiosité, lorsque les portes de la sacristie s'ouvrirent. Le silence qui s'établit tout à coup les rappela à eux-mêmes, et ils se prirent à regarder ce qu'ils voyaient.

Aussitôt parurent douze jeunes filles vêtues magnifiquement, portant chacune un cierge ; après elles, vinrent douze dames des plus nobles et des plus riches ; douze chevaliers et l'official de l'évêque. Toute cette troupe fit le tour de la nef et vint se placer devant l'évêque, qui la bénit et lui commanda d'aller accomplir sa sainte mission. Catherine ne comprit rien à ce qui se passait; mais elle était résolue à se confier à Roger, et ils suivirent la procession lorsqu'elle sortit de l'église et se dirigea vers l'hôtel de ville, tandis que tous les assistants demeuraient dans le temple, sur l'invitation précise de l'évêque. La marche de cette procession, à travers les rues de Montpellier, fut calme et solennelle; un recueillement profond, une sainte espérance brillaient sur tous les visages. Roger quelquefois ne pouvait retenir un moqueur sourire, mais alors Catherine lui reprochait la gaieté qu'elle ne pouvait partager, et ce fut ainsi qu'ils arrivèrent à l'hôtel de ville.

De nombreuses lumières brillaient aussi aux fenêtres de ce château, où l'on semblait attendre la procession. Elle s'arrêta à la principale porte, et les chanoines qui composaient l'offical de l'évêque montèrent seuls dans l'intérieur. Bientôt après ils reparurent. Le cortége s'augmenta des consuls de la ville, des chevaliers de lance, conduits par le comtor d'Hauterive, et une litière, exactement fermée, portée par quatre hommes, fut placée au centre du groupe composé par les dames nobles et les demoiselles de la ville. Aussitôt on prit en bon ordre la direction du château d'Omelas.

— Vont-ils donc ainsi chez le roi? dit tout bas Catherine à Roger.

— Oui, répondit le vicomte, chez le roi qui t'attend.

— Vont-ils l'inviter à quelque cérémonie? reprit Catherine.

A ce moment, Roger, devenu attentif à ce qui se passait, ne répondit pas à la jeune fille; car le cortége était arrivé à l'embranchement d'une route dont un côté menait à la porte principale du château et dont le second, après avoir tourné à gauche, aboutissait à une poterne; on s'arrêta et le comtor regarda autour de lui comme s'il cherchait quelqu'un. Roger poussa un léger sifflement, et, sur un signe du chevalier, la litière fut apportée près de lui. Le sire de Rastoing l'accompagna, et Catherine, en le reconnaissant, se prit à trembler.

7.

— Que vais-je devenir ? dit-elle tout bas à Roger.

— Tu vas monter dans cette litière, et dans une heure je te rejoins.

La pauvre Catherine était sur le point de se trahir lorsqu'elle vit descendre une femme de cette litière. Cette femme, soigneusement enveloppée d'une cape, s'élança vers Roger, en lui disant d'une voix tremblante :

— Est-ce vous, mon frère ?

— Je m'appelle Baptiste, dit tout bas le vicomte, et je suis votre serviteur.

A ce mot, Catherine comprit le dessein de Roger, et ce fut en riant, à son tour, qu'elle prit la place de Marie. On ferma la litière de nouveau très-exactement, et on la replaça au centre du cortége qui attendit longtemps avant de se remettre en marche. Enfin, minuit arriva, et la procession reprit sa route, non pas vers Montpellier, comme Catherine se l'était imaginé, mais vers le château. Elle ouvrit à plusieurs fois les rideaux de sa prison et vit, malgré l'obscurité, qu'on approchait des murs d'Omelas, dont la masse noire se dessinait sur un ciel éclatant d'étoiles. Une nouvelle appréhension la saisit alors. Elle se figura que Roger avait mal pris ses mesures et se crut sur le point d'être ainsi solennellement livrée au roi. Cependant en réfléchissant au pompeux appareil qui l'accompagnait, elle se rassurait en elle-même, ne jugeant pas qu'un rendez-vous d'amour se passât ainsi. Cependant, toute confiante qu'elle était dans la protection de Roger et dans les assurances qu'il lui avait données, elle commença à craindre sérieusement quelque singulier événement, lorsque, le cortége étant arrivé au château d'Omelas, elle en vit baisser le pont-levis. La marche de ceux qui suivaient la litière n'était point changée ; seulement ils avaient cessé leurs chants et leurs prières à une certaine distance du château, et ce fut dans un profond silence qu'ils en franchirent la porte principale.

A ce moment, une véritable frayeur s'empara de Catherine, si violente qu'elle appela le sire de Rastoing. Un signe qui lui imposait silence fut toute la réponse du vieux consul, dont la figure rayonnait d'importance et de finesse à la fois. On fit descendre Catherine de sa litière, et, aux salutations qu'elle reçut de tous ceux qui composaient la procession, à l'état de reconnaissance dont paraissaient pénétrés pour elle les vénérables consuls de Montpellier, les chanoines et les chevaliers, elle pensa qu'elle avait fait quelque digne action dont elle ne pouvait se rendre compte. Elle vit aussi que chacun savait qui elle était, et que le soin qu'elle avait mis à se cacher était peine perdue. A chaque instant son embarras et sa surprise redoublaient ; mais elle se crut le jouet d'une illusion, lorsqu'elle vit monter d'abord tout le cortége dans la partie du château où se trouvait l'appartement du roi, puis pénétrer doucement jusqu'à la grand'salle qui précédait sa chambre, et là, dans un silence profond, se ranger à genoux devant la porte de cette chambre sur plusieurs lignes et y demeurer dans un profond recueillement.

La salle était ornée de cierges ; un vaste bénitier avait été placé à droite de la porte, et le doyen de l'official se tenait à côté. Catherine fut placée la première à genoux sur un carreau de fourrures, en face de la porte ; les jeunes filles se mirent derrière elle ; ensuite venaient les dames ; les consuls, les chevaliers et les chanoines, debout, bordaient au fond ce groupe de femmes. Catherine, en levant les yeux, aperçut, à l'un des angles de la salle, Roger qui avait gardé son déguisement, et sa présence suffit pour la rassurer.

Arrivé à ce point de notre récit, nous craindrions de le continuer, tant il y a de singularité dans ce qui nous reste à dire : mais ce temps que nous cherchons à décrire serait mal connu si nous n'en rapportions pas une des plus singulières histoires, si nous ne montrions pas jusqu'où s'égarait le zèle de la religion, si, obligé de peindre bientôt le christianisme dans sa fureur fanatique, nous ne devions pas d'abord faire voir par quelles puérités indécentes il avait perdu ce beau caractère qui doit partout l'accompagner.

Le silence était donc complet dans la grand'salle, le recueillement profond ; et la plupart des cœurs, exaltés sur les ailes de la prière, invoquaient pieusement le ciel. Si une excuse peut se donner à cette étrange cérémonie, c'est la bonne foi de ceux qui y participaient. Roger seul peut-être en comprenait tout le plaisant ; et Catherine même se laissa séduire à la solennité que chacun semblait y mettre. Cependant entr'ouvrons la porte qui sépare cette réunion de la chambre du roi d'Aragon.

Pierre avait reçu, des mains de Baptiste, à la poterne du château d'Omelas, une femme tremblante et silencieuse ; il l'avait lui-même guidée à travers les détours secrets du château jusqu'à sa chambre, où il n'y avait qu'une lueur imperceptible, fournie par une lampe chargée d'une huile odorante et enveloppée dans une sorte de lanterne à pans d'ivoire tout couverts de peintures. Cette lampe, suspendue au plafond par une poulie, comme nos réverbères, pouvait se monter et se descendre à volonté, et le cordon qui la retenait aboutissait ordinairement au chevet du lit. Durant le trajet de la poterne à la chambre, le roi avait voulu essayer de faire rompre le silence à la belle jeune fille qui allait enfin lui appartenir ; mais à chaque question on ne répondait que par un mouvement de tête. D'ailleurs un trouble, qui n'était pas joué, un tremblement presque convulsif de celle qu'il entraînait aussi, tout ravissait Pierre, et son amour était devenu du délire lorsqu'il arriva enfin dans cette chambre fortunée.

Soit véritable désespoir, soit comédie, en entrant dans cette chambre, la prétendue Catherine tomba dans un fauteuil, et, cachant sa tête dans ses mains, elle se mit à pleurer avec violence. Pierre se mit à ses pieds : il la consolait, lui parlait de son amour en termes si ardents, qu'elle sembla plusieurs fois prête à céder à ses vœux. Tantôt il l'attirait dans ses bras, et elle lui laissait couvrir ses mains de baisers, et bientôt elle le repoussait vivement. Il est difficile de dire si tous les sentiments de l'âme ont une pantomime particulière comme ils ont une physionomie distincte ; mais ce qui est certain, c'est que le roi d'Aragon prit l'abandon décidé de sa femme, qui d'abord l'écoutait, et ses soudains accès de dépit qui le faisaient repousser ensuite, pour le combat de la pudeur contre l'amour dans l'âme d'une jeune fille.

Cependant l'heure se passait, et Pierre d'Aragon, plus amoureux, plus entreprenant, semblait ne plus vouloir tenir compte de la résistance trop longue de sa belle maîtresse, lorsque, tout à coup, elle s'arracha de ses bras, cacha son visage dans l'une de ses mains, et de l'autre lui montra la fatale lampe qui les éclairait.

O divine pudeur! amour inconnu! Que ce geste parut à la fois amoureux et chaste au bon roi Pierre d'Arragon! Il comprit, et détacha le cordon qui soutenait l'impudique lumière : la lampe tomba et se brisa en éclats, et une obscurité impénétrable enveloppa tout ce qui se passa alors dans la chambre.

Cette obscurité, nous ne la percerons pas non plus, et nous reviendrons à notre grand'salle, toujours magnifiquement éclairée, où l'on voit tout ce qu'il s'y fait, ce qui peut par conséquent se raconter.

Au bruit de la lampe brisée, Roger fait un signe, et une sourde rumeur court et bourdonne dans l'assemblée. C'est une prière à voix basse, une prière fervente ; chacun s'y anime, et, les yeux tendus vers la chambre du roi d'Aragon, semble implorer l'assistance divine pour l'accomplissement de quelque saint miracle. Roger seul, l'oreille au guet, paraît attendre un nouveau signal. Cependant la prière continue ; le premier élan de l'invocation passé, il ne demeure plus qu'un sourd murmure ondulé par la voix grave de quelque chanoine qui reprend haleine ; déjà même les lèvres légèrement agitées attestaient seules la préoccupation pieuse de l'assemblée, lorsqu'un nouveau son se fit entendre ; c'est le son du timbre aigu qui appelle les esclaves. A ce bruit, comme à un coup de baguette magique, toute l'assemblée se lève en masse, et chacun, d'une voix retentissante, entonne un chant sublime avec un accent prodigieux de joie et de félicitations. Le doyen de l'officialité ouvre la porte et s'avance dans la chambre du roi d'Aragon, et jeunes filles, dames, chevaliers, chanoines, le suivent aussitôt chacun un cierge à la main.

A ce chant, à cet aspect, Pierre, surpris et épouvanté à la fois, s'élance hors de son lit, cherche et trouve ses armes à son chevet ; il s'avance l'épée à la main, vers la porte de la chambre et se trouve face à face du doyen armé d'un goupillon. Foudroyé de cette étrange et nombreuse apparition, le roi veut s'écrier et interroger ; mais les voix des assistants, lancées dans leurs sublimes actions de grâce, ne lui répondent que par de nouveaux chants. Pierre veut se précipiter vers le doyen, l'épée haute ; mais celui-ci, d'un coup de son large goupillon, l'inonde et le glace sous sa chemise fine de lin. Il recule; alors la masse chantante avance; et le roi, toujours inondé et béni, est forcé de se rejeter dans son lit, autour duquel se range le cortége.

Enfin le silence se rétablit, et il reconnaît bientôt tous ceux qui l'entourent; il reconnaît surtout la belle Catherine Rebuffe, et commence à soupçonner le tour qu'on lui a joué. Il en demeure convaincu lorsqu'il aperçoit la figure railleuse de Roger sous l'habit du serviteur qui lui a remis sa prétendue jeune maîtresse. A cette découverte, on ne peut assurer que Pierre accepta comme une joyeuse plaisanterie une si publique révélation de ses intrigues; mais s'il ne le fit pas sincèrement, du moins il en prit le semblant; et ce fut d'une voix calme qu'il dit à sa femme qui se cachait tremblante :

— Eh bien! madame Marie, ne voulez-vous pas saluer vos amis et les miens qui viennent si tard nous rendre visite?

La reine montra alors son visage couvert de rougeur, et que tous les regards interrogèrent curieusement; puis le roi continua :

— Messieurs, dit-il aux consuls, avertissez nos sujets de Montpellier que nous entrerons demain dans leur ville avec madame Marie, notre épouse, à notre droite, et notre fille Catherine, à notre gauche, montée sur une belle haquenée dont nous lui faisons présent.

Aussitôt après, le cortége se retira dans l'ordre où il était venu, laissant la reine avec son mari.

Faut-il raconter, pour bien persuader à nos lecteurs que ceci est pure vérité, comment le roi fit son entrée à Montpellier, ainsi qu'il l'avait annoncé? Cette circonstance trouvera sa place plus tard. Toutefois, ce que nous devons dire, c'est que la haquenée sur laquelle rentra Catherine, fut acquise à la ville de Montpellier par les soins du sire de Rastoing; qu'elle fut nourrie aux frais des habitants et tous les ans promenée en grande pompe, du château d'Omelas jusqu'à l'hôtel-de-ville, avec des chants et des fleurs. Lorsque cette haquenée, qui était exactement blanche, mourut, sa peau fut empaillée, et la cérémonie continua de même. Elle s'est conservée jusqu'à nos jours, sous le titre de fête du Chevalet, et beaucoup d'hommes vivent encore qui en ont été témoins.

V

L'HÉRÉTICATION.

A la jonction des deux chemins, le sire de Rastoing remit à Roger, qui avait toujours conservé l'habit et la tournure de Baptiste, la garde de Catherine, et les jeunes amants reprirent ensemble le chemin de Montpellier. Ils se hâtèrent d'y rentrer, et, par un ordinaire événement de toutes les espérances humaines, ils se trouvèrent tristes d'une aventure qui leur avait paru devoir être si plaisante. Un sentiment de crainte se formait au cœur de Catherine, sentiment confus à la vérité et sans reproche véritable de sa conscience ; mais il lui semblait, quelle que fut son innocence, que si c'est un malheur pour une jeune fille d'attirer, malgré sa volonté, les regards sur elle, c'était une grave faute de les y avoir appelés. Roger surtout, maintenant que le premier entraînement de sa folle idée s'était éteint dans son succès, Roger se faisait un crime de s'être servi du nom de Catherine et de la sotte adresse du consul pour donner une leçon au roi d'Aragon. Il prévoyait qu'il faudrait une explication à sa participation à ce rendez-vous, et comprenait que les propos les plus hardis seraient tenus sur la pauvre Catherine. Sans doute il savait que la pire chose qu'on pût dire serait de prétendre qu'elle était sa maîtresse, et sans doute aussi il y avait cette espérance, au fond de l'âme de Roger, qu'elle pourrait le devenir ; mais jusqu'à ce moment il ne s'était pas traduit à lui-même sa pensée aussi lucidement ; il s'était donné à aimer Catherine sans vouloir regarder où il allait. Un jour serait arrivé où elle fût coupable, et bientôt après un jour qui eût livré ce secret à la curiosité publique. Alors les mêmes propos eussent été tenus ; mais alors il eût semblé à

Roger que l'accusation eût été moins cruelle, parce qu'elle eût été vraie, et que lui-même eût été moins criminel envers Catherine de lui faire mériter un reproche juste, que de lui en faire subir un qui ne l'était pas : rendant ainsi un hommage intime à la vertu qu'on peut dédaigner quand elle n'existe plus, et qu'on est forcé de respecter quand elle est encore debout.

Cependant l'espérance de voir se perdre cette frivole circonstance parmi les intérêts pressants qui devaient s'agiter à la réunion de Montpellier, le rassura un peu. Il devina à sa propre préoccupation la cause du silence de Catherine ; et lorsqu'il lui adressa la parole pour l'en arracher, il ne s'étonna ni de la voix altérée de la jeune fille, ni du mouvement plus tendre et plus familier avec lequel elle s'appuya sur lui. C'était déjà une prière et une invocation ; c'était une femme qui disait déjà : « Protégez-moi, vous qui m'avez perdue. »

La pensée de Catherine allait-elle aussi loin ? Non, sans doute. Sa pensée raisonnée ne pouvait et ne devait pas tirer une si terrible conséquence d'une démarche imprudente. Mais l'âme, à notre insu, a une logique invisible qui semble prévoir tous les malheurs futurs d'une faute, et qui nous donne des craintes vagues qu'on veut faire taire vainement. On appelle ces effrois soudains de puérils pressentiments ; mais le plus souvent ce ne sont que les murmures sourds d'une conscience clairvoyante.

Cependant ils arrivèrent enfin dans la rue où était située la maison de Catherine, et la quantité de personnes qui se trouvaient rassemblées devant le seuil appela leur attention. Par suite de la disposition où se trouvait le vicomte, il ne put s'empêcher de craindre quelque fâcheuse aventure. Il se hâta de faire rentrer Catherine par la porte dérobée et revint aussitôt voir par lui-même le motif de ce rassemblement. Il n'avait rien de tumultueux ; car l'effroi paraissait dominer tous ceux qui, en rentrant des églises où ils avaient passé une partie de la nuit en prière, étaient arrêtés devant la maison ; on se parlait à voix basse en se montrant la porte du doigt, et l'on s'éloignait en faisant de nombreux signes de croix. Roger s'approcha assez pour entendre les propos.

— Y comprenez-vous quelque chose ? disait l'un : Catherine est une fille un peu trop belle et un peu trop riche peut-être pour n'en être pas fière, mais c'est une sainte chrétienne.

— Vous ne savez donc pas, répondit un autre, que Pierre Mauran est dans sa maison !

— Eh bien ! répondit le premier, n'a-t-il pas fait amende honorable ?

— Sans doute, mais on dit qu'hier il a été arrêté par Perdriol et qu'il a rompu sa pénitence.

— Cela est si vrai, ajouta un troisième, que frère Dominique, qui s'était voué à son salut, était seul à l'église ce soir, sans chaîne ni pénitent.

— Sainte Vierge ! reprit un de ceux qui avaient parlé d'abord, et comment a-t-elle osé ainsi recevoir Pierre Mauran, sans qu'il fût dégagé par la main de l'Eglise de son vœu de visiter tous les pèlerinages portés dans l'arrêt de l'officialité de Toulouse ?

— Il a été blessé et frappé par les routiers, au point qu'il a failli expirer en entrant dans Montpellier. Devait-elle le laisser mourir à sa porte ? Bien qu'il lui soit presque inconnu et comme étranger, n'est-ce pas son oncle, le frère de sa mère ? et la malédiction ne l'eût-elle pas frappée pour un si cruel refus ?

— La malédiction de Dieu ne frappe que ceux qui désobéissent aux saintes lois de son Eglise.

Cette réponse fit taire tous les commentaires, et Roger reconnut le visage sombre du moine d'Osma. Cette apparition l'irrita plus qu'on ne saurait dire. Jusqu'à ce moment, l'aspect de cet homme, tout en l'importunant, ne lui avait semblé qu'une rencontre désagréable que le hasard seul avait renouvelée ; mais cette fois il lui parut qu'il avait une intention de mêler à sa vie une persécution tacite, exprimée par une présence obstinée : c'était déjà un accomplissement des paroles de Mont-à-Dieu. Il ne put résister à ce premier mouvement de colère.

— Moine, lui cria-t-il, est-ce toi qui as osé désigner cette maison à la malédiction céleste et à la colère du peuple ?

— C'est moi, répondit Dominique, car cette maison cache un hérétique, et je l'ai marquée du sceau de la réprobation, jusqu'à ce que le maudit en sorte ou qu'il en soit chassé.

8

Roger vit alors en s'approchant la cause du rassemblement. C'était une bière vide qu'on avait posée en travers de la porte d'entrée, et une croix rouge qu'on avait dressée au chevet de cette bière.

— Misérable, dit Roger oubliant toute prudence, c'est toi qui as placé à cette porte cet insigne de mort et de supplice? La ville de Montpellier appartient-elle à Innocent?

— Ni à Innocent ni au vicomte de Béziers, répondit froidement le moine ; mais l'homme qu'enferme cette maison appartient à l'Eglise, et lui avait été livré par son seigneur, le comte Raymond, et l'Eglise l'atteindra partout, eût-il caché son retour à l'hérésie dans les villes de Béziers ou de Carcassonne, sous la protection du noble Roger.

— Et à Carcassonne et à Béziers, répliqua violemment le vicomte, Roger eût fait ce qu'il fait ici.

A ces mots, il arrache la croix plantée devant la porte, la renverse et la foule aux pieds, prend la bière, la brise et en disperse les lambeaux avec des cris de colère qui épouvantent les habitants et qui semblent ravir Dominique d'une sainte joie. A peine le vicomte a-t-il cédé à ce mouvement irréfléchi qu'on entend les pas précipités d'un concours tumultueux, et aussitôt on voit arriver un nombre considérable d'hommes vêtus de noir, les pieds nus dans des sandales, la tête découverte, le corps serré d'une corde de chanvre, presque tous les cheveux en désordre et les vêtements sales et déchirés. C'étaient les bonshommes de la ville de Montpellier, les prêtres de l'hérésie, et à leur tête marchait Guillabert de Castres, leur évêque, le plus fameux hérésiarque de la Provence, et qui avait déjà soutenu plus d'un combat spirituel contre Dominique. En se voyant, ces deux fiers rivaux se mesurèrent de l'œil, et Guillabert s'écria :

— Je vais montrer le vrai chemin à l'âme qui va s'en aller.

— Ce chemin est facile à suivre, répondit Dominique, et le vicomte de Béziers vient de te l'ouvrir.

Roger, qui, à l'aspect de Guillabert, avait craint de voir se renouveler au chevet de Mauran entre ces deux fanatiques la scène de Mont-à-Dieu, ne fut pas peu surpris quand le moine s'éloigna sans engager le combat, sans essayer même d'enlever à Guillabert une conquête pour laquelle il avait montré tant de sollicitude. Il dut penser que Dominique comptait tirer un meilleur parti de cet événement, et, sans trop se rendre compte de ce qu'il pouvait avoir à craindre, il suivit Guillabert dans la maison où il venait d'entrer. Il le précéda de quelques pas dans la chambre où était Pierre Mauran, et trouva celui-ci étendu sur une couchette très-élevée, ayant à ses côtés Nathanias qui l'observait d'un air soucieux, et Catherine qui semblait toute tremblante de ce qui se passait au dehors. Roger, sans rien lui dire de ce qu'il avait fait, lui conseilla de se retirer, et, usant de cette autorité qu'il savait prendre même avec ceux qu'il aimait le plus, il la fit rentrer dans sa chambre et donna l'ordre à sa nourrice et au vieux Baptiste de ne pas l'en laisser sortir quoi qu'il arrivât et quoi qu'elle pût entendre. Il crut qu'il était prudent de l'éloigner des scènes qui allaient se passer, autant pour l'aspect horrible qu'elles offraient, que pour les conséquences qu'elles pourraient avoir. Lui-même, sentant qu'il était mal à propos mêlé à toutes ces disputes, fut à plusieurs fois tenté de se retirer; mais la crainte de laisser Catherine seule dans une maison ainsi envahie et le désir de voir pour lui-même la fin d'un événement où l'on pourrait peut-être essayer de la compromettre plus tard, le décidèrent à rester.

A peine Guillabert fut-il entré dans la chambre du malade, que celui-ci parut se ranimer en sa présence.

— Mon père, lui dit-il d'un accent de prière, les prêtres pervers de la prostituée de Babylone ont égaré ma raison, venez à moi et *consolez*-moi.

— Pécheur, répond l'évêque hérétique, voici venir les fils majeurs et les fils mineurs de la véritable Eglise, ils t'apportent la consolation que tu demandes.

Aussitôt deux des acolytes de Guillabert saisirent Pierre Mauran, et, le plaçant malgré sa faiblesse et ses douleurs sur son séant, ils voulurent commencer la cérémonie de la consolation. Nathanias, qui était demeuré dans la chambre, s'approcha alors et dit à Guillabert :

— Frère, il ne faut point penser à tourmenter le malade d'aucune façon; les secours de la médecine sont les seuls qu'il puisse recevoir en ce moment.

— Dieu du ciel! s'écria le prêtre hérétique, le misérable Pierre Mauran a-t-il encore subi cette souillure? Après avoir livré son âme aux perditions de Rome, son corps est-il tombé aux mains de ce juif? Arrière, mécréant! fils du fils rebelle du Seigneur, rejeton de Satan, je t'exorcise! arrière l'impur!

Cette malédiction prononcée par un prêtre de l'Eglise romaine, sans épouvanter précisément Nathanias, l'eût cependant réduit au silence. A coup sûr, il n'eût osé braver un anathème qui pouvait être suivi d'une plus efficace persécution. Mais, vis-à-vis d'un hérétique, c'était bien différent; car la haine que leur portait le clergé catholique dépassant de beaucoup celle qu'il avait contre les juifs, il les abandonnait volontiers à l'outrage et à l'insulte de quiconque voulait les insulter. Ainsi en est-il dans toute discussion intestine : l'animosité est affreuse entre enfants d'une même nation ou d'une même famille, et la haine est d'autant plus ardente qu'elle a eu des liens plus forts à briser. Enfin, soit désir de venger sur un chrétien, quel qu'il fût, l'humiliation constante où on les tenait, soit par motifs d'humanité, Nathanias s'élança sur Guillabert de Castres au moment où il s'approchait de Pierre Mauran.

— Cet homme est mourant, s'écria-t-il, et vous le tuerez si vous lui faites subir la moindre de vos stupides momeries.

Ce propos alluma la colère des *parfaits*, mais il ne fit briller sur le visage de l'évêque qu'une joie singulière et une espérance dont Nathanias eût frémi de connaître le but. Cette espérance s'attachait à un objet bien désiré, puisqu'elle apaisa les scrupules de Guillabert, et qu'il demanda vivement au médecin s'il était vrai que Pierre Mauran fût si malade qu'il le disait, et s'il mourrait véritablement dans le cas d'une épreuve ou d'un peu d'aide.

Nathanias répondit affirmativement sans se rendre compte du sens des derniers mots de l'hérétique; mais à peine eut-il fini, que voilà Guillabert qui élève les bras vers le ciel et qui, saisi d'un tremblement universel, se prend à crier :

— La mort vient, la vie la suit, l'épreuve sera dure, l'aide sera bonne, la victime agréable au Seigneur.

Nathanias se rappela alors avoir entendu raconter les plus

étranges choses sur *les épreuves* et *les aides* des hérétiques; et lorsqu'il vit l'état d'extase frénétique où tomba Guillabert s'emparer des autres parfaits, il entraîna Roger dans un coin et lui recommanda la plus exacte prudence. Bientôt, tandis que Guillabert immobile, les bras étendus en l'air, mais agité d'un tressaillement convulsif, était, selon leur expression, envahi par l'Esprit, les autres assistants se prirent à déchirer leurs habits avec fureur, se prosternant et se relevant tour à tour devant Guillabert avec de grands cris.

Dans notre siècle de passions raisonnées, personne ne pourra s'imaginer comment Roger put être le témoin impassible de la scène que nous allons décrire; parce que personne ne peut se figurer peut-être le délire où peut mener une superstition. Les histoires des convulsionnaires et celles des religieuses de Loudun en sont un exemple épouvantable. Dans ces circonstances, non-seulement les puissances irritables de l'esprit arrivent à un degré d'exaltation et de férocité incroyables, mais encore les forces physiques et vitales, soumises à la même excitation, s'exagèrent à un tel point, qu'il en résulte des actes prodigieux de vigueur accomplis par des corps faibles et chétifs. Ce fut donc un étrange spectacle pour Roger que ce qui se passa alors sous ses yeux; et la surprise, le doute même de la réalité de ce qu'il voyait le rendirent bien plutôt silencieux que la crainte qu'il eût pu éprouver de se trouver au milieu des hérétiques.

Comme nous l'avons dit, ils étaient presque nus. Guillabert, toujours à la place où l'extase l'avait saisi, avait perdu ce tressaillement qui annonçait, disaient-ils, l'invasion de l'Esprit-Saint. Il était devenu complètement immobile, l'œil tendu et les bras levés. A cet aspect, les bonshommes s'agenouillèrent, et l'un d'eux, Benoît de Termes, le plus révéré après Guillabert, s'écria:

— La coupe est remplie, l'âme du saint nage dans l'âme de l'Esprit; à l'œuvre, pour que l'hostie soit prête quand Dieu débordera.

Aussitôt Pierre Mauran fut enlevé de son lit et placé sur le plancher: tous se rangèrent autour de lui, deux diacres ou fils mineurs tenant un Evangile ouvert. Benoît se plaça en face du malade et commença l'interrogatoire suivant:

— Tu as demandé à être consolé, Pierre Mauran?

— Je l'ai demandé, répondit le malade qui parut subir lui-même cette influence extraordinaire et se ranimer à ce commun enthousiasme.

— Ton âme a-t-elle besoin d'être purifiée des erreurs où elle s'est replongée? demanda le prêtre.

— Mon âme en a besoin, répondit Mauran.

— Réponds donc aux vrais articles de la foi. Quel est ton Dieu?

— Mon Dieu est le créateur du bien; c'est lui qui a fait la pensée, l'amour et les choses invisibles, aidé de son premier fils Jésus-Christ, dont l'esprit a habité trente-trois ans sur la terre dans la personne et le corps de saint Paul.

— C'est le seul que tu adores? reprit Benoît.

— Le seul, répondit Mauran; et je renonce Satan, son second fils, qui a fait le corps, les désirs charnels, et toutes les choses matérielles qui servent à la tentation.

— Très bien! s'écria Benoît à cette réponse; et tous ceux qui étaient présents répondirent en faisant une génuflexion à chaque exclamation : Sois béni! sois béni! sois béni!

— Quelles sont tes croyances sur cette terre?

— Que chacun, homme ou femme, peut prêcher l'Evangile quand l'Esprit-Saint le domine; qu'il peut consacrer le pain et le vin en un cas pressant, sans avoir été *revêtu* (ordonné), pourvu qu'il porte les sandales.

— Que détestes-tu sur la terre? demanda encore le prêtre.

— Je déteste Rome, qui est la protectrice de l'Apocalypse. — Je déteste le serment comme impur. — Je déteste l'adoration des images comme une invention du diable. — Je déteste les églises où Rome enferme l'immensité de Dieu.

— Sois béni! répondit encore Benoît de Termes.

Et les assistants recommencèrent encore trois fois la même exclamation avec les mêmes génuflexions. L'interrogatoire continua, mais avec ordre, quoiqu'on pût s'apercevoir que la voix de l'interrogant arrivait par degrés à une vibration forte et éclatante qui annonçait une exaltation croissante.

— Et que crois-tu que deviendra ton âme après ta mort?

— Elle ira au paradis ou en enfer : car le bien est le bien, et le mal est le mal, et le purgatoire est une invention des hommes.

— Et tu ne crois pas comme nos frères les Insabattez, qu'elle attendra jusqu'au jugement dernier?

— Le jugement dernier est une impiété : car Dieu est infaillible, et après nous avoir jugés à notre trépas, il ne changera pas son jugement ! et la résurrection des morts n'est point écrite dans l'Evangile.

— Sois béni ! répéta encore Benoît.

Et encore cette fois on lui répondit comme on avait fait. Tous alors se tournant vers Guillabert se mirent à genoux devant lui et commencèrent une prière à laquelle il paraissait insensible ; cependant, comme un coursier indolent entouré de chevaux fougueux et qui se laisse enfin entraîner à leur impétuosité, les lèvres de Guillabert remuèrent insensiblement, puis s'agitèrent de paroles presque muettes. Bientôt sa voix et ses prières s'unirent à celles des autres, et dans peu d'instants elles les dominèrent toutes.

— L'Esprit déborde ! s'écria Benoît ; que le croyant soit consolé !

A ces mots, on s'empara de Pierre Mauran et on le plaça debout, en le soutenant vis-à-vis de Guillabert. Deux parfaits tinrent suspendu sur la tête du malade le livre des Evangiles, et l'évêque prononça une prière les mains étendues sur lui. La prière finie, il lui imposa les mains et le livre sur la tête, et Pierre Mauran récita un *Pater* en tenant ses mains étendues en croix. Dès qu'il eut fini, on l'approcha de Guillabert, et on le plaça encore en face de lui, mais de côté, de façon que l'épaule gauche du malade touchât l'épaule gauche de l'évêque, et celui-ci récita une prière commençant par ces mots :

— *Cor meum in corde tuo...*

Lorsqu'il eut fini, on replaça Pierre Mauran tout en face de lui, et aussitôt Guillabert se pencha jusqu'à lui, et, par sept fois différentes, lui souffla dans la bouche en lui répétant à chaque fois :

— *Dominus tecum.*

— *Et cum spiritu tuo*, répondaient à chaque fois les assistants : et, à chaque insufflation, ils faisaient mettre Pierre Mauran à genoux et le relevaient ensuite. Toute cette pantomine, exécutée d'abord assez solennellement, prit un caractère de violence à cette dernière cérémonie. Ainsi on précipitait le malheureux malade et on le relevait brutalement. En effet, on pouvait lire sur les visages que les esprits s'exaltaient : celui de Mauran surtout avait l'expression d'une joie sauvage et infinie, et ce ne fut pas sans une sorte de terreur qu'à la dernière de ces génuflexions Roger le vit se redresser de lui-même et se tenir debout sans le secours de ceux qui l'entouraient. Un long cri de joie accueillit cette victoire de l'Esprit-Saint, et ce fut le tour de Mauran d'élever la voix et de se faire entendre.

— Frères, s'écria-t-il, l'heure est venue, la mort approche, la vie la suit..... Ouvrez à l'âme de larges chemins..... Dieu m'invite et il m'appelle.....

Benoît, alors à genoux entre le malade et Guillabert, se retourna vers celui-ci et lui dit d'une voix farouche :

— Père, le frère Mauran demande l'épreuve.

— Est-il préparé? demanda Guillabert, retombé dans sa sainte extase.

— Je suis préparé, répondit Mauran.

— Il est préparé, répéta Benoît...

— Non! non! s'écria Guillabert, je n'entends que la voix de Benoît et non celle du croyant. Son esprit n'est pas le mien; je ne l'entends pas.....

— Que faut-il à l'Esprit? s'écria Mauran ; que faut-il pour avoir l'épreuve?

— Il faut maudire, dit Benoît, maudire et mépriser les images de la Prostituée.

— Qu'on m'apporte ses images et ses idoles! s'écria Mauran.

Et l'un des acolytes détacha du mur un Christ qui s'y trouvait suspendu, et le présenta à Pierre Mauran qui prononça sur lui des paroles d'exécration, lui cracha au visage et le foula aux pieds.

— J'ai maudit et méprisé... dit alors Mauran.

— Je t'entends, je t'entends, répondit Guillabert. Qu'on cède à sa prière; et qu'on ouvre les voies à l'âme du croyant !

A ces mots, un hurlement sauvage répondit à l'évêque hérétique, lui-même élevant la voix fit entendre une invocation retentissante; et Mauran, l'œil animé, le visage exalté, debout au milieu de ce cercle furieux, leur cria :

— Voici ma poitrine, voici mes veines et mes membres ! Que mon bien-aimé commence ! que le plus charitable m'éprouve !

Cependant on demeurait immobile, et, les yeux fixés sur Pierre Mauran, chacun semblait hésiter ; les poitrines haletantes laissaient échapper une rauque et courte respiration.

— Père ! père ! s'écria Mauran ; les frères sont faibles ; l'Esprit-Saint n'est qu'en nous.

Guillabert à cette interpellation répondit aussitôt :

— Que les frères obéissent ! que l'épreuve soit faite ! *cum manu, cum gladio, cum linguâ, animam libera !*

Cette exhortation n'était pas achevée, qu'un des plus jeunes de la troupe s'élance et frappe Mauran au visage : celui-ci demeure immobile. L'exemple n'est pas plus tôt donné que chacun s'excite et lui porte des coups terribles ; mais Pierre Mauran sourit à chaque nouvelle blessure, et, par un prodige de la nature humaine, il soutient, malade et mourant, mais sous l'empire d'un enthousiasme fanatique, des atteintes qui l'eussent renversé et brisé en pleine santé.

Cette circonstance que la physique et la médecine actuelle ont eu occasion de reconnaître, cette insensibilité à la douleur, résultat d'une tension extrême des forces morales, avait plus d'une fois épouvanté les ennemis des vaudois, et fait croire, sinon à leurs miracles, du moins à la sorcellerie dont on les accusait. Ce fut donc avec un véritable effroi que Roger vit commencer cette lutte ; mais sa terreur devint extrême lorsque cette insensibilité s'augmenta pour ainsi dire sous la violence des coups. Ainsi, à plusieurs fois, un des plus furieux de la troupe qui s'était emparé d'une barre de bois en avait frappé Pierre Mauran dans la poitrine et l'avait renversé ; mais celui-ci, repoussé de la terre comme par une force invisible, se retrouvait aussitôt debout, excitant l'ardeur de ses bourreaux par ses cris, les insultant, leur reprochant leur faiblesse et leur lâcheté. Enfin cette salle devint une véritable arène de bêtes féroces se ruant avec des hurlements affreux contre le malheureux Pierre Mauran ; on le frappa de tous les objets dont on put s'armer. Les uns le déchirèrent de leurs ongles ; d'autres lui ouvrirent la poitrine avec des clous ; on lui creva les yeux ; la rage devint telle, que quelques-uns la tournèrent contre

8.

eux-mêmes, et il s'en trouva qui se firent aussi de cruelles blessures. Pendant ce temps d'une frénésie incroyable, la voix de Guillabert ne cessait de prier et d'invoquer le Seigneur. Roger et Nathanias, épouvantés, se tenaient silencieux dans un coin obscur de ce repaire. Enfin la mort de Pierre Mauran mit fin à cette horrible cérémonie; et l'exaltation des bonshommes ayant cessé avec la vie de la victime, ils la confièrent à quatre d'entre eux qui l'emportèrent dans leur cimetière particulier, où le cadavre fut jeté sans cérémonie dans une fosse, attendu que la prière pour les morts était, selon la secte vaudoise, une insulte à la justice divine.

LIVRE TROISIÈME

I

LA LICE.

Le matin qui suivit cette nuit, Montpellier se leva retentissant du son des cloches, parfumé de fleurs aux murs et aux fenêtres de ses maisons, jonchées par toutes les rues. Les habitants avaient revêtu leurs plus beaux habits; presque tous avaient fermé leur demeure et circulaient par la ville. Un grand nombre se dirigeait vers les portes par où devait entrer le cortége des seigneurs; d'autres se portaient en masse vers le Leude du Pérou, où devait se tenir la foire libre proclamée depuis huit jours : l'aspect de la ville était animé et joyeux. L'hôtel-de-ville, magnifiquement tendu de serge de couleur, était encombré de marchands qui, moyennant six sous, se faisaient délivrer une permission de vendre.

Cette permission consistait en une plaque de plomb qu'ils portaient durant toute la foire. Il reste à Montpellier une de ces plaques attachée à une des chartes de la ville. D'un côté est représentée la Vierge, assise dans une chaise et tenant son fils sur ses genoux. Cette chaise est très-profonde, et, au lieu de bras, elle a deux côtés aussi élevés que le dossier. Ces côtés avancent jusqu'au bord du siége et se développent à droite et à gauche comme les feuilles d'un paravent. Un des pieds de la Vierge est posé sur un coussin, qui nous a paru être un écusson de comte. A droite de la Vierge est gravée en caractère goth la lettre A, à sa gauche la lettre M. Cette figure est entourée d'un cercle composé de la réunion de douze petits arceaux terminés chacun par un trèfle : c'était le nombre des consuls de la ville. Entre ce premier cercle et celui qui entoure le sceau et qui représente parfaitement la couronne murale des anciens, se trouve sur le plat de l'empreinte l'exergue suivant en caractères romains :

*Virgo mater, natum ora
Ut nos juvet omni horâ.*

Cette phrase, rimée et syllabiquement mesurée comme nos vers de huit pieds, est peut-être une preuve que ce n'est point aux Normands que la poésie française doit sa rime, car on voit par cet exemple que la Provence avait deslors soumis à cette règle d'harmonie la barbare latinité du xɪɪ^e siècle, bien avant que les poëtes français fussent sortis des bourgs de la Normandie et des échoppes de Paris.

De l'autre côté de cette plaque de plomb, on voit la ville de Montpellier enceinte de ses murs, soutenus de loin en loin de tours énormes. Au milieu est une porte basse. Au-dessus des murs on aperçoit les toits des bâtiments considérables, l'immence clocher de Saint-Pierre de Maguelonne et les deux tours de la citadelle qui domine la ville. L'exergue de ce côté du sceau municipal est celui-ci :

Sigillum duodecim consulum Montispessulani.

Chaque marchand recevait ce sceau attaché à une corde plate de laine et le pendait à son cou. Tout homme étranger à la ville de Montpellier qui eût voulu vendre le moindre objet sans ce signe de la permission des magistrats, pouvait être saisi sur-le-champ par les sergents d'armes, et toutes ses marchandises confisquées au profit de la ville. Cependant l'affluence diminua bientôt du côté des marchands, et chacun d'eux alla prendre la place qui lui fut assignée par les juges de la foire. Les bateleurs vinrent à leur tour demander le droit de s'établir dans les divers quartiers de la ville.

On y remarquait bon nombre d'Italiens de Gênes et particulièrement des Avignonnais. Des jongleurs venus de tous les côtés de la Provence abondaient aussi dans la ville, mais, grâce à la protection que les seigneurs accordaient alors à tous ceux qui cultivaient la poésie, ils étaient dispensés de toute formalité. Une table particulière était même servie pour eux dans l'une des grandes salles de l'hôtel-de-ville. Elle était presque toujours déserte, parce qu'en général les jongleurs étaient riches des munificences des princes qu'ils louangeaient dans leurs vers. Quant à ceux qui n'avaient pas de patrimoine, ils gagnaient presque toujours assez d'argent dans les repas où ils étaient admis, pour ne pas être réduits à accepter cette hospitalité.

Les places des marchands et celles des bateleurs étant distribuées, chacun d'eux se rendit en la grande place du Pré-Marie, située sur le bord de la petite rivière dite le *Merdançon*, et où s'étendait une lice immense. Cette lice était close sur trois côtés par des gradins qui s'élevaient à une grande hauteur. Le quatrième côté était bordé par la rivière. Les gradins étaient destinés aux seigneurs et bourgeois qui devaient prendre part à la fête, et de l'autre côté de l'eau se pressait le menu peuple et les serfs accourus de tous les environs. Grâce à une petite colline qui se trouvait en face de la lice, ils pouvaient voir la fête aussi bien que les plus favorisés. Chacun des trois gradins était coupé au milieu par un pavillon plus élevé destiné à l'un des principaux seigneurs de la cour. Celui qui faisait face à la rivière était pour Pierre d'Aragon ; celui de droite pour le comte de Toulouse. Roger devait occuper celui de gauche. Des deux côtés de chaque pavillon un certain espace du gradin était réservé pour la suite de ces divers seigneurs.

A dix heures, un messager vint annoncer aux consuls que le cortége du roi était prêt à sortir du château d'Omelas, et que les autres seigneurs et leurs suites, les uns partis des châteaux de Lates, de Substantion, de Tortanne, les autres de l'hôpital du Saint-Esprit, seraient arrivés à midi dans le Pré-Marie. Les habitants, selon qu'ils jugeaient de la magnificence des seigneurs, se portèrent par où ils devaient entrer, impatients de voir ouvrir la foire et la cour plénière. Nous ne les suivrons pas dans leurs diverses marches, et nous resterons au centre de cet immense concours avec les plus patients.

Les gradins, tels que nous les avons décrits, ne se touchaient pas aux angles du carré qu'ils formaient avec la rivière. A cet endroit, une barrière fermée par une simple pièce de bois ou lice maintenait une foule assez grande. C'était celle des marchands et bateleurs qui avaient la prétention d'être nommés maîtres de la fête ou rois des jeux.

Bientôt tous les nobles de la ville et les libres bourgeois s'emparèrent des gradins qui leur étaient destinés, et y placèrent leurs femmes et leurs filles, après avoir déclaré leurs noms aux sergents de la garde des consuls qu'on n'ose pas appeler garde municipale, quoique ce fût là leur vrai nom. Enfin, tous les gradins se remplirent de gens de toute sorte, magnifiquement vêtus, et l'heure de la cérémonie arriva. Les cris du peuple qui accompagnait les divers cortéges, unis aux retentissements de trompettes, les annoncèrent enfin, et chacun se leva pour les voir passer successivement et en admirer ou critiquer l'ordonnance. On écarta des barrières ceux qui s'y pressaient, et les trompettes du roi d'Aragon parurent les premières.

Dix arbalétriers de front, à cheval, ouvraient la marche; tous le casque en tête, la visière haute, montés sur des chevaux couverts de housses magniques et de diverses couleurs, qui leur revêtaient le cou, le poitrail, et descendaient presque jusqu'à leurs pieds. Après eux venaient les chevaliers de la lance du roi, c'est-à-dire ceux qui, sans autre fief que leur épée, lui appartenaient plus particulièrement, et qui étaient pour un seigneur suzerain ce que sont les cavaliers pour un simple chevalier. Les consuls de la ville de Montpellier parurent ensuite vêtus de leurs dalmatiques violettes, garnies de fourrures, et portant chacun à la main un bâton d'ivoire, au bout duquel était sculptée une petite Vierge. Le roi les suivait monté sur un cheval couvert d'un filet fait de rubans d'or qui l'enveloppait tout entier. A chaque nœud du filet était attachée une pierre précieuse; le mors de la bride était doré, les étriers de même, de façon que, lorsque le coursier entra dans la lice, piaffant et s'agitant au soleil sous la main habile du roi, il sembla voir une masse vivante de lumière et de couleurs resplendissantes qui jetait sans cesse un éclat prodigieux et varié. La reine était à la droite sur un coursier non moins magnifiquement vêtu, et Catherine parut, à sa gauche, sur une haquenée blanche, toute resplendissante d'ornements d'argent. De longues acclamations accueillirent le souverain qui, après avoir fait le tour de la lice, alla prendre place dans le pavillon du milieu. Près de cent chevaliers qui le suivaient se rangèrent de chaque côté de lui, après avoir remis leurs chevaux à leurs écuyers.

Dès que le roi eut pris place, il fit signe au comtor d'Hauterive de se tenir prêt à ouvrir la barrière de droite au vicomte de Béziers, dès que Hugues Sanche, comte de Roussillon, aurait introduit Raymond de Toulouse par celle de gauche.

L'entrée du comte fut le signal des cris les plus tumultueux, car jamais rien de plus magnifique n'avait été montré aux peuples de la Provence. Dès que les trompettes furent entrés, on vit s'avancer des hommes qui portaient deux à deux des litières dont les brancards appuyaient sur les épaules. Chacune de ces litières soutenait l'image en relief d'un des châteaux appartenant au comte de Toulouse, les uns dorés, d'autres couverts d'argent, quelques-uns en ivoire, la plupart peints de couleurs éclatantes. Il défila deux cent quatre machines aussi supérieurement travaillées. Le comte parut ensuite, non pas sur un cheval, mais sur une mule d'Espagne, blanche et sans caparaçon. Les rênes dont il se servait étaient faites de fils de soie blanche tordus ensemble, et lui venaient de Raymond II, comte de Tripoli, son oncle; Saladin, le tenant enfermé dans Tyr, après la bataille de Tibériade, lui avait envoyé ce cordon comme dernier présent, et lui avait ordonné de s'en servir comme eût fait le dernier de ses sujets, c'est-à-dire de s'étrangler lui-même s'il ne voulait subir un épouvantable supplice. Raymond, pour toute réponse, fit attacher ce cordon au mors de son cheval de bataille en guise de rênes, et soudainement, à la tête de quelques cavaliers, il s'élança contre l'armée de Saladin et ne rentra qu'après avoir tué plusieurs hommes de sa main. Ce trophée d'une noble répartie à une insulte cruelle, était venu dans la famille des comtes de Toulouse après la mort du comte de Tripoli, dernier de sa branche. Mais revenons au comte Raymond.

Les chevaliers qui le suivaient étalaient comme lui un luxe prodigieux. Presque tous, vêtus de brocart d'or ou d'argent, montés sur des chevaux couverts de housses flottantes, agitaient dans leurs mains de courts bâtons d'ivoire, étincelants de pierreries, tandis que des plumes de diverses couleurs ombrageaient leurs toques; quelques-uns, comme fils de la savante ville de Toulouse, avaient pendu à leur côté une harpe à quatorze cordes. Tous ces instruments, froissés par la marche des chevaux contre le corps du cavalier, rendaient un gémissement harmonieux qui saisissait doucement le cœur. On remarqua que, lorsque le plus brillant d'entre eux, le comte de Comminges, passa devant le pavillon du roi, la reine Marie détourna la tête et parut très-attentive à parler à Catherine Rebuffe. Dès que le comte de Toulouse et les siens eurent pris place, le còmtor d'Hauterive ouvrit la barrière au vicomte de Béziers, et chacun s'empressa de regarder de ce côté, car Roger était renommé pour la pompe de ses armes et l'éclat de ses cavalcades, et l'on présumait qu'il allait, comme toujours, surpasser ceux qui l'avaient précédé.

Ce fut donc une grande déception lorsqu'on le vit entrer, lui premier, à la tête de cinquante chevaliers, tous simplement et sévèrement vêtus. Son costume consistait en une camise de maille avec son capuchon, qu'il avait laissé tomber sur ses épaules, ce qui laissait voir sa tête nue et ses cheveux blongs légèrement soulevés par le vent. Son pantalon était d'une peau fine et souple, tel que celui sur lequel on laçait les armes d'acier un jour de combat. A sa ceinture pendaient son épée et son poignard, et presque tous les chevaliers avaient suivi son exemple dans leur habillement. Il entra au galop de son cheval, passa rapidement sous les pavillons, salua légèrement et de la tête le roi d'Aragon et le comte de Toulouse, et se mit fièrement à sa place où il se tint debout, entouré de ses chevaliers. Il parut jeter alors un regard scrutateur sur tous ceux qui occupaient les gradins. Il vit aussitôt en face de lui Aimery de Narbonne, causant confidentiellement avec le comte de Toulouse, son suzerain : Etiennette était près d'eux, et plusieurs fois il aperçut ses regards attentivement dirigés sur Pons, qui se tenait à quelques pas de lui. A cet aspect, un amer sourire agita le visage de Roger. Il eût été difficile de dire quel sentiment dominait son âme en ce moment; mais personne n'eût pu se méprendre à celui qui vint éclaircir sa sévérité, lorsqu'il aperçut Catherine pâle et les yeux fixés sur lui, et semblant lui demander si elle était coupable de cette tristesse. A cet aspect, il quitta son courroux pour un regard de tendresse et de protection qui devait la rassurer. Comme il s'oubliait à la regarder ainsi, il vit un léger tumulte s'élever dans le pavillon du roi d'Aragon : on s'empressait autour d'une femme qui entrait en ce moment; et bientôt une jeune fille d'une charmante beauté vint s'asseoir entre le roi et la reine Marie de Montpellier. A l'aspect d'Arnaud de Marvoill qui l'accompagnait, à la consternation de Catherine, le vicomte devina que c'était Agnès, cette enfant détestée qu'on lui avait fait épouser et qu'il avait toujours refusé de voir.

L'idée que le roi d'Aragon avait voulu lui rendre en partie la leçon qu'il avait reçue lui eût peut-être paru plaisante en toute autre circonstance; mais, dans la disposition d'esprit où il se trouvait, il y vit une insulte, une désobéissance inouïe de son épouse, et la colère la plus violente s'empara de lui. Il se contint néanmoins, malgré les rires moqueurs d'Etiennette, qui manifestement dénonçait son trouble à ceux qui étaient assis près d'elle. Le commencement de la fête mit fin à cette position cruelle en appelant l'attention des spectateurs sur d'autres objets. Toutefois, l'arrivé de Roger en équipage guerrier, son maintien sombre, la brusquerie de son action avaient jeté une contrainte glacée sur les dispositions du peuple, et ce ne fut qu'à grand'peine qu'il se remit à s'intéresser aux débats, qui d'ordinaire faisaient toute sa joie.

Il fallut d'abord élire le roi de la cour, non pas celui qui la tenait, car ce ne pouvait être que Pierre d'Aragon, mais celui qui serait estimé y faire la plus grande largesse, et mériter par là de prononcer sur les jours et l'ordonnance des fêtes et les heures des festins, celui qui devait y occuper la première place et qui était en droit d'y présider. Il est à remarquer que l'offre faite par chaque seigneur devait être exécutée, bien qu'elle ne lui acquît pas le titre de roi de la cour.

Voici comment la cérémonie se passa :

Les sénéchaux du roi et de la reine, accompagnés de hérauts, faisaient le tour de la lice, et chacun des chevaliers qui désiraient concourir pour cette place se levait à leur approche et faisait son offre que les sénéchaux recueillaient et écrivaient sur un parchemin. Ils commencèrent par la droite du roi d'Aragon, en marchant au pas de leurs chevaux.

Le premier qui se leva fut Bernard Got, bourgeois et seigneur de Mont-à-Dieu. Il déclara qu'il donnerait un vêtement de drap de laine de Tunis à tous jongleurs assistant à la cour plénière, fussent-ils au nombre de trois mille. L'offre, quelque riche qu'elle fût, n'eut point de succès. Après lui se leva la comtesse d'Urgel, veuve et douairière : elle proposa une couronne d'or de la valeur de quatre mille sols, pour couronner le vainqueur du tournoi. De nombreuses acclamations accueillirent cette prétention ; les sénéchaux l'enregistrèrent et continuèrent leur marche le long des gradins du milieu. Personne ne se leva, et ils allaient passer du côté où se trouvait le comte Raymond de Toulouse, lorsqu'un homme, qui se trouvait derrière la lice, se présenta hardiment, et tout aussitôt il fut accueilli de rires et d'applaudissements ; puis, quand on eut beaucoup crié : — Oh ! c'est Guillaume Mite, le bateleur ! on fit silence pour entendre ce qu'il allait dire. Le drôle, fier de l'accueil qu'il recevait, sauta légèrement sur le bord de la lice, et, après avoir doctoralement salué l'assemblée, il s'écria d'une voix retentissante :

— J'offre à vos seigneurs de toutes classes, ici rassemblés, une chose qui est hors du pouvoir des plus puissants : c'est de faire rire le vicomte Roger.

A ces mots, tous les yeux se reportèrent sur le seigneur de Béziers qui, la tête dans sa main, semblait absorbé dans une profonde tristesse. Le trait porta, et Roger fut tiré de sa rêverie par le bruit des rires universels. Il se vit l'objet de tous les regards sans en comprendre la cause, qu'il se hâta de demander, et qui redoubla sa fureur silencieuse. Mais il savait que la licence des fêtes autorisait ces sortes de plaisanteries, et force lui fut de se contenir.

L'enquête des sénéchaux continua. Bernard de Comminges s'engagea à faire brûler trente chevaux tout armés sur un bûcher de bois de cèdre, et Raymond annonça qu'il ferait labourer tout le Pré-Marie et le ferait semer de deniers croisés aussi dru que le seigle, et que la récolte en serait ouverte trois jours aux plus besogneux de la ville. Rien ne semblait devoir surpasser cette offre, et d'unanimes battements de mains l'accueillirent. Les sénéchaux longèrent la rivière, arrivèrent au côté de Roger et s'avancèrent jusqu'à lui sans que personne se levât. Quoique Roger demeurât assis, ils n'osèrent passer devant lui sans s'arrêter. Il les considéra un moment avec colère, puis il se leva soudainement, et, d'une voix menaçante, il dit alors :

— J'offre une ville, un toit, un habit et un pain à tous les proscrits qui erreront bientôt dans la Provence, sans ville, ni toit, ni habit, ni pain.

Une singulière stupeur répondit à cette offre, et ce fut à peine si l'on entendit celle de Bozon, abbé d'Alet, qui offrit à tous les chevaliers de la cour un festin préparé au feu de flambeaux de cire. Les diverses offres furent apportées au roi d'Aragon, qui jugea que le comte de Toulouse était à la fois le plus magnifique et le plus bienfaisant: Raymond fut donc proclamé roi de la cour.

A la suite de cette élection on ouvrit la barrière aux prétendants pour les autres royautés. D'abord il fallut décider quel serait le maître de la foire ; cette distinction était accordée à celui qui offrait en vente la chose la plus curieuse et la plus magnifique. Dès qu'on eut annoncé que le concours était ouvert, plusieurs marchands se présentèrent à la barrière. L'un d'eux, venu de la côte d'Afrique, présenta dans la lice un lion d'une taille énorme et qui obéissait à la parole comme un chien soumis. Le second, dont l'histoire nous a gardé le nom, Amet, Grec de Candie, surnommé Upsilon, fit apporter un manuscrit des Evangiles dans un étui odorant. Ce manuscrit, roulé sur un bâton d'ivoire, se développait sur une longueur de dix pieds au moins ; les coutures des peaux dont on l'avait composé étaient couvertes de dorures et de peintures si riches qu'elles les déguisaient complètement. Cet ouvrage parut merveilleux et sembla devoir emporter la balance en faveur de celui qui le présentait. Mais à l'instant parurent deux nouveaux concurrents, qui fixèrent l'attention de toute l'assemblée. Le premier était un pauvre marchand, d'une misérable apparence, qui s'avança vers le milieu de la lice au grand étonnement de tous les spectateurs. Aussitôt arrivé en présence du roi d'Aragon, il s'inclina et annonça qu'il était possesseur d'un morceau de la vraie croix, qu'il avait lui-même rapporté de la Terre-Sainte à travers mille dangers. Il raconta comment il avait été présenté au Saint-Père, qui en avait autorisé la vente par bref qu'il produisait ; ce bref exprimant que le Saint-Père tiendrait pour fils chéri de l'Église le prince qui ferait acquisition et donation de cette relique à quelque monastère. A cette déclaration toute l'assemblée se signa religieusement, et le roi d'Aragon était prêt à prononcer en sa faveur, lorsque le second concurrent demanda à parler. Ce concurrent était Buat.

— J'offre en vente, dit-il en se posant fièrement au milieu de l'enceinte, pour en jouir pendant cinq ans, une compagnie de ribauds et routiers du nombre de cent cinquante hommes, tous montés en chevaux, armes et suivants. Cette belle compagnie m'appartient, et chaque homme s'en est vendu à moi, pour une part du butin fait au château de Mont-à-Dieu, et une autre part des trésors du nommé Pierre Mauran, dont voici la donation, que je somme le comte de Toulouse, son seigneur, de reconnaître pour valide.

Cette insolente déclaration excita les murmures des chevaliers ; et la fureur de Bernard Got, à la nouvelle de la surprise et du pillage de son château, s'exhala en insultes les plus amères. Le tumulte devint même si grand, que l'ordre fut donné par Pierre d'arrêter le prétendant. Nul cri ne s'éleva parmi le peuple ni les bourgeois pour réclamer le privilége de la foire libre, tant l'impudence du brigand paraissait extrême, et tant ces troupes de bandits avaient inspiré d'effroi et de haine à toute la population. En ce moment Buat, sur le point d'être saisi par les sénéchaux, s'élança vers le pavillon de Roger, et s'adressant fièrement à lui :

— Vicomte, dit-il, voici l'heure de dégager ta parole de chevalier !

— Sans doute, répondit Roger dont le visage attestait une joie amère, sans doute.

Après ces mots, il se leva, et, étendant la main sur Buat qui était devant lui, il s'écria avec un accent presque insultant :

— Je réclame les priviléges de la foire libre. Il est singulier, messieurs, que ceux qui en profitent les rompent, et que ceux qui en souffrent y soient soumis. La ville a payé pour cette foire et son seigneur en a reçu le prix : la ville a perçu les droits de vente des marchands, et la ville et le roi leur doivent protection.

Pierre d'Aragon, irrité de cette leçon, se leva à son tour :

— Ni le roi, ni la ville ne doivent protection à celui qui les insulte, dit-il fièrement, et c'est les insulter que de proposer en vente ce qui ne peut être vendu.

— Vous vous trompez, Sire, répliqua hautainement le vicomte de Béziers, cela peut être vendu, car je l'achète.

Ce que Roger avait remarqué, malgré la préoccupation qui l'absorbait, et qui avait échappé à tous les yeux, c'étaient le trouble de Raymond à l'aspect de Buat, son effroi et la pâleur qui couvrait son visage à la résolution soudaine du vicomte.

La fête, depuis l'entrée de Roger, avait sinistrement commencé ; ce nouvel incident lui porta le dernier coup. Chacun se prit à parler bas à celui qui était à ses côtés ; et lors du choix du roi des bateleurs, Guillaume Mite et ses courtisans eurent beau se démener en tours de force et en bonds les plus extraordinaires, ils eurent beau assaisonner leurs grimaces des plus grotesques plaisanteries, ils ne purent nullement exciter l'attention. Il en fut de même pour le roi des jongleurs et l'*abbesse* des ribaudes, qui furent nommés en hâte et sans qu'on daignât y faire attention. Celle qui fut choisie à cette occasion, et qui s'appelait la Castana, à cause de la couleur de ses cheveux, était une fille de Saverdun, dont le vrai nom était Pernette Abrial. Quoiqu'elle ne soit pas destinée à jouer un grand rôle dans cette histoire, nous ne pouvons résister au désir de la faire connaître. Étant fort jeune encore, elle avait plaidé, par l'entremise de sa mère, Marthe Abrial, pour se faire reconnaître fille légitime de Guillaume de Tortose, oncle maternel de Marie de Montpellier. Si le procès qu'elle soutint à cette époque ne lui valut pas de faire reconnaître ses droits, du moins il fournit la preuve que Guillaume avait eu pour maîtresse Marthe Abrial à l'époque de la naissance de Pernette, et il passa pour certain qu'elle était sa fille naturelle. Aussi le menu peuple l'appelait indifféremment la cousine de la reine ou la Castana. Elle-même nommait le roi d'Aragon et Roger ses cousins et alliés, dans ses orgies de la rue Chaude, où l'un et l'autre avaient souvent compromis leur dignité, comme on a pu le voir dans les reproches de Saissac au vicomte. Sa figure n'était pas citée comme très-remarquable ; mais la perfection de sa taille et la beauté particulière de ses cheveux lui avaient valu une réputation qu'elle soutenait par un esprit dont on racontait les traits les plus hardis. Contre l'ordonnance des consuls, elle se montra dans la lice avec une robe fendue sur les côtés et qui laissait voir la jambe jusqu'au genou, et réclama selon le privilége de son état, pour elle et ses compagnes, la protection particulière du roi et de la cour; et, ce qu'on ne saurait aujourd'hui croire véritable, un écuyer, ayant six sergents sous ses ordres, lui fut donné pour lui obéir et faire tous ses commandements pendant les jours de la foire libre. Grâce à cette mesure, elle répondait personnellement de l'ordre parmi les femmes ribaudes de Montpellier. Du reste, l'élection de chaque roi n'avait pas d'autre but, et chacun recevait de même un écuyer et un nombre de sergents pour la police de ceux de sa profession.

Tous les choix étant faits, on proclama la cour plénière ouverte ainsi que la foire, et l'on se rendit à l'hôtel-de-ville, où devait avoir lieu le dîner offert par la ville de Montpellier aux principaux chevaliers de la cour.

II

LE COMTE DE TOULOUSE.

Nous n'expliquerons pas à nos lecteurs les causes de l'humeur de Roger : ils auront occasion de les apprendre bientôt de sa bouche ; mais nous dirons que cette colère qu'il avait gardée durant toute la cérémonie avait pris naissance après un entretien assez long qu'il avait eu avec Arnaud de Marvoill, lorsqu'il était revenu à l'hospice du Saint-Esprit. A la suite de cet entretien, il avait fait venir Kaëb, et ce que l'esclave lui avait raconté avait, à ce qu'il semble, augmenté encore cette colère. Arnaud de Marvoill, d'après les ordres du vicomte, avait interrogé Dominique et quelques chevaliers de la sainte maison. Le ton de réserve dédaigneuse qu'ils avaient gardé avec lui l'avait étonné, et il en avait fait part au vicomte. Des mots épars çà et là, des appels à l'avenir, des affectations de pitié pour la jeune vicomtesse, tout cela l'avait frappé sans qu'il pût se l'expliquer. De son côté Kaëb avait accompli déjà la promesse faite à Roger dans la nuit de leur départ de Carcassonne ; il avait écouté et surpris des propos tenus imprudemment devant lui. Ce qui n'avait semblé que vague et incohérent à chacun d'eux s'était assemblé et coordonné dans l'esprit de Roger, et probablement il y avait compris quelque complot, quelque trahison, dont il ne pouvait cependant deviner l'auteur, lorsqu'un homme, vêtu comme un marchand, demanda à l'entretenir secrètement. Leur entrevue fut longue, et sans doute elle jeta un grand jour sur les soupçons de Roger, car ce fut alors que, contrairement à la promesse faite à ses chevaliers au moment de son départ, de donner quelques jours aux plaisirs, il avait fait dire à tous ceux de sa suite son dessein de se présenter à la lice du Pré-Marie en équipage ordinaire de guerre, et qu'il avait fait ajouter qu'il lui serait agréable que chacun l'imitât. Tous avaient obéi sans demander la cause de cette résolution. Mais, à la quantité des messagers qu'il avait expédiés dès le matin, on peut juger qu'elle devait être grave.

Toutefois, ni le comte de Toulouse ni Pierre d'Aragon ne soupçonnaient rien ; et, quand ils virent arriver le vicomte si singulièrement accoutré pour une lice si splendide, ils supposèrent que, n'ayant pas espéré les vaincre en magnificence, il voulait les surpasser en singularité. Cependant, la persévérance de son humeur et l'étrangeté de ses paroles et de ses actions avaient fini par les occuper, et ce fut sans étonnement qu'ils reçurent tous deux une demande d'entrevue de la part de Roger avant l'heure du banquet. Ils se retirèrent donc dans une chambre séparée de l'hôtel-de-ville, et firent bientôt annoncer aux consuls qu'ils désiraient être dispensés d'assister au banquet. Alors les chevaliers prirent place autour de la table qu'on leur avait préparée, et le repas s'ouvrit sous une impression d'étonnement et d'inquiétude qui arrêta pendant quelques instants la gaieté des convives. Bientôt, cependant, le feu des vins du Midi alluma les esprits, et le festin, joyeux et bruyant, devint ce qu'il eût dû être dès le commencement.

Pendant ce temps, Roger était enfermé avec Pierre d'Aragon et le comte de Toulouse. Quand ces derniers entrèrent dans la salle où le vicomte les attendait, ils le trouvèrent assis près d'une table qu'il battait du poing avec colère, tandis qu'il frappait de même la terre du pied. A cet aspect, Raymond et Pierre échangèrent un regard. Dans celui de Raymond, il y avait une véritable expression de terreur ; celui de Pierre prit seulement un caractère plus sérieux. Ils approchèrent de Roger, qui, de la main, les salua sans relever la tête, continuant à donner des signes non équivoques d'une fureur violente. Cependant il ne leur adressa pas la parole. On eût dit qu'embarrassé parmi les flots de pensées qui se pressaient dans son esprit, il ne savait par où les faire déborder. Ce fut la première question du roi d'Aragon qui détermina l'épanchement de ce courroux, et qui, pour ainsi dire, ouvrit une saignée dans cet océan turbulent de reproches et d'accusations qui bouillonnaient dans l'âme de Roger.

— Quelle nouvelle étrange et quel événement soudain obligent donc le vicomte de Béziers à nous faire manquer à l'hospitalité de notre ville de Montpellier?

— Il n'y a ni événements, ni nouvelles, répondit Roger, balbutiant presque de rage ; il y a que la Provence est perdue, et que vous êtes des traîtres.

En disant ces paroles, il se leva, mesurant d'un regard terrible le roi et le comte, qui demeurèrent stupéfaits, non-seulement de l'injure qui leur était faite, mais encore de l'assertion extraordinaire de Roger, à propos de la Provence. Ils s'entreregardèrent, et demeurèrent muets tant la surprise les tenait violemment. Quant à Roger, satisfait de leur avoir, d'un trait, jeté à la face le résumé de toutes ses pensées, il se croisa les bras pour attendre leur réponse. Raymond baissa les yeux, et Pierre d'Aragon soutint un moment les regards du vicomte de Béziers. Mais sentant sa propre colère s'enflammer à l'audace insultante de ce regard, il détourna la tête comme un homme résolu à être calme, et il répondit à Roger :

— Vicomte de Béziers, voilà des paroles pour lesquelles vous nous devez une explication comme vicomte souverain, une réparation comme chevalier.

— Et je vous donnerai l'une et l'autre, répliqua fièrement Roger, mais non pas en ce lieu, mais pas à cette heure. L'explication sera donnée en face de tous les comtes et chevaliers de la Provence. La réparation, si vous l'exigez après, vous viendrez la chercher à Béziers ou à Carcassonne, ou j'irai vous la porter à Toulouse ou à Saragosse.

— Quel est donc votre dessein, beau neveu? dit Raymond, insinuant sa voix obséquieuse entre la hautaine colère de Pierre et de Roger, et quel est le sujet de vos plaintes?

Au mépris qui se peignit sur le visage du vicomte, le roi devina quelque nouvelle insulte dans sa réponse, et voulant donner à la fois un avertissement au vicomte, et une excuse à sa propre patience, il se hâta d'ajouter :

— Et j'espère que notre frère n'oubliera pas qu'il parle à son seigneur suzerain, le comte de Toulouse, et à son hôte, le roi d'Aragon.

— Je n'ai plus de suzerain, dit Roger, et personne ici n'est mon hôte. A moins que le marché qui doit livrer nos comtés ne soit conclu et exécuté, et que la cellule qu'on veut bien accorder au vicomte dégradé ne soit déjà prête à l'hospice du Saint-Esprit.

Une partie de cette accusation fut comprise seulement de Pierre d'Aragon, et il s'imagina que ce qu'il avait dit au souper du sire de Rastoing avait été répété à Roger. Mais Raymond en sentit mieux toute la portée, car une rougeur soudaine couvrit son visage aux derniers mots du vicomte.

Le roi, ne voulant pas laisser sans réponse ce qui le concernait, et se trouvant découvert, sinon dans ses projets, du moins dans ses vœux, répliqua aigrement :

— Il paraît que Catherine Rebuffe fait plus d'un métier.

Roger, qui avait vu les différents effets que ses paroles avaient produits, devina que le roi n'était pas autant qu'il le croyait complice des desseins de Raymond. Cette découverte, ou peut-être aussi l'importance de ses desseins, le laissa froid à cet outrage de Pierre envers Catherine, et il se contenta de reprendre :

— Catherine ne fait ni métier de tromper, ni métier d'être dupe. Elle laisse le premier au comte Raymond, le second au roi d'Aragon.

— Est-ce dans le but de nous insulter tous deux que vous nous avez appelés? reprit violemment Pierre d'Aragon.

— Véritablement, reprit le comte, se rassurant dans la présence du roi, quels sont vos sujets de plainte contre nous, et que prétendez-vous dire?

— Je veux dire, répliqua Roger, que je vous somme de comparaître tous deux après-demain à l'assemblée générale des seigneurs de la Provence, pour y voir exposer mes griefs contre vous, Pierre d'Aragon, et contre vous, Raymond de Toulouse, dont je ne veux pas dire ce que je pense.

— En quoi, sur un pareil appel, dit Pierre d'Aragon, ceux qui relèvent de nous peuvent-ils être nos juges?

— Ils l'ont été plus d'une fois, répondit Roger; et nous n'aurions pas l'exemple des jugements de 1202, rendus entre le comte de Toulouse et le comte de Foix, par Vital de Montaigu, Gauthier de Noë, Aymery de Verfeuil, et autres simples chevaliers; nous n'aurions pas celui des plaids et accords passés sous l'arbitrage du comte de Comminges et du comte de Roussillon, vos vassaux l'un et l'autre, que, dans cette circonstance, il faut croire que, l'intérêt de tous étant compromis, c'est à tous à décider des mesures à prendre pour le salut commun. Si je vous ai priés de venir avant de vous faire cet ajournement par la voix de mes hérauts, c'est que j'ai espéré que vous l'accepteriez sans que je sois obligé de le faire publier à son de cor et proclamer dans les rues.

— Vous avez bien fait, répondit le roi, et je l'accepte ; mais n'oubliez pas que vous m'avez dit que j'étais un traître ; et quoique ce mot n'ait eu pour témoin que le comte de Toulouse, souvenez-vous qu'il lui faudra une preuve ou une réparation.

— Il suffit, dit Roger ; puis, se retournant vers le comte de Toulouse, il ajouta : Et vous, comte, acceptez-vous mon ajournement ?

— Je n'en reçois point de mon vassal, répondit hautainement Raymond, dont le caractère indécis se trouvait en ce moment dans un accès de fermeté.

Roger sentit sa colère renaître à cette réponse, et il se hâta d'ajouter :

— Je le supposais ; mais alors ne vous étonnez pas si je fais proclamer votre nom comme infâme dans toutes les villes de mes comtés, et si j'appelle à se retirer de votre suzeraineté tout chevalier loyal et tout châtelain qui déteste la trahison.

— Raymond ! dit alors Pierre d'Aragon, vous ne pouvez vouloir vous soustraire à votre justification. Le nom de traître vous a été donné ainsi qu'à moi.

— Et il va être répété dans le banquet des chevaliers, s'écria Roger en s'élançant vers la porte.

Le comte de Toulouse, à ces mots, s'approcha de Roger et lui dit, en paraissant consulter sa pensée :

— Et votre ajournement est pour après-demain ?

— Pour après demain ! dit Roger, la main sur la clef de la porte qu'il allait franchir.

Raymond réfléchit encore un moment après cette réponse, puis il dit d'un air sombre comme un homme qui a fixé ses indécisions : — J'y serai.

Roger sortit; le roi et le comte demeurèrent seuls. Dans un nouvel entretien qu'ils eurent ensemble, Raymond eut à subir les reproches du roi; car celui-ci avait appris de Marie, sa femme, la proposition qu'elle en avait reçue, et il avait supposé, d'après les paroles de Roger, qu'il avait été beaucoup plus loin encore. Mais il ne put rien apprendre du comte de Toulouse, Raymond s'étant retiré avec empressement.

A peine fut-il sorti qu'il entra dans la maison qui lui avait été assignée pour demeure. Il fit aussitôt entrer Aymery de Narbonne et Bernard de Comminges, et demeura longtemps enfermé avec eux. Il eut aussi une longue entrevue avec Etiennette de Penaultier. Elle l'avait à peine quitté, que Dominique, qu'on avait envoyé chercher, fut introduit. Raymond le reçut avec les marques d'un respect extraordinaire; il ordonna à ses serviteurs de se retirer, ferma exactement les portes, fit signe au religieux de s'asseoir, et, lui-même ayant pris un siége, il lui dit tristement :

— Eh bien! mon père, les sacrifices nombreux que j'ai faits à la cause du triomphe de l'Eglise ne serviront de rien, et les mesures que j'ai prises dans son intérêt tourneront aujourd'hui contre moi.

— Comte de Toulouse! répondit sévèrement Dominique, les sacrifices faits à moitié avortent toujours dans leurs effets, et les mesures d'une ambition personnelle déguisée sous le faux semblant de la religion ne sont pas agréées du ciel et retombent sur ceux qui les emploient.

— Mon père! répliqua le comte, je pensais que la cour de Rome devait être satisfaite de ma condescendance à ses désirs. Tout ce que sa politique a exigé, je l'ai fait. N'ai-je pas livré Pierre Mauran à la justice de l'official, l'enlevant malgré ses droits bourgeois au tribunal des capitouls, ses seuls juges? Combien de peines ne m'a-t-il pas fallu pour que cet acte exorbitant n'excitât pas une rébellion dans Toulouse! Combien de reproches n'ai-je pas eu à subir de mes seigneurs, qui voient avec raison dans cet exemple l'introduction de la justice cléricale sur les crimes des laïques!

— Quelle autre justice que celle des évêques, reprit Dominique, peut valablement connaître et punir les crimes contre la religion? Mais cet acte, comte de Toulouse, n'était pas ce que le saint-père attendait de vous en réparation du meurtre de Pierre de Castelnau, assassiné par un de vos gens.

— N'ai-je pas offert de le lui livrer? dit le comte; n'ai-je pas offert de le punir moi-même de la manière la plus éclatante? et doit-on m'imputer ce crime, parce que le meurtrier s'est échappé?

— Et vous ne lui en avez pas facilité les moyens, sans doute? dit Dominique, en clignant à moitié ses yeux sombres, et en laissant percer un sourire amer sur ses lèvres.

— Par la croix du Seigneur! répliqua vivement Raymond, je ne l'ai pas fait; et fallût-il le prouver par le serment de tous mes chevaliers, je soutiens que j'ai mis la plus grande activité à sa poursuite.

— Et vous ne savez pas ce qu'il est devenu? ajouta le religieux.

— Je le sais maintenant; mais depuis quelques heures seulement; et la meilleure preuve que je puisse donner à Innocent III de mes efforts à l'égard de cet homme, c'est qu'il est actuellement mon plus mortel ennemi, et que c'est à lui que je dois le renversement de tous nos plans.

— Dites des vôtres, comte Raymond! si vous aviez obéi aux volontés de l'Église, vous n'en seriez pas où vous êtes.

— Et que peut-elle exiger de moi? s'écria Raymond avec colère, et en se levant soudainement. Tout ce qu'elle a obtenu jusqu'à présent, vous me le devez. Car enfin, les commissaires du pape prêchent depuis plus de six mois la croisade contre les hérétiques, et cependant pas un seigneur ne s'est encore levé et n'a marché à leurs voix, et aucun d'eux ne le fera tant qu'ils n'en auront pas obtenu la licence du roi Philippe II, ou de Jean d'Angleterre. Et pensez-vous que le roi de France, dont le saint-père a fait en 1201 casser le mariage au concile de Soissons, soit disposé à donner cette permission pour être agréable à son ennemi? Pensez-vous aussi que Jean, que la cour de Rome a forcé à rendre à ses évêques et barons les droits qu'il leur avait enlevés, consente à laisser armer les chevaliers pour sa cause? Non certes; l'un est mon souverain et l'autre mon allié, et ni l'un ni l'autre ne le feront si moi-même je ne les y sollicite, et ne leur demande aide et appui pour l'extirpation de l'hérésie.

— Ne vous y êtes-vous pas engagé? reprit Dominique, et n'aviez-vous pas promis au légat-cardinal de lui remettre ici, à Montpellier, l'autorisation des rois de France et d'Angleterre, auquel cas il vous relèvera de l'interdiction prononcée contre vous?

— J'ai fait ce que j'avais promis, répondit Raymond, et cette autorisation, je la possède, elle est dans ce coffre; et je l'eusse remise à Milon dès son arrivée; mais ce que je n'ai pu obtenir, c'est d'entraîner le roi d'Aragon dans cette sainte ligue, et j'ai dû alors prendre une autre voie.

— Et vous avez trouvé commode, dit Dominique, celle d'une répudiation du roi, et d'un mariage avec sa femme?

— Non, dit le comte à son tour en regardant d'un œil de dédain le religieux; ce n'était pas ainsi que je comptais m'assurer le comté de Montpellier : c'était un droit plutôt qu'une possession que je voulais établir. Voici quels étaient mes projets : le plus considérable des ennemis de l'Église est, à coup sûr, Roger; mais le plus redoutable, c'est Raymond Roger, le comte de Foix. Chez lui, il n'y a pas seulement tolérance pour l'hérésie, il y a protection éclatante et armée. Soit qu'il s'assure dans la position presque inexpugnable de ses châteaux, soit que le courage indompté de ses montagnards lui paraisse un rempart invincible, toujours est-il qu'il brave les arrêts de Rome; et vous n'ignorez pas que, bien qu'il soit mon vassal, il m'a imposé plus d'une fois des conditions d'égal à égal; par exemple, lorsqu'en 1202, soutenu par le vicomte de Béziers, il me fit comparaître devant des juges à lui vendus pour décider entre nous de la possession du château de Saverdun, qui lui resta. Cet ennemi, mon père, il faut que son secours soit ravi au vicomte de Béziers au moment où nous attaquerons ses terres, et pour cela il faut qu'il ait lui-même à se défendre d'un autre côté.

A cette exposition de la situation des affaires, le religieux rapprocha son siège de celui de Raymond, et devint plus attentif qu'il ne l'avait été jusque là : le comte lui-même, dominé par l'importance du secret qu'il allait révéler, baissa la voix et continua ainsi :

— Nous avions compté que Pierre d'Aragon occuperait le comte de Foix par une attaque faite à propos, tandis que nous détruirions dans les comtés de Roger le foyer d'hérésie qui y brûle incessamment ; pour cela, j'ai tâché de faire entendre au roi que les comtés de Razez et de Carcassonne le dédommageraient des frais de son expédition. Mais il n'a pas voulu me comprendre, et non-seulement nous ne pouvons compter sur lui, mais encore nous devons craindre qu'il n'offre à Roger son alliance et l'appui de ses armes ; ce sont donc deux ennemis à neutraliser au lieu d'un. Voici quelles mesures j'ai prises vis-à-vis de l'Aragonnais : j'ai écrit nos desseins à Alphonse IX, roi de Castille, qui, vous le savez, convoite les belles provinces de l'Aragon, et je n'ai pas craint de m'engager à lui assurer la possession des villes dont il pourra s'emparer au nom de la sainte croisade. Alphonse est votre souverain ; il a dans vos lumières une extrême confiance, puisque c'est à votre garde et à celle de l'évêque d'Osma qu'il avait confié la fiancée de son fils. Un mot de vous, et il se décide.

— Je le donnerai, reprit le religieux ; mais qu'avez-vous fait contre le comte de Foix ?

— J'ai mandé à Locart, marquis de Barcelonne, qu'il pouvait attendre à la fois et le concours des seigneurs de toute la Provence et la protection particulière de Rome, s'il se décidait à attaquer Raymond Roger. Leurs hommes d'armes ont la même manière de combattre ; ceux de Barcelonne sont, comme ceux de Foix, accoutumés aux marches des montagnes et aux embûches derrière les rochers et parmi les sentiers : ils leur donneront beaucoup à faire ; et pour peu que nous harcelions le comte du côté de ses châteaux de Saverdun, de Mirepoix et de Fanjaux, tandis que Locart, aidé de son brave comte d'Urgell, ennemi du comte de Foix, attaquera par les montagnes Cueil et Lordat, il est perdu. Comminges lui-même poussera le comte de Conserans sur le Mas d'Ail, et la bête fauve sera traquée à ne pouvoir bouger.

Dominique considéra le comte Raymond, et l'astuce religieuse du moine s'étonna en elle-même de l'habileté du politique. Il demeura un instant muet, repassant en lui-même les ressources que l'intrigue avait fournies au comte de Toulouse ; et dès ce moment il en porta un jugement qui eût flatté la vanité du comte, mais qui l'eût épouvanté, à coup sûr. Dominique estima qu'il pouvait être dangereux. Mais cette pensée, mal examinée, resta au fond de son âme ; et il invita le comte, après un moment de silence, à continuer et à lui dévoiler le reste de ses plans, en le complimentant sur leur adresse.

— Eh bien! dit Raymond, toutes ces précautions ont échoué contre un de ces accidents que nulle prudence humaine ne peut prévoir. La réponse du marquis de Barcelonne est tombée aux mains de Roger ; je ne la connais pas, et je ne sais si elle est favorable ou non ; mais au peu de paroles que m'a dites le vicomte, je devine qu'elle doit s'expliquer clairement sur nos desseins, car il m'a parlé en termes fort clairs du projet de le reléguer dans l'hospice des chevaliers du Saint-Esprit : je crains même que Locart ne reproduise tous les articles de mon message, car Roger paraît persuadé que Pierre est ligué avec nous, et c'est une assurance que j'avais moi-même donnée au marquis de Barcelonne pour le décider, attendu que sa capitale est sous la main du roi d'Aragon, et qu'il n'eût osé remuer s'il avait craint une attaque de ce côté.

— Mais, ajouta Dominique, avec des fils si bien tendus, que vous importe que Roger sache ou ignore vos desseins, et que peut-il faire ?

— Ce qu'il peut faire ? repartit avec humeur le comte de Toulouse, il l'a déjà fait. Il m'a ajourné de comparaître devant l'assemblée générale de tous les nobles de la Provence. Il leur dévoilera toutes ces intrigues : et ce que chacun eût fait peut-être en particulier et dans l'ombre, aucun ne l'osera plus à la face de tous et au grand jour. Roger fera un appel à tous les chevaliers présents ; il leur offrira tout haut ce que je leur offrais tout bas : le partage des domaines du vaincu ; et peut-être ceux sur qui je comptais le plus seront les premiers à m'attaquer. D'ailleurs, vous ne connaissez ni l'audace de Roger, ni son ascendant extrême sur tous ceux qui l'entourent : il les entraînerait contre Rome même s'il le voulait...

Et comme Raymond allait continuer, Dominique se leva soudainement et s'écria :

— Eh bien ! donc, c'est à Rome à se défendre.

Le comte de Toulouse tressaillit à l'aspect de Dominique debout, le poing fermé sur le bras de son fauteuil et le regard éclairé d'une sombre joie. A l'agitation des muscles du visage du moine on devinait, facilement que toutes les parties d'un projet décicif se déroulaient rapidement devant lui. Raymond le considérait attentivement sans oser lui demander le fond de ses pensées, mais s'armant en lui-même de précautions et de subtilités contre tout ce que le religieux allait sans doute exiger de lui. Enfin Dominique rompit de lui-même ce silence exalté, et, comme un homme qui donne des ordres plutôt que des avis, il s'adressa ainsi à Raymond :

— Comte de Toulouse, tu viens de me développer un plan dont l'habileté humaine peut sans doute tirer vanité, et cependant il s'est brisé contre le premier obstacle qu'il a rencontré. Il n'en est pas ainsi de ceux que Dieu inspire. Engage ici ta foi et ta parole à faire ce que je vais te demander, et je t'engage ici ma parole et ma foi qu'après-demain tu n'auras rien à craindre des révélations du vicomte de Béziers.

— Un crime ! s'écria vivement Raymond, épouvanté du sombre fanatisme qui brillait dans les yeux de Dominique ; je n'en veux pas. Etiennette de Penaultier l'a tenté, et, si je n'avais besoin d'elle pour un dessein qui peut me sauver, je l'en aurais fait punir par son seigneur le comte de Narbonne.

— Un crime peut-il être conseillé par l'Eglise ? répondit froidement Dominique : comte de Toulouse, cette supposition est une insulte.

— Quel est donc votre projet ? demanda Raymond, qui désirait le connaître avant de s'engager.

— Tu le sauras, répliqua Dominique ; mais, sur ta foi, promets de me livrer l'assassin de Pierre de Castelnau, ou de faire pour lui pénitence publique et amende honorable comme son seigneur et maître.

— L'assassin de Pierre de Castelnau n'est pas en mon pouvoir, et je ne puis faire pénitence d'un crime qui n'est pas le mien.

— Tu m'as dit cependant que tu savais où il était maintenant. Songe que ton silence est une protection aussi coupable que l'asile que tu lui offrirais dans ton château narbonnais. Allons ! dis-moi ce qu'il est devenu.

— Et si je vous le dis, vous apaiserez le ressentiment du vicomte de Béziers ; et, dans le cas où il saurait tout, vous me défendriez de sa colère ! dit Raymond.

— Roger sera abattu comme le superbe, répondit Dominique avec une sauvage espérance dans le regard.

A cette parole le comte hésita à émettre la pensée qui lui venait à l'esprit ; enfin il se décida et dit au religieux :

— Alors la récompense qui devait être divisée entre tous ceux qui sont appelés à travailler à l'œuvre de l'Eglise appartiendra sans doute à celui qui aura tout fait. Les comtés de Roger...

— Seront acquis au comte de Toulouse, continua le moine achevant la pensée de Raymond.

Le visage de celui-ci s'agita d'une expression de joie et de doute ; mais l'ambition l'emporta, et il dit alors en baissant la voix, comme honteux de s'entendre lui-même :

— Eh bien ! c'est ce Buat qui s'est si insolemment montré dans la lice.

— Buat ! s'écria Dominique, Buat ! Ce n'était pas le nom du chevalier qu'on a dénoncé au saint-siège : il s'appelait Jehan de Verles. Buat n'est pas le nom du meurtrier de Pierre Castelnau.

— Sans doute, ajouta Raymond, et Jehan de Verles n'est pas le nom qui lui appartient.

— Quel est-il donc ? dit le moine.

— Que vous importe de le savoir, continue le comte avec un accent de douleur profonde, puisque je le livre à votre justice ? Son nom ne serait pas un bouclier contre vous, puisqu'il n'a pas été sacré pour moi. Qu'importe donc son nom ? Ce jeune homme vivait loin de ma cour, et il arrivait à peine, lorsqu'après une discussion avec le malheureux frère Pierre de Castelnau, il le frappa d'un coup de poignard. Il s'enfuit alors et s'associa avec les routiers que commandait Perdriol. Il fallait bien qu'il fît ainsi ; car il n'y avait plus d'asile pour lui sur la terre de la chrétienté. Oh ! si alors je lui avais accordé la protection qu'il me demandait, le malheur qui me menace aujourd'hui n'arriverait pas ; car c'est lui, mon père, qui a livré à Roger la réponse de Loçart.

— Où donc l'a-t-il surprise ? demanda vivement Dominique, qui semblait ajouter la plus grande importance à ces détails.

— Hélas! mon père, dans ces temps de guerre et parmi les chemins impraticables des Pyrénées, il est bien difficile d'envoyer d'un pays à un autre des messagers qui ne soient pas exposés à être égorgés; on choisit qui l'on peut, et les plus détestables sont souvent les plus sûrs, et ceux qui appellent le moins les soupçons. C'est Perdriol qui avait porté ma lettre à Barcelonne : c'est encore lui qui me rapportait la sienne, et devait me la remettre ici.

— Et je comprends maintenant comment Buat s'en est emparé après avoir massacré Perdriol et sauvé le vicomte de Béziers.

— Il a sauvé le vicomte! s'écria vivement Raymond ; puis il ajouta par réflexion et après un moment de silence : Il sait donc le secret que je n'ai pas voulu lui dire! Oh! Adelaïde! Adélaïde? était-ce là ce que je t'avais promis!

Le comte eût pu ajouter encore beaucoup de réflexions capables d'éclairer Dominique sur l'histoire de Buat, que le religieux ne les eût pas entendues. Il avait repris sa singulière méditation et cette discussion intérieure du projet qu'il avait annoncé; mais cette fois on eût dit que tout lui paraissait lucide et complet. Raymond de son côté, gardait le silence comme un homme entraîné dans une voie fatale et qui ne sait comment en dévier. Enfin Dominique lui dit pour adieu :

— Comte de Toulouse, le cardinal-légat est, au moment où je vous parle, arrivé secrètement à l'hospice du Saint-Esprit. Puis-je lui dire que vous vous soumettez à ses ordres? et promettez-vous ce que je vous ai demandé comme je vous ai promis ce que vous avez voulu?

Raymond balança un moment. Dominique, qui le considérait comme un oiseau de proie fait de sa victime, ajouta cruellement :

— L'anathème de l'Eglise pèse sur toi. Avant deux jours la vengeance d'un ennemi puissant planera sur ta tête, et l'appui dont tu te sentiras fort contre Rome se brisera sous ta main; et tu tomberas alors en exécration au ciel, en mépris aux hommes, sans asile pour ta vie mortelle, sans espérance pour ta vie future; un mot de repentir, une pénitence sincère te placent d'un coup parmi les fils chéris de l'Eglise et à la tête des seigneurs de la Provence, et tu hésites !

Raymond n'était pas homme à se laisser épouvanter de ces menaces d'anathème ou d'excommunication ; mais il répugnait à son orgueil d'obéir aux exigences du moine, d'autant plus qu'il savait que c'était une vengeance de Foulques, son évêque, qui, d'intelligence avec Dominique, voulait ainsi l'humilier aux yeux de toute la Provence. Mais, tout habile qu'il fût, il avait mal deviné les projets de la cour de Rome. Il se taisait donc plus par vanité que par prudence ; car, à son compte, le plus grand danger était la révélation faite à Roger. Enfin la crainte l'emporta, et, lorsque Dominique lui dit : « Milon m'attend, » le comte reprit avec un profond soupir :

— Que la volonté de Dieu s'accomplisse ! J'obéirai.

Puis il se hâta d'ajouter :

— Et vous me tiendrez les promesses faites.

— C'est le comte de Toulouse, marquis de Provence, duc de Carcassonne, et, s'il faut, comte de Béziers, de Razez et de Carcassonne, que l'Eglise veut pour pénitent.

Ces paroles n'éclairèrent pas Raymond, occupé qu'il était des faux-fuyants de son étroite politique. Il ne pensait qu'à ce qu'il avait dit lui-même, et sa réponse évasive lui paraissait satisfaire à la fois à l'exigence du moine et à la retraite habile qu'il pourrait faire si l'occasion de se rétracter se présentait favorablement. Le moine le devina, et, ne voulant pas le pousser plus loin, sûr de l'entraîner où il voudrait, après tout ce qu'il lui avait déjà fait faire, ils se séparèrent. Dominique rentra à l'hospice du Saint-Esprit, et le comte de Toulouse vit entrer enfin l'homme qu'il désirait voir le plus ; c'était Raymond Lombard. La première question que lui adressa le comte eût paru bien obscure à tout autre ; mais Lombard l'entendit suffisamment, comme on en pourra juger.

— Eh bien ! que fait-il ? dit le comte.

— Il prépare votre accusation, répondit Lombard.

— Ah ! ce Buat, reprit Raymond en se levant, il nous a perdus. Roger sait tout.

— Non pas tout, répliqua froidement Lombard, puisque je

suis ici. Croyez-vous que je serais encore en liberté si Perdriol avait dit à cet écervelé de Buat que c'est moi qui l'avais prévenu du passage de ce damné vicomte?

— C'était toi? dit Raymond en regardant Lombard avec une surprise épouvantée. Ainsi l'arrivée d'Etiennette...

— Simple hasard, interrompit Lombard. La bonne dame amusait sa route en faisant chasse d'hommes. Elle a rencontré le vicomte, et ajouté vingt pièces d'or à ses recommandations, pour quelque impertinence qui l'aura blessée au vif.

A cette confidence faite d'un ton bourru, le comte regarda autour de lui, comme s'il craignait que l'on pût en entendre un mot, et il se rapprocha de Lombard avec une curiosité alarmée et soupçonneuse. Bien qu'ils fussent seuls, il se pencha presque à son oreille, et lui dit en pesant chacun des mots qu'il laissait échapper :

— Quoi! Béranger, son évêque!...

Puis il s'arrêta comme s'il craignait d'achever sa phrase et de prononcer le mot fatal. Lombard l'écoutait d'un air sinistre et se taisait. Raymond ajouta :

— Leur haine en est-elle arrivée à ce point, qu'il ait ordonné?...

— Ce n'est pas lui, interrompit violemment Lombard, c'est moi. Ce n'est pas sa haine, c'est la mienne qui avait dressé cette embûche.

— C'est un assassinat! s'écria soudainement le comte.

— Enfin le mot vous sort de la gorge, reprit Lombard en ricanant; vous trouvez pour moi le mot, et vous n'eussiez osé le dire si ce projet eût été conçu par une tête mitrée. Oui, répondit-il en s'animant, c'est moi qui ai tenté cette vengeance, moi dont il a permis à son esclave de souiller l'amour. Car ne pensez pas que le vicomte de Béziers ait descendu jusqu'à prendre lui-même dans le lit de son vassal la femme qui faisait sa vie et son bonheur... Non, c'eût été trop d'honneur pour le vassal qu'un affront de Roger. Il a chargé son serviteur de ce soin. Va de ta main d'esclave insulter et souffleter ce chevalier de ma comté. L'infâme! et pense-t-il que lorsqu'il me donnerait son Kaëb, le favori de ses débauches, à torturer et fouler sous mes pieds, ce serait vengeance pour moi! non, par l'enfer! non. C'est lui qu'il me faut vivant, à égorger; mort, à traîner dans la boue.

— Pauvre Roger! s'écria le comte à cette violente imprécation; pauvre Roger! répéta-t-il, que d'ennemis! et comment y échappera-t-il?

Singulier sentiment de pitié qui s'éleva alors dans l'âme de Raymond. Il conspirait la perte de son neveu; mais tous les détours par où il voulait y arriver lui cachaient pour ainsi dire son but, ou le lui déguisaient sous un aspect d'habile politique; et il s'épouvanta presque de tout ce qu'il faisait lorsqu'il en vit le résultat si horriblement exposé par la colère de Lombard. Après cette exclamation, le comte continua :

— Mais comment se fait-il que Roger se soit mêlé à cette affaire? et d'où le sais-tu?

— Je l'ai deviné à un mot imprudent du maître, à un regard involontaire du serviteur; et puis n'ai-je pas reconnu l'esclave, lorsqu'il emmenait Fôë, comme s'il l'avait liée à lui? et Perdriol ne les a-t-il pas vus passer ensemble? Depuis deux jours que ma vengeance m'est échappée, je cherchais comment je pourrais la ressaisir, lorsque j'ai reçu votre invitation de vous venir voir, et j'ai espéré que je trouverais ici ce que je cherchais vainement.

— Une vengeance! dit le comte en consultant de son regard furtif l'effet de ses paroles sur le viguier; une vengeance! je n'en ai point à exercer contre Roger. Je puis vouloir apprendre tout ce qu'il fait et dit, afin de me tenir sur mes gardes pour ma défense et celle de mes terres; c'est pour cela que je te paye, maître Lombard, et non pas pour une vengeance.

— Appelez votre but du nom qu'il vous plaira, répliqua Lombard; il est le même que le mien : vous voulez ses comtés, et moi son sang; vous par ambition, moi par vengeance; vous, quoiqu'il soit votre neveu, moi, parce qu'il m'a outragé. S'il y a un crime juste des deux, c'est le mien.

Raymond, qui voulait tirer de cet entretien un tout autre parti que d'entendre les doléances et les menaces de Lombard, ne répondit pas tout de suite. L'inimitié d'un homme comme le viguier n'était pas pour lui d'un secours important, assuré qu'il était de sa vénalité. Quant à se défaire du vicomte par un coup de poignard, il n'entrait ni dans les sentiments, ni dans l'esprit du comte de Toulouse de l'employer. Son honneur de suzerain et de chevalier s'y refusait absolument; et son naturel rusé, et qui se plaisait aux difficultés d'une intrigue, l'eût dédaigné comme indigne d'un homme politique. Pour lui, l'intrigue était presque un combat loyal, parce que, disait-il, chacun a les mêmes armes pour se défendre et pour attaquer; et il considérait les maladroits qui y succombaient, comme fait un guerrier des faibles qui périssent sur un champ de bataille : c'est que les uns et les autres ont rencontré des adversaires supérieurs. Ce fut dans cette disposition d'esprit qu'il reprit la parole après un moment de silence.

— Il n'est pas question, dit-il, de vengeance ou d'ambition : il s'agit de me défendre. L'accusation sera portée après-demain, et j'ai besoin de connaître ceux des chevaliers de la Provence qui seront pour moi ou contre moi. Comminges s'est chargé de visiter secrètement tous ceux de mes comtés et du comté de Foix qui pourraient être douteux, et Narbonne en fait autant pour ceux d'Aragon. Mais on ne peut voir ni moi, ni un de mes hommes dans le quartier du vicomte, et cependant il faut que je sache quelles sont les dispositions des siens.

— Bonnes et mauvaises, répondit Lombard; les trois quarts de ses châtelains le maudissent, et le défendront si on le menace.

— Ce n'est pas lui, mais moi qu'il faut défendre.

— A ce compte, dit le viguier, vous ne manquerez pas d'appui, ne fût-ce que pour lui donner une leçon et rabattre son orgueil. D'ailleurs je crois que notre aiglon a arraché la meilleure plume de son aile : il s'est brouillé avec le vieux Saissac, et toutes les moustaches grises du comté en murmurent; ajoutez à cela que le vieux Pierre de Cabaret est malade, et qu'il n'assistera pas à l'assemblée. Si l'on pouvait le dégarnir aussi de quelques jeunes lances, vous le laisseriez débiter sa harangue, et il en serait comme des sermons de monseigneur Béranger, qui donne envie de l'enfer quand il vante le paradis.

— Crois-tu, dit Raymond, que si Pons de Sabran était à nous?

— Pons de Sabran? répliqua Lombard en souriant d'un

air d'intelligence, c'est un enfant, à la vérité, un enfant doux et facile comme une jeune fille; mais son âme appartient à Roger comme les nonnes au diable. C'est prétendre détacher le bras du corps, c'est vouloir désunir l'or et l'argent fondus dans le même vase.

Raymond sourit à son tour à la comparaison de Lombard, et se hâta de répondre :

— Je ne veux pas savoir si c'est possible, mais si c'est utile. Comment est considéré Pons de Sabran parmi les jeunes lances?

— Comme un chevalier aussi dur que l'acier, dont la parole est vraie comme le diamant, et l'âme pure comme le cristal. Certainement dans une discussion où il donnerait un démenti au vicomte, il s'en trouverait, et des plus dévoués, qui tiendraient pour Pons de Sabran.

— C'est bien, dit Raymond d'un air satisfait. Et quels sont ceux qu'on pourrait encore tenter par un appât ou d'ambition ou de cupidité?

A cette question, Lombard se prit à réfléchir; puis, se grattant le front et parlant lentement comme un homme qui tire de son cerveau ses souvenirs un à un, il répondit :

— D'abord, Amard Pelapoul est en ce moment à court de dix marcs d'argent. Il emprunte à monseigneur Béranger au denier quatre : en lui prêtant à un intérêt judaïque, c'est-à-dire au denier dix, nous l'aurions dans une heure. Pierre d'Hosloup doit se souvenir des éperons dorés qu'il a trouvés dans la chambre de sa femme; celui-là, j'en réponds. Galard Dupuy en veut encore à Roger du coup de bois de lance dont celui-ci l'a jeté en bas de son cheval à la cour plénière de Beaucaire; un souffle de rien sur ce vieux ressentiment, et il se rallumera bien vite. Bernard de Campendu enrage de ce qu'il lui prend toutes les recluses de sa seigneurie. Arnauld de Verfeuil le hait, parce qu'il ne sait faire autre chose pour personne. Ugo Mir, Raymond de Roca, Etienne d'Agen, Goadalbert Nolit, sont vendus corps et âme à l'évêque de Carcassonne. Que je leur dise un mot, et ils sont à vous; puis nous verrons les douteux.

— Tous les noms que tu viens de me citer, répondit le comte en secouant la tête tristement, sont écrits au bas du serment de fidélité fait à Roger sous l'ormeau de son château de Carcassonne.

Et le comte, dominé par ce souvenir, répéta la formule bien connue de ces sortes de serments : *Et isti juraverunt in castro de Carcassonnâ sub ulmo.*

— Oui, dit Lombard avec un regard de démon, c'est moi qui tenais la plume ce jour-là, et je la tenais aussi le jour où vous signâtes dans votre château narbonnais l'engagement de défendre les comtés de votre neveu.

Et Lombard, imitant le comte de Toulouse dans ses souvenirs textuels, répéta les mots consacrés dans ces sortes d'engagements qui, on le voit, étaient tantôt écrits en latin barbare et tantôt en langue d'oc :

« *E le defendren, ab tant de campanhos, ab tant d'armaduras, ab tant de monda che ne caldra en la defenza.* »

Raymond n'entendit pas ou ne fit pas semblant d'avoir entendu ; mais, ayant ouvert la précieuse cassette qui était près de lui et où se trouvaient les lettres des rois de France et d'Angleterre, il en tira un parchemin scellé de son sceau croisé, et, le donnant à Lombard, il lui dit :

— Tu m'as nommé huit chevaliers sur lesquels je puis compter, voici pour mon argentier.

— C'est bien, dit Lombard en ricanant ; mais à propos, il faut que je vous dise que Peillon, l'argentier du vicomte, est à nous, et qu'au premier ordre qu'il vous plaira de donner, le trésor et le trésorier disparaîtront. Ne serait-il pas plaisant d'acheter les chevaliers de Roger avec son argent, et puis de juger le voleur et de l'innocenter avec la justice que monseigneur lui a achetée avec ce même argent.

Raymond sourit à cette singulière proposition, et il dit à Lombard d'un ton moitié gai, moitié sérieux :

— C'est une pauvre conquête, je pense, que celle du trésor de Roger, et je n'en serai guère plus riche pour l'avoir pris.

— Je le crois, répliqua le viguier en reprenant sa sinistre figure ; mais il en serait beaucoup plus pauvre.

A ces mots, ils se séparèrent.

III

ÉTIENNETTE.

Ce qui nous reste à raconter de cette journée est assurément fort embarrassant ; car, pour montrer à nos lecteurs toutes les intrigues qui complotaient la perte de Roger, il faudrait à la fois accompagner Raymond Lombard dans sa visite aux chevaliers qu'il avait promis de livrer au comte de Toulouse, assister à la conférence de Dominique avec le légat Milon, et suivre Pons de Sabran dans la rue étroite et sombre où il était guidé par une femme inconnue. Or, dans l'impossibilité où nous sommes de faire jouer à la fois comme sur un théâtre tous les acteurs de ce drame, choisissons les aspects les plus marquants de cette histoire ; prenons surtout ceux qui caractérisent le mieux l'époque dont nous essayons de donner une esquisse ; laissons de côté la vénalité honteuse de quelques chevaliers, car à toutes les époques les hommes qui se vendent le font à peu près de la même manière ; mais tâchons de montrer ce que la barbare somptuosité des mœurs de ce siècle prêtait d'armes aux séductions des femmes, et ce que la politique de Rome avait alors d'astucieux et de voilé.

Ce serait du reste une singulière comparaison à faire que celle des moyens par lesquels, à des époques éloignées, on arrive au même but, non pas à propos de faits politiques, ni de discussions dans lesquelles l'esprit des siècles entre pour beaucoup, mais dans les choses du cœur et de la beauté qui, à ce qu'il semble, devraient être invariables. En effet, c'est un singulier tableau à montrer aux vices délicats de notre temps que les vices agrestes et cependant fastueux du douzième siècle. Comment persuader à une femme de nos beaux salons, dont la séduction n'a besoin que d'un regard ou d'une larme pour attendrir, d'un sourire ou d'un serrement de main pour enivrer, qu'une autre femme belle et aimée fut forcée d'appeler à son aide le pouvoir de tant de soins étrangers pour obtenir ce que la moins habile de nos coquettes saurait emporter en une heure de bouderie habilement arrangée? Mais il nous vaut mieux raconter ce qui se passait dans la rue Chaude de Montpellier, que de disserter sur des sentiments qui demanderaient un œil de femme pour être profondément aperçus, une plume de femme pour être légèrement dessinés.

Or, quand la dame de Penaultier eut quitté le comte de Toulouse, elle rentra dans sa maison et demeura longtemps en consultation avec elle-même. Quelquefois elle se promenait à grands pas, soucieuse et triste, puis elle semblait tout à coup prendre un violent parti : mais ce parti l'épouvantait sans doute, car elle s'arrêtait soudainement, puis elle reprenait sa marche taciturne. Enfin il paraissait douteux qu'elle le suivît, tant elle avait l'air épouvanté de ce qu'il lui fallait faire ; lorsqu'une des femmes de son service entra dans l'appartement où elle était et lui remit un message cacheté du sceau du légat Milon qu'un hospitalier venait d'apporter : elle le reçut en se signant dévotement, et le lut d'abord avec un simple mouvement de curiosité. Mais bientôt son visage devint pâle à mesure qu'elle lisait, un tremblement d'indignation fit frémir ses lèvres, et elle écrivit au bas du message ces seuls mots : « Oui, je puis le jurer. »

Ce message, outre la colère qu'il fit naître dans l'âme d'Etiennette, eut encore pour résultat de faire cesser ses irrésolutions. Dès qu'elle eut remis sa réponse à la femme qui lui avait apporté la lettre, elle fit appeler sa nourrice. Celle-ci la considéra quelque temps pendant qu'elle murmurait tout bas :

— Oui, il me l'a préférée ! c'est vrai, une esclave, une fille noire et hideuse, oui, je le jurerai devant les hommes, je le jurerai devant... !

Elle n'osa achever et mêler le saint nom de Dieu à ses furieux transports ; mais elle ordonna à sa nourrice de se rendre chez Pernette Abrial, et de lui acheter à prix d'or, et pour cette nuit, le droit d'occuper sa maison de l'*Incantada*, ou de la fée, qu'on disait merveilleuse à voir, pour toute la magnificence et les surprises amoureuses dont elle était ornée. C'était dans ce logis que la belle fille recevait les hauts seigneurs des comtés de la province. Pierre d'Aragon et Roger y avaient passé plus d'une joyeuse nuit. On raconte que Bernard Got fut si émerveillé de ce qu'il y vit qu'il donna à Pernette une sainte Vierge d'argent : cette statue avait une couronne de fleurs faite de perles blanches, et était posée au-dessus de la porte d'entrée de la plus belle salle de la maison. Du reste, les moines qui la fréquentaient souvent, nous en ont laissé une description assez exacte pour que nous en donnions quelque idée à nos lecteurs.

A l'extérieur, la maison, comme toutes celles qu'on bâtissait à cette époque, était formée d'un rez-de-chaussée et d'un premier qui s'avançait de plus de trois pieds en avant. Ce premier, dont la saillie servait d'abri aux passants soit contre le soleil, soit contre la pluie, et dans laquelle on pratiquait des ouvertures pour voir ceux qui frappaient et aussi pour se défendre des attaques nocturnes des voleurs, était soutenu par une quantité de poutrelles transversales appuyées sur le mur inférieur. Ces poutrelles étaient le plus souvent carrées et simplement arrondies des bouts, mais dans la maison de Pernette elles étaient magnifiquement chargées de sculptures, et l'extrémité de chacune représentait une figure grotesque. C'était tantôt un diable qui faisait la grimace aux passants; ailleurs c'était un animal fabuleux; plus loin, un saint en dévotion. On y remarquait surtout un Loth se peignant avec ses ongles et qui passait pour un chef-d'œuvre. La porte, comme d'ordinaire, était à un côté de la maison; mais, par un luxe inusité, cette porte tenait la moitié de la façade et s'ouvrait à deux battants réunis sur un montant qui se dressait au milieu de la porte et la séparait en deux, même quand elle était ouverte, ce qui ne rendait nullement cette magnificence plus commode. Dès qu'on était entré, on rencontrait l'escalier qui, par un raffinement déjà ancien, à ce qu'on voit, était couvert de tapis. Chez Pernette c'était à la fois luxe et prudence, car le silence était une des merveilleuses choses de cette demeure où nul bruit ne trahissait jamais le secret de ce qui s'y passait. Aussi, quoi qu'eût pu faire l'official de l'évêque qui prétendait qu'on y accomplissait des sorcelleries abominables, jamais les consuls ne voulurent consentir à ce qu'on fermât la maison, disant pour raison que jamais le scandale de ses forfaits n'avait blessé les yeux ni les oreilles de personne. Il faut avouer qu'il y avait de jeunes consuls qui avaient un intérêt particulier à cette tolérance, et que la courtisanerie des plus âgés trouvait son compte à ne pas contrarier les délassements de Pierre d'Aragon.

Mais continuons à visiter cette demeure et montons-en l'escalier avec Pons, il suivait dans l'obscurité une femme voilée qui était venue le chercher dans la maison du sire de Rastoing où il logeait avec Roger. D'abord le jeune amoureux avait refusé de se rendre au galant rendez-vous qui lui avait été proposé. Sa passion pour Etiennette était si profonde, que, bien qu'elle fût sans espoir, il lui demeurait fidèle. Mais l'adroite messagère lui avait dit qu'il s'agissait d'une affaire où son honneur de chevalier était surtout engagé, et que la dame qui désirait le voir avait encore plus besoin de son courage que de son amour. Il s'était donc décidé à la suivre, et, la nuit close, il s'était trouvé au coin de la rue des Pontifes. Cette rue s'appelait ainsi parce qu'il s'y trouvait une maison de religieux de ce nom. Quant à ce nom de Pontifes, il n'était point dérivé, comme on pourrait le croire, du mot latin *pontifex*, mais il était une corruption de deux mots *pontis fratres* (frères du pont), attendu que la première maison de cet ordre avait été établie par le pape Célestin III, pour le service de l'hospice qui était en tête du fameux pont d'Avignon bâti par le pâtre Benezet, qui fut depuis canonisé comme saint.

Pons, étant arrivé au coin de cette rue, fut abordé par la même femme qui lui avait apporté le message inconnu. D'abord elle voulut lui persuader de se laisser bander les yeux; mais, sur l'assurance qu'il lui donna que c'était la première fois qu'il venait à Montpellier, elle le conduisit par plusieurs détours dans une rue étroite et longue, d'un aspect singulier.

En effet, toutes les fenêtres laissaient passer l'éclat des lumières intérieures, mais cette clarté ne frappant que la partie la plus élevée des maisons, il en résultait que la rue semblait partagée d'un bout à l'autre, dans sa hauteur, en deux zones, l'une supérieure et lumineuse, l'autre basse et obscure. Dans cette zone lumineuse on voyait sur la transparence des vitraux se dessiner des figures étranges, des bras entrelacés, des mains armées de coupes. Puis on entendait des cris joyeux et des rires infinis. Dans la partie obscure, c'est-à-dire dans le bas, se mouvaient dans l'ombre de rares figures qui marchaient avec précaution, heurtaient furtivement à une porte et se glissaient discrètement dans l'huis entr'ouvert. Un peu plus d'expérience eût dit à Pons le nom de cette rue. Mais, quoique cet aspect ne l'eût pas éclairé, il s'étonna, et il allait adresser quelques questions à sa conductrice, lorsqu'elle frappa elle-même un léger coup à la maison dont nous avons parlé, et, sur son invitation, Pons monta à tâtons l'escalier qui se présenta devant lui. Ainsi il arriva au premier étage de cette maison.

Alors, sa conductrice le fit entrer dans une première pièce où elle lui dit d'attendre un moment. Il profita de l'absence de cette femme pour tâcher de deviner où il pouvait être; mais il ne put en concevoir aucune idée, car l'endroit où il se trouvait ne ressemblait en rien aux demeures qu'il avait vues. Cette pièce était revêtue de marbre blanc, sur les murs et sur le sol; au milieu se trouvait une profonde baignoire, blanche également; et si la chaussure ne l'eût interceptée, il eût senti la chaleur douce du sol sur lequel il marchait. Cette salle avait été construite sur les modèles de Mercurius, vulgairement appelé Togatus, à cause de la toge antique qu'il portait, et qui avait été si longtemps en usage dans la province, qu'elle-même en avait reçu le surnom de Togata. La lubricité des bas-reliefs qui ornaient les murs eût alarmé le pudique amour de Pons, s'il n'eût été plus occupé d'admirer la singulière construction de cette chambre que d'en observer les détails. Bientôt, cependant, il entendit marcher près de lui, et une femme, autre que celle qu'il avait vue, lui fit signe de la suivre. Quand il s'approcha d'elle, cette femme le considéra avec une curiosité étonnée; lui-même sembla se rappeler avoir vu son visage; mais ni l'un ni l'autre ne se communiquèrent leurs observations. De la part de Pernette Abrial, c'était habitude de son métier; de la part de Pons, ce fut qu'il n'eut pas le loisir de s'arrêter à un souvenir vague, qui ne prit aucun caractère précis dans son esprit. La maîtresse du lieu le fit passer par un endroit obscur, et le fit entrer dans une pièce brillamment éclairée, où elle le laissa seul.

Jamais Pons n'avait rien vu de si surprenant que l'aspect de l'endroit où il se trouvait. Cette chambre était presque circulaire et formait un décagone parfait; chacun des côtés était séparé par un faisceau de colonnettes élancées, qui s'épanouissaient, à leur sommet, en fleurs sculptées, sur lesquelles semblait s'appuyer la voûte, également divisée en dix parties, qui se réunissaient au centre en angles aigus. Chacun des dix côtés compris entre les colonnes était occupé par un panneau entouré d'un cadre de cuivre superbement doré, et ce panneau était lui-même d'une étoffe de laine précieusement teinte en pourpre. Du centre de la voûte pendait une lampe merveilleuse. C'était la représentation exacte et en ivoire de la chambre même, les ornements en dehors. Au milieu de cette lampe brûlait une lumière qui suffisait à dessiner sa transparence et à faire saillir les couleurs brillantes dont elle était peinte. Du reste, la chambre était éclairée par de grands flambeaux de cire fichés sur les pointes de fer des chandeliers dorés. Une quantité de coussins étaient répandus dans la chambre, et il n'y avait pas d'autres siéges.

Pons n'était pas revenu de la surprise où le plongeait ce spectacle inouï, lorsqu'il vit entrer une femme voilée comme la première qui l'avait amené. Il semblait que la pompe éclatante de l'endroit où il se trouvait dût se retrouver dans les vêtements de celle qui en était la souveraine. Aussi Pons fut-il singulièrement étonné de l'aspect simple de la femme qui se présenta à lui. Elle était d'une taille élevée, et avait pour tout vêtement une blanche robe de lin, faite comme celles que prescrit la règle des nonnes de Fenouillèdes, attachée au cou, et pendante jusqu'aux pieds; mais, contre la règle, elle était serrée à la taille avec une ceinture flottante, et la dessinait assez pour en faire deviner la beauté. Quelle que fût l'ampleur de ce vêtement, il était si léger, qu'il suivait les moindres mouvements du corps, et qu'en s'appuyant sur les formes, il en décelait la superbe élégance.

A cet aspect, Pons se sentit l'esprit et le cœur saisis d'un tremblement singulier, car il vit bien, malgré son voile, que cette femme était belle ; il comprit qu'elle voulait le séduire, et il voulut penser à lui résister. Dès qu'elle fut entrée, elle se laissa tomber sur une pile de coussins. Elle tremblait aussi comme une femme qui n'est pas sûre de ce qu'elle va faire, et qui cède à une passion plus violente que sa raison. Elle essaya de parler à Pons ; mais sa voix altérée ne put articuler que quelques mots sans suite, et ce fut Pons qui lui adressa alors la parole le premier. Il lui dit :

— Une femme est venue à moi ; cette femme m'a dit qu'une noble dame réclamait de moi un service d'honneur, et je l'ai suivie. Est-ce vous, madame, à qui je me suis ainsi engagé ?

— C'est moi, reprit d'une voix profondément émue la femme voilée.

Cette voix fit tressaillir Pons : il devint pâle et muet. Alors elle continua avec plus d'assurance, et avec cet instinct admirable d'une femme à qui sa puissance vient de se révéler :

— Pons, vous m'avez reconnue.

Et elle écarta son voile, et Pons vit en effet Etiennette de Penaultier, jamais si belle à ses yeux, jamais si séduisante pour lui, jamais rêvée si près et si doucement rencontrée. Un moment de doute traversa son esprit ; il ferma les yeux comme pour garder son illusion, et tomba à genoux presque évanoui. Etiennette s'élança près de lui, et, l'appelant doucement, le soutint dans ses bras. Certes, elle ne l'aimait pas : son amour forcené pour Roger ou sa haine ne laissait place dans son cœur à aucune autre affection ; mais elle ne put s'empêcher d'éprouver quelque pitié ou quelque reconnaissance pour le pauvre Pons en le voyant ainsi éperdu à ses pieds. Ce n'était pas pour l'amour qu'il avait pour elle, mais pour la joie qu'elle venait de lui jeter au cœur. Car quelle femme osera assurer qu'elle ne se laissera pas séduire souvent au bonheur qu'elle donne, plutôt qu'à l'amour qu'elle ressent ou qu'elle inspire ? Pour elle, il est bien plus aisé de ne rien accorder que de refuser quelque chose, quand, pour celui qui reçoit, chaque faveur est un délire. Quelle vanité de femme, une fois engagée dans cette épreuve, résistera à ce témoignage de son pouvoir ? Aussi fut-il vrai qu'en ce premier instant il y eut une pensée commune d'amour entre ces deux âmes si différentes.

Cependant Pons se remit de ce premier trouble ; et, du moment qu'il fut bien assuré que c'était Etiennette, il perdit toutes les espérances qu'il avait conçues en voyant entrer une femme voilée. Etiennette le comprit bien : elle comprit qu'il lui serait d'autant plus difficile d'égarer l'âme de Pons, que cette âme était plus amoureuse et accoutumée à voir dédaigner cet amour, et qu'elle n'accepterait les faveurs dont elle voulait l'enivrer que comme un jeu dont il devait être la dupe ; mais elle n'était point femme à se laisser arrêter par un obstacle, quel qu'il fût, et tout ce qu'elle avait prêté déjà d'inattendu et de singulier à cette aventure, prouve qu'elle avait calculé toutes les difficultés de son projet. Etiennette de Penaultier, la plus hardie débauchée de la Provence, devait être assurément la plus astucieuse de celles de son espèce, pour avoir recouvert sa vie honteuse d'un surnom qui donnait à sa vertu toute la sauvagerie d'une louve. Elle fit asseoir Pons près d'elle, et le regardant avec une confusion feinte ou véritable, elle lui dit :

— Je m'en veux, marquis de Sabran, d'avoir douté de votre empressement à vous rendre aux vœux d'une dame inconnue.

— On m'a sollicité au nom de l'honneur, madame, répondit Pons, et si vous avez douté que je vinsse à cet appel, c'est que vous ne connaissez rien de mon âme.

— Vous vous trompez, reprit-elle doucement, puisque, voulant absolument vous avoir, je vous ai fait quérir au nom de ce noble sentiment : bien m'en a pris de ne pas avoir essayé, à ce que je vois, d'un autre pouvoir.

— Je ne vous comprends pas, madame, reprit Pons, en la regardant avec crainte.

— Mais, continua Etiennette en baissant les yeux, si l'on vous eût prié d'un rendez-vous d'amour, je vois que vous ne fussiez pas venu.

Pons, que jamais un langage si direct n'avait frappé au cœur, la regarda tristement, et lui dit plus tristement encore :

— Ah ! vous me raillez sans pitié, et je ne sais comment répondre à vos paroles. Oui ! il est vrai que si quelqu'un fût venu me dire : Une femme, la plus belle du monde, t'aime et t'attend, cette femme eût-elle été reine ou impératrice, je ne fusse pas allé à son rendez-vous ; et si une autre m'avait dit seulement : Etiennette veut te voir, je ne l'eusse peut-être point suivie non plus, car je ne l'eusse pas crue.

— J'ai donc bien fait ce que j'ai fait ! reprit Etiennette d'un air froid et réservé.

Il se fit entre eux un moment de silence. Etiennette était embarrassée. Elle avait tant de dédains à faire oublier, et ce qu'elle avait à demander à Pons était si extraordinaire, qu'elle ne pouvait espérer l'obtenir que de la conviction où il serait d'être aimé d'elle. Pons lui-même ne savait que dire. Les paroles de Roger lui revenaient bien quelquefois à l'esprit, mais il était trop amoureux, même lorsqu'il n'eût pas été timide, pour ne pas demeurer au moins maladroit ; il essaya cependant de sortir de cette étrange position, et il se hasarda de dire à Etiennette :

— Que voulez-vous exiger de moi ? et quelle action puis-je faire pour vous qui puisse me mériter un de vos regards ?

Cette question pénétrait trop vivement dans les projets de la dame de Penaultier pour qu'elle ne l'embrassât pas. Elle considéra un moment le jeune Sabran, et ce moment détermina la résolution qu'elle prit. Le visage de Pons avait, dans sa passion, quelque chose de si noble et de si pur, qu'elle sentit que ce serait tout perdre que de dire un seul mot de ce qu'elle voulait exiger de lui. Comme un trait de lumière éblouissante, cette pensée lui vint au cœur, qu'à l'âge de Pons on n'achète pas une femme par une lâcheté ; mais que pour la femme qui s'est donnée à nous, le cœur se crée des devoirs de reconnaissance si puissants qu'ils peuvent alors aller jusqu'au crime. Ainsi Etiennette était venue pour dire à Pons : Fais cela, et je me donne à toi.

A ce moment, elle pensa qu'il ferait bien mieux ce qu'elle voulait, quand elle se serait donnée à lui ; et qu'ainsi peut-être il le ferait de lui-même. Sous l'empire de cette pensée, elle lui répondit, avec un embarras adorable :

— Tenez, Pons, je veux être franche avec vous, je n'ai rien à vous demander. Puis elle ajouta avec un feint désespoir : Ah ! je me suis trompée.

Ceci passerait pour folie, si quelques hommes de ceux qui

à dix-huit ans ont eu dans l'âme une religion d'amour, ne l'attestaient aux cœurs froids et libertins; mais rien n'est difficile à une femme comme de se donner à celui qui l'aime avec crainte et superstition. A Roger ou à Pierre d'Aragon, il en eût moins fallu pour qu'il fût assuré de son triomphe, et la présence d'Etiennette seule le lui eût appris; mais à Pons dont l'amour était toujours resté si loin de la superbe châtelaine, toutes ses paroles arrivaient comme un doute; et, sans vouloir dégrader par une abjecte comparaison leur position à tous deux, il y avait, entre les projets d'Etiennette et le cœur de Pons, la même distance qu'entre les désirs d'une grande dame qui veut se faire comprendre à quelque beau garçon de son antichambre et l'intelligence de celui-ci; quelque impertinent que soit l'Antinoüs domestique, il lui faut de rudes avances pour le déterminer à ne pas voir un piége dans ce qui est loin de ses espérances. Etiennette vit bien que Pons n'osait pas la croire. Aussitôt, elle parut revenir de la tristesse où elle s'était laissée aller, et dit avec un sourire familier :

— Vraiment je ne sais ce que je dis, et j'ai un grand service à vous demander; mais votre embarras me gagne, et je ne sais plus ce que j'ai à vous conter. D'ailleurs, ce sera long : il s'agit de mon château de Penaultier que je désire retirer de la suzeraineté du vicomte Roger pour le mettre avec celui d'Alargue que j'habite sous la protection d'Aymery de Lara, comte de Narbonne.

— Ah! madame, s'écria Pons, quelle plus noble épée pourra vous protéger, que celle du vicomte de Béziers?

— Marquis de Sabran, répondit sérieusement Etiennette, l'épée d'un chevalier n'est pas la plus sûre protection d'une femme, car une femme a à défendre quelque chose de plus précieux que son corps et que ses domaines, et on peut la frapper de blessures que la plus vaillante épée ne peut prévenir.

— Elle peut du moins les venger, répliqua Pons.

— Les venger! dit Etiennette, comme si elle suspendait sa pensée sur ce mot : les venger!! Puis elle ajouta tristement : Cela se peut, mais non pas quand c'est le coupable qui tient l'épée. Quel homme se dira à lui-même : Tu as menti?

La première phrase d'Etiennette avait suffi à Pons pour lui faire comprendre les motifs qui la faisaient agir. L'indiscrétion de Roger était la cause de cette résolution. Les derniers mots qu'elle venait de prononcer le frappèrent singulièrement, et la pensée que Roger avait pu mentir lui passa dans l'esprit. Etiennette contente de ce premier doute habilement jeté changea brusquement la conversation.

— Pons, lui dit-elle, acceptez mon hospitalité pour quelques heures : notre conversation doit être longue, et j'ai besoin que votre cœur généreux me conseille. Oubliez donc le banquet somptueux qui vous attend sans doute chez Bozon ou chez Bernard de Got, et demeurez avec moi.

Au même instant elle frappa avec un marteau d'argent sur un timbre, et une femme parut : c'était celle qui avait apporté le message à Pons ; elle lui fit un signe, et aussitôt d'autres femmes entrèrent portant une étroite table couverte de mets délicats. Cette table était basse, et, pendant qu'on la disposait auprès d'Etiennette, elle chercha et atteignit quelques coussins qu'elle attira sous sa tête, et, se reposant alors avec un abandon plein de grâce, elle s'y étendit en disant :

— J'admire comment les hommes les plus faibles en apparence résistent mieux aux fatigues que nous autres femmes ; ainsi vous, Pons, un enfant presque, n'est-ce pas ? car à peine avez-vous dix-huit ans, vous avez fait peut-être le voyage de Carcassonne ici, à cheval et sous vos armes, et vous n'en ressentez nulle lassitude ; tandis que moi ma litière m'a tellement brisée que je ne puis supporter aucun vêtement pesant : aussi me pardonnerez-vous de vous offrir mon frugal banquet dans cette misérable parure.

Et, tout en parlant ainsi, elle arrangeait d'une main négligente les longs plis de sa robe de lin, et chaque mouvement décelait une grâce ou une beauté. Puis elle ajouta avec un air d'indifférence :

— Mais le temps des frivoles plaisirs est passé, et les graves intérêts de la politique y vont succéder.

Pons l'écoutait en suivant d'un œil passionné chacun de ses gestes.

Cependant la table était servie, et tous deux l'un près de l'autre, semblaient s'oublier. Etiennette le rappela au jeune chevalier en lui demandant quelques-uns de ces services que l'on n'exige que de ceux qu'on traite en esclaves ou en amis; elle le pria d'approcher la table, d'arranger un coussin; puis ce fut une amphore ou une coupe qu'il fallut lui donner, ou un biscuit de miel qu'elle désirait; et chaque service était récompensé d'un sourire adoré.

O dix-huit ans! âge facile à vivre, où tout espoir est doux, et nul mensonge, quelque grossier qu'il soit, ne peut être soupçonné; beau printemps où l'amour a des palpitations de bonheur qui font pleurer, si puissantes qu'elles battent encore dans le souvenir, longtemps après que le cœur est glacé! O jeune cœur, c'est une de tes émotions que je voudrais trouver : l'émotion d'un enfant qui dévore de l'œil une femme belle à faire sourire un vieillard, couchée nonchalamment sur d'épais coussins, pressée dans toutes les sinuosités de ses formes riches et pures par un vêtement si léger que ses plis n'en altèrent rien, si transparent que sa blancheur se teint de rose ; et, à cette émotion dont on frissonne, je voudrais joindre cette fascination d'un regard qui joue l'indifférence, qui s'arrête sur le trouble de votre visage, et semble d'abord s'en étonner, puis le comprendre, et qui se baisse alors confus et troublé à son tour; et puis, je voudrais vous faire entendre ce murmure enivrant d'une respiration qui s'embarrasse ; je voudrais vous faire voir cette agitation fébrile d'une poitrine haletante, et vous faire concevoir ce vertige qui prend au cœur lorsqu'à ses délirantes provocations vient se rendre l'accent doux et rude à la fois que donne à sa voix une femme qui se prend d'humeur contre elle-même et contre sa faiblesse, et qu'elle se dit comme distraite en secouant la tête :

— Ah! j'ai eu tort...
— Pourquoi ? s'écria Pons presqu'à genoux devant Etiennette, car elle avait fait tout ce que je viens de vous dire; pourquoi avez-vous tort, et que veulent dire ces paroles ?

Et à ce moment l'amant est fier, car il croit que c'est lui qui domine, que c'est lui qui trouble, et quelque confiance le gagne, et il prendrait audacieusement une main si elle n'était déjà armée du marteau d'argent, et si elle n'avait frappé le timbre qui va appeler quelqu'un. Alors le cœur se serre, ou craint d'avoir été trop loin, et on attend, en tremblant, les paroles qui vont vous renvoyer. Voici celles que dit Etiennette à la femme qui entra à son signal :

— Mon Dieu, les lumières vacillantes de ces flambeaux fatiguent le regard et le blessent : il faut les remplacer ; puis les vapeurs impures de la rue pénètrent jusqu'ici : prenez-y garde.

Et cette parole n'était pas prononcée que quelques servantes avaient enlevé tous les flambeaux. Aussitôt, comme par une magie qui justifiait le nom de l'*incantada* donné à la maison, tous les panneaux dont noas avons parlé disparurent, et les cadres ne furent plus occupés que par une légère étoffe blanche, peinte des plus vives couleurs. Une vive lumière extérieure en éclairait nettement les dessins, tandis que le tissu ne laissait pénétrer dans la chambre qu'un jour faible et assombri ; et comme Pons s'étonnait, jetant un regard d'admiration sur cette merveille, les plus doux parfums flottèrent dans l'air se déroulant, à travers les fleurs à jour des colonnettes, en filets d'une fumée blanche et soyeuse ; et comme l'œil égaré du jeune amant semblait douter de cette réalité, Etiennette, lui prenant la main, le ramena vers elle en lui disant :

— Pons, n'est-on pas mieux ici ?

A ces mots, il reporta sur elle son regard enivré. Alors, par un hasard ou par un jeu infernal, les beaux cheveux d'Etiennette flottaient dénoués sur son cou et ruisselaient sur ses épaules ; et, comme ils s'éparpillaient jusque sur son visage, elle rejeta vivement sa tête en arrière pour les écarter de son front, et, dans ce mouvement, son corps tendu dans son vêtement délicat, se modela aux regards de Pons dans son enivrante beauté. Oh ! cette fois il tomba à genoux devant elle ; cette fois elle eût été la dernière des femmes, elle eût été Pernette Abrial, que Pons eût succombé à cette délirante tentation. Ils étaient seuls ; qui pouvait empêcher ce qu'ils voulaient tous deux ?

Personne.

Mais était-ce là le but de la dame de Penaultier ? Voulait-elle ainsi se livrer à Pons pour son amour, et rien de plus ? non, certes. Pourquoi donc alors ne pas ménager le pouvoir des désirs qu'elle inspirait, et demander d'abord ce qu'elle voulait pour prix de sa possession ? C'est qu'elle avait audacieusement jugé qu'un homme comme Pons devait être plutôt son esclave quand il serait son amant que dans l'espoir de l'être. Ecoutons-la, et jugeons de toute la ruse qu'elle mit dans cet abandon hardi.

Elle était assise sur les genoux de Pons et le contemplait avec orgueil ; une larme arrivait jusqu'à ses yeux ; mais elle l'essuyait furtivement, et Pons, qui s'en aperçut, lui dit alors :

— Tu pleures, Etiennette : regrettes-tu de t'être donnée à moi, à moi qui serais ton esclave ?

— Oh ! répondit-elle, je ne regrette pas d'avoir été heureuse ; car, vois-tu, Pons, je t'aime avec une passion que tu dois comprendre maintenant. D'ailleurs, je ne veux pas te le dissimuler, je ne suis pas une de ces filles timides qui consentent à mourir d'un amour caché. Non, mon ami, non, depuis que je t'ai vu, j'ai senti que je t'appartenais. J'ai senti que tu étais mon bonheur ; si je t'ai repoussé longtemps, si je t'ai fui, ce n'est point vaine pudeur, c'est que je prévoyais les pleurs que je verse dans ce moment, c'est que je calculais que cette heure de félicité me coûterait une vie de larmes.

— Oh ! pourquoi des pleurs, Etiennette ? lui dit Pons en l'entourant de ses bras, tu m'estimes bien peu de prévoir le malheur lorsque je puis t'en défendre...

— Enfant, lui dit Etiennette en jouant avec ses cheveux, que t'importe ce malheur puisqu'il n'est que pour moi ? Va, je le savais bien ; mais mourir sans être à toi, oh ! j'aime mieux mourir à présent.

Et se prenant à regarder Pons avec des yeux où la tristesse et l'amour se confondaient, elle ajouta, en laissant tomber sa tête sur l'épaule de Pons :

— Et c'est pourtant maintenant qu'il serait doux de vivre.

Puis elle sanglota.

— Etiennette ! Etiennette ! s'écria Pons en séchant ses larmes de ses baisers : ah ! si tu m'aimes, et je le crois, dis-moi quel est ce malheur, ce danger qui te fait pleurer ?

— A quoi bon ? dit Etiennette en se remettant, je suis une folle ; je trouble par une douleur le peu d'heures que le ciel nous a départies pour être ensemble. Ne me demande rien, je ne te dirai rien, je n'en ai pas le droit : je consulterai un ami.

— Un ami, lui dit Pons ; ah ! ne suis-je pas le tien, le plus dévoué, le seul à qui tu doives tout demander maintenant : amour, protection, bonheur.

— Non, beau sire, répliqua Etiennette avec un doux sourire où il restait encore une larme, non, vous n'êtes pas mon ami : un ami est un homme grave, prudent, sage, qui me donnera de bons et sévères conseils. Et, parcourant alors son beau front d'un baiser qui ne fit que l'effleurer, elle ajouta : Tu es mon amant, toi, n'est-ce pas ?

Pons lui dit alors :

— Et sur quel objet si grave vous faut-il des conseils, que l'amant ne puisse les donner ? Cet objet est donc beaucoup au-dessus de mon savoir et de ma sagesse ?

— Mais non, répondit négligemment Etiennette, puisque je t'avais fait demander pour te consulter.

— C'était donc pour cela ? reprit Pons en souriant à son tour.

— Tiens, lui dit doucement Etiennette en le regardant doucement : franchement, je ne sais pas. Ecoute, Pons, je veux te montrer tout le secret du cœur des femmes ; je veux, enfant, te dire tout de suite ce que te n'apprendras que bien tard, si je ne trahissais pour toi les mystères de nos calculs. Il y a longtemps que je te connais, plus longtemps que tu ne crois, et, depuis que je te connais, je t'aime. Te dire qu'une femme qui aime ne désire pas être à celui qu'elle aime, ce serait te mentir pour moi, te mentir pour toutes ; mais ce qu'il faut que tu saches aussi, c'est ce que désir est la dernière chose qu'écoute une femme. Son existence est si esclave qu'elle ne jette pas à plaisir des chagrins dans sa vie. Que fait-elle donc ? elle renferme et domine longtemps ses plus secrètes pensées, jusqu'à un jour fatal où un hasard les protège et la force, pour ainsi dire, à s'y livrer. Ainsi, Pons, mon amour te fût demeuré étranger si je n'avais eu besoin d'un intermédiaire entre moi et Roger. J'ai prié Pierre d'Aragon de m'en servir, mais il en veut tant au vicomte de son tour de l'autre nuit, qu'il m'a refusée. Aujourd'hui même, j'ai demandé ce service à Raymond de Toulouse : il m'a fort surprise en m'apprenant qu'il serait peut-être en guerre avec Roger avant deux jours, et il m'a refusée de même. Mais ce qui m'a troublée étrangement, c'est que tous deux m'ont dit : Adressez-vous au sire de Sabran : il est tout-puissant sur l'esprit du vicomte.

— Et c'est pour cette raison que vous m'avez mandé ?

— Oui, beau sire, continua Etiennette, oui, c'est pour cette raison : parce qu'aux yeux de Pons, en lui disant de venir trouver la dame de Penaultier, ce n'était pas lui dire : Cette femme se meurt d'amour pour vous et veut se donner à vous ; parce que, si rien ne palpite pour elle au cœur du sire de Sabran, elle le consultera gravement, et qu'elle y aura gagné, au moins, d'avoir pour messager le plus noble chevalier de la chrétienté ; parce que ce n'est plus une folle qui se perd, mais une châtelaine qui réclame assistance d'un châtelain, et qui accomplit un devoir que lui impose l'intérêt de ses vassaux ; et il arrive que l'on se trompe soi-même avec les mensonges qu'on prépare aux autres. Il est vrai qu'on peut craindre que le chevalier ne parle d'amour, s'il est encore aussi enflammé qu'on le dit, et alors il n'est peut-être pas prudent de le voir ; mais on n'y pense pas, ou, si l'on y pense, c'est pour le souhaiter. On s'exagère son propre courage pour avoir le droit de braver le danger, puis on sent qu'on y succombera, et l'on se résout à choisir un autre arbitre ; mais au moment de donner l'ordre, on a oublié tous les noms, excepté un, et on garde celui qu'on voulait chasser, et l'on a tort, vous le voyez bien, car vous ne pouvez plus être mon arbitre, ce me semble.

En finissant cette longue énumération des petits artifices que le cœur d'une femme se crée pour se tromper, elle fit une moue de reproche à Pons en baissant les yeux ; et lui, stupéfait, la regarda comme un ange de franchise, amoureux qu'il était, amoureux comme un enfant de dix-huit ans dans les mains d'une femme de trente. Oh ! se créer une fausseté pour l'avouer, et mieux cacher celle qui nous mène, c'est à y prendre les plus rusés. Aussi Pons appartenait à Etiennette à cette heure, comme un aveugle à son guide. Et puis, cette femme était belle, belle comme on s'imagine la beauté à dix-huit ans, superbe et provocante. Cependant Pons ne voulait pas paraître renoncer aux droits dont on l'avait jugé digne d'abord, et il reprit après quelque silence :

— Allons, belle châtelaine, je vais baisser les yeux, ne point te regarder, et ainsi je serai calme, grave, et vous pourrez me consulter.

— Non ! non ! c'est impossible, répondit Etiennette. Moi ! te parler de cela maintenant ! je n'oserais pas !... je n'en ai plus le droit.

— Oh ! si je t'en priais à genoux ?

— Je refuserais.

— Si je le voulais absolument ?

— Pourquoi le vouloir, dit Etiennette la tête baissée, puisque tu m'aimes ainsi ; puisque tu crois tout, et que tu m'aimes ?

— Oh ! que veux-tu dire ? s'écria Pons en la pressant avec ardeur dans ses bras.

— Rien... rien... mon âme... tiens, parlons d'amour, de bonheur... parlons de toi, dit-elle en essuyant une larme.

— Non, je veux savoir... reprit Pons vivement.

— Quoi ? s'écria Etiennette en l'interrompant violemment et en éclatant en sanglots... que je suis une femme perdue ? Eh bien ! c'est vrai... car je viens de me donner à toi, et je l'ai voulu ; et pourquoi ne l'aurais-je pas fait ? Un homme n'avait-il pas osé dire qu'il m'avait traînée folle d'ivresse et de désirs de la salle d'un festin sur ma couche nuptiale ? Ne l'a-t-il pas dit, et ne l'a-t-on pas cru, parce que c'est un homme dont l'épée est terrible ? Et moi, ne suis-je pas la châtelaine prostituée qui s'est ruée dans le vice comme la dernière des ribaudes ? N'y a-t-il pas un homme qui l'a dit, et ne l'a-t-on pas cru ? Eh bien ! puisqu'on l'a dit et qu'on l'a cru, ce sera vrai, et c'est vrai maintenant. Oui, il y a maintenant quelqu'un à qui je me suis livrée, comme une fille perdue, un homme à qui j'ai donné tout. C'est juste, je suis une adultère, j'ai un amant ! C'est toi, Pons... c'est toi, tu peux aller le dire, et je le dirai après toi... je dirai que je t'aime, que je suis ton esclave, et je te suivrai comme une servante. Je t'appartiens, tu es mon amant : tu peux t'en vanter, Pons, car c'est vrai ceci. Mais le vicomte Roger ! ah !!!

Et, à ce dernier mot, un affreux sourire d'indignation parcourut ses lèvres ; elle sembla en appeler au ciel : sa voix prit un accent terrible de menace, et elle frappa la terre du pied avec violence.

— Quoi ! ce serait une lâche calomnie ?

— Ah ! tais-toi, dit-elle avec un cri : voilà ce que je craignais, un doute ! Oh ! tu me crois une infâme. Malheureuse ! malheureuse ! je ne voulais pas te le dire, j'avais raison, et je sentais que tu me briserais le cœur. Il ne fallait pas parler de cela.

— Moi ! s'écria Pons enivré, te croire une infâme, t'outrager par un doute ! oh ! non, Etiennette, non, ce n'est pas là ce que j'ai au cœur ; ce que j'ai, c'est de l'amour pour toi, de la haine pour Roger... de la vengeance.

— Grand Dieu ! que prétends-tu ? dit Etiennette alarmée en l'entourant de ses bras. Oh ! tu me fais peur.

— Je veux lui dire qu'il a menti... et lui faire avouer...

— Enfant ! enfant, dit Etiennette rapidement, et de quel droit me venger ? tu ne le peux pas sans remplacer une calomnie par une affreuse vérité : on dira que c'est mon amant qui se venge, et cette fois on aura raison.

— Oh ! que faire alors ?...

— Eh bien ! ce que j'avais résolu, reprit-elle tristement, de retirer mes châteaux de la suzeraineté du vicomte, protester ainsi, autant que le peut une pauvre femme, contre sa calomnie, et surtout m'épargner le désespoir d'être enchaînée par quelque lien que ce soit à cet homme. J'ai voulu le faire amiablement, et j'avais compté sur toi pour cet arrangement ; je le ferai de vive force, s'il le faut, dussé-je y perdre mes domaines entiers ; dussé-je les voir ravager par sa lance et par la tienne...

— La mienne, s'écria le sire de Sabran, la mienne te protégerait contre lui s'il osait t'attaquer.

— Enfant, lui dit sans le regarder Etiennette, comme si elle répondait à un propos en l'air : c'est ton suzerain.

— C'était le tien, et ne le quittes-tu pas ?

— C'est ton ami.

— Non, c'est un infâme.

— O Pons, mon ami, mon amour, lui dit Etiennette en le caressant, ne fais pas cela, on dirait que c'est moi qui t'ai entraîné..... que c'est moi... Non, je ne le veux pas.....

Et comme il allait insister, elle lui dit tout bas :

— Demain, demain, nous parlerons de cela : la nuit prochaine, ajouta-t-elle en baissant les yeux... nous trouverons un moyen... Mais, jusque là, tais-toi, ne dis rien, je t'en prie...

— Je te le jure, répondit Pons, dans un baiser.

— Non ! non ! reprit-elle en se dégageant, le jour va venir : ami, il faut partir, vous en aller... On vous reconduira comme vous êtes venu...

Une heure après, ils se disaient encore à demain, et l'on n'avait plus parlé ni de Roger ni des châtellenies. Enfin Pons quitta sa belle maîtresse avec un bonheur au cœur qui l'enivrait et le faisait joyeusement marcher et regarder d'un air de dédain les chevaliers qui rentraient dans l'ombre, se disant à lui-même :

« Il sort de chez quelque ribaude, le sale ! ou de chez quelque coquette, le niais ! au lieu que moi !... »

Pauvre Pons ! Il revint le soir dans la rue Chaude.

Qu'avait-il promis le matin lorsqu'il en sortit pâle et soucieux !!

IV

LE LÉGAT.

Pendant que ceci se passait dans la rue Chaude de Montpellier, une scène d'un aspect bien différent, mais dont le but était le même, se développait dans une étroite cellule de l'hospice du Saint-Esprit. Trois hommes y étaient réunis et discutaient vivement ensemble. L'un était Guy, recteur de l'hospice ; l'autre, Milon, légat du pape ; et le troisième, Dominique. Au moment où il nous plaît de pénétrer dans le secret de leur entretien, c'était Guy qui parlait.

— Ce que vous tentez est impossible, disait-il, et la gravité de votre accusation la fera échouer. Non, Roger n'est pas coupable de ce que vous osez lui imputer, et s'il est vrai qu'il ait blessé l'institution de cet ordre en y cherchant un abri pour des infidèles, il n'a point poussé la profanation jusqu'à en faire un lieu de débauche avec une fille de Mahom.

— Cette accusation sera prouvée, répondit froidement Dominique.

— Personne pourra-t-il en témoigner? reprit Guy vivement : car je vous en préviens, il suffira d'une dénégation du vicomte Roger pour que chacun le croie.

— Ma parole vaut la sienne, répondit encore Dominique, et, s'il le faut, j'y joindrai celle d'une femme qui se trouvait près de cette cellule.

Interpellé sur la valeur de ce témoignage, c'est alors que Dominique produisit la réponse d'Etiennette dont nous avons parlé dans le chapitre précédent. Il en savait trop sur le caractère de cette femme pour n'être pas sûr de sa réponse en excitant à la fois son orgueil et sa vengeance. Ce premier point posé, on parcourut tous ceux de l'accusation que Dominique comptait fulminer contre Roger ; mais à chacun il trouvait dans Guy la même résistance et les mêmes scrupules; quant à Milon, il finissait presque toujours la discussion en se rangeant de l'avis de Dominique, dès que celui-ci l'y invitait avec un geste particulier.

A chaque fois Guy cédait ; mais alors qu'il fallut lire l'ensemble de cette accusation, elle lui parut en tout si grave et si terrible, qu'il se refusa nettement à l'appuyer, et qu'il déclara que ni lui ni ses chevaliers ne suivraient le légat, et ne participeraient à cet ajournement : Milon lui-même, ébranlé par les longues objections du recteur et ses refus obstinés, n'osait plus interposer son autorité, bien que Dominique le pressât de prendre une résolution. Le moine, alors, se levant et jetant sur eux un regard irrité, s'écria :

— Oh! la maladie est plus grave que je ne pensais, et, à leur insu, les meilleurs chrétiens en sont affligés : l'hérésie gagne les uns par l'ambition, les autres par la pitié.

Le recteur, à qui ses fonctions ecclésiastiques n'avaient rien ôté de sa rudesse militaire, répondit à Dominique :

— Si quelque fâcheux esprit gagne les bons chrétiens, mon frère, c'est celui de l'accusation et non de l'hérésie : les yeux s'habituent à voir des coupables quand ils en cherchent, et si quelque chose m'étonne, c'est que ce soit à Roger que l'on s'adresse pour punir la protection accordée à l'hérésie, lorsque Pierre d'Aragon et le comte de Toulouse sont à Montpellier, et lorsque Raymond Roger de Foix tient des conciliabules, où sa sœur Esclarmonde se fait vanité d'appartenir à cette secte infâme. La volonté de notre saint-père ne peut pas être que l'on punisse au hasard et selon le caprice d'un homme.

Et, en disant ces mots, la fière figure du recteur s'anima d'une noble expression qui contrastait avec le cruel et fauve sourire de Dominique, qui répondit :

— La volonté du saint-père a fait de ce caprice sa volonté, et de ce hasard son choix. La justice viendra pour tous, et ceux qu'elle ne frappe pas aujourd'hui ne seront peut-être pas les moins cruellement atteints.

Quant à ce que j'avais espéré de vous par la conviction, je l'exige de votre obéissance.

Et comme à ce mot la fierté du recteur avait tressailli sur son visage, Dominique le répéta insolemment et en élevant la voix :

— De votre obéissance, entendez-vous, lui dit-il, et ne me forcez pas d'écrire au saint-père que je l'ai trouvée lente et incomplète.

— Obéissez, obéissez, mon frère, dit alors Milon d'une voix triste, c'est ma volonté. Et vous savez, ajouta-t-il, que je suis le représentant du vicaire de Dieu.

Dominique lui versa un regard de mépris ; et le recteur, comprenant que Milon, vieillard sans force, était sous la domination du moine, crut trouver dans cette découverte un nouveau motif de résistance au désir de Dominique ; il s'adressa donc au légat.

— Mon père, lui dit-il, vous ne savez pas tous les dangers de l'entreprise que l'on veut nous faire tenter. Si j'en crois mes faibles lumières, c'est donner à l'hérésie la seule puissance qui lui manque, celle d'une persécution injuste ; c'est associer tous les chevaliers de la Provence à la désobéissance du vicomte de Béziers ; c'est tuer, dans un danger commun, les causes de désunion qui existaient entre eux, et qui les soumettaient ainsi séparément aux volontés du saint-siége : qu'une ligue se forme, et que, parmi les horreurs de la guerre, l'hérésie grandisse à leur abri, et la Provence est perdue pour la chrétienté.

Le légat, malgré la faiblesse de son caractère, supportait impatiemment l'insolente supériorité de Dominique ; il se hasarda à profiter de l'appui qu'il rencontrait dans le recteur pour poser quelques objections aux volontés du moine.

— Prenez garde, mon frère, dit-il doucement, que votre zèle ne vous entraîne au delà de ce qui est possible ; prenez garde que l'autorité du saint-siége ne perde dans cette lutte tout ce qu'elle espérait y gagner. Notre frère Guy sait mieux que nous la disposition des chevaliers, et n'oubliez pas que je suis responsable aux yeux du monde des mesures que vous prendrez contre ce malheureux pays.

Dominique se leva alors, et, assombrissant encore de plus en plus la dure expression de son visage, il répondit au vieillard :

— Est-ce pour mériter l'applaudissement du monde que vous êtes venu dans ce lieu et que je vous y ai suivi ? et faut-il, pour la récompense d'une mission de salut, autre chose que l'applaudissement de la conscience et l'approbation de notre saint-père ? Mais les pensées mondaines dirigent seules les actions des hommes, à ce que je vois. Ecoutez-les donc si vous le voulez, mais n'oubliez pas que c'est moi qui prépare l'auréole de gloire dont le monde chrétien ceindra votre front ; n'oubliez pas non plus le serment fait par vous de suivre ma volonté en toute chose et de la revêtir de votre commandement.

Aussitôt il tira de son sein un bref du pape Innocent III, qui ordonnait à Milon de se soumettre, dans tous les cas épineux, à la direction de Dominique, et qui avertissait en même temps tous les fils de l'Eglise que le moine était le seul dépositaire de ses pensées secrètes. A l'aspect de cet important message, le recteur et le légat se signèrent, et Dominique leur en ayant donné lecture, le recteur des hospitaliers, après l'avoir attentivement écouté, dit à Dominique :

— Et maintenant qu'attendez-vous de moi ?

— Qu'à l'exemple de tous ceux de l'Eglise vous soyez prêt

à me suivre après-demain là où il me plaira de porter l'accusation que vous venez d'entendre.

— J'obéirai, répondit tristement le recteur.

Et après s'être mis à genoux pour recevoir la bénédiction du légat, il se retira. Dominique et Milon restèrent seuls. Le malheureux vieillard, comme un enfant qui sait qu'il va recevoir une réprimande, et qui voit sortir celui dont la présence la suspendait encore, devint tremblant et embarrassé dès qu'il se vit face à face avec Dominique : il le suivait d'un air inquiet pendant que celui-ci posait devant lui une petite table, rapprochait la lampe à pied qui brûlait dans un coin, et plaçait sous ses yeux un parchemin écrit.

— Voici, lui dit-il, l'accusation telle qu'elle devra être prononcée par vous ; étudiez-en les moindres parties, pénétrez-vous de chaque pensée et de chaque parole, afin qu'au moment où vous la direz, on puisse vous croire véritablement inspiré, et que vous ne sembliez pas un écolier comme il est arrivé à Lyon, quand vous avez dû lancer l'anathème sur les partisans de Vadius.

— C'est bien long, répondit Milon en parcourant le parchemin d'un œil d'ennui et de dégoût.

On ne saurait dire quelle expression de mépris et d'impatience anima la figure de Dominique à cette puérile et stupide réponse ; cependant il se résigna, car il pensait bien que, pour trouver un homme qui voulût bien jouer le rôle qu'il avait imposé à Milon, il fallait qu'il n'eût rien dans la tête, ni dans le cœur, ni intelligence, ni dignité. Il se contenta donc de lui répliquer son ordre, et il laissa le légat dans la cellule pour aller nouer ailleurs les fils de son audacieuse intrigue.

V

TROIS FEMMES.

Pour ne pas interrompre notre récit, nous voudrions arriver sur-le-champ à ce grand jour de l'assemblée des chevaliers si solennellement proposée. Mais ce serait laisser dans l'obscurité quelques points nécessaires, sinon marquants, de cette histoire. Ce serait nous forcer à revenir plus tard sur les causes des événements que nous rencontrerons. Autant vaut donc en finir dès à présent pour nous trouver à l'aise dans les récits qui nous restent à faire. Cette manière, d'ailleurs, nous semble préférable en ce que le lecteur, tout impatient qu'il puisse être, vaut mieux qu'un lecteur dégoûté; et c'est ainsi qu'est celui qui, après avoir vu se développer un événement devant lui, est forcé d'en entendre expliquer les ressorts secrets. Continuons donc, et disons que tout était aussi en grand trouble dans la maison de Roger pendant que ses intérêts s'armaient contre lui. Aussitôt la lice finie, Agnès et Arnauld étaient rentrés sans que la jeune vicomtesse voulût céder aux instances de sa sœur et se rendre à ses invitations, pour le festin qui devait avoir lieu dans ses appartements; elle s'imaginait que la colère du vicomte venait de ce qu'elle avait assisté à la lice sans sa permission, et elle tremblait en pensant à l'instant où il rentrerait. Elle se retira donc dans sa chambre, et là se laissa aller à pleurer amèrement. Une femme était à côté d'elle qui la regardait avec attendrissement : cette femme était Foë. Il ne pouvait y avoir de consolation entre une jeune fille qui s'appelait la vicomtesse de Béziers et une esclave noire. Cependant la douleur de l'une était si grande qu'elle appela les larmes dans les yeux de l'autre. Agnès, en les voyant, ne se sentit pas humiliée d'exciter la pitié d'une si pauvre créature. Celle de sa sœur, celle d'une châtelaine peut-être l'eussent blessée, parce qu'elle eût peut-être établi une comparaison entre leur sort et le sien ; mais il ne pouvait y avoir d'offense dans la pitié de Foë, pas plus que dans les caresses d'un chien qui gémit doucement lorsqu'il voit souffrir son maître.

Il en résulta une sorte de confidence qui commença par le regard et dans lequel la pauvre jeune vicomtesse semblait dire : « Oui, tu as raison, bonne esclave, oui, je suis bien malheureuse. » Cependant il est probable que nulle conversation ne se fût établie entre elles si un accident imprévu ne les y eût amenées. On annonça la visite de Raymond Lombard, et à ce nom, Foë, tombant à genoux devant la vicomtesse, le visage altéré d'une profonde terreur, incapable d'articuler une parole, mais tournant convulsivement la tête et agitant la main, lui cria par cette expression muette, mais puissante de son effroi : « Non ! non ! ne le recevez pas! » et la jeune vicomtesse, l'œil fixé sur l'esclave, obéit, sans y songer, à cette prière ardente, et fit répondre qu'elle ne pouvait voir personne. La curiosité fit place à ce sentiment, elle interrogea Foë sur les causes de son épouvante, et celle-ci lui raconta de son histoire ce qu'elle devait en raconter. Ce récit rendit à la vicomtesse toute sa douleur, et lorsqu'il fut terminé, elle ne put s'empêcher de dire avec une larme :

— Ainsi il est noble et généreux pour tous, excepté pour moi !

— Pour vous, dit Foë, pour vous son épouse et son égale!...

— Hélas ! répondit Agnès, je ne suis l'épouse de Roger que de nom, et s'il ne me chasse bientôt, comme le comte de Comminges a fait jadis de ma sœur, je ne le serai jamais autrement, car il ne m'aime pas.

— Il ne vous aime pas, répéta lentement l'esclave, en parcourant d'un œil curieux cette douce et touchante beauté ; oh ! il ne vous aime pas!

Et la vicomtesse ajouta, en fondant en larmes :

— Il en aime une autre...

— Qui donc ? s'écria vivement Foë, l'œil ouvert, les narines gonflées, le sein haletant : non qu'elle espérât que ce fût elle, mais jalouse de savoir qui Roger préférait à sa jeune et belle épouse.

— Qui ? reprit celle-ci, une fille de Montpellier, une bourgeoise qu'on appelle Catherine Rebuffe, celle qui a ensorcelé aussi mon frère d'Aragon ; je l'ai vue aujourd'hui à la lice, insolente et fière de sa beauté. Elle était dans le pavillon du roi, l'impudente qui donne des rendez-vous de nuit, saluée et honorée par tous les seigneurs et consuls ; et moi, c'est à peine si j'ai trouvé une place, que m'a offerte la courtoisie banale du roi d'Aragon.

Et la pauvre vicomtesse finit sa longue phrase dans ses sanglots, tandis que Foë, le front appuyé sur une de ses mains, sentait toutes ces paroles lui tomber sur le cœur brûlantes et acérées. Alors il se passa une étrange chose dans cette âme de femme ; une fatale jalousie s'y éleva : elle prit en haine la prétendue maîtresse du vicomte, et en pitié celle qui était sacrifiée comme elle. Mais, à vrai dire, si la vicomtesse eût été l'objet de l'amour de Roger, ce sentiment n'eût point pénétré dans l'âme de l'esclave. La misérable Foë fût restée résignée dans sa douleur et son abandon, si ce malheur et cet abandon fussent venus d'un amour légitime pour une femme si haut placée au-dessus d'elle. La pauvre fille noire n'eût jamais agité en elle la pensée qu'elle pût détourner le vicomte de Béziers d'un tel devoir ; mais du moment qu'il y manquait, du moment qu'il se jetait dans le désordre, elle se trouvait digne d'être celle qui le causait ; la maîtresse du vicomte Roger, quelle qu'elle fût, lui parut son égale. Cependant comme elle n'espéra pas pouvoir ni la faire oublier, ni l'atteindre, elle mit furtivement sa cause dans celle de l'épouse ; elle rêva le triomphe de sa haine cachée dans celui des droits sacrés d'Agnès, et pensa qu'en rendant le cœur du vicomte à son épouse, elle jetterait dans l'âme de Catherine le même désespoir qui rongeait la sienne. Ce fut sous cette pensée qu'elle répondit à la vicomtesse :

— C'est que pour séduire elle a des secrets que vous ne connaissez point : c'est qu'elle lui prodigue sans pudeur des caresses qui de vous seule pourraient être innocentes.

La jeune vicomtesse ne comprit point ce que voulait dire Foë ; mais celle-ci, ardente Africaine, qui savait de sa propre expérience combien le vicomte pouvait se laisser aller à une surprise des sens, et qui l'avait vu troublé si vivement de ce qu'elle avait osé, ne recula pas devant l'idée d'aborder avec cette jeune fille un sujet si étrange pour elle.

— Est-ce que le vicomte, lui dit-elle, ne vous trouve pas belle ?

— Hélas! reprit Agnès, il ne me connaît pas, et s'il m'a vue aujourd'hui dans la lice, c'est sans doute bien malgré lui.

— Et vous ne cherchez jamais ses regards ? lui dit l'esclave.

— Je sais que ma présence lui est odieuse, et je lui donne au moins ce témoignage de mon amour de lui épargner ma rencontre, répliqua Agnès.

— Oh! reprit Foë, ce n'est pas ainsi que vous le ramènerez; il faut vous montrer souvent à lui, gracieuse, prévenante, toujours belle et parée; il faut, s'il entre dans votre appartement, l'accueillir avec transport et vous jeter avec amour dans ses bras.

— Moi! dit Agnès, dont le visage se couvrit de rougeur.

— N'est-il pas votre époux ? dit Foë, et les hommes n'aiment-ils pas qu'on les prévienne dans leurs désirs?

Avec toute autre qu'une enfant, Foë eût trouvé mille obstacles avant de lui persuader que c'était là le vrai moyen de reprendre le cœur de son époux ; mais pour Agnès, si ignorante et si faible, des raisonnements de l'esclave devaient paraître sans réplique. D'ailleurs, on lui assurait que c'était ainsi que Catherine avait sans doute acquis son pouvoir, et la jeune épouse le crut. Foë le croyait de même. La furieuse Africaine n'avait pas compris que ce qui, dans sa nature brûlante et passionnée, pouvait sinon séduire, du moins troubler, serait gauche et peut-être répugnant dans une enfant timide et faible.

Une demi-heure à peine après cet entretien, une femme vint annoncer le vicomte Roger, et immédiatement après il entra; la pauvre Agnès, poussée par les conseils de Foë, ne le vit pas plus tôt pénétrer dans sa chambre, qu'elle se jeta à son cou et que l'embrassant tendrement elle lui dit :

— O mon époux! que je suis heureuse de vous voir!

La surprise de Roger fut grande ; et soit que, dominé par sa sombre humeur, il n'eût d'autre soin en tête, soit qu'il s'irritât même d'une caresse qu'il n'avait point désirée, il la repoussa rudement en lui disant :

— Voilà d'étranges transports, madame, et vous êtes heureuse à bon marché ; puis, se tournant vers Arnauld de Marvoill qui était entré en même temps que lui, il lui dit aigrement, comme en faisant allusion à un entretien qu'ils avaient eu ensemble :

— Est-ce à ce manége que vous avez dressé cette perle de beauté et d'innocence?

La honte et la douleur qui se peignirent à la fois sur le visage d'Agnès, la stupeur où elle demeura en face de son époux, ne le frappèrent point, tant son humeur était grande et tant elle avait encore été augmentée par ce nouvel incident. Arnauld lui-même en demeura fort surpris. La pauvre vicomtesse se prit à fondre en larmes. Roger continua :

— Ah ! madame, cessez vos larmes, je les crois de même franchise que vos caresses. Ce n'est pas le moment des enfantillages ni des comédies. Il faut que vous m'écoutiez, et que vous me répondiez sur des affaires d'une gravité au dessus de votre âge peut-être, mais sur lesquelles vous consulterez ceux en qui vous avez confiance, votre frère d'Aragon, par exemple, qui vous donne place à ses côtés dans son pavillon. Mais, pour Dieu ! ne pleurez plus ainsi et ne sanglotez pas si fort.

— Je me tais... je me tais, répondit la vicomtesse en essuyant ses pleurs et en dévorant ses sanglots... parlez... parlez...

Et comme elle pleurait encore plus fort en parlant ainsi, le vicomte Roger s'écria :

— Venez, Arnault, sortons, nous n'en finirions pas!

Mais comme il allait partir, Agnès s'écria :

— Seigneur, monseigneur Roger, restez, je me tais.

Et serrant alors ses dents avec violence, regardant avec fixité devant elle, elle arrêta soudainement sanglots et larmes qui retombaient sur son cœur et le dévoraient.

— Agnès, dit le vicomte, il y a quelques jours je suis venu à Béziers, et je vous ai amenée dans le dessein de vous y présenter comme mon épouse devant Dieu et devant les hommes.

La figure d'Arnauld témoigna de la surprise, mais celle d'Agnès garda son immobilité.

— Oui, messire Arnauld, continua dédaigneusement le vicomte, tel était mon projet. Je connaissais ceux de mon oncle et de mon frère Pierre, mariés chacun selon son gré et sa volonté, et j'espérais leur faire honte de leurs infâmes répudiations en leur montrant mon respect pour un lien qui m'avait été imposé. Une autre mesure a déjoué leurs complots contre des femmes, et moi-même je ne suis plus en position de faire ce que j'avais projeté pour Agnès.

— Je comprends, répondit Arnauld, cela ne vous est plus nécessaire.

— Arnauld, dit le vicomte sans s'irriter de cette amère réflexion, Dieu vous garde d'un ami tel que vous. Puis il ajouta en s'adressant de nouveau à la vicomtesse :

— Maintenant, Agnès, voici ce qui arrive : demain peut-être je serai en guerre avec la moitié de la Provence, je serai en guerre avec l'armée des légats, et je n'aurai d'autre asile à donner à ma femme qu'une tour armée ; peut-être bientôt ne sera-ce qu'une tente errante qui n'aura d'autre défense que mon épée. Qui peut prévoir jusqu'où iront les malheurs de cette époque et de cette lutte ? Eh bien ! je n'ai pas le droit de vous la faire partager. Vous n'êtes mon épouse que par un nœud sacré, que peut rompre celui qui l'a formé. Vous êtes jeune et belle, et vous trouverez parmi les plus nobles chevaliers de la Provence un plus heureux époux, car il estimera mieux que je ne fais le bonheur de vous posséder. Et puis, je ne vous rendrai pas votre liberté comme vous l'avez perdue, dénuée de fortune et de domaines. Ce qui peut vous convenir dans mes quatre comtés, au choix de vos amis, je vous le donnerai, tandis que le puis encore, pendant qu'il me reste une ville où je pourrai vous signer cet acte de donation.

La vicomtesse ne comprenait pas, et Arnauld, frappé de l'air de profonde tristesse de Roger, ne put s'empêcher de s'écrier :

— Est-ce là ce que prévoit le vicomte de Béziers ? son courage n'a-t-il pas d'autre espérance ?

— Oui... une autre, dit amèrement Roger, mais si éloignée que si j'y arrive ce ne sera sans doute que lorsque mes cheveux blanchiront : et que veux-tu que devienne une femme pendant ce temps ? Voyons, Agnès, que prétendez-vous faire ?

— Puis-je répondre ? et qui peut m'éclairer sur ce qui est mon devoir ? répondit Agnès : ne suis-je pas orpheline ? Je vous obéirai, monseigneur.

— Non, Agnès, reprit Roger, ce n'est point un ordre que je veux vous donner ; c'est à vous à décider ce que vous voulez faire ; du reste, je vous le dis encore, consultez vos amis.

— Eh bien ! dit la vicomtesse avec une dignité timide, je prendrai et suivrai un conseil : si je ne puis dire que ce soit celui d'un ami, du moins sera-ce celui du plus brave chevalier de la Provence. A ce chevalier, je demanderai de me faire agir comme il le ferait pour une sœur, je le supplierai de prendre en considération l'honneur de mon nom plutôt que le bonheur de ma vie, et je ferai ce qu'il me dira, parce que je le tiens pour loyal, et que je suis assurée qu'il sera pour moi comme pour tous.

— Vous avez raison, répondit le vicomte qui l'avait écoutée avec intérêt, il faut le consulter.

— Alors, reprit la jeune fille en levant les yeux sur lui, alors, vicomte de Béziers, que conseillez-vous à Agnès de Montpellier.

Ce simple appel à son honneur toucha vivement le vicomte. Il considéra Agnès un moment avec incertitude ; puis s'adressant à Marvoill, il lui dit :

— Non, non, je ne veux pas l'enchaîner à moi. Je n'ai à lui offrir aucun bonheur, ni puissance, ni amour ; non, il vaut mieux nous séparer. Mais je lui garderai cette part d'honneur qu'elle réclame. Je ne lui donnerai pas la honte d'avoir quitté le vicomte Roger quand il était menacé de toutes les infortunes. C'est moi qui la quitterai. C'est moi qui la renvoie et qui la chasse. Vous la ramènerez chez Pierre d'Aragon, Marvoill ; vous la remettrez à sa sœur, et nous briserons plus tard le nœud misérable qui nous lie.

En disant ces paroles, le vicomte sortit, laissant Arnauld et Agnès dans la stupéfaction de cette résolution soudaine.

Presque aussitôt, il se rendit chez Catherine. Le soir était venu, et la ville de Montpellier resplendissait comme si un incendie terrible l'eût éclairée. Les milliers de flambeaux qui brûlaient aux portes des maisons rougissaient au-dessus des toits les flots de fumée noire et épaisse qui s'échappaient des branches de résine et des cuisines en plein air où se régalaient les étrangers. Roger se glissa dans la foule qui encombrait les rues. En écoutant les propos qui y circulaient, il entendit souvent prononcer son nom. Sa conduite à la lice était l'objet de mille suppositions contradictoires; mais un accord unanime de désapprobation représentait cette conduite comme celle d'un jeune homme qu'il fallait enfin morigéner. L'on accusait même de faiblesse le roi d'Aragon et le comte de Toulouse pour ne pas avoir puni, l'un l'insolence de son hôte, l'autre celle de son vassal. Quelques-uns allaient plus loin et appelaient leur retenue une lâcheté.

— C'est la lourde épée du vicomte qui leur fait peur, disait l'un. — Un freluquet, ajoutait un second, que j'écraserais entre mes deux poings comme une amande entre deux doigts. — Un hérétique enragé, continua un troisième, que le pape devrait excommunier, — un trouble-fête, qui fera quelque esclandre avant la fin de la foire.

Roger poursuivait sa route, et partout son nom, accompagné de quelque remarque fâcheuse, de quelque malédiction ou de quelque souhait de malheur, l'avertissait des mauvaises dispositions du peuple à son égard; il ressentit un cruel mécontentement, et la colère qui l'avait tenu toute la journée, se changea peu à peu en une profonde tristesse. Il arriva ainsi chez Catherine. Comme à l'ordinaire, il entra par la porte du jardin; mais il ne trouva point Catherine, comme à l'ordinaire, l'attendant impatiemment près de cette porte. Dans sa préoccupation, il avait oublié qu'elle devait assister à la fête que donnait le soir la reine d'Aragon. Il traversa le jardin et monta dans la chambre de Catherine ; il entendit sa voix fraîche et joyeuse courant capricieusement sur les deux ou trois notes graves d'un chant d'église, de manière à ce qu'elle semblait chanter une gaie chanson.

— Enfant, dit-il, après s'être arrêté un moment pour l'écouter, c'est une prière des morts avec laquelle sa voix joue ainsi. Oh! n'est-ce pas de même que l'homme fait souvent dans sa jeunesse! et les plus sérieuses choses, les plus solennelles et les plus terribles ne se plient-elles pas ainsi au gré de sa frivolité et de son insouciance, jusqu'à ce que tout reprenne sa place et son vrai sens, et que les prières retentissent sur un cercueil.

Oppressé par cette pensée, il laissa échapper un profond soupir, et souleva la portière qui fermait la chambre de Catherine. A ce bruit, elle poussa un cri et se retourna vivement : elle était presque nue, et jeta rapidement sur son cou la toile de lin avec laquelle elle essuyait ses bras qu'elle venait de laver dans une eau embaumée de rose ; elle reconnut Roger, et, plus honteuse d'être surprise par lui dans cet état que si un étranger fût venu, elle devint rouge d'une pudeur divine, et, cachant modestement ses bras nus derrière elle, elle dit avec une voix plus tremblante que fâchée :

— Ah ! Roger, ce n'est pas bien. Allez-vous-en.

Le vicomte demeura immobile à la regarder. Jamais il n'avait vu Catherine en cet état. Souvent il avait couvert ses blanches mains de baisers, quelquefois il avait senti son jeune sein battre contre sa poitrine, il avait respiré sa fraîche haleine ; mais jamais ni ce cou d'ivoire, ni ces épaules fluides et pures, ni ces pieds nus et délicats n'avaient appelé et retenu son regard. Catherine confuse lui répétait avec prière de sortir. Mais lui la regardait toujours. Cependant son œil n'avait pas cette animation du désir, cette joie que donne au cœur une beauté rêvée si belle, et découverte plus belle encore, douce joie qui semblait devoir palpiter en lui à ce moment : il regardait Catherine, mais d'un air de profond attendrissement. Sans doute il avait vu toutes ces grâces parfaites, mais ce n'était pas l'heure où il eût été heureux de les voir, car en venant chez Catherine, il n'avait pensé ni aux douces caresses qu'il avait coutume de lui donner, ni à ces contemplations de l'amour où il noyait son âme dans ses souvenirs du passé et ses espérances de l'avenir ; il avait pensé à la jeune fille timide et frêle, dont il avait lié la vie à la sienne, le sort au sien, et il avait pensé que l'avenir qui s'assombrissait pour lui devenait triste pour elle ; et en la trouvant si belle pour être heureuse, il ne put s'empêcher de laisser échapper une larme, lui qui venait lui parler de malheur. Catherine vit cette larme, sa pudeur s'échappa devant sa crainte, elle devint pâle et courut vers Roger.

— Ami, lui dit-elle, qu'as-tu? tu pleures, Roger, tu pleures?

— Ne te préparais-tu pas pour la fête de la reine? lui répondit tristement le vicomte.

— Oui, sans doute, dit la jeune fille, reprenant sa confusion à ce mot qui lui rappelait en quel état elle avait été surprise.

— Eh bien! va, répliqua Roger en lui serrant tristement la main; va, je reviendrai demain; va ce soir être heureuse et parée, pauvre Catherine!

— Roger! lui cria-t-elle en le retenant comme il voulait sortir; es-tu fâché? que t'ai-je fait? si tu veux, je n'irai pas à cette fête?

A ces mots il jeta encore sur elle un regard plein d'une émotion douloureuse, et il l'attira dans ses bras.

— Catherine, lui dit-il, va à cette fête, sois-y joyeuse et belle, efface toutes les femmes qui y seront; je le désire, je le veux.

— Eh bien! reprit la jeune fille en souriant doucement, ce sera comme tu veux, car lorsque je t'y verrai, toi le plus beau des chevaliers, je sens que je serai si fière et si heureuse que je serai aussi la plus belle.

— Je n'irai point à cette fête, répondit Roger, dont les paroles de Catherine n'avaient point effacé la tristesse.

La jeune fille, à son tour, se prit à le regarder avec attention; elle remarqua davantage la sombre préoccupation qui absorbait le vicomte; elle éprouva un effroi invincible à l'aspect de cette sévérité inaccoutumée, et s'écria soudainement :

— Roger, il y a un malheur, un malheur pour toi!

— Et si c'était vrai, lui répondit le vicomte en cherchant à lui faire comprendre le sens intime de ses paroles, si c'était vrai, que dirais-tu, Catherine?

— Ah! que c'est un malheur pour nous deux.

— Eh! que ferais-tu, enfant?

— Tout ce que tu voudras, si tu ordonnes : tout ce que je pourrai, si tu ne veux rien.

— Tu as donc bien du courage, Catherine?

— Ce malheur, ce n'est pas la mort; tout le reste a de l'espérance.

— Oui, dit le vicomte en entrant tout à fait dans la chambre et en s'asseyant près de Catherine, qui ne prenait plus garde à la nudité de ses épaules, voilée pour ainsi dire par sa douleur; oui, de l'espérance! ton regard me la fait luire encore dans ma vie. Mais il y aura bien des traverses avant le bonheur; il y aura des dangers que tu courras seule, si tu n'oses pas faire ce que je vais te demander.

Et comme elle écoutait Roger sans répondre, il continua:

— Catherine, si Montpellier n'était plus un asile sûr pour toi, si une plaisanterie que je croyais sans danger t'exposait à la colère du roi d'Aragon; si moi-même, bientôt en guerre avec lui, je ne pouvais plus t'y protéger, oserais-tu venir te mettre à l'abri de ma main? Oserais-tu te confier à Roger?

— Roger, dit la jeune fille, je ne crains pas la colère du roi d'Aragon; la ville de Montpellier est puissante, je suis sa pupille, et elle me protégera. Que veux-tu que le roi d'Aragon fasse contre une faible femme? qu'il me prenne mes biens? est-ce pour des biens misérables que le vicomte de Béziers aime Catherine? si riche que je sois, ne suis-je pas toujours pauvre à côté du suzerain de quatre comtés?

— Ah! c'est que tu n'ès pas seulement à la merci de Pierre, reprit Roger; le légat du pape est à Montpellier, ta maison a servi de refuge à Mauran.

— Est-ce un crime? s'écria Catherine.

— Ils en feront un, reprit Roger. Écoute, enfant, je ne sais si la tristesse de mon cœur est un affreux pressentiment, mais j'ai peur. Après-demain, il peut arriver tel événement qui jette nos belles contrées dans une guerre de désolation. Si cela est ainsi, chacun frappera ses ennemis comme il pourra, avec le fer, avec la trahison, avec le désespoir. Je crois Pierre d'Aragon un assez noble cœur pour ne marcher contre moi qu'avec sa lance et son épée; mon oncle de Toulouse croira m'avoir fait tout le mal qu'un homme peut souffrir, quand il aura semé la division parmi mes chevaliers; mais Rome est plus habile, elle sait mieux qu'eux tous les chemins par où l'on arrive à tuer un homme; elle pensera peut-être à te condamner.

— Moi! moi! reprit Catherine avec un sourire d'incrédulité, une pauvre fille, qu'ils ne connaissent pas!

— Un homme te connaît, un homme dont je ne puis m'expliquer la puissance, mais dont l'aspect m'avertit qu'il me sera fatal.

Catherine regardait Roger sans le comprendre. Cet abattement, dans un si énergique courage, lui semblait inexplicable; enfin elle lui dit :

— Eh bien! si tous ces dangers sont réels, que faut-il faire?

— Il faut, Catherine, que tu me promettes de venir dans une de mes villes, à Carcassonne ou à Béziers, sous la protection de mon épée. Ne t'alarme pas ainsi : il se peut que toutes mes craintes s'évanouissent bientôt; et même, je dois l'espérer, la raison le veut. Cependant, si après-demain je te fais dire de quitter Montpellier, n'hésite pas, Catherine, et fie-toi à ma prudence pour ne pas te faire faire une démarche inutile.

— Une démarche après laquelle, dit la jeune fille les yeux en larmes, il ne me restera plus que ton amour.

— Et c'est parce que cet amour ne te manquera jamais, reprit Roger, que j'ose t'offrir de t'associer à mon sort. Ton amour m'est si puissant et me tiendrait si bien lieu de fortune et presque de gloire, qu'il me semble que le mien te tiendra lieu de ce que je te ferai perdre.

— Tout, mon Roger, tout; je suis ton esclave et t'obéirai; mais ils m'appelleront une fille perdue.

Et, en prononçant ces dernières paroles, elle se laissa aller avec des sanglots dans les bras de Roger, et, comme il cherchait à la calmer, la portière se souleva, et le sire de Rastoing parut devant eux.

— Dieu vivant! s'écria-t-il, voilà donc la fête pour laquelle vous oubliez celle de notre reine !

A son aspect, Catherine se leva, et, reconnaissant son tuteur, elle poussa un cri et s'enfuit dans une pièce voisine.

— Sire de Rastoing, lui dit Roger, ne prononcez pas trop vite sur ce que vous avez vu. Catherine est pure comme les anges du ciel.

— Une fille demi-nue qui s'échappe des bras du vicomte de Béziers, n'a pas d'ordinaire ce renom; gardez-la maintenant, puisque vous êtes si assuré de sa pureté; mais la ville de Montpellier ne demeurera pas un jour de plus la tutrice d'une fille perdue.

Roger eût peut-être puni le vieux consul de cette cruelle parole; mais un second cri, parti de la chambre voisine, appela son attention; il s'y précipita, et trouva Catherine qui suffoquait de larmes et de sanglots, en répétant : — Une fille perdue! une fille perdue!!! Le vicomte se mit à genoux devant elle et lui prodiguait les plus tendres caresses.

— Catherine, lui disait-il, que t'importent les propos de ce vieillard brutal? Catherine, tu seras mon épouse, j'en jure Dieu, tu seras vicomtesse de Béziers, et les misérables courberont devant toi leurs têtes insolentes. Écoute-moi, Catherine.

Il lui parlait; mais elle, domptant ses larmes et ses sanglots, ne semblait écouter que sa pensée; enfin, elle se leva avec l'expression amère d'une résolution désespérée.

— Eh bien, soit! s'écria-t-elle, ils ont rompu le dernier lien. Je suis une fille perdue. C'est dit, je suivrai Roger.

— Oui, tu me suivras; mais je détromperai le sire de Rastoing; ai-je le droit de te laisser soupçonner?

Et tout aussitôt, l'âme de la jeune fille rentrant dans sa faiblesse pudique, elle laissa échapper encore de nouvelles larmes, et dit rapidement :

— Oui, mon Roger, dis-lui que je suis innocente; que je t'aime, mais que je suis innocente; tu le sais bien, toi; tu lui jureras sur ta foi de chevalier, sur le Christ mourant, et il te croira, n'est-ce pas?

— Oui, dit Roger, j'y vais. Il ne faut pas que dans un premier moment de fureur aveugle un seul mot s'échappe de sa bouche.

— Va, va, lui cria Catherine en le serrant contre son sein. Puis, elle s'arracha de ses bras, et tombant à genoux : — Va, Roger, continua-t-elle, moi je vais prier Dieu.

Le vicomte la quitta; il repassa par la porte du jardin. Il l'avait laissée entr'ouverte; il la trouva fermée. Il marcha rapidement vers la maison du sire de Rastoing. Au moment où il était sur le point de l'atteindre, il aperçut, près de la porte, le consul causant avec Dominique. Il s'élança vers eux; mais au moment où il approchait assez près d'eux pour leur parler, ils se séparèrent, et il n'entendit que les dernières paroles de Rastoing.

— Oh! mon frère, que ne m'aviez-vous averti plus tôt !

Roger comprit alors l'apparition subite et inattendue du consul secrètement averti par Dominique; il devina que c'était une lutte acharnée qu'il aurait à soutenir contre cet homme inconnu, qui se jetait témérairement au travers de toutes ses actions; et, malgré lui, il en éprouva une terreur que n'avait jamais pu lui inspirer la vue d'un danger si grand qu'il fût, dès qu'il était nettement posé, dès qu'il pouvait le combattre par les forces de l'esprit ou celles du corps. Un moment, l'idée d'atteindre Dominique, de le forcer à une explication, s'empara de lui ; mais, avant tout, il était venu pour parler au sire de Rastoing. Le vieux consul était là; Roger l'entraîna dans sa maison. Longtemps le vieillard refusa de croire à ses protestations; mais enfin, vaincu par cette persuasion que la vérité porte en soi, il ne fit plus qu'accuser l'imprudence du vicomte, et jura de garder son secret et de pardonner à Catherine. Tout aussitôt, dans son indulgence paternelle, il retourna près de la pauvre fille, qu'il trouva à genoux et en larmes. Il la consola, et, pour se faire pardonner de l'avoir soupçonnée, il exigea qu'elle se préparât pour la fête, et l'y conduisit bientôt après. Arrivé chez la reine, il s'en échappa un moment pour aller jusqu'à l'hospice du Saint-Esprit: mais il y demanda vainement le frère Dominique; il n'était pas rentré, et le naïf consul se dit paisiblement en retournant à la fête :

— Demain il sera temps de prévenir le bon frère qu'il se trompait, et qu'il doit se taire comme je ferai.

LIVRE QUATRIÈME

I

ASSEMBLÉE DE CHEVALIERS.

Au point où nous en sommes arrivés de notre récit, qu'il nous soit permis de demander pardon à nos lecteurs de ce que nous avons employé tout un volume à tendre les fils de cette histoire, sans que l'action en soit encore véritablement engagée; mais peut-être considéreront-ils que ceci est presque autant un tableau qu'un roman, et peut-être nous feront-ils grâce de quelques détails s'ils veulent bien reconnaître qu'ils ont été consciencieusement étudiés dans les mœurs de l'époque et sauvés de l'aridité d'une description par la manière dont ils entrent dans le cœur de notre ouvrage. Peut-être nous excusera-t-on encore par les résultats que chacun des faits établis dans le premier volume va développer dans celui que nous commençons.

Ceci posé, continuons :

Le lendemain du jour de la lice, des hérauts parcoururent la ville de Montpellier, annonçant que le vicomte Roger demandait une assemblée générale de tous les chevaliers présents à Montpellier, pour traiter des affaires générales de la Provence. L'église de Saint-Pierre de Maguelone fut arrangée pour les recevoir. Comme il devait s'y discuter des intérêts profanes, on voila le maître-autel et l'on sépara la nef du chœur de l'église, au moyen de hautes tentures soutenues par des cordes qui traversaient d'un pilier à l'autre. A ces tentures on adossa un rang de siéges, où devaient se placer les suzerains qui relevaient directement du roi d'Aragon. En arrière et au-dessus de ces siéges, on avait élevé un trône pour le roi lui-même. A droite et à gauche il y avait des bancs recouverts de tapis de laine pour les chevaliers de tous les comtés présents à Montpellier, ou qui, avertis à temps, auraient pu se rendre à l'assemblée ; il y en avait de moins élevés encore pour les consuls des villes libres. Un banc particulier était désigné pour les abbés ou évêques qui possédaient une abbaye ou un évêché suzerain. Un siège séparé avait été placé au centre de ce parallélogramme pour celui dont la requête avait fait tenir cette assemblée. Tandis que d'un côté le sire de Rastoing se donnait tout entier à ces préparatifs, les autres personnages de notre histoire continuaient leurs actives démarches. Dominique avait convoqué pour le soir une réunion des prélats qui se trouvaient dans la ville, avait longuement conféré avec eux, à l'hospice du Saint-Esprit. Le comte de Toulouse s'était gracieusement montré par tous les endroits où la curiosité amenait la foule, et en avait pris occasion de flatter le menu peuple de belles paroles et de petite monnaie, et de faire, aux seigneurs qu'il rencontrait, de grandes promesses et de beaux présents. Le roi d'Aragon seul semblait n'avoir aucun souci de ce qui venait de se passer. Le pire de tout ce qui pouvait arriver dans cette circonstance lui paraissait devoir être une guerre contre le vicomte, ou une rencontre personnelle avec lui, et cela n'avait rien qui l'épouvantât, ni comme roi ni comme chevalier. Quant à Roger, il s'occupa presque tout le jour à expédier des ordres dans les principales villes de ses comtés. Ce travail ne lui laissa aucun loisir de suivre les mouvements du dehors. Aussi ne remarqua-t-il, parmi les siens, ni le peu d'empressement que quelques-uns mirent à l'aller visiter, ni l'absence complète de quelques autres.

Enfin le fameux jour se leva. Dès le matin, on vit se diriger vers l'église de Saint-Pierre ceux qui avaient le droit d'assister à cette assemblée. On fût longtemps avant de prendre place ; et comme si cette tenture qui séparait l'église en deux parts eût relégué d'un côté tout ce qu'il y avait de sacré dans le temple de Dieu, et affranchi l'autre du respect qu'on devait d'ordinaire à sa sainteté, l'endroit où se trouvaient les seigneurs et châtelains devint bientôt le théâtre d'une bruyante cohue, où l'on discutait avec violence. En demandant par sa proclamation une assemblée pour les intérêts généraux de la province, Roger n'avait fait part à personne de ce qu'il voulait communiquer à cette assemblée, tandis que ses ennemis avaient habilement éveillé partout le souvenir des griefs que chacun pouvait avoir contre lui. Il fut donc le sujet des entretiens animés qui eurent lieu avant son arrivée. Peu d'amis le défendirent contre les accusations qui le cherchaient de tous côtés. Ils le défendirent cependant assez pour donner lieu à la discussion de s'échauffer, de manière que la plupart de ceux qui eussent gardé le silence dans l'assemblée générale furent contraints à émettre une opinion, qu'ils eussent tenu à honneur de conserver plus tard si les choses eussent eu leur cours présumable. Quelques-uns de ceux qui se vantaient de ne rien connaître en politique, mais qui, disaient-ils, croyaient mieux employer leur temps à exercer leurs chevaux de bataille et à manier l'épée et la guisarme, quelques-uns de ceux-là déclaraient nettement qu'ils prendraient tel ou tel chevalier pour un bon juge des intérêts de la Provence, et que ce qu'il ferait, ils le feraient. Ainsi les uns devaient suivre le parti du comte de Narbonne; d'autres seraient de l'avis de Comminges; la plupart voulaient s'en rapporter au jeune et loyal marquis de Sabran. Toutes ces discussions durèrent une heure environ, au bout de laquelle le vicomte Roger entra dans l'église. Il portait le même costume que le jour de la lice. A son aspect, un profond silence succéda aux bruyants éclats de voix qui retentissaient sous les voûtes de Saint-Pierre, et allèrent mourir d'écho en écho dans les ogives, où elles murmurèrent encore longtemps après l'arrivée de Roger. Le plus grand nombre des chevaliers prit place ; et si quelques-uns continuèrent leurs entretiens, ce fut à voix basse et dans un coin de quelque chapelle éloignée. Parmi tous ces chevaliers, on remarquait plusieurs femmes à qui leur titre de suzeraines donnait droit de s'asseoir à ces so-

12.

lennelles convocations. La comtesse d'Urgel était de ce nombre ; Etiennette de Penaultier s'assit parmi les vassaux du comte de Toulouse. Roger, malgré la froide dignité qu'il affectait dans son maintien, en sourit dédaigneusement. Enfin arriva le comte de Toulouse, et bientôt après lui le roi d'Aragon. Le comte, quoique vassal du roi de France, n'ayant pas son suzerain présent à l'assemblée, s'était fait apporter un siége particulier, sur lequel il s'assit, sur la même ligne que Pierre, et au dessus de tous ceux qui relevaient de lui. La reine d'Aragon prit place à côté de la comtesse d'Urgel, des sires de Castres et de Montferrier et de Hugues Sanche, comte de Roussillon, comme vassale du roi d'Aragon, en sa qualité personnelle de comtesse de Montpellier. Le roi d'Aragon, après avoir conduit sa femme au siége qu'elle devait occuper, au lieu de monter sur son trône, comme on s'y attendait, descendit les gradins et vint s'asseoir dans l'enceinte où se tenait Roger.

— Monseigneur, lui dit le vicomte, ne prenez-vous point votre place, et ne commençons-nous pas?

— Sire vicomte, lui répondit Pierre, autant que je puis en savoir sur le motif qui nous appelle ici, et d'après ce que vous m'avez dit, il s'agit d'une accusation contre moi. Je ne prendrai donc point ma place comme souverain, parce que, à vrai dire, je ne dois en cette qualité aucune réponse au vicomte de Béziers. Mais, comme je l'estime pour loyal et brave chevalier, je me mets au rang où je puis lui répondre comme tel. Puis, se tournant vers Raymond, il ajouta : — Ne faites-vous pas comme moi, comte de Toulouse ?

— Je ne sais, reprit celui-ci, si mon neveu et vassal le comte de Béziers, comte d'Alby, de Razez et de Carcassonne, seigneur du Lauraguais et du Minervois, a quelque accusation contre moi ; mais, quelle qu'elle soit, et à quel titre qu'il me l'adresse, je n'ai à m'en occuper que comme son suzerain, et alors je la remets au jour qu'il me plaira de lui indiquer en ma ville de Toulouse. Donc, s'il ne doit être question ici que de ses droits et des miens, je n'ai rien à faire à cette enceinte et je me retire ; si, au contraire, il s'agit, comme j'ai droit de le croire, d'après ce qu'il a publiquement annoncé, s'il s'agit des intérêts généraux de la Provence, je demeure et je garde la place qui me revient. Qu'il s'explique donc avant toute chose sur le motif qui nous réunit, afin que je sache si je dois partir ou rester.

— Gardez votre place, comte de Toulouse, dit dédaigneusement Roger ; et vous, roi d'Aragon, reprenez la vôtre. S'il y a accusation contre l'un de vous dans ce que je dois communiquer à ces nobles chevaliers, ce n'est pas à moi seul qu'il en faudra répondre ; si je me trouve le premier et le plus grandement lésé de tous en cette circonstance, ma cause n'en est pas moins la leur, mon danger ne les menace pas moins. L'un et l'autre vous savez assez que, lorsqu'il s'agit de la défense de mes droits personnels, je n'en appelle à d'autre qu'à moi-même. Le chemin de Toulouse ne m'est point inconnu, et je sais par où l'on passe pour y aller demander réparation des insultes qu'on me fait. Si le comte de Toulouse l'a oublié, le comte de Comminges, son vassal, peut le lui rappeler : car c'est lui qui m'a apporté à Saverdun, de la part de son suzerain, la satisfaction que celui-ci m'avait refusée. J'avais alors quatorze ans à peine comptés : depuis dix ans que cela s'est passé, je ne sache pas que le chemin se soit allongé entre Saverdun et Toulouse, et qu'il y ait plus d'une grande journée de marche entre ces deux bonnes places du comte Raymond.

Le comte de Toulouse, à qui Roger rappelait une guerre où il avait été forcé de plier devant l'audace de son jeune vassal, montra qu'il s'en souvenait entièrement en lui répondant amèrement :

— Alors, mon neveu, vous aviez pour vous le comte de Foix, votre beau cousin.

— Et vous, n'aviez-vous pas pour l'arrêter, l'assistance du marquis de Barcelonne ? répliqua vivement Roger, en faisant ainsi allusion aux projets secrets du comte, découverts par lui dans les dépêches que Buat avait enlevées à Perdriol.

Le roi d'Aragon coupa court à la discussion qui semblait prête à s'engager, en montant à sa place et en disant d'une voix forte :

— Vicomte de Béziers, puisqu'il s'agit de la cause de tous, nous sommes prêts à vous entendre.

Aussitôt chacun se mit en devoir d'écouter Roger. Celui-ci attendit que le murmure qui précède d'ordinaire toute sérieuse attention se fût calmé ; il promena lentement son regard sur toutes les parties de l'assemblée, et aperçut parmi les chevaliers quelques châtelains qui n'avaient point assisté à la lice et qui étaient arrivés sur son invitation. L'un d'eux, homme d'une haute taille et d'un aspect farouche, se tenait debout, appuyé sur son épée, à l'extrémité d'un banc où il n'avait pu trouver place. A côté de lui, la tête baissée et le visage pâle, était assis le marquis de Sabran, qui entrait seulement à cet instant, et auquel on avait offert avec empressement un siége sur ce même banc. Roger échangea un léger salut avec le nouveau venu, mais il chercha vainement le regard du sire de Sabran, qui manifestement le détournait de lui. Enfin le silence le plus complet régna dans l'assemblée, et Roger commença ainsi :

— Sires chevaliers, je vous prie de prêter grande attention à mes paroles. Peut-être pourrais-je vous dire, pour mieux vous persuader, qu'un avertissement céleste m'a inspiré les alarmes que je conçois. C'est souvent un habile moyen de rejeter sur la sagesse divine l'audace de ses projets, et de se faire absoudre par avance de toutes les accusations qu'on doit élever. Je ne ferai point ainsi : je demeurerai le garant de mes pensées, je resterai le soutien de mes accusations.

Ce commencement, où se trouvait tout entier le caractère décidé et ouvert du vicomte, excita un léger murmure ; on ne pouvait y deviner ni approbation, ni désapprobation, mais il semblait dire : C'est bien toujours la même assurance; le même homme confiant en lui. Roger remarqua que plusieurs abbés suzerains chuchotèrent vivement entre eux ; il les connaissait pour ses ennemis et savait leur habileté à trouver trace d'hérésie dans les moindres paroles de chacun ; il se résolut à leur imposer silence tout de suite pour les empêcher de fomenter autour d'eux de mauvaises dispositions; il commença donc ainsi :

— S'il y en a qui cherchent dans mes discours matière à faire douter de ma foi chrétienne, ainsi qu'y paraissent disposés les saints abbés de Maguelonne, de Fonfroide et le prieur de Lespinasse, je vais tout de suite leur dire sur quoi ils peuvent exercer leur sagacité. Si j'ai dit que je ne me targuais, pour excuser mes paroles, ni d'une inspiration ni d'un commandement de Dieu, ce n'est point en bravade de la toute-puissance de notre Seigneur Jésus-Christ; c'est parce que je crois que le Très-Haut a mesuré la sagesse humaine aux événements humains, et que c'est par le bon ou mauvais usage que chacun fait de la sienne en ce monde qu'il méritera ou déméritera devant son éternelle justice. C'est donc avec les simples lumières de mon esprit, avec la puissance de ma seule réflexion, que je suis arrivé à prévoir et à craindre le destin futur de la Provence, que vous abandonnez aux desseins d'un ambitieux ; c'est donc sans mêler la cause de Dieu à la nôtre, comme le fait cet homme, que j'accuse ici devant vous le pape Innocent III de marcher à la désunion de la Provence et au renversement de nos droits de suzerains.

Cette hardie déclaration causa un mouvement général de surprise et presque d'effroi. Le comte de Toulouse, qui voyait la discussion s'éloigner de lui, sourit avec joie; Pierre devint plus sérieux, et tous les chevaliers furent attentifs. Roger répondant à ce mouvement reprit aussitôt :

— Oui, sires chevaliers, je porte ici cette accusation. Ne croyez pas que ce soit la colère d'un moment qui m'y pousse, et que je me laisse aller à un moment d'irréflexion. Depuis deux ans que je suis la marche d'Innocent, j'ai été épouvanté de ce qu'il avait obtenu, j'ai jugé de ce qu'il pouvait entreprendre. Pendant deux ans, j'ai espéré que des hommes comme il s'en trouve parmi vous, vieillis dans nos luttes contre l'usurpation ecclésiastique, en avertiraient les moins prévoyants; nul ne l'a fait, je m'en suis chargé. Je n'ai point demandé aux chevaliers de la Provence une assemblée générale : car Rome et ses serviteurs, avertis que nous osions regarder à la conduite de nos affaires, l'eût, sinon défendue par ses excommunications, du moins empêchée par ses intrigues. Je l'eusse fait cependant si l'annonce de cette cour plénière ne m'eût offert une occasion favorable de vous voir tous réunis, sans éveiller la tyrannique attention de Rome. Donc je suis venu à Montpellier avec l'intention de vous appeler à une juste défense de nos droits usurpés. J'y venais avec l'aide de la seule force des événements publics, qui doivent frapper les moins clairvoyants, et avec l'espoir que mes paroles vous convaincraient de nos dangers. Mais, grâce au ciel, je m'y trouve maintenant avec la preuve écrite des malheurs qui nous menacent. Dieu l'a mise en mes mains, et vous allez la voir.

En disant ces paroles, Roger regarda sévèrement le comte de Toulouse ; l'assemblée attentive suivit instinctivement cette muette désignation, et l'on put remarquer sur le visage de Raymond ce calme contraint qui accuse encore plus le remords que le trouble qu'on ne cherche point à dissimuler. Pierre d'Aragon vint au secours de Raymond.

— Sire vicomte, dit-il à Roger, continuez. Celui-ci reprit :

— Qu'un moment il soit permis au plus jeune d'interroger les plus anciens de cette assemblée : je leur demanderai ce qu'étaient les droits des nobles tels qu'ils les ont reçus de leurs pères. A l'époque que je leur rappelle, celui-là qui était né libre ou noble, ou qui, étant né libre, devenait noble par sa conduite et son courage, possédait ses terres en aleu, franches de tous péages et services et emportant avec elles le droit de justice haute et basse exercé par nous ou nos viguiers ; ayant pour revenus leudes, péages, toltes et albergues consacrés par l'usage, acquis par nos services dans la défense de nos villes, ou consentis par les bourgeois et manants. Cependant, animés d'un saint amour pour la sainte religion chrétienne, nos pères dépensaient en donations aux églises, aux abbayes et prieurés, en fondations de pieux établissements, en rachats de leurs péchés, les terres et les richesses qu'ils possédaient par héritage ou qu'ils avaient conquises par l'épée. Seulement, voulant laisser aux hommes de Dieu leur tâche divine plus facile à remplir, et croyant que les choses du monde ne devaient leur être qu'embarras et charge insupportable, ils avaient conservé sur ces domaines, ainsi libéralement donnés, leur simple droit de suzeraineté ; et des prévôts, des abbés laïques nommés par eux y maintenaient l'ordre et y distribuaient la justice à ceux qui les habitaient ; quelques-uns d'entre vous ont vu ce temps ; tous, nous en avons eu connaissance par les récits de nos pères et les titres de donation qui sont restés dans nos mains. Eh bien ! qu'a enfanté cette sainte charité de nos pères ? elle a produit d'abord l'oisiveté, d'où sont nés tous les vices, et ensuite l'ambition, d'où sont venus tous les crimes. Dès que les clercs, moines et chanoines furent riches, la débauche et le sacrilége eurent leurs asiles dans les couvents. Ceci, sires chevaliers, n'est point une vaine accusation que me dicte la colère, c'est le fidèle souvenir des reproches adressés au clergé de France par le saint pape Urbain II, de glorieuse mémoire. L'ambition suivit les vices de près. Vous l'avez tous vue marcher à son but; ainsi, chaque chose donnée, une fois possédée par les clercs, leur sembla une chose légitimement acquise. Chaque droit que nous avions maintenu en notre faveur leur parut un vol à leur égard. Pour ne pas accabler nos villes et nos serfs de tous les droits dont nos suzerainetés ont besoin, soit pour l'entretien des murailles de nos châteaux, soit pour celui de nos armes, soit pour notre splendeur personnelle, nous avions imposé à nos libéralités des droits de pacage, de leudes, d'albergues et autres; ces droits étaient pour tous; ils enrichissaient le seigneur et déchargeaient le pauvre; quelques-uns même ne profitaient qu'à celui-ci. C'est par ceux-là que l'usurpation a commencé. En effet, les clercs ont profité de l'absence des seigneurs croisés pour la Terre sainte, et qui ne pouvaient plus protéger les hommes liges, et ils ont vendu aux villes et aux campagnes tels droits qu'ils possédaient depuis longtemps et que nos pères leur avaient conservés dans leurs donations. Les uns, dont les troupeaux paissaient de temps immémorial dans nos pâtures, lorsqu'elles étaient en nos mains, ont dû payer aux moines un droit de pacage pour ces mêmes pâtures. Les libres bourgeois n'ont pu tenir leurs foires dans les champs accoutumés, ou conduire leurs marchandises par les chemins ordinaires, sans être soumis à des leudes et péages qui ont mis un moment la province en pauvreté si gênante, qu'il a fallu une chartre de notre suzerain commun de France pour en fixer le taux. Les malheurs du temps ont empêché nos pères de porter remède à ce mal, et l'Eglise, établie à son aise dans son usurpation, à bientôt tenté contre nos droits ce qui lui avait si bien réussi contre ceux des serfs et des bourgeois. Les religieux ont refusé l'administration de nos prévôts et des abbés laïques nommés par nous; et, soutenus cette fois dans leurs prétentions par le concours des souverains de Rome, ils ont fait confirmer par les papes Grégoire VII et Célestin III les abbés ecclésiastiques qu'ils avaient élus, avec cette explication de pouvoir qu'ils tiendraient lieu aux monastères et abbayes de prévôts et d'abbés laïques et seigneuriaux. Que faisiez-vous cependant? Vous laissiez cheminer l'usurpation, et elle est venue à ce point, qu'après avoir presque tout dérobé, elle a traité d'usurpé ce qu'elle n'avait encore pu envahir. N'est-ce point vrai que depuis vingt ans aucun de vous ne possède un droit d'albergue qui ne lui soit contesté? Que de fois, lorsque vous arrivez avec votre suite et vos hommes à la porte d'un monastère fondé par la libéralité de ceux de votre famille, sous condition de vous nourrir et de vous loger, que de fois cette porte ne s'est-elle pas fermée devant vous ayant pour barre et défense la sainte croix de Notre-Seigneur, que les moines plantaient en travers, afin qu'il pût y avoir accusation de sacrilége contre celui qui oserait y porter la main! Si ceux de vos droits que vous exercez par vous-mêmes ont été ainsi méconnus, que pouvaient devenir ceux qui étaient confiés aux soins de vos viguiers? Le saint droit romain publié par les empereurs Théodose et Honorius avait toujours été notre loi. D'abord, les clercs ont commencé par mettre le droit des canons et des conciles à sa place, en ce qui touche le jugement des clercs. Ainsi, toute faute, tout crime commis par un clerc a été appelé devant la justice cléricale, même lorsqu'il s'agissait d'un méfait envers un laïque. Bientôt, cette justice, ils l'ont étendue à tous hommes serfs habitant leurs terres, et puis bientôt à tous bourgeois libres et laïques y demeurant de même, serfs et bourgeois conservés cependant par nos chartes en notre juridiction. Alors, armés de nos bienfaits, ils ont imposé nos serfs et nos bourgeois, nié nos droits, établi leur justice sur tous ceux des terres qu'ils tenaient de nous, et sont devenus en peu de temps propriétaires de franc aleu et bientôt seigneurs et suzerains de ces terres, qu'ils n'avaient reçues qu'en redevance. Nous avons laissé tout faire, tout permis, tout supporté. Vous avez peut-être cru leur ambition au bout et leur soif satisfaite, parce qu'ils s'étaient établis seigneurs dans les terres que nous leur avions données, comme nous le sommes dans celles qui nous appartiennent. Vous avez pensé que leur ambition s'arrêterait à la borne de leurs champs. Vous devez être appris du contraire. Et maintenant je ne parle plus aux anciens de cette assemblée, aux barbes blanches et cheveux gris. C'est à vous tous, jeunes et vieux, que je m'adresse ; car, tous, vous avez été témoins des audacieuses entreprises d'une plus insolente usurpation. En celle-ci, comme en la première, la marche a été la même, et a gravi de bas en haut, du collier de nos serfs à nos couronnes de comtes. Ecoutez bien. Une fois sortie du cercle de ses possessions, l'extension des droits de l'Eglise nous sembla impossible; en effet, disions-nous, il y aurait folie aux clercs à prétendre des droits de quête et de toltes sur nos terres. O sires chevaliers, que nous avions mal mesuré la grandeur de l'ambition cléricale, et que nous ne savions guère par quelle audacieuse enjambée elle dépasserait nos craintes. Ainsi, tandis que nous nous tenions en garde pour la défense de ces priviléges de nos terres, l'usurpation s'adressait aux personnes, et, lorsque nous pensions à lui refuser une quête, elle nous imposait une justice. Ecoutez bien.

Rien ne semblait pouvoir soumettre des hommes liges à d'autres qu'à leurs suzerains, nul crime n'y donnait occasion. Eh bien ! pour établir une justice si nouvelle que la leur sur nos terres et nos hommes, les clercs ont inventé des crimes nouveaux, et s'en sont attribué le jugement. Ils n'auraient osé y appeler un de nos bourgeois ou serfs pour ce qui concerne les affaires de ce monde ; mais ils se sont prétendus leurs juges pour ce qui regarde les affaires du ciel.

Lorsque la conduite d'un homme est restée innocente et pure envers son maitre et seigneur, ils l'ont fait coupable envers Dieu, dont ils se représentent comme vicaires et lieutenants, et, en cette qualité, ils l'ont mandé en leur justice, atteint par des hommes d'armes, jugé par leurs lois, et puni par leurs bourreaux. La croyance d'un homme est devenue un crime sur lequel ils avaient droit de vie et de mort; l'hérésie a été le chemin de la nouvelle usurpation. Sires chevaliers, bien peu, et je suis de ce nombre, n'ont point voulu céder à cette insolence. Seigneurs de Toulouse, de Comminges, de Conserans, de Narbonne, de Lodève et de Nîmes, vous avez admis cette justice dans vos domaines. Dites-moi maintenant quel homme lige vous avez en vos terres qui vous appartienne et que vous puissiez protéger.

Ceux qui accusent d'hérésie jugent l'hérétique. Quel innocent peut exister avec ce crime nouveau, qui n'a ni commencement, ni fin, qui est dans ce qu'on fait et dans ce qu'on ne fait pas? Quel homme assez sûr de sa foi, de ses paroles ou de ses actions, pour ne pas avoir oublié un de ses saints devoirs, dit un mot léger, fait un geste coupable? Autrefois l'Eglise avait des indulgences pour ces péchés ; ces indulgences, elle les faisait payer du prix de leurs terres aux bourgeois, et de leur or aux marchands; aujourd'hui, elle n'a plus que des bourreaux et des confiscations ; mais elle ne perd rien, sires chevaliers, et ses châtiments lui rapportent autant que ses absolutions.

L'assemblée était devenue profondément attentive. Jamais tous ces chevaliers là présents n'avaient entendu tant d'audace réunie à tant de raison. Chacun, honteux et convaincu, baissait les yeux. Les plus hardis s'entreregardaient avec des signes d'assentiment. Tous les intérêts particuliers qui étaient venus siéger dans cette réunion s'étaient effacés en présence de cette commune cause ; toutes les haines s'étaient confondues dans l'universel effroi de cette situation. A ce moment, Roger animé, le front haut, la parole vibrante, l'œil fièrement élevé, les tenait tous suspendus à sa parole : il continua :

— Oh ! mais ce n'est pas tout, sires chevaliers, la croyance d'un homme et sa conduite religieuse n'ont pas été la seule matière au crime d'hérésie. Maintenant que vous leur avez reconnu par votre faiblesse le droit de juger l'hérésie, tout s'est fait hérésie entre leurs mains. Le meurtre d'un homme est devenu hérésie, les droits des villes défendus par les bourgeois sont de l'hérésie, les droits des serfs défendus par les seigneurs sont de l'hérésie. C'en est fait, toute justice nous échappe, nos hommes sont à l'Église ; l'Eglise a leur vie, leurs biens, leurs libertés. Est-ce tout? Non, sires chevaliers, non : notre heure est venue, notre heure est sonnée, l'avez-vous entendue? Les conciles des évêques sont assemblés.

Allons, allons, nobles, marquis, comtes, vicomtes et chevaliers, et vous aussi, roi d'Aragon, il vous faut y courir pour ployer les genoux et recevoir la justice des évêques, car le crime d'hérésie est chose du ciel : et quel homme est si haut placé, qu'il puisse récuser le ciel pour son suzerain? nous sommes à ce titre hommes liges de Rome ; le savez-vous, le voyez-vous enfin? Trop faible encore pour les exterminations qu'elle veut, Rome a prononcé ses anathèmes, et nous a commis à les exécuter d'abord contre nos vassaux, puis les uns sur les autres; le seul rôle qu'elle nous ait gardé vis-à-vis de nos populations et de nos frères, c'est le rôle de bourreaux. Quelques-uns, vous avez reculé devant cet affreux commandement; malheur à vous! vous en serez punis. Entendez-vous les commissaires d'Innocent III, parcourant la France, l'Aquitaine, la Bourgogne, la Normandie, et les invitant à venir en notre province mettre à exécution les ordres auxquels nous résistons? Ces provinces et ces royaumes ont été sourds à leurs cris, il est vrai, et jusqu'à ce jour, les différends du roi Philippe et du roi Jean nous ont sauvés de l'inondation des barbares de France et de Normandie. Jusqu'à ce jour, ces deux grands souverains ont refusé à leurs comtes, ducs et chevaliers la permission de se ruer sur nous comme sur des infidèles, et de venir, la croix sur l'épaule, ravager la terre chrétienne de la Provence. Mais que leurs querelles s'éteignent et que le besoin qu'ils ont de leurs hommes l'un contre l'autre vienne à se passer, et demain tout ce torrent de soldats, de chevaux et de bannières descendra dans nos plaines et les dévorera. Ne savez-vous pas assez que ces barbares de France ont soif de nos climats, de nos vins, de nos fleurs, de nos oliviers et de notre soleil? Voyez les comtes d'Auvergne et de Velai avec leurs sires de Mercœur et de Polignac; ils pressent le Gevaudan et le Rouergue; les vicomtes limousins de Turenne poussent au Quercy; plus haut le Périgord, la Sologne, la Lorraine, le Maine, l'Anjou, l'Orléanais, moitié français, moitié anglais; plus haut encore, les barons normands, qui, arrêtés dans leur conquête, ne finiront leurs courses qu'aux bords de la Méditerranée; à droite les brigands flamands et bourguignons se pressent sur le Viennois et le Valentinois; la Saône portera les uns à Lyon, le Rhône y conduira les autres; ils déborderont sur vous comme les eaux d'une mer furieuse, et vous serez envahis et foulés aux pieds. Vous vous lèverez alors, n'est-ce pas?

Toute l'assemblée s'était levée, en effet.

— Vous vous lèverez, s'écria Roger, mais il sera trop tard : car la porte est déjà toute prête à s'ouvrir aux ennemis. Il y en a parmi vous qui ont vendu la clef de la Provence ; il y en a dont la vie et les domaines doivent servir de prix à ce marché. Il y a un homme, c'est le comte de Toulouse, qui se mettra du parti des barbares et les introduira dans nos terres; il y a un homme, c'est moi, qui paierai ce service, moi, dont les quatre comtés appartiendront alors au comte Raymond. L'insensé! qu'ambitionne-t-il donc? mes terres, mes villes, mes hommes d'armes? mais ne vois-tu pas, comte de Toulouse, que bientôt il n'y aura plus pour les seigneurs de la Provence ni terres, ni villes, ni hommes d'armes? Tu crois que c'est moi qu'ils abattent dans ce marché : non, comte de Toulouse, c'est toi qu'ils entament, c'est toute la Provence qu'ils envahissent, c'est toute autorité qu'ils usurpent. Tu seras, outre ce que tu es aujourd'hui, comte de Béziers, de Razez, de Carcassonne et d'Alby; vains titres! vains titres, te dis-je, tu seras le serf d'Innocent III; vous le serez tous, sires chevaliers, et vous n'osez vous unir pour résister tous ensemble à cette épouvantable destinée ! A Dieu ne plaise que je m'estime plus haut qu'aucun de vous, et peut-être c'est parce que l'on m'estime plus bas que personne qu'on m'a choisi pour me frapper le premier ; mais, je vous le dis, vous tomberez comme des feuilles sous ce vend du nord, soufflé par la bouche du pontife de Rome. Vous faut-il des preuves des desseins d'Innocent? Rappelez-vous tout ce qu'il a envahi, souvenez-vous de tout ce qu'il a osé ; entendez ses commissaires qui prêchent la guerre contre vous; ces preuves, elles retentissent d'un bout des Gaules à l'autre; elles sont claires comme la lumière du ciel. Vous en faut-il de la complicité du comte de Toulouse? les voici.

Et il présenta tout aussitôt les papiers qu'il portait cachés en son sein. L'assemblée, tumultueusement levée, s'écria :

— Lisez ! lisez !

A ce moment, la cause de Roger était gagnée : il y avait parmi tous ces hommes un généreux et unanime mouvement de dignité, une lumière irréfragable des dangers de la Provence, un magnifique élan d'indépendance et d'union. Le comte de Toulouse, tremblant sur son siége, voyait tous les regards le menacer, tous les gestes le désigner ; il entendait des voix qui criaient : Lisez ! lisez ! Infamie et malédiction au traître ! D'un geste de la main, Roger commande le silence : le silence se rétablit, mais ce qui le domina, ce ne fut point la voix de Roger, ce furent les sons lents et terribles de la cloche de Saint-Pierre. La haute tenture qui séparait la nef du chœur tomba, et l'on vit, dans toute la splendeur de ses habits pontificaux, un homme debout sur les marches de l'autel : c'était Milon. Chacun se retourna. A droite et à gauche de l'autel étaient le prieur Guy et le moine Dominique ; dans les stalles qui entouraient le chœur, étaient assis presque tous les évêques de la province, qui n'avaient point assisté à l'assemblée, attendu qu'ils n'étaient suzerains d'aucune terre. D'un geste, Milon ordonna à ceux qui étaient parmi les chevaliers de venir prendre leurs places, et tous se rangèrent derrière lui, dans un profond silence.

Rien ne peut peindre l'étonnement de tous ces chevaliers en face du représentant de Dieu, si hautement accusé et si soudainement apparu en la personne de son légat, comme pour répondre à l'accusation ; il sembla qu'avec la tenture d'étoffe qui cachait les évêques, s'était écroulée la digue qui reléguait derrière elle la sainteté du temple : on eût dit que son caractère sacré s'épandait à flots et envahissait toutes ces âmes muettes d'effroi et de respect, et une attente indicible et craintive succéda au tumulte qui ébranlait la voûte de Saint-Pierre. Milon prit la parole :

— A toi, comte de Toulouse, dit-il, moi, maître Milon, notaire du seigneur pape, et légat du saint-siége apostolique : sur ce qu'on dit que tu n'as pas gardé les serments que tu as faits pour l'expulsion des hérétiques ; sur ce qu'on dit que tu as entretenu des routiers et des mainades à ton service ; sur ce qu'on dit que tu as violé les jours de carême, de fête et de quatre-temps, qui sont jours de sainteté, et le seuil des églises, qui sont lieu d'asile ; sur ce qu'on dit que tu es suspect en ta foi ; sur ce qu'on dit que tu retiens le domaine de Saint-Guilhem et autres églises ; sur ce que tu as fait entourer de murs des abbayes et monastères pour en faire des forteresses et les exposer au pillage de tes guerres injustes ; sur ce que tu as confié à des juifs des offices publics ; sur ce que tu lèves sur tes terres des péages et guidages indus ; sur ce que tu as chassé de son siége l'évêque de Carpentras ;

sur ce qu'on te soupçonne d'avoir trempé dans le meutre de Pierre de Castelnau, de sainte mémoire, et principalement de ce que tu as mis le meurtrier dans tes bonnes grâces ; sur ce que tu as fait arrêter l'évêque de Vaisons et ses clercs, sur ce que tu as détruit son palais avec la maison des chanoines et envahi son château ; enfin, sur ce qu'on dit que tu as vexé les personnes religieuses à ton gré et caprice, et commis à leur égard plus de brigandages que je n'en saurais rapporter : pour tous ces crimes je te donne ajournement pour te laver des uns et te racheter des autres, ainsi que tu as dit le désirer, et ce, en la cité de Valence, en présence des archevêques et évêques de toute la Provence, au jour quinzième du mois de juin de cette présente année 1409, la douzième du pontificat du seigneur pape Innocent III : te déclarant en outre que c'est ainsi que le veut le seigneur pape, et qu'ainsi tu rentreras seulement dans le giron de l'Église, dont tu es chassé par une première excommunication, laquelle je renouvelle ici pour que tu la subisses jusqu'au jour où tu seras lavé de tes crimes, et que je renouvelle pour l'éternité, si, selon ton ordinaire, ton repentir n'était que malice, et si tu manquais à l'absolu commandement que je t'apporte.

Raymond, accablé par les accusations de Roger, en butte aux cris de l'assemblée, déjà tremblant et égaré, sembla demeurer anéanti sous cette nouvelle charge de malédiction et d'anathèmes; il glissa de son fauteuil, et, tombant à genoux, la tête basse et les mains jointes, il répondit d'une voix sinistre :

— Seigneur, j'irai.

L'aspect d'un si puissant suzerain si bas humilié inspira quelque pitié aux uns, et souleva quelque orgueil dans le cœur des autres. Ainsi Pierre d'Aragon s'écria :

— Comte de Toulouse, lève-toi, et, sur mon épée de roi, je te jure que nous oublierons tout, que nous te serons en aide, et que nous te rendrons assistance pour abandon, fidélité pour traîtrise.

Oh ! si, à ce moment, le comte de Toulouse se fût relevé le front haut, avec le visage d'un homme déterminé à combattre ; s'il eût poussé un cri d'appel, oh ! sans doute, cette masse de chevaliers, encore pleine au cœur des paroles de

Roger, eût répondu par un cri unanime de résistance et par des serments de défense. Mais Raymond demeura à genoux, le front courbé vers la terre, la tête dans ses mains, comme aveuglé et comme sourd à tout ce qui s'offrait à lui. Un morne étonnement surprit les chevaliers et les tint immobiles. Roger seul, la rage au cœur, frappant la terre du pied, le mépris et la colère l'agitant tout entier, s'écria tout à coup :

— Eh ! ne voyez-vous pas que de toutes les lâchetés il accomplit la plus infâme, de toutes les trahisons la plus perfide ? Voyez, la suzeraineté de toute la Provence est à genoux devant l'Église, en la personne de son suzerain, le plus puissant des chevaliers.

Il allait continuer, lorsque la voix de Milon l'interrompit soudainement :

— A toi, vicomte de Béziers, s'écria-t-il, moi, maître Milon, notaire du seigneur pape et légat du saint-siège apostolique : sur ce qui est prouvé que tu as protégé les hérétiques, leur as donné asile et les as enlevés à la justice cléricale ; sur ce qui est prouvé que tu as participé au meurtre de Pierre de Castelnau, et que tu as protégé son meurtrier ; sur ce qui est prouvé que tu es en commerce et intelligence avec les routiers et mainades ; sur ce qui est prouvé que tu les as soutenus dans leurs brigandages ; sur ce qui est prouvé que tu as adultèrement séduit une fille de cette ville, au mépris des serments du mariage ; sur ce qui est prouvé que tu as eu commerce avec une fille mécréante ; sur ce qui est prouvé que tu as monstrueusement commis ce monstrueux crime en l'accomplissant dans l'enceinte bénite d'un monastère : je t'excommunie sans recours de grâce ni de pardon, et délie tous tes vassaux et hommes liges de tes comtés de leur hommage et de leur foi ; ordonnant à tous de refuser aide et travaux ; te rejetant du sein de l'Église, t'interdisant l'entrée de ses temples, et vouant à la damnation quiconque te prêtera asile et te donnera le pain et l'eau qu'il faut à la vie de l'homme.

Cet anathème retentit comme une parole inspirée sous les voûtes silencieuses de Saint-Pierre. Un murmure tumultueux lui succéda ; on se refusait à croire à toutes ces accusations ; on s'interpellait, on doutait, tout était incertain.

— Mensonges et faussetés ! s'écria Roger avec un accent si puissant et si terrible qu'il rétablit le silence.

— Vérités et crimes ! cria Dominique en s'approchant et en dressant sur les marches de l'autel son corps maigre et son front chauve. Vérités et crimes ! vicomte de Béziers ; tu as donné asile aux hérétiques et les as enlevés à la justice cléricale. Voici le sauf-conduit signé de ta main et donné par toi à Pierre Mauran, arraché par toi à sa sainte pénitence.

Roger sourit amèrement et voulut s'expliquer : Dominique l'interrompit :

— Vérités et crimes ! reprit-il. Tu as eu commerce avec les routiers et mainades, car tes domaines ont été seuls épargnés par leurs brigandages.

— A ce titre, dit Roger avec dédain, c'est mon épée qui est coupable, car c'est par elle que j'ai eu commerce avec eux, c'est par elle seule que j'ai conclu le traité qui les écartait de mes terres.

— Pourquoi donc alors ont-ils respecté ta vie lorsque tu étais dans leurs mains? pourquoi donc alors as-tu détourné vingt chevaliers ici présents d'aller prendre le château de Mont-à-Dieu, où tu avais laissé les routiers tes complices?

Roger, suffoquant de rage, éleva la voix. Dominique l'interrompit encore, et Roger l'écouta, tant l'accusation qu'il abordait lui paraissait impossible à justifier.

— Tu as participé au meurtre de Pierre de Castelnau et as donné asile à son meurtrier, et cela à la face du ciel, en plein jour, devant tous les seigneurs de la Provence.

— Où donc ? dit Roger avec une amère impatience.

— Avant-hier, à l'heure de deux heures, en la lice du Pré-Marie, devant tous ces seigneurs ici présents, en le protégeant contre leur colère, en l'admettant à ton service et en l'achetant insolemment, lui et sa compagnie de brigands.

— Qui? Buat? s'écria Roger.

— Non, Jehan de Verles, l'assassin de Pierre de Castelnau.

— Jehan de Verles ! reprit Roger, foudroyé de cette nouvelle.

— N'est-ce pas lui, s'écria Dominique, comte de Toulouse, n'est-ce pas lui?

Raymond, comme un homme qui parle à regret, mais que la vérité emporte, répondit à voix basse :

— Ceci est vrai.

A ces mots, une amère indignation se peignit sur le visage de Roger ; un rire sombre et désespéré agita ses lèvres ; il comprit qu'il était dans les serres d'un terrible piége, et, avec la rage d'un homme qui sent qu'il n'y peut échapper, il s'y agita comme pour en serrer les nœuds, comme pour en faire pénétrer les pointes plus profondément. Ce fut lui qui continua l'accusation, et qui en repassa les articles l'un après l'autre, en les accompagnant d'une expression de raillerie furieuse.

— Et j'ai séduit adultèrement une fille de la cité !

— Tu as séduit la pupille des consuls de Montpellier, Catherine, Catherine Rebuffe, surprise nue dans tes bras par le sire de Rastoing.

Une larme vint aux yeux de Roger ; il grinça des dents, et, d'une voix entrecoupée et furieuse, il reprit encore :

— Et j'ai commis un sacrilége avec une fille mécréante en un saint lieu !

— Tu as commis ce sacrilége avec l'esclave musulmane Foë, en l'hospice du Saint-Esprit.

— Et j'en suis témoin, dit Etiennette aussitôt.

— Ah ! s'écria le vicomte, je suis un hérétique aussi, n'est-ce pas ?

— Et tu es un hérétique, ajouta avec une sombre joie Dominique, toi qui as assisté Guillabert de Castres dans l'héréticátion de Pierre Mauran, en la maison de ladite fille Catherine Rebuffe.

Roger ne répondit plus ; un sourire convulsif errait sur ses lèvres...

— Or, s'écria Dominique, je répète l'anathème, et délie tous les chevaliers de leur foi et hommage envers Roger, autrefois vicomte de Béziers, de Carcassonne, de Razez et d'Alby.

Le vicomte promenait un regard insensé autour de lui. On eût dit que, bravant sa destinée et son malheur jusqu'au bout, il excitait lui-même tous les chevaliers à son abandon, tant il y avait de mépris dans l'expression de ses traits.

Aimery de Narbonne se leva le premier.

— Pour le salut de mon âme, dit-il, je retire mon comté de l'hommage que je devais audit vicomte, convaincu d'hérésie.

Roger fit un signe et murmura railleusement ces mots à voix basse :

— Bien! bien!

Aimery se retira ; Etiennette se leva à son tour :

— Pour l'honneur de mon nom, je retire mes châtellenies de la suzeraineté dudit vicomte, adultère et sacrilége.

— Bien ! bien! répéta Roger avec un accent plus prononcé de dégoût. Soudainement, quelques autres suivirent cet exemple ; le vicomte de Lautrec, le vicomte de Leyssenne, les sires de Prezenas et du Cayla entre autres. A chaque déclaration, Roger continuait son geste et les suivait de l'œil, tandis que les chevaliers sortaient à mesure. Ainsi de banc en banc, de chevalier en chevalier, il arriva jusqu'à Pons de Sabran. A son aspect, toute la farouche expression de son visage s'effaça: il sembla qu'il arrivât à une espérance, et un moment il fut prêt à sourire et à tendre la main au jeune et loyal chevalier.

— Je sépare ma cause de celle du vicomte, dit Pons d'un air triste et abattu, je la sépare du mensonge et de la déloyauté.

Roger tomba sur son siége en poussant un cri, et, la tête cachée dans ses mains, il n'entendit plus rien de ce qui se dit autour de lui. Chacun le voyant ainsi confondu l'abandonna à son aise, abrité dans sa honte par la honte générale, les plus intimes et les plus obligés. Roger reconnaissait quelquefois les voix amies qui avaient prêté serment et juré amitié, il les entendait le renier et s'éloigner l'une après l'autre. Comme un orage qui s'échappe et se perd peu après dans les échos des montagnes, le bruit des pas et des voix s'éteignit doucement sous les voûtes de l'église. Alors Roger releva sa tête; un seul homme était près de lui : c'était le vieux chevalier à la taille athlétique et au regard farouche.

— Ah! c'est toi, Pierre de Cabaret? s'écria Roger en tombant dans ses bras.

Le vieillard ne lui répondit pas et l'entraîna hors de l'église.

II

SUITES ET CONSÉQUENCES.

Lorsqu'un homme tombe d'un point élevé, du sommet d'une tour ou d'un arbre, le premier sentiment de sa chute n'a, pour ainsi dire, rien de douloureux, ou, pour mieux dire, ce sentiment n'a rien d'aigu ; c'est un choc affreux, mais confus, qui peut tuer, mais sans que la victime ait la conscience de ce qui la tue, ni par où cela la tue. Ce premier instant passé, lorsque celui qui est tombé veut se relever, les douleurs se dessinent et se particularisent : c'est un bras rompu, un pied dénoué, le crâne entr'ouvert qui fait souffrir; cet *assommement* universel se brise en souffrances partielles, moins complètes sans doute, mais plus insupportables, car la conscience du mal revient, et la supputation de la douleur peut se faire à l'aise. Soit physique, soit morale, toute chute a de pareils résultats ; tout choc violent est suivi d'un anéantissement où se confondent toutes les douleurs, après lequel vient toujours l'heure où l'on compte les trahisons, les lâchetés, les abandons, les liens rompus, les espérances éteintes, trop heureux s'il ne reste pas au cœur quelques affections à moitié déchirées et qui s'achèvent dès le premier effort qu'on fait pour reprendre sa vie et se remettre debout.

Si cette observation n'est pas vraie pour tous les hommes et toutes les circonstances, elle l'est du moins pour Roger et pour l'événement qui a fait la matière du dernier chapitre que nous avons écrit. Dès que Roger fut rentré dans sa maison, il demeura quelque temps silencieux et absorbé dans la réflexion de tout ce qui venait de se passer et de ce qu'il avait entendu. En se remettant en mémoire l'audace de l'interdit lancé contre lui, et l'habileté qui avait tissu les moindres actions de sa vie pour en faire un piége où il devait être pris, il s'irritait et se réjouissait presque : il s'irritait de tant d'insolence, et se réjouissait de la nécessité où on le mettait de combattre et de briser sans ménagement toute cette tourbe qui s'attachait à lui. Mais lorsqu'il arrivait aux derniers détails de cette scène, l'abandon de la plupart des chevaliers lui apparaissait dans tout son danger : le triomphe de cette usurpation qu'il avait si vivement dénoncée lui semblait chose assurée ; il voyait se mourir toutes les flammes d'ambition qui couvaient depuis longtemps dans son esprit.

Si, comme la plupart de ceux de son temps, Roger n'eût porté en lui que la prétention d'être le plus terrible combattant de la Provence, rien de ce qui s'était passé n'eût sans doute porté atteinte à son orgueil ; mais Roger n'avait pas seulement le désir d'être un brave chevalier : cette gloire, il l'avait acquise trop aisément, et la possédait trop supérieure et trop incontestable pour qu'elle pût lui suffire ; il avait surtout souhaité celle du politique, celle de l'homme hautement capable et intelligent. Son jeune génie avait même si bien compris l'époque où il vivait, que ce n'était pas d'elle qu'il attendait sa juste appréciation et sa récompense ; il espérait en l'avenir, soit pour le mettre à sa place, soit pour lui être reconnaissant de la puissante association qu'il voulait organiser pour la défense et l'indépendance de la Provence : et c'est tout plein de ces hautes pensées, à l'instant même où il avait entrepris de les reproduire, qu'il se trouvait arrêté par la fourbe d'un moine et son audacieuse accusation. Son orgueil se révoltait de se voir réduit au rôle ordinaire des suzerains de son temps. Quelquefois il se demandait si Dominique l'avait deviné à toute sa portée, et si son acharnement ne venait point de ce qu'il avait conçu la puissance de ses desseins, la hauteur de ses vues ; mais alors il s'irritait, par-dessus tout, de la petitesse des moyens par lesquels on l'écrasait ; des intrigues de femme, des rapports avec des brigands, sa protection donnée à un hérétique, un baiser d'esclave, toutes actions qu'il ne comptait point dans sa vie comme associées à son existence politique, et avec lesquelles on tenait cependant celle-ci. Tout cela lui paraissait odieux et misérable.

Dans le cours de ses pensées, quelques soudaines illuminations d'espoir, non pour sa fortune, mais pour sa gloire, venaient cependant le consoler. Assuré qu'il ne pouvait triompher de la ligue qu'on allait organiser contre lui, il entrevoyait cependant que sa défaite pouvait le relever à la hauteur qui échappait à sa victoire, et qu'il pourrait forcer ses ennemis à le combattre par des moyens si énormes, qu'ils rendraient, malgré eux, sa chute un digne objet d'admiration. Toutes ces longues agitations de son âme s'étaient passées en lui sans autre expression extérieure que celle d'une profonde et active préoccupation; mais lorsqu'il se fut arrêté à cette dernière pensée, et qu'il l'eut changée en une détermination irrévocable, l'heure de douleur commença. C'est quand il voulut se relever, qu'il sentit tout ce qu'il y avait de brisé en lui.

Le premier soin qui lui vint à l'esprit fut d'appeler autour de lui ses plus fidèles amis; le premier ami auquel il pensa fut Pons de Sabran.

Ce simple souvenir changea tout le cours des pensées du vicomte; l'homme intime, l'homme dévoué, l'homme qui vit d'amitié, d'amour et de puissantes affections, se trouva meurtri, blessé, atteint au cœur. Cet abandon d'un jeune homme si loyalement aimé, si loyalement ami, désespéra sa courageuse résolution; quelques larmes lui vinrent aux yeux. Il en triompha et voulut poursuivre; mais son jour de malheur n'était pas fermé, et, comme nous l'avons dit plus haut, il se trouva d'autres sentiments qu'il ne soupçonnait pas atteints, et qui achevèrent de se déchirer en lui et de se séparer de lui, dès qu'il voulut s'y attacher; et nous aurons le courage d'en faire le récit, pour montrer jusqu'où la fatalité poursuivit cet homme, jusqu'où elle le tortura, pour qu'il se trouve parmi nos lecteurs une larme de regret à tant d'infortune, un salut d'admiration donné à tant d'héroïsme.

Voilà où en était le vicomte depuis une heure à peu près qu'il était rentré. Lorsqu'il fut revenu de la stupeur où il était plongé d'abord, et de la préoccupation qui lui avait succédé, il fit appeler Buat. Dès que celui-ci fut entré :

— Buat, lui dit-il, prends vingt de tes hommes les plus déterminés, cours chez Catherine Rebuffe, dis-lui que l'heure est venue de tenir sa promesse, que le danger que je lui avais prédit s'est levé, qu'il faut qu'elle quitte Montpellier à l'instant ; tu lui diras de choisir pour sa demeure l'une de mes meilleures villes ; conseille-lui Carcassonne, et conduis-la cependant où elle désirera.

Buat s'éloigna, et au même instant parut Arnauld de Marvoill. Il avait l'air grave et soucieux, et considéra longtemps le vicomte avant de lui adresser la parole. Celui-ci, dont l'esprit agitait tout l'avenir de sa nouvelle destinée, s'apercevait bien de la présence d'Arnauld ; mais il n'avait ni le temps ni le désir d'interrompre ses réflexions pour lui donner audience. Enfin Marvoill s'adressa à lui :

— Sire vicomte, lui dit-il, je viens vous demander votre congé pour quitter votre service.

— Toi ! s'écria Roger ramené par ce peu de mots à la douleur de sa position, tu me quittes, Arnauld, toi aussi ?

— Ne devais-je pas le faire hier ? dit Arnauld.

— Et mon malheur n'a pas changé ta résolution : c'est d'un cœur héroïque ; eh bien ! soit, va-t'en.

— Je ne pars point seul, reprit Arnauld, et je vous apporte, sinon d'autres adieux, du moins d'autres désirs.

— De quel abandon vous êtes-vous fait messager ? reprit Roger ; parlez vite, maître : j'ai hâte de me sentir libre et éclairé dans mes amitiés et dans mes haines. Quel nouvel ennemi trouverai-je de plus au bout de ma lance ?

— Ce n'est point un ennemi, vicomte de Béziers, c'est une femme que vous avez chassée et qui s'en va.

— Agnès !

— Agnès, qui n'accepte point votre ordre, mais qui vous transmet ses résolutions. Lorsque vous la chassiez pour lui sauver, disiez-vous, la honte de vous abandonner dans l'infortune, elle ne savait pas que cette infortune lui imposerait cette séparation comme un devoir.

— Vous avez trouvé ce devoir dans mon infortune, messire poëte, c'est d'un habile homme.

— Je l'ai trouvé ce devoir dans la dignité d'Agnès de Montpellier, vicomte de Béziers. Aujourd'hui qu'il est publiquement reconnu qu'elle ne vous est que la dernière des femmes, moins que Catherine Rebuffe à qui vous donnez vos meilleures murailles pour asile, moins qu'une esclave noire que vous protégez contre son maître, et que vous avez impudiquement introduite dans le sanctuaire où languissait votre épouse, à quel titre voulez-vous qu'elle demeure dans cette maison ?

— A aucun titre, s'écria Roger, à aucun titre; la pauvre enfant! qu'elle parte, qu'elle me quitte, ce n'est pas à elle que j'en voudrai de me croire coupable. Allez, dites-lui que je veux la voir avant son départ; j'ai à lui parler.

— A elle? dit Marvoill.

— A elle, dit le vicomte avec hauteur, sans intermédiaire de conseiller ni d'ami. Dites-lui que je l'en prie, et souvenez-vous que je le veux.

Le ton dont ces derniers mots avaient été prononcés ne permit pas à Arnauld la plus légère observation : il sortit. Le vicomte frappa le timbre qui était à côté de lui; Kaëb parut. Le vicomte, toujours absorbé dans les pensées qui lui occupaient l'esprit, calculant sans cesse à part lui les mesures qu'il avait à prendre pour la grande lutte où il lui fallait se préparer, vit entrer son esclave sans le regarder, et lui dit tout aussitôt :

— Fais-moi venir mon argentier; dis à Peillon de rassembler tout ce qu'il a des douze mille sols melgoriens qu'il a reçus de Raymond Lombard, et de les tenir prêts d'ici à une heure.

En disant ces mots, Roger avait la tête baissée et les yeux fixés à terre ; depuis quelques minutes il se croyait obéi, lorsqu'en relevant ses regards devant lui il rencontra ceux de Kaëb qui semblaient vouloir plonger au plus profond de son cœur. Sans doute il comprit la pensée de l'esclave, ou bien il la supposa telle qu'il l'aurait eue lui-même, car l'apercevant ainsi debout et immobile, il se leva avec une expression de colère terrible,

— En suis-je donc là que je doive compte à chacun de mes actions, ou qu'il me faille répondre à tous ceux qui m'entourent des paroles qu'on a élevées contre moi ? Esclave, sors et obéis; tais-toi et ne me regarde pas ainsi ; va-t'en, va-t'en donc; ne vois-tu pas que je t'aurais poignardé, si tu m'avais adressé une question?

— Vous m'avez donc trahi, puisque vous voulez me tuer, répondit Kaëb; alors soyez meurtrier pour que je ne le devienne pas.

Et tout aussitôt il se mit à genoux et tendit sa tête comme un condamné au bourreau.

Le vicomte se prit à rire, et, le poussant du pied avec mépris, il répondit :

— Ton sang sur mon épée ! Esclave, tu es fou; il n'est bon que pour le fouet de mes chiens.

— Le fouet de vos chiens est usé, reprit Kaëb ; car une peau noire est dure à déchirer.

— C'est ce que mes valets sauront bientôt.

— Ils l'ont déjà appris, et ils sont fatigués pour l'avoir appris.

— Fatigués ! reprit Roger avec quelque surprise.

— Fatigués pour avoir frappé une femme sans avoir pu la faire crier.

— Une femme? s'écria Roger à qui chaque parole de Kaëb paraissait une énigme; quelle femme ?

— Celle que tu leur as livrée d'abord pour la livrer ensuite au bûcher de tes prêtres.

— Oh ! je deviens fou, ou tu l'es déjà, esclave ; quelle est cette femme ? réponds.

— Ne l'entends-tu pas ? dit Kaëb ; ils ont enfin triomphé ; écoute comme elle crie; il faut qu'ils l'aient déchirée jusqu'aux mamelles pour que Foë crie ainsi.

Roger tout aussitôt, s'approchant de la fenêtre, vit Foë qui se débattait entre les bras de ses valets ; ceux-ci la faisaient monter dans une litière qui s'éloigna au trot de deux mules qui la portaient.

Roger ne comprenait rien à tout ce qui se passait; il avait appelé un de ses valets qui était accouru, et il lui demandait d'une voix si irritée, qui avait donné l'ordre barbare de maltraiter ainsi cette malheureuse, que le serf stupéfait le regardait, la bouche béante, comme plus étonné que tremblant de cette question. On voyait qu'il paraissait n'avoir exécuté qu'un commandement de son maître. Enfin il répondit à Roger, dont la colère croissait à chaque moment :

— Nous avons obéi au sire de Saissac, qui nous a dit que

votre volonté était que cette esclave fût fouettée honteusement, et ensuite rendue au sire Raymond Lombard ; et c'est lorsque nous avons exécuté cette dernière partie des instructions du sire de Saissac, qu'elle s'est prise à crier et qu'elle s'est échappée de nos mains, car elle était demeurée immobile et silencieuse tant qu'avait duré le supplice.

Roger cherchait à comprendre les paroles de ce valet, et à s'expliquer comment le nom de Saissac se trouvait mêlé à sa réponse, lorsque le vieux chevalier parut lui-même. Il était accompagné de Pierre de Cabaret et de quelques autres châtelains des comtés de Roger, entre autres, Guillaume de Minerve et Gérard de Pépieux. Roger, en voyant entrer Saissac, se plaça devant lui, croisa les bras, et, le mesurant d'un regard irrité, il s'écria violemment :

— C'est donc toi, suzerain de Saissac, qui es descendu de ton nid de vautour pour prendre le commandement de mes valets et en faire des bourreaux de femme? Tu crois donc que Milon m'a laissé beaucoup de patience, à défaut de beaucoup de puissance, pour supposer que je ne punirai pas cette insolente cruauté tant qu'il me restera une main libre et une épée entière ?

— Roger, répondit Saissac sans prendre garde à cette menace, il faut que je te parle. Et d'un geste impératif il fit signe aux valets qui étaient accourus de s'éloigner.

Cependant Roger ne le quittait pas de l'œil, le mesurant des pieds à la tête comme pour lui dire qu'il n'y avait place si bien couverte d'acier sur tout son corps que lui, Roger, ne pût la percer de son poignard s'il n'avait eu pitié de sa vieillesse. Le peu d'instants que les valets mirent à sortir de la chambre porta au comble l'impatience de Roger, qui s'écria, dès qu'ils furent seuls avec les autres chevaliers :

— Maintenant, je t'écoute.

— Roger, dit Saissac, je sais tout ; il y a deux heures que je suis à Montpellier, et Pierre de Cabaret m'a tout appris. Il ne s'agit pas de te blâmer, il faut te sauver : j'y ai dévoué ma vie ; écoute, et, au nom de ta mère, je t'en supplie, crois une fois en ta vie les conseils de l'expérience.

Roger s'assit, et, le regardant moqueusement, il répondit :

— Voyons ces conseils.

Saissac ne se laissa point emporter par la colère qu'eût pu lui inspirer ce dédain, et il reprit avec la persévérance d'une véritable amitié :

— De tous les griefs que renferme l'accusation de Milon, trois seulement présentent quelque caractère de gravité, mais tous trois sont faciles à renverser. Le premier est ton aventure avec cette esclave ; la punition que je lui ai fait infliger et l'empressement que tu as mis à la rendre à son maître détruiront cette accusation, et il sera facile de n'y montrer qu'une calomnie maladroitement combinée.

Roger écoutait, en souriant avec dérision, les raisonnements de Saissac; celui-ci continua :

— Le second grief concerne la protection donnée au meurtrier de Pierre de Castelnau. Sans doute tu prouveras facilement que tu ne le connaissais pas lorsque tu la lui as accordée ; et, en le livrant à la punition qu'il mérite, tu satisferas aux justes réclamations de Milon.

Roger ne put retenir un rire de mépris et de pitié à la fois ; ce rire était ensemble si insolent et si triste, qu'il étonna Saissac, qui s'arrêta et dit au vicomte :

— Ne veux-tu pas m'entendre ?

— Oh ! je veux t'entendre, au contraire, répondit Roger en s'agitant sur sa chaise, tu peux continuer.

Saissac acheva : — Le dernier grief est celui où tu es accusé d'hérésie ; la seule preuve qu'on en donne, c'est que tu as assisté à l'hérétication d'un nommé Pierre Mauran, dans la maison d'une fille nommée Catherine Rebuffe. Eh bien ! il faut porter la peine d'une faute lorsqu'on l'a méritée ; mais il ne faut pas accepter le poids d'un interdit pour une légèreté excusable à ton âge. Tu diras la vérité, et tu avoueras que tu étais en amourette chez cette ribaude Catherine Rebuffe.

A ces mots, Roger se redressa, pâle, agité, les dents serrées et les poings fermés, et demeura un instant immobile devant Saissac. Un instant il discuta en lui-même s'il ne le tuerait pas sur la place ; et, à coup sûr, si, à ce moment, il y eût eu devant lui un homme au lieu de ce vieillard; si, sur le visage de ce vieillard, au lieu d'y lire le dévouement maladroit d'un ami qui croyait avoir beaucoup fait pour son salut, Roger eût trouvé le moindre signe de bravade et de commandement, certes, homme ou vieillard, il l'eût saisi à la gorge, et, de son bras forcené, il lui eût brisé le crâne contre un mur ; mais cet homme était un vieillard, ce vieillard était un ami ; et Roger, se prenant la tête dans les mains, se pressa le front avec désespoir et s'écria :

— Ah ! ces hommes sont fous ; sur mon âme, ils sont fous. Oh ! il faut qu'ils soient fous.

A leur tour, les chevaliers considérèrent Roger avec étonnement ; ils se parlèrent entre eux ; mais Roger, les interrompant soudainement, dit à Saissac avec une explosion terrible :

— Tu as appelé Catherine Rebuffe une ribaude, Saissac, et je te pardonne, car tu es vieux et je t'ai aimé comme mon père, car je n'ai pas eu le temps d'aimer mon père. Tu veux que je me défende d'un mensonge, et tu me demandes de faire le plus infâme mensonge que puisse faire un homme en cette terre ; un mensonge d'un homme contre une femme, d'un chevalier contre une femme, d'un suzerain qui a quatre comtés contre une femme, d'un soldat qui a une épée et une lance contre une femme : et cette femme est une fille bourgeoise sans puissance ; et cette femme est un enfant qui n'a ni frère ni père pour m'assassiner, s'ils ne pouvaient me combattre ; et cette femme est un ange de pureté et d'innocence. Ah ! j'ai raison, te dis-je, tu es fou ; il faut que tu sois fou.

— Je suis ton ami, Roger, reprit Saissac ; et si ce que j'ai dit te blesse profondément, n'en parlons plus. Il nous reste d'autres moyens de satisfaire aux exigences de Rome, et je pense que la fantaisie qui t'a livré cette esclave infidèle ne te tient pas si vivement au cœur que la nécessité de la rendre à son maître excite en toi la même colère.

— Vrai, dit Roger, nous l'avons fait fouetter comme une chienne de chasse, et nous l'avons jetée toute saignante à Raymond Lombard, et nous jurerons que c'est une calomnie d'avoir dit que j'avais cherché les baisers de cette femme ! Et si c'est une calomnie réellement, ne vois-tu pas que la vérité sera aussi impossible et aussi inutile en cette circonstance que le mensonge tout à l'heure ? Et ne vois-tu pas que si c'est une calomnie, et mes ennemis le savent, et mes ennemis ne l'ont pas supposé ; ne vois-tu pas que si c'est une calomnie, ils l'ont sans doute si bien arrangée, que mes serments ne paraîtront que parjures, et que ma cruauté ne sera qu'un crime de plus? Oh! je te dis que tu es fou.

— Ainsi cette esclave... dit Saissac.

— Cette esclave! s'écria Roger avec emportement; que m'importent cette esclave et son amour? l'ai-je accepté? l'ai-je partagé? Suis-je coupable de ce qu'un moment elle s'est jetée comme une folle dans mes bras, et de ce qu'elle a touché mes lèvres des siennes? Non; mais pour cela il ne faut pas que je lave la souillure de ma bouche avec son sang, il ne faut pas que je sois son bourreau.

— Eh bien! dit Saissac, ce qui est fait est fait. Mon ignorance de tes rapports avec cette esclave nous a plus servis que nos meilleurs calculs : car elle a été au delà de ce que tu eusses voulu et de ce que je t'eusse conseillé : il faut en profiter; il faut accomplir l'œuvre par un dernier effort, par un dernier sacrifice.

— Et ce dernier effort, ce dernier sacrifice?

— C'est de livrer l'assassin de Pierre de Castelnau à la justice des clercs et à ses bourreaux.

— Oh! dit Roger amèrement et tristement, il faut que j'aie du cœur et de l'intelligence pour tous; mais me croyez-vous donc si fort que vous m'apportiez, en outre de mes dangers, en outre de mes peines, tous les embarras et toutes les douleurs de vos conseils et de vos résolutions folles? Ce que tu me dis de faire, Saissac, j'en ai eu un instant la pensée; un instant, quand tu as prononcé le nom de ribaude à côté de celui de Catherine, il m'a pris envie de donner ce Buat au bourreau, et d'en réclamer la tête pour te l'envoyer; je ne l'ai pas fait cependant, je ne le ferai pas, parce que moi, j'aime ceux que j'aime, autrement que vous ne savez aimer, vous autres; parce qu'il y a du sang et des larmes que je ne puis pas faire couler, moi...

— Roger, lui dit doucement Saissac, je ne te comprends pas; mais si le sacrifice de cet homme doit te coûter, arme-toi de courage, car il est nécessaire.

— Saissac, n'en parlons plus; bientôt tu sauras mes raisons.

— Bientôt! dit Saissac; il sera trop tard, l'heure presse.

— Ah! dit Roger en reprenant son impatience, tais-toi ; d'ailleurs cet homme n'est plus à Montpellier.

— Il y est, dit Saissac.

— Il en est parti à cette heure.

— A cette heure, il doit être arrêté en sortant de chez Catherine Rebuffe où on l'a vu entrer.

— Et c'est par ton ordre? s'écria Roger reprenant toute sa colère.

— C'est par mon ordre.

— O Saissac, dit Roger en saisissant son manteau et son chaperon, et s'avançant vers la porte, tu répondras de cet homme à l'âme qui est au ciel, s'il a péri; tu répondras de Catherine à moi, si elle est perdue par ta faute.

— Elle est perdue pour vous, dit un homme en entrant.

— Buat! s'écria Roger; car c'était Buat qui venait d'entrer. Buat, Catherine est perdue pour moi, dis-tu, et par ta faute, Saissac, sans doute?...

— Par sa volonté : lisez. Et il remit à Roger un parchemin roulé.

Pendant le temps qu'avaient duré toutes les scènes que nous venons de décrire, la nuit était venue, et Roger ne put lire à l'instant le billet de Catherine; il appela pour qu'on lui apportât un flambeau, et, pendant qu'un de ses serviteurs courait le chercher, il se remit à interroger Buat.

— Que t'a-t-elle répondu ?

— Rien.

— L'as-tu vue?

— Oui.

— Lui as-tu dit ce que je t'avais dit?

— Je le lui ai dit.

— Tout?

— Tout.

— Mes propres paroles ?

— Vos propres paroles.

— Et que t'a-t-elle répondu ?

— Rien.

— Rien!... Il faut que je la voie.

— Vous ne la verrez plus.

— Est-elle partie?

— Comme elle me remettait cet écrit, la garde des consuls

est arrivée. Le sire de Rastoing la commandait. Il a fait monter Catherine dans une litière, et ils se sont éloignés.

— C'est violence, cria Roger.

— Elle a dit au sire de Rastoing : « Je vous attendais. »

A ce moment on apporta le flambeau. Roger le saisit et se retourna pour lire la lettre de Catherine. Il aperçut alors les chevaliers excités tout bas par Saissac; ils avaient tiré leurs épées et s'étaient glissés le long de la porte. Aussitôt Saissac s'écria :

— Voilà l'assassin de Pierre de Castelnau ! saisissez-le. Et comme ils allaient s'élancer vers lui, Roger, par un mouvement rapide et irrésistible comme la foudre, saisit Saissac par le bras, et, le traînant jusque auprès de Buat, il lui cria avec une colère mêlée d'une singulière émotion :

— Mais regarde-le donc, malheureux, regarde-le donc !

A ces mots, il posa son flambeau près du pâle et beau visage de Buat. A cet aspect, Saissac laissa tomber son épée qui retentit sur le pavé, et ses bras tendus vers Buat pour le saisir semblèrent s'ouvrir pour l'embrasser; mais Roger, l'arrêtant encore, lui dit rapidement, d'une voix triste et profonde :

— Pas devant eux, pas devant moi, Saissac. Ne vois-tu pas qu'il y a un nom qui doit m'être sacré, et sacré à toute la terre, que vous prononceriez dans vos embrassements !

Et sur-le-champ il les laissa l'un en face de l'autre, et se mit à lire la lettre que lui avait apportée Buat. La voici :

« Roger, je t'ai dit: On m'appellera une fille perdue,
» quoique je sois innocente; mais j'aurai ton amour en place
» de renom et de vertu; et je vivrai heureuse. On m'appelle
» une fille perdue, et je n'ai pas ton amour. Je n'ai pas pu
» mourir : plains-moi. Foë est donc bien belle? »

— Oh ! s'écria Roger en tombant sur un siége avec désespoir. Elle aussi! elle!... ils me l'ont tuée et prise. O mon Dieu ! mon Dieu !

Puis il éclata en amères exclamations et en cris terribles et sans suite, qui lui déchiraient la poitrine; et Saissac, qui venait de comprendre qu'il y a d'autres dangers que ceux de la puissance menacée, d'autres douleurs que celles du suzerain en guerre avec tous ceux de sa contrée, Saissac s'approcha pour le consoler. Mais Roger ne l'écoutait ni lui, ni les autres. Quant à Buat, il ne parlait pas : Buat était un cœur de la trempe de Roger, qui sait qu'il y a des tortures de l'âme pour lesquelles il n'y a pas de baume dans les paroles d'un homme. Nos lecteurs ont bien deviné qu'ils étaient frères.

Il y a de ces fatalités ingénieuses, de ces heures terribles qui trouvent à croître la douleur quand il semble qu'il n'y a plus matière à souffrance dans l'homme, et alors il arrive qu'à ce moment de comble les plus faibles sont les plus accablantes, les plus présumables deviennent les plus imprévues, les plus indifférentes sont tortionnaires. Après la perte de Catherine, que restait-il d'amour à briser au cœur de Roger? après l'abandon de Pons, quel abandon le pouvait étonner? Ce ne fut rien, presque rien; mais ce fut la goutte d'eau surabondante, le vase en déborda. Un homme entra : c'était Arnauld de Marvoill.

— Agnès de Montpellier, dit-il, attend votre bon plaisir de la recevoir avant de s'éloigner de cette maison.

Roger essuya ses larmes et se remit : cependant il n'eut pas la force de se lever. Agnès entra : elle était pâle et avait les yeux baissés; elle s'approcha en tremblant.

— Buat, dit-il, fais appeler Peillon. Puis il se tourna vers la vicomtesse.

— Agnès, lui dit-il, vous allez me quitter : mais il ne faut pas, je ne veux pas que vous ayez à mendier de qui que ce soit, fût-ce de votre frère d'Aragon, ou de votre sœur Marie, un asile qu'un mot ou un regard pourrait vous reprocher ou vous rendre odieux. Aujourd'hui, dans cette ville qui m'est ennemie, je ne puis faire pour vous tout ce que je dois; car Dieu sait, dans l'état d'interdit et de malédiction où je suis, si j'y trouverais des hommes pour approuver de leur sceau et témoigner par leurs noms des donations que je veux vous faire. Les temps viendront, je l'espère, où j'accomplirai ce devoir. Ne considérez donc ce que je fais en ce moment que comme le premier payement de la dette que je contracte ici envers vous. C'est tout ce que je puis, Agnès. J'espère que je n'ai pas perdu si complétement l'estime de toutes les âmes que vous ne soyez assurée que je fais tout ce que je puis.

— Seigneur vicomte, dit Agnès, je ne puis ni ne dois...

— Ne me refusez pas, Agnès, dit le vicomte, je vous en prie.

Ce que je vais vous donner ne suffit pas à la vie d'une femme; ce qui me restera, dût-on m'arracher mes quatre comtés, suffira toujours à la vie d'un homme. Il me restera mon épée, et, quand je n'aurai plus ni ville, ni bourg, ni palais, ni chaumière, ni toit où abriter ma tête, je la planterai sur quelque lande stérile ou sur quelque grève déserte et je me coucherai à côté, sûr de ma vie comme sous la main de Dieu.

Agnès ne répondit pas, et Buat rentra aussitôt : mais il avait à la fois l'air consterné et irrité.

— Peillon est parti, s'écria-t-il : Peillon s'est enfui, emportant votre trésor et tout l'or que vous lui aviez confié.

— Peillon est parti? s'écria Roger en se relevant, le visage consterné et le regard perdu.

— Seigneur, dit Agnès timidement, je n'ai besoin de rien.

— Oh! merci, merci de votre pitié, madame, dit Roger en se laissant aller à pleurer comme un enfant; vous voyez bien que je suis le plus malheureux des hommes.

Et comme Agnès, entraînée par Arnauld, s'éloignait lentement, et en jetant sur Roger un regard qui semblait lui demander la permission de rester, il se reprit à dire, comme un homme sans force et sans courage :

— N'est-ce pas que je suis bien malheureux ?

Puis, quand cette jeune fille fut sortie, comme si elle emportait sa dernière espérance, comme si elle brisait le dernier lien qui l'attachait au monde, cette jeune fille qu'il détestait la veille, il tomba à genoux et s'écria :

— Mon Dieu, mon Dieu! prenez pitié de moi!.... Et il s'évanouit.

III

CONSEIL.

Il se passa près d'une heure avant que Roger reprit entièrement connaissance. Lorsque les amis qui l'entouraient virent qu'il était revenu à lui, ils se regardèrent entre eux avec confusion. Gérard de Pépieux, le premier, rompit le silence.

— Il faut penser à notre défense personnelle, sires chevaliers; la force d'âme du vicomte s'est perdue en débauches et en intrigues de femmes; il n'a plus la tête assez libre, ni le bras assez ferme pour pourvoir à la sûreté de ses quatre comtés. C'est à nous à voir ce que chacun peut espérer de son propre courage et de sa propre prudence.

— Quel que soit l'état du vicomte, sire de Pépieux, reprit Saissac, chacun de vous ne doit espérer que dans le courage de tous et dans la prudence de tous; car si j'ai bien compris vos paroles, il serait convenable que chacun se retirât dans ses terres et châtellenies, et que là il lui fût libre de mesurer s'il peut résister à nos ennemis ou s'accommoder avec eux. Prenez-garde qu'en une pareille détermination le courage deviendrait folie et la prudence trahison. Ce qu'il y a de plus convenable, c'est de prendre tous ensemble une décision que nous exécuterons tous ensemble.

Certes, Saissac était un ami dévoué du vicomte, mais il avait été son tuteur; et il avait tellement gardé l'habitude du conseil et de la tutelle qu'il y revenait à toute occasion où se montrait le moindre point pour l'y glisser.

— Cependant, dit Pépieux, si le suzerain manque à ses vassaux, les vassaux ne peuvent être liés envers le chef, et je ne me sens pas disposé à prêter aide et obéissance à qui ne peut me rendre ni aide ni protection.

— Ceci est mal raisonné, reprit Saissac, car vous ne vous êtes pas cru déliés de votre foi et hommage envers le vicomte, lorsqu'il était faible et mineur, quoiqu'il ne pût vous rendre alors par lui-même l'aide et la protection qu'il vous devait en retour. Il en est aujourd'hui de même. Qu'il soit mineur par l'âge ou par la faiblesse de son caractère, nul de ses chevaliers ne peut se séparer de lui sans traîtrise ; mais chacun doit concourir de son mieux à lui faire un conseil d'où sorte son salut.

— Ah ! s'écria Pierre de Cabaret, le silencieux capitaine, selon la chronique, c'est de nos épées que sortira son salut et le nôtre ; le bruit d'une lance sur un heaume et d'une épée sur un bouclier parle plus haut que tous les conseils. Sus, mes frères, aux armes ! voilà tout le conseil et toute la prudence.

— Ceci est d'un loyal châtelain, répondit Saissac. Mais avant d'en venir à cette extrémité, il faut épuiser toutes les voies d'accommodement ; et il serait nécessaire qu'un de nous, chargé du pouvoir des autres, fût député vers le légat, et vît s'il n'y a point de miséricorde à attendre de sa justice.

— Et je prétends que, pendant ce temps, ajouta Gérard de Pépieux, chacun de nous doit se retirer en sa terre pour se préparer à combattre.

— Ou à se rendre, sinon à se vendre, dit Guillaume de Minerve.

— Est-ce pour moi que vous parlez, sire de Minerve ? reprit aigrement Gérard la main sur son épée.

— Je parle pour ceux qui ont la peur et le calcul au cœur.

— Tenez, sire Gérard, vous êtes de nous tous le plus riche en terres, en armes et en bourgs ; mais vos terres et vos bourgs sont en rase plaine, et votre château de Pépieux n'a pas de fossés que ne puisse franchir un trait lancé à la fronde, et des murs que ne puissent atteindre des échelles à la main. Vous pensez à tout cela, et vous préféreriez un accommodement qui sauvât vos terres du ravage et votre château de la destruction, à une guerre qui vous porterait, à coup sûr, grand préjudice. Eh bien ! sire Gérard, ceci est la preuve que Dieu est juste pour tous en ce monde ; car si, durant la paix, vous vous êtes gobergé en abondance de toutes choses, tandis que moi et notre ami Pierre de Cabaret, nous récoltions à peine dans nos lambeaux de terre, dispersés dans des creux de rocher, de quoi nourrir nos chevaux de bataille ; si vous avez été ainsi favorisé, c'est à nous de l'être à cette heure : car l'heure est venue, où nos châteaux, taillés dans le flanc des montagnes, et nos fossés creusés en ravins par les torrents du ciel, nous protégeront mieux que vos abondantes récoltes et vos larges plaines. Mais comme notre pauvreté n'a pas été pour nous une raison d'abandonner notre seigneur et suzerain en d'autres temps, le préjudice qui vous menace n'en doit pas être une pour que vous le quittiez en celui-ci.

— Qui parle de le quitter? dit Gérard avec impatience.

— Vous n'en parlez pas, dit Pierre de Cabaret ; mais vous y pensez.

— Sire Pierre, vous m'outragez, et m'en ferez raison.

Pierre de Cabaret haussa les épaules, et lui répondit :

— Si tu veux, Gérard, si tu veux, demain : car ta colère, ta bravoure, ton dévouement, c'est toutes choses d'une heure ; ta trahison de même. Crois bien que si je ne compte pas sur toi pour nous, je ne compte pas sur toi pour nos ennemis.

— Qu'il en soit ainsi ou autrement, s'écria Gérard, cette heure est plus qu'il n'en faut pour t'apprendre à parler dignement d'un chevalier.

Pierre de Cabaret fit un signe à Guillaume de Minerve, qui s'apprêta à le suivre, et Gérard fit un signe pareil à un autre chevalier, qui était Guillaume de Lérida, chevalier citadin de Carcassonne, fameux par son hérésie et sa farouche exaltation. Ils allaient sortir tous les quatre, lorsque Saissac s'interposa :

— Est-ce là votre dévouement au vicomte? s'écria-t-il : vous, Pierre, ne le montrerez-vous pas mieux en n'exposant point votre vie pour d'autre cause que la sienne? et vous, Gérard, votre fidélité ne sera-t-elle pas une meilleure preuve de votre honneur, qu'un combat qui ne peut que préjudicier au vicomte, en mettant en danger l'un de vous deux? Demeurez, je vous le commande, autant que le peut un homme à qui vous avez coutume d'obéir longues années, durant qu'il était tuteur et représentant de votre seigneur qui, je le crains bien, va en avoir besoin plus que jamais.

Les quatre chevaliers, arrêtés et entourés par ceux qui étaient présents, consentirent à ne point vider leur querelle avant d'avoir pris conseil de ce qu'il fallait faire pour le salut commun. Sur l'ordre de Saissac on apporta une grande table où se trouvaient des flambeaux de cire, une écritoire avec ses plumes d'aigle, et une quantité de parchemins de toutes grandeurs. Tous les chevaliers s'assirent autour. Outre ceux que nous avons nommés il s'y trouvait Amblard de Pelapoul, Galard du Puy, Pierre Hosloup, Bernard de Miraval, Ugo de Concas, Raymond de Campendu et Etienne d'Agen ; douze en tout, sur plus de six cent cinquante chevaliers ou châtelains qui relevaient du vicomte dans ses quatre comtés. A peine chacun fut-il assis que Saissac prit la parole pour prévenir toutes nouvelles querelles.

— Sires chevaliers, leur dit-il, toute la question à résoudre, c'est de savoir s'il faut combattre ou s'accommoder.

— Il faut combattre, s'écrièrent à la fois les sires de Cabaret, de Minerve, de Campendu et le chevalier de Lérida.

— Il faut s'accommoder, dirent quelques autres parmi lesquels on remarquait Galard du Puy.

— Il faut attendre, s'écria Gérard de Pépieux. Ce qu'il faut surtout, c'est que l'on ne sacrifie pas les intérêts des uns à ceux des autres, et que ceux qui ont quelque chose à risquer ne soient pas forcés de le perdre par l'entêtement d'une défense peut-être impossible.

— Et qui t'a dit, s'écria Pierre, que cette défense soit impossible?

— Le temps nous apprendra le nombre de nos ennemis, répliqua Gérard ; s'ils accourent peu nombreux et sans chefs de haute race, sans doute il serait lâche et déshonorant de ne pas nous défendre jusqu'à ce qu'ils soient exterminés de nos terres; mais si les principaux chevaliers du roi Philippe et du roi Jean se croisent avec des milliers de lances, non-seulement il sera prudent, mais encore il sera honorable de s'accommoder avec eux.

— Fussent-ils plus nombreux que les étoiles du ciel et le sable dans les mers, repartit Guillaume de Minerve, je les attends dans mon manoir, et leur permets de me planter en croix au sommet de mes créneaux, si jamais ils en touchent le faîte du bout de leur lance. Il faut donc nous défendre.

— Or ça, s'écria Gérard, vous appelez donc défendre un pays, que laisser ravager et piller à l'aise les plaines et les villes, brûler les fermes, anéantir les bestiaux, arracher les vignes, abattre les forêts, et vous croirez lui avoir rendu un grand service parce que quelques manoirs isolés resteront debout au milieu de ce grand déluge de misères et de dévastations.

— Je ne parle pas de mon château de Cabaret, s'écria Pierre, ni du nombre de nos ennemis ; car il faudra entasser les montagnes les unes sur les autres avant que leurs mangoneaux ou leurs pierrières puissent seulement toucher le pied de mes remparts ; mais fussé-je seul comme Guillaume de Lérida, avec ma lance et mon cheval de bataille, je dis qu'il faut combattre pour notre seigneur, et le défendre jusqu'à ce que châteaux et hommes nous soyons tous par terre ; et s'il reste quelque chose debout alors, ce sera notre honneur, sires chevaliers ! et certes cela vaut bien la peine d'y penser.

— Tout ce que je vois jusqu'à présent de plus clair en tout ceci, dit Saissac, c'est que c'est en nous que le pays doit chercher sa défense, et qu'à défaut du vicomte, nous devenons responsables de son destin futur. C'est une chose grave et qui a besoin de réflexions. Voyons avec calme quel est l'avis de chacun de vous et ses raisons pour le soutenir : nous délibérerons et déciderons ensuite. Que le plus ancien commence : nous sommes prêts à l'écouter.

— Non, dit Roger en entrant, non, ce sera le plus jeune qui commencera à donner son avis et ses raisons ; puis il y ajoutera ses ordres s'il le faut ; gardez vos places, sires chevaliers, nous allons nous occuper de nos affaires. Buat, distribue ces missives à quatre de mes valets ; qu'ils les portent sur l'heure et qu'ils reviennent ; tu reviendras toi-même pour entendre nos conseils et nous servir d'écrivain.

Et, comme quelques chevaliers marquèrent de l'humeur et de la répugnance à ces paroles, Roger ajouta : — Cela sera ainsi, car je ne sache pas qu'aucun de vous, sires chevaliers, soit tenté de revendiquer cet honneur.

A ce moment, rien ne révélait sur le visage du vicomte

14.

qu'il venait de subir les plus violentes émotions ; il paraissait calme et décidé, et le léger froncement de ses sourcils ne dénotait que l'occupation d'un esprit qui rassemble avec soin toutes ses idées. Dès qu'il eut fini de parler, tous les chevaliers se turent : car, dans cette assemblée, personne, si ce n'est Buat ou Roger lui-même, n'était capable de tenir la plume et d'écrire une déclaration ou une charte quelconque. Les chevaliers s'assirent en silence ; mais Roger, dont l'activité d'esprit s'excitait, pour ainsi dire, par l'activité du corps, Roger continuait à rester debout, parcourant la salle à grands pas. Buat rentra ; il s'assit à la place qui lui fut désignée, et Roger prit la parole.

— Sires chevaliers, il faut nous préparer à combattre, il faut nous préparer à traiter. Je suis pour ceux qui pensent que la guerre et le fer sont notre dernière ressource ; je ne suis point contre ceux qui prennent soin des intérêts de leur fortune, et qui ne veulent pas imprudemment livrer au massacre et à la dévastation leurs hommes et leurs propriétés : mais je crois le courage des uns trop précipité, la prudence des autres trop hâtive. Attaquer aujourd'hui serait imprudence, tendre des mains croisées et suppliantes serait lâcheté ; il faut chausser nos éperons d'acier et mettre nos gantelets de fer, et alors nous pourrons offrir la main à nos ennemis, mais ouverte et armée, de façon qu'elle puisse s'unir à une main amie ou saisir la poignée du glaive selon la circonstance. Si notre poëte accoutumé, le sire de Marvoill, était ici, il vous dirait quel fameux homme de l'antiquité a dit : « Si tu veux la paix, prépare-toi à la guerre. » J'ai oublié le nom de ce grand homme, mais non le précepte. C'est celui-là qu'il nous faut suivre. Sires chevaliers, nous allons mettre nos villes en état de défense, vous y mettrez vos châteaux, et, lorsque nous serons ainsi préparés au combat, nous demanderons la paix : quand nous pourrons parler à nos ennemis à travers les visières de nos casques, alors ils écouteront notre voix, si, comme je le crains, la fureur d'Innocent ne les a pas rendus sourds à toute honorable proposition. A ceci nous gagnerons deux choses : et d'abord le temps de nous munir convenablement ; et ensuite le bon droit, en montrant à tous les peuples de la Provence que nous avons tenté tous les moyens possibles d'accommodement. Cette marche, ce me semble, vous paraît sage et juste?

— Assurément, dit Galard du Puy, cette conduite serait excellente à tenir, si nous pouvions la tenir ; mais pour ce faire il faudrait que le pays fût en meilleur état. Sans doute le vicomte Roger peut exiger de ses bourgeois, chevaliers et citadins, qu'ils défendent leurs villes. Mais pour la défense d'une ville il faut plus que les hommes qui y sont enfermés, il faut des provisions pour les nourrir, des armes pour les armer ; et comment avoir toutes ces choses sans argent? et le vicomte sait mieux que personne en quelle pauvreté nous sommes tous réduits, lui le premier.

— Vous vous trompez, sire du Puy, répondit Roger, je vais vous montrer qu'hommes, provisions, armes et argent, il ne manquera rien lorsque j'en appellerai à mes fidèles populations.

— Sire vicomte, reprit Gérard de Pépieux, ne vous bercez pas d'une illusion vaine, vous n'êtes point en état d'obtenir, par la force, des toltes, quêtes ou prêts forcés qui ne vous sont pas dus, et la position où vous avez mis le pays par votre faute personnelle n'engagera ni serfs, ni bourgeois, ni chevaliers à faire au delà de ce que veut la coutume. Ce n'est point ici le cas où, étant prisonnier de votre personne, ils seraient forcés de s'imposer une taille pour payer votre rançon ; il ne s'agit point non plus du mariage d'une de vos filles ni d'un voyage d'outre-mer : et hors de ces trois cas aucune tolte extraordinaire ne peut être imposée à aucun homme, bourgeois ou serf, sans son libre consentement. Ce consentement, sire vicomte, il ne faut pas l'espérer d'eux, car ils préféreront se racheter directement de la conquête en payant leurs ennemis, que de s'y exposer en fournissant de quoi les combattre. D'un autre côté, vous n'ignorez pas que les péages et tailles ordinaires vous ont été payés d'avance. Quels sont donc les moyens de défense qui vous restent? Aucuns, à ce qu'il paraît. Et ne vaut-il pas mieux céder tout de suite avant que l'armée des légats ne soit à nos portes, que d'être forcés de traiter plus tard, lorsque les dépenses qu'ils auront faites les rendront plus exigeants? Et si quelques-uns ici croient que l'honneur y sera compromis, j'ajouterai que c'est le jouer bien plus, que de s'exposer à s'humilier après une vaine bravade.

— Sire de Pépieux, je vous remercie de vos avis, et suis charmé de voir que mes chevaliers me rendent si complètement ce qu'ils me doivent : leurs bons conseils quand je les leur demande ; leurs armes et leurs personnes, je l'espère, quand je les exigerai. Je suppose que ceci ne vous embarrasse pas plus que moi, et que vous tenez cette ressource pour assurée parmi celles qui me restent. Quant à mes bourgeois et serfs de terre et de corps, je ne les imposerai pas contre leur volonté ; mais je ferai, pour les lier à ma cause, ce que nos ennemis ont fait pour attacher tant d'hommes à la leur. Je ferai pour la défense ce que Rome fait pour l'attaque.

— Sire vicomte, reprit Gérard, Rome a en elle une source de richesses supérieures à l'or et à l'argent, car elle est inépuisable et ne lui coûte qu'une parole. C'est avec cette monnaie qu'elle paie ses soldats. Elle a promis indulgence plénière et remise de tous péchés commis jusqu'à ce jour à tout homme qui suivrait la croisade contre notre malheureux pays pendant quarante jours seulement. Qu'opposerez-vous à cette formidable puissance, qui ne soit bientôt tari et épuisé ?

— Les biens du ciel sont précieux sans doute ; mais ceux de la terre ne sont pas sans exciter les désirs des hommes. Ceux-ci sont en nos mains, sires chevaliers ; ce sont ceux-là que j'opposerai aux indulgences de Rome ; et je ne sais si je ne trouverai pas plus d'hommes qui achèteront plus cher une chance de bien vivre qu'une chance de bien mourir. Ecris, Buat, écris que je donne à tous hommes, serfs de terre ou de corps de mes domaines, le droit de marier leurs filles actuellement vivantes, nubiles ou autres, sans ma permission de seigneur, moyennant pour les serfs de corps, vingt-cinq sols melgoriens ou un demi-marc d'argent fin ; et pour les serfs de terre, moyennant une mesure toulousaine de blé ou avoine qu'ils verseront dans mes greniers d'Albi, de Carcassonne et de Béziers. Ajoute que ce droit passera à perpétuité à leur postérité moyennant qu'ils décupleront la redevance ci-dessus portée. Ajoute que pour pareille redevance ils peuvent obtenir, soit pour eux, soit pour leur postérité, le droit de faire embrasser à leur fils l'état ecclésiastique sans notre permission suzeraine. Rédige l'acte ainsi que de coutume. Je le scellerai de mon sceau, et tu le remettras en quatre copies à chacun des sénéchaux de nos comtés, pour qu'il soit proclamé à son de trompe et de tambour par toutes nos campagnes, et avant deux semaines passées, afin que le délai pour tous ceux qui voudront profiter de la présente charte soit écoulé dans un mois.

— Sans doute, dit Dupuy, une pareille mesure produira quelque argent et quelques provisions ; mais cela sera bien loin d'être suffisant ; car peu d'hommes se présenteront pour en profiter ; et c'est dépouiller le vicomté de ses droits les plus précieux. C'est d'ailleurs une nouveauté sans exemple.

— Vous avez l'esprit si préoccupé de l'impossibilité de notre défense, reprit Roger, que votre raison et vos souvenirs sont absents de vos paroles. D'abord ce n'est point une nouveauté, car vous, Saissac et Gérard, ici présents, avez signé, il y a tantôt vingt ans, pareille concession à Bernard Beausadun et à Arnauld Morel, lorsque vous gériez mes affaires commes mes tuteurs. Ceci doit vous être flatteur, et il me semble que je ne puis faire mieux aujourd'hui que vous n'avez fait jadis. Le reste de vos paroles est encore plus privé de sens et de réflexion. Ou beaucoup d'hommes se présenteront, et alors la ressource sera grande et profitable ; ou peu feront un tel marché, et alors le vicomté ne sera point dépouillé de ses droits. Je vais vous montrer qu'il lui en reste plus que vous ne pensez, dont nous pourrons encore faire argent. Ecris, Buat. Dis qu'il sera permis à tout chevalier, citadin, bourgeois, serfs de corps ou de terre, d'acquérir les terres libres en nos comtés, sans que cette acquisition les soumette aux redevances seigneuriales qui les atteignaient auparavant en passant dans leurs mains et en faisaient des terres liges et de notre mouvance. Ce droit s'acquerra moyennant une somme de cinq sols melgoriens ou dix marcs d'argent fin. Cet acte, tu le feras transcrire en six copies pour être envoyé à nos viguiers d'Albi, de Castres, d'Allet, de Béziers, de Pezenas, de Carcassonne et de Lille en Albigeois. Je pense, sires chevaliers, que vous vous trouverez honorés et satisfaits de ce que vos terres reçoivent de moi cet honneur et cette valeur qui, du moment qu'elles vous ont appartenu, deviennent à perpétuité terres libres et de franc-aleu. Cette mesure doit vous honorer, puisqu'elle fait que la terre, dont le nom seul reste à vos enfants, ne peut plus être entaché de servitude ; et elle doit vous satisfaire, car elle accroît la valeur de vos biens, que les bourgeois ou des chevaliers citadins ne pouvaient acquérir qu'en les voyant diminuer de prix, par cela seul qu'ils les acquéraient.

Chacun approuvera cette mesure, Gérard de Pépieux plus que tout autre, qui prévoyait ainsi le moyen de se défaire de ses belles prairies et de ses champs pour les changer en richesses plus faciles à défendre et à emporter.

— Sans doute, dit-il, ces deux octrois amèneront l'argent suffisant pour approvisionner les places et avoir des armes. Mais où trouver des soldats ? car en forçant le droit de chevauchée aussi haut que possible, il ne fournira jamais assez d'hommes pour la guerre à laquelle il faut nous préparer.

— Eh bien ! dit Roger, les hommes se trouveront comme l'argent. Buat, écris deux actes pareils à ceux-ci, le premier en quatre et le second en sept copies ; le premier pour nos sénéchaux de campagne, le second pour les viguiers de nos villes. Ecris aux premiers que tous serfs de corps ou de terre qui viendront habiter nos villes y dénommées acquerront, par le seul fait de leur habitation, pendant un an dans lesdites villes, la qualité d'hommes libres, et qu'ils en deviendront bourgeois en s'y conformant aux redevances dues par les bourgeois tant pour le service militaire qu'ils doivent de leur personne que pour la quête qu'ils payent pour le bon entretien des murailles.

— C'est dépeupler les campagnes au profit des villes, s'écria Gérard.

— Les campagnes n'ont pas besoin d'être défendues, puisque, à votre dire, elles ne peuvent l'être ; il faut donc songer à la protection des villes, qui doivent devenir dans ce moment notre premier et important asile. Continue, Buat, et écris au second acte que je t'ai commandé, que tout bourgeois vivant noblement sera admis à l'ordre de chevalerie, et recevra la ceinture militaire sur l'attestation de vingt-trois bourgeois, ou chevaliers du comté certifiant son mérite, sa loyauté et son courage, et cela sans que le seigneur de sa ville puisse s'y opposer.

Cette décision excita un grand murmure parmi les chevaliers; plusieurs se récrièrent que c'était une nouveauté sans exemple, une dégradation de l'ordre de la chevalerie.

— Or donc, messires, dit Roger après avoir, laissé écouter toutes leurs exclamations, vous voulez que la permission d'un seigneur et son caprice soient préférables au choix de vingt-trois des plus honorables habitants d'une ville? vous dites que c'est une nouveauté et qu'elle amènera la dégration de la noblesse? Cette nouveauté, messieurs, est la coutume immémoriale de la ville de Beaucaire, et j'en appelle à messire d'Hosloup, qui a obtenu sa ceinture militaire de cette manière. Est-il aussi aisé de gagner l'estime de vingt-trois notables habitants d'une ville que la faveur d'un seigneur? et quels que soient la valeur et le renom des chevaliers de mes comtés, n'est-il pas avéré que la chevalerie de Beaucaire est la plus célèbre de la province pour son courage et sa splendeur? Faites donc trêve à ces vaines réclamations, et maintenant que je vous ai montré ce que je pouvais faire, sachez que c'est ce que je veux faire, et que cette volonté est inébranlable. Permis à ceux qui me trouvent coupable ou insensé de ne point s'y soumettre, mais permis à moi de les dénoncer dès ce jour comme lâches et félons, et les punir et dépouiller de leurs propriétés pour en revêtir tel chevalier qu'il me plaira. N'est-ce pas la loi, sire de Pépieux? n'est-ce pas justice, chevalier de Lérida?

Le premier courba la tête en signe d'assentiment; et le second, qui ne demandait pas mieux que de voir un cas de félonie se présenter pour pouvoir en profiter, lui pauvre citadin sans terres ni château, Lérida s'écria :

— C'est justice, monseigneur, exacte justice.

— Maintenant, messires, au point du jour nous quitterons cette cité; que chacun de vous aille en prévenir ceux de sa mouvance, chevaliers ou autres; le rendez-vous est ici au soleil levant. Maintenant aussi, vous qui m'avez été fidèles, recevez mon remerciement : j'étais encore enfant lorsque vous me rendîtes foi et hommage, jurant de me protéger de votre force et de votre autorité; aujourd'hui que je suis un homme, je vous rends serment pour serment. Sur mon âme et notre Seigneur Jésus-Christ, je vous jure qu'il ne vous sera fait tort à aucun de vous, que ce tort ne devienne mien, aucune offense qui ne devienne mon offense; et je vous jure que, tant qu'il me restera un champ au soleil, un sou en mon trésor, une épée au poing, une goutte de sang dans mes veines, vous les pourrez demander pour réparer vos torts ou venger vos offenses. Par ainsi me tenez-vous pour votre ami et votre suzerain?

— Pour notre suzerain et notre ami, s'écrièrent tous les chevaliers.

Ils sortirent tous, à l'exception de Pierre de Cabaret et de Saissac qui demeurèrent, sur un signe de Roger. Ni l'un ni l'autre n'avaient fait la moindre observation à tout ce qu'avait décidé le vicomte: Pierre de Cabaret, parce qu'il était de sa nature et de ses habitudes d'obéir aveuglément à tout ordre de son suzerain; Saissac, parce qu'il avait trop de connaissance du caractère du vicomte pour ne point voir qu'il était dans un de ces moments où sa volonté était inflexible comme le roc, et qu'en s'y opposant il n'eût fait que la rendre moins souveraine pour les chevaliers présents, sans cependant y rien changer; d'ailleurs, il avait trop d'habitude des affaires pour ne point reconnaître avec quelle rapidité et quelle supériorité le vicomte avait découvert et employé les ressources qui lui restaient dans ce moment de détresse. Quand Roger se retrouva seul avec ses intimes, il ne craignit pas de descendre avec eux de la fière froideur où il s'était enfermé vis-à-vis des autres; il s'assit, et, après s'être fait servir une coupe pleine d'une eau glacée mêlée de jus d'orange, il dit à Pierre de Cabaret :

— Sur mon âme, mon vieux chevalier, j'ai cru que j'allais mourir quand je me suis laissé aller là tout à l'heure, comme je faisais étant enfant, et que je me coupais le doigt en me façonnant une flèche avec un couteau : c'est une infirmité de ma nature. Il y a des moments où le cœur me manque comme à une fille de quinze ans.

— Ce n'est pas au combat, monseigneur.

— C'est que, vois-tu, mon bon Pierre, on sait où l'on va au combat; la pire chance, c'est d'y être tué ou vaincu, et on se fait par avance une raison pour ces sortes de malheurs; au lieu que dans la vie il en advient de si inattendus et de si profonds, qu'ils vous anéantissent avant qu'on ait pu y prendre garde et se cuirasser contre eux.

— Et maintenant, monseigneur? dit Pierre en s'approchant de lui.

— Maintenant tout est fini, mon bon soldat, et nous n'avons plus qu'à mettre l'épée au flanc et le casque en tête, et nous battre bravement, et à mourir de même, si l'on veut.

— Qui peut empêcher un chevalier de mourir ainsi? reprit Pierre.

— Qui sait? dit Roger. Il y a la trahison, qui tue le corps aussi bien que l'âme : on peut donner un coup de poignard ou un gobelet de poison à celui dont on a fait mentir la vie et calomnié le cœur. Mais ne pensons plus à cela. Buat, va voir si les hommes que j'ai fait mander sont arrivés.

Buat sortit; et, pendant qu'il s'éloignait, Saissac le suivit des yeux avec attention; et quand il eut rencontré le regard de Roger, celui-ci lui sourit doucement, lui tendit la main, et lui montrant Buat d'un signe de tête, il lui dit :

— Il est brave et fort comme un lion, il est patient comme la tortue; si j'avais une vengeance à léguer, je la lui remettrais en main.

Buat rentra :

— Nathanias le médecin et le marchand Nin-Benjamin, tous deux juifs, sont arrivés avec le Pisan Marc Moreira. Le notaire Jehan de Frédelás attend aussi.

Fais entrer Nathanias d'abord, dit le vicomte.

Dès que le médecin fut entré :

— Maître, lui dit-il, je t'ai fait appeler pour te demander s'il ne te convient point de quitter la ville de Montpellier, qui, d'après ce qui s'est passé au logis de Catherine Rebuffe, n'est plus un lieu de sûreté pour toi. Si cela te plaît, et si tu n'as pas encore fait choix d'un asile, je t'offre un logement en mon château de Carcassonne avec trois cents sous de gages par an, pour que tu sois le médecin de nos hommes et de nous-mêmes, et que tu puisses les secourir en cas de blessures graves; car je sais que tu es grandement expert en ta science.

— Monseigneur, reprit Nathanias, le roi d'Aragon m'a fait assurer sa protection si l'Église romaine voulait m'inquiéter pour le cas de Pierre Mauran; je ne puis donc quitter Montpellier sans son mandat, et sans avoir remis en bonne santé un chétif malade qu'il m'a confié, le poëte Vidal, qui a été rudement maltraité par les chiens de madame de Penaultier.

— Et penses-tu le sauver?

— Je n'en fais nul doute, monseigneur; un fou, cela vit de soi; car le mal de corps n'est rien si n'était l'âme qui vient toujours l'aiguillonner.

— Tu as raison, dit Roger pensif.

— Aussi, dit Nathanias, nous aurions sauvé ce pauvre Mauran si n'eût été sa rage d'hérésie et les coups de bûche qu'on lui a donnés, quoiqu'il eût été cruellement maltraité par une compagnie d'infâmes routiers.

— Chien de juif, dit Buat, qui t'a permis de parler mal des routiers?

— Je répète ce que j'ai entendu dire, répondit Nathanias tremblant.

— Ainsi, dit Roger, je ne puis compter sur toi?

— Bien au contraire, monseigneur, parce que je vous estime comme le plus brave et libéral chevalier de la contrée; or, j'irai par inclination et honneur, quoique ma vie soit en sûreté dans Montpellier, et que le roi d'Aragon m'ait fait offrir cinq cents sous melgoriens.

— Assez, dit Roger, je te comprends: tu es sûr d'être brûlé si tu restes à Montpellier, et Pierre d'Aragon t'a fait chasser de son palais. Je vous connais, toi et les tiens. Accepte mon affaire, ou je songerai à Samuel Ben Salomon.

— Samuel Ben Salomon est un ignorant, s'écria Nathanias, et monseigneur connaît trop le prix de la vraie science...

— Allons, dit Roger, j'ajouterai deux robes fourrées à tes gages, et tu viendras.

— Quand partons-nous, monseigneur? dit Nathanias.

— Au point du jour. Et, du geste, Roger le congédia. En le regardant s'éloigner, il ne put s'empêcher de dire:

— C'est une singulière et inconcevable race que celle de ces hommes; ils ont tellement le mensonge et la rapacité dans le sang que rien ne peut les en corriger. En voici un, le plus savant homme qui existe peut-être en Provence, à qui l'étude des grandes et belles sciences eût dû agrandir l'esprit et élever le cœur, et qui trafique de lui et de son savoir comme le dernier marchand d'un manteau de tiretaine. Heureusement qu'il m'a fait la leçon pour l'autre. Buat, fais entrer Benjamin.

Nin-Benjamin entra. C'était un marchand juif : voilà son portrait. Je pense que nos lecteurs en ont lu quelques-uns dans leur vie, ne fût-ce que celui du beau poëme de Scott, celui d'Isaac dans Ivanhoë. Dès que Benjamin fut dans la chambre, le vicomte lui dit :

— Tu as vu, en entrant ici, le Pisan Marc Moreira? il va me signer à l'instant le marché que je vais te proposer si tu ne me le signes avant lui.

— Je puis faire tout ce que peut faire le Pisan Marc Moreira si ce que fait Marc Moreira est raisonnable et possible, ajouta le juif.

— Tu vas en juger, dit Roger : tu possèdes, par toi ou les tiens, une immense quantité d'or dont l'emploi vous embarrasse?

— Monseigneur se trompe, et nous sommes si pauvres depuis que l'édit du roi Philippe a chassé nos frères des terres de France, que c'est une bien vaine supposition que dire que nous possédons des monceaux d'or.

— S'il en est ainsi, dit Roger, qu'on fasse entrer Marc Moreira.

— Cependant, monseigneur, s'écria Nin-Benjamin, il est possible que mes frères...

— Ecoute, dit Roger, je n'ai pas le temps de te poursuivre dans tes détours de friponnerie ; ne m'interromps pas, et dis oui ou non quand j'aurai fini.

— J'écoute, monseigneur.

— Vous avez des monceaux d'or, et tu sais bien, toi, que les juifs de la Provence en ont d'autant plus qu'on y a peu exécuté l'édit du roi Philippe qui les chasse du royaume ; mais cet or, vous ne savez qu'en faire. Vous avez beau le convertir en couronnes, bracelets et joyaux, en christs et en vierges, en saints et en calices de toutes formes, il est pour vous un fardeau plus qu'une richesse, car vous n'en trouverez que rarement l'emploi, et jamais suffisamment. D'une autre part, pour l'échange de marchandises, un lingot n'est pas chose facile à supputer comme une monnaie courante. Eh bien ! je te donne, à partir de ce jour jusqu'à la fin de juillet prochain, qui arrive dans trois mois, je te donne mon sceau pour en frapper monnaie en or et en argent, jusqu'à telle somme qu'il te plaira, en me comptant, d'ici à une heure, une somme de cent mille sous de vingt-cinq au marc d'argent, c'est-à-dire en sous Raymondiens, et en me signant un engagement pour pareille somme dans un mois.

— Deux cent mille sous, monseigneur ; c'est folie, c'est impossible, répondit le juif avec un sourire dédaigneux.

— Appelez le Pisan Marc Moreira, dit Roger en se levant.

— Cependant, monseigneur, si cinquante mille sous...

— Un mot de plus, et je te fais chasser à coups de fouet.... va-t'en... voici Marc Moreira.

Le juif sentait bien que l'affaire était excellente, et si on lui avait demandé quatre cent mille sous, peut-être en eût-il offert deux cent mille ; mais conclure une affaire sans marchander lui était aussi impossible que de ne pas avoir soif ou faim. Cependant, voyant que Roger s'avançait vers la porte, il dit avec désespoir :

— Eh bien ! monseigneur, cent cinquante...

— Marc Moreira, maître Marc Moreira, dit Roger en levant lui-même la portière et en appelant le Pisan.

— Vous aurez tout, monseigneur !... s'écria Nin-Benjamin à voix basse ; mais ne dites pas que j'ai fait cette folie.

Le juif mettait le silence comme condition à son marché, pour se dire qu'il avait attrapé quelque chose.

— C'est, dit Roger, à Moreira qui entrait, c'est notre notaire Jehan de Frédelas que je voulais d'abord appeler, excusez mon maître, vous allez avoir votre tour.

— Ah ! dit Nin-Benjamin, vous avez une affaire à traiter avec le Pisan : il s'agit d'étoffes, d'armures, de chevaux, ou de marchandises, de quelle sorte qu'elles soient, nous sommes aussi bien approvisionnés que peuvent l'être tous les Pisans de Montpellier.

— Non, dit Roger, il ne s'agit en ceci ni de vendre ni d'acheter ; mais puisque tu as des armures et des chevaux, voici Buat et le sire de Cabaret qui vont t'accompagner, et qui en choisiront quelques-unes pour notre compte. Maître Frédelas, approchez et faites l'acte que je vais vous dicter.

Selon la coutume pour toute affaire qui engageait les deux parties, Jehan écrivit ledit acte au haut du parchemin, et, lorsqu'il fut arrivé à peu près au tiers de la hauteur, il tourna le parchemin et acheva l'acte de l'autre côté, ayant soin qu'il n'occupât aussi que le tiers de cette seconde page ; cela fait, il le recopia au bas du parchemin des deux côtés et sur le tiers aussi de chacun des deux côtés, de façon qu'entre les deux actes il restait un grand blanc. Quand les deux actes furent dûment collationnés et signés par le vicomte et Nin-Benjamin, Frédelas inscrivit sur le blanc qui restait les lettres de l'alphabet en grandes majuscules contournées, et y apposa sa signature écrite de bas en haut et de haut en bas ; puis il sépara les deux actes avec une longue paire de ciseaux, en les partageant également, de façon que les lettres de l'alphabet et sa signature fussent coupées en deux, une moitié restant attachée à chaque acte, comme on fait encore de nos jours pour ce qu'on appelle les registres à talon. Les actes ainsi séparés étaient remis à chacune des parties, et, lorsqu'on les produisait en justice, ils devaient se rapporter complétement, sous peine d'être déclarés nuls. Nin-Benjamin sortit pour aller préparer son paiement, et Marc Moreira fut introduit. C'était un grave personnage, portant un bonnet fourré ; il avait une robe de soie flottante, une large ceinture où se glissait un mince poignard, et des bottines d'un rouge écarlate. Roger se leva pour le recevoir, et lui fit donner un siége.

— Maître, je vous prie de m'excuser si je vous ai fait appeler à une heure aussi indue ; mais la nécessité a été plus forte que la convenance ; cette nécessité est même plus forte que la prudence que l'on doit garder dans l'espèce d'affaires dont je veux vous entretenir, et le mystère qu'on doit y mettre. Mais je vous sais homme d'honneur, et d'ailleurs ce que j'ai à vous proposer n'est chose nouvelle ni pour vous ni pour moi ; seulement, nous pouvons conclure aujourd'hui ensemble et dans une heure ce que mon argentier traînait en longueur depuis tantôt deux ans. Vous m'avez fait demander pour notre ville de Carcassonne le droit d'y établir les marchands de Pise. Les Arméniens, vous le savez, et les Candiens me le demandaient aussi ; mais je préfère votre nation à la leur, et suis prêt à traiter avec vous si l'indemnité que vous m'offrez est raisonnable.

— Monseigneur, dit Marc Moreira, la ville de Montpellier

nous a permis de nous établir dans le second faubourg ; elle nous a donné une rue particulière fermée de chaînes et de portes pour notre sûreté en cas d'émoi et de pillage : elle nous a, en outre, laissé notre droit de juridiction entre nous pour les faits où ne sont pas mêlés les citoyens de la ville; elle a permis encore l'établissement d'un consulat chargé de la surveillance des marchands pisans : et, pour toutes ces concessions, nous avons donné à la ville de Montpellier la somme de mille marcs d'argent fin une fois payée, et une redevance annuelle de cinquante marcs d'argent. J'en produirai le titre quand vous le voudrez.

— C'est inutile, maître ; je vous connais, et je sais que votre parole vaut tous les écrits. Maintenant que pouvez-vous me donner pour des avantages pareils à ceux que vous venez de me nommer ?

— Si, d'un côté, vous voulez considérer que la ville de Carcassonne est bien moins populeuse et riche que celle de Montpellier, vous penserez sans doute que la somme doit être moindre ; mais, d'autre part, si vous voulez vous engager à ne faire ces avantages à aucune autre nation, et à n'admettre pendant dix ans ni les Arméniens, ni les Génois, ni les Candiens, à pareil traité, nous pourrons vous offrir pareille somme.

— C'est conclu, dit le vicomte ; vous ferez dresser l'acte ; maître Fredelas va vous suivre. Quant au paiement, je désire qu'il me soit fait à Carcassonne, en monnaie septemne, d'aujourd'hui à un mois.

— En voulez-vous une garantie, monseigneur?

— Je n'ai besoin que de votre parole. Adieu, maître ; que Dieu vous conduise.

Dès qu'il fut sorti, Roger dit à Buat :

— Va maintenant chez ce coquin de Nin-Benjamin ; compte trois fois l'argent dans les sacs, quatre fois les sacs sur le dos des valets, et dix fois les valets en sortant ; regarde les armures à la lueur des flambeaux, et tu seras volé demain de plus de deux mille sous, je te jure.

— Monseigneur, dit Buat en riant, je me souviendrai que j'ai été routier.

— Tu prendras sur cet argent ce qu'il faut pour payer ta compagnie. La foire libre te protégera quatre jours encore, et tu pourras rassembler tous tes hommes. Fais qu'ils soient équipés en gens de guerre, et non pas en brigands. Demain, nous prendrons un lieu de rendez-vous.

Une heure après, Roger s'était retiré dans sa chambre, et, au point du jour, armé de sa cotte de mailles, la tête découverte, le front serein et presque joyeux, accompagné d'une trentaine de chevaliers, sur plus de deux cent qui relevaient de lui, il sortit de la ville de Montpellier au galop de son cheval Algibeck, qui s'arrêta instinctivement en passant devant la rue où était la maison de Catherine; mais nul ne s'en aperçut, car Roger le pressa de l'éperon et le força de continuer sa route, sans détourner seulement la tête ni interrompre la conversation qu'il avait avec Saissac.

LIVRE CINQUIÈME

I

LE SUZERAIN ET SON VASSAL.

A trois mois de là, nous retrouvons encore Roger dans la ville de Montpellier. Tout ce temps avait été employé par lui à compléter, par l'exécution, les mesures qu'il avait décidées en présence de ses chevaliers. Ses deux villes de Béziers et de Carcassonne avaient été l'objet particulier de ses soins, parce que c'étaient celles où la fidélité des habitants lui paraissait la plus assurée. Dans l'opinion des plus prudents, la croisade devait passer comme un torrent ; et le fait d'y résister seulement pendant les quarante jours qui étaient imposés aux croisés pour gagner les indulgences, promettait une bonne chance ou de la vaincre ou de traiter avec elle ; d'un autre côté, elle devait traîner à sa suite de telles exactions et de si grandes cruautés, que Roger ne doutait pas que le premier moment d'effroi passé ou remplacé par le désespoir, toutes les nations ne se levassent pour purger le sol de la Provence d'un si lourd fléau. Alors il comptait bien reprendre sa place en tête de ce mouvement et y trouver la récompense de sa persécution.

Cependant, comme il était décidé depuis longtemps dans la marche qu'il voulait suivre, il se rendit à Montpellier dès qu'il apprit que l'armée des croisés y était arrivée, quoiqu'il n'eût aucune espérance probable de rien gagner des chevaliers croisés, et particulièrement du nouveau légat Arnauld, abbé de Citeaux, qu'Innocent III avait joint à Milon, que les croisés avaient nommé général de la croisade. Cependant il croyait devoir à ses vassaux de tout tenter pour les soustraire aux malheurs d'une pareille guerre, et, en outre, il comptait profiter de sa présence à Montpellier pour connaître l'esprit et le nombre des combattants qu'il avait pour ennemis; il n'hésita donc pas à venir dans la ville où ils étaient assemblés. Il serait convenable de montrer ici tous les nobles seigneurs de France qui prirent part à cette croisade ; mais cette énumération serait sans doute fatigante, et les renseignements nécessaires au lecteur pour saisir lucidement le fil de cette histoire se trouvent naturellement exposés dans l'entrevue qu'eurent ensemble le comte de Toulouse et Roger; la veille du jour où celui-ci fut admis en présence des légats.

Dès le matin de son arrivée, Roger avait reçu un message secret du comte de Toulouse ; ce message verbal lui avait été transmis par Raymond-Lombard, qui, avec quelques chevaliers, avait accompagné son seigneur à Montpellier. Roger fut sur le point de se refuser à cette invitation ; mais, comme il connaissait le caractère indécis de son oncle, sa marche tortueuse en toutes choses, il pensa qu'il pourrait tirer quelques secrets utiles de cet entretien, et il se décida à voir Raymond. Lorsque Roger entra dans la chambre où l'attendait le comte, celui-ci le salua de la main. Il était pâle, maigre et profondément soucieux ; en trois mois, ses cheveux avaient grisonné et son front était devenu chauve et ridé. Roger le regarda avec étonnement, presque avec pitié. Lui-même avait le teint hâlé et défait. Soit résultat de la fatigue qu'il avait éprouvée dans les trois mois qui venaient de s'écouler, soit que les chagrins qu'il portait en soi l'eussent déjà flétri, tout jeune qu'il était, en le dévorant intérieurement ; car, depuis le jour de l'assemblée des chevaliers, ni le nom de Catherine, ni celui de Pons, ni celui d'Agnès, n'étaient sortis de sa bouche. De plus adroits que ceux qui l'entouraient à deviner le secret du cœur des hommes, eussent reconnu que sa jeune épouse avait pris rang dans son cœur à une place bien intime, puisqu'il enfermait son nom dans le même silence qu'il gardait sur les deux affections les plus chères de sa vie, l'amour de Catherine et l'amitié de Pons de Sabran. Quand Raymond eut à son tour considéré le vicomte, il branla tristement la tête, et dit :

— Tu m'as voulu sauver les douleurs que j'ai au cœur et les rides que j'ai au front, Roger, et pourtant elles sont venues ; j'ai voulu te faire le chagrin que tu souffres et te donner la pâleur qui te blanchit le visage, et ils sont venus aussi. Misérable vie que celle où le mal et le bien ont le même succès et la même récompense !

— Vous vous trompez, sire comte, dit froidement Roger ; il y a différence entre la pâleur de la fatigue et celle de la peur, entre le souci de faire ce qu'on doit et le remords d'avoir fait ce qu'on ne devait pas faire.

Le comte se tourmenta un instant sur son fauteuil en poussant des soupirs désolés, puis il s'écria tout à coup :

— Malheur sur moi ! Roger ; et Dieu veuille qu'il ne faille pas ajouter malheur sur toi ! La Provence est perdue, et la puissance romaine nous envahit, comme une plaie dévorante.

— Le voyez-vous enfin ? dit Roger.

— Ah ! s'écria le comte, c'est Dieu qui t'inspirait le jour où tu dénonças les projets de Rome et l'avenir de nos comtés.

— Je ne mets point d'orgueil, reprit Roger, à avoir mieux compris que vous l'esprit de Rome ; mais votre tristesse d'aujourd'hui m'étonne autant que votre aveuglement d'alors. Rien n'est commencé encore, et vous désespérez déjà.

— Non, dit le comte, non, j'espère encore en toi, en toi Roger, l'enfant chéri de ma sœur Adélaïde, que j'ai plus aimée que toute chose de ce monde.

— Je le sais, dit Roger, et c'est le souvenir de cette tendresse pour ma mère qui m'a fait oublier votre haine contre moi, et m'a déterminé à venir en ce lieu.

— Je ne te hais pas, Roger ; tu te trompes, c'est fatalité, c'est enchantement qui m'ont égaré l'esprit.

La tristesse de Raymond était si profonde que Roger ne se sentit pas le courage de l'accabler tout à fait en lui reprochant, non point seulement ses fautes, mais ses coupables projets contre lui. Il se rapprocha de son oncle, et, prenant un siége à ses côtés, il lui demanda ce qu'il voulait et pourquoi il l'avait fait mander. Raymond promena autour de lui un regard inquiet et perçant, puis il commença ainsi à voix basse et par phrases entrecoupées :

— Tu as été sage et résolu dans ta conduite, Roger ; tu as grandement fortifié tes villes et tes châteaux, et les as soigneusement approvisionnés : mais... mais.

— Eh bien ! dit le vicomte.

— Ton trésor s'est épuisé à tous ces préparatifs, et il te manque d'argent.

— J'en ai plus que le comte de Toulouse, dit Roger avec hauteur, et plus légitimement acquis.

— Non, dit le comte toujours à voix basse, non, tu manques d'argent, et la troupe de Buat n'a pas reçu sa solde depuis huit jours; elle murmure et son capitaine a besoin de sa volonté ferme comme la tienne, de son bras fort comme le tien pour la maintenir ; car Buat a beaucoup de tes qualités et de ton visage... ce pauvre Buat...

— Laissons cela, dit Roger vivement; s'il me manque d'or, j'en trouverai. Ma venue à Montpellier n'a point d'autre but auquel je puisse espérer atteindre ; car si je me présente devant les légats, c'est plutôt pour accomplir un devoir envers mes populations, que dans l'espérance raisonnable d'en obtenir quelque chose.

— Tu as raison, tu n'en obtiendras que guerre et malédiction ; tu as raison encore, il faut te procurer de l'argent : en as-tu les moyens ?

— Je les trouverai, sire comte.

— Tu n'as qu'un jour, et c'est bien peu... si tu es embarrassé, je puis te les indiquer.

— Mon oncle, dit Roger en souriant, croyez que le vicomte Roger, le prodigue et le fastueux, sait mieux que vous, le suzerain prudent et rangé, où l'on trouve de l'or dans un jour de détresse.

— Sans doute, pour des folies de jeunesse, pour des achats de joyaux ou des fêtes de femmes ; mais pour des entreprises de guerre ou de politique, où il faut que le soldat soit largement payé, surtout lorsqu'il n'a pas la chance du pillage, où l'on doit penser à se faire des intelligences dans le camp des ennemis, il faut beaucoup d'or, plus que tu ne crois.

— Eh bien! reprit Roger, à la grâce de Dieu et de mon épée; après mon trésor, il faudra épuiser mes veines; après mon or, mon sang.

— Folie, dit le comte, folie; tu dois avoir des amis, Roger, des amis qui te secourront de leurs richesses.

— La richesse des miens, dit Roger, est dans toute la bonté de leur lance et la fermeté de leur courage.

— Tu ne me comprends pas ou ne veux pas me comprendre; tu as besoin d'or...

— Vous me l'avez déjà dit, et je le sais; ce que je ne sais pas, à vrai dire, c'est où le trouver.

— Il ne faut pas moins de dix mille marcs d'argent, reprit Raymond en continuant sa pensée; cela peut suffire pour deux mois, au bout desquels, si les principaux de cette armée se retirent, car les quarante jours de pèlerinage seront accomplis alors, nous verrons.., mais jusque là, il faut que tu résistes seul... seul, car moi...

Raymond s'arrêta en rencontrant le regard d'aigle du vicomte qui semblait vouloir pénétrer, à travers ses paroles entrecoupées, dans le secret de ses nouveaux calculs. Ils gardèrent un moment le silence; et Roger, qui voyait bien que le comte était tout prêt à le servir, à condition que personne ne pût le soupçonner, à condition que lui-même, Roger, aurait l'air de ne pas s'en apercevoir, le vicomte ajouta :

— Sans doute, ces dix mille marcs d'argent me seraient d'un grand secours; mais ai-je encore un ami à qui les emprunter, et qui fonde assez d'espoir sur mon existence pour me les prêter?

— Et ne t'ai-je pas dit, reprit le comte, que je n'espérais plus qu'en toi? Voici, dans ce coffre, ces dix mille marcs d'argent. Quel homme assez sûr pourrait les venir chercher?

— Buat.

— Oui, Buat, après le jour tombé au milieu de la nuit : il peut passer par la porte basse du jardin avec quelques hommes : en voici la clef. Il n'y aura personne dans cette salle et il pourra emporter ce coffre.

— C'est un vol, ou du moins ceci en a l'aspect.

— Ah! dit le comte avec impatience, veux-tu que je t'envoie cet or en plein jour par mes valets et escorté de mes hommes d'armes, en face de toute l'armée?

— Je n'ai rien dit de pareil, dit Roger; mais je désirerais que quelques hommes des vôtres l'apportassent sûrement dans ma demeure, plutôt que de voir les miens s'introduire furtivement dans votre maison.

— Il faut qu'il en soit comme je t'ai dit pour ma sûreté.

— Il faut qu'il en soit autrement pour mon honneur.

— Et à qui faut-il que je me confie, moi, reprit le comte avec désespoir, entouré d'ennemis et d'espions, sans un serviteur ni allié à qui oser demander asile pour ma tête? Fais ainsi que je t'ai dit, Roger, je t'en prie, pour moi, pour tous deux, pour notre salut.

Roger ne répondit pas, se réservant d'agir selon la circonstance. Le comte lui remit la clef; et Roger, l'observant plus attentivement encore, continua :

— Cependant n'êtes-vous pas parmi vos alliés et vos vassaux?

— Certes, dit le comte, parmi des vassaux à la foi douteuse, des alliés qui ont soif et faim de mes comtés, et des évêques qui m'ont fait le vassal de leurs moindres volontés.

— Avez-vous déjà motif de vous défier de leur amitié? dit Roger.

— Ah! s'écria Raymond, tes comtés sont-ils déjà tellement fermés à tout bruit de ce qui se passe au dehors, que tu ne saches pas ce que j'ai déjà souffert et subi? N'ose-t-on déjà approcher vos terres maudites, si nul voyageur ne vous a conté qu'en ma ville de Saint-Gilles, en mon château, sur ma terre, ils sont venus recevoir ma pénitence! Et sais-tu quelle pénitence, Roger? un traité, peut-être une abjuration, une publique confession, quelque chose de pareil et d'accoutumé? Non, non, c'était trop peu pour eux. Cet homme que tu vois devant toi, qui s'appelle comte de Toulouse, de Narbonne et de Querci, marquis de Provence et seigneur de Beaucaire et d'Usez; cet homme qui a plus de domaines personnels que le roi Philippe lui-même, plus de vassaux dans sa mouvance que l'empereur Othon; cet homme qui a des cheveux gris et qui a manié la lance et l'épée comme

15.

un chevalier de quelque renom; cet homme, ils l'ont fait mettre nu jusqu'à la ceinture; ils l'ont fait attendre, les pieds nus, sur les degrés d'une église; cet homme, ils lui ont attaché une corde au cou, comme à une bête de somme, et comme une bête de somme, ils l'ont tiré par son licou, et promené autour d'une église; et ils l'ont fustigé sur les reins et sur la face, ce suzerain, ce comte, ce marquis, ce chevalier!

En parlant ainsi, le comte s'était animé; il était pâle, et de grosses gouttes de sueur lui tombaient du front, et se mêlaient sur son visage, avec quelques larmes qui lui tombaient des yeux.

— Je l'avais entendu dire, reprit tristement Roger, mais j'avais cru que vous aviez mis cette humiliation dans les calculs de votre politique, et que vous saviez ce qui vous attendait.

— Tes paroles sont dures, Roger; mais, quoique je les mérite, tu te trompes pourtant en ceci : je n'avais pas prévu qu'Innocent III, après m'avoir attiré dans le piége en m'envoyant le faible et timide Milon, déléguerait, pour l'exécution de nos traités, l'impitoyable et insolent abbé de Citeaux. Ainsi, ce qui ne me paraissait qu'une vaine formalité est devenu un atroce et infamant supplice; ce que je lui avais offert comme un leurre, espérant que le temps me sauverait de mes engagements, il a fallu l'accomplir sur-le-champ et entièrement.

— Ainsi, dit Roger, sept de vos châteaux...

— Sont aux mains des évêques délégués par Milon, ajouta Raymond; huit de mes chevaliers ont livré les leurs pour garantir ma promesse; ma ville de Montpellier a reçu garnison des croisés, et j'ai soumis treize forteresses à la suzeraineté de l'évêque d'Usez.

— Eh bien ! dit Roger à voix basse, je les connais, ces châteaux, ils sont dispersés sur vos terres; les croisés les ont ainsi choisis pour tenir, de tous côtés, vos populations sous leur main; mais ce qui sera un immense avantage pour eux, si vous leur laissez le temps de s'y établir solidement, sera peut-être cause de leur ruine si vous voulez vous dégager sur l'heure, car tous ces forts n'ont aucune liaison entre eux, et vous pouvez, en les attaquant séparément, en expulser vos ennemis en moins de temps qu'ils n'y sont entrés. Appelez vos populations à votre aide ; et ceux que vos hommes d'armes ne pourront vaincre par la force, vos serfs les anéantiront par la famine, en leur refusant vivres et provisions. O comte de Toulouse, mon oncle! puisque la lumière vous est venue, que le courage ne vous manque pas...

Le comte secoua lentement sa tête, son visage s'assombrit, il prit une profonde expression de désespoir, comme celui d'un homme qui n'ose dire ce qu'il voudrait.

— Il faut attendre, Roger, il faut attendre?

— Jusqu'où voulez-vous donc attendre? Sur mon âme, est-ce jusqu'au jour où ils auront établi garnison dans le château narbonnais de votre ville de Toulouse?

— C'est que ce n'est pas tout, Roger, reprit le comte en se laissant aller à sangloter.

— Ce n'est pas tout? dit Roger surpris.

— C'est, reprit Raymond, en levant sur lui ses yeux tout inondés de larmes, c'est qu'ils m'ont pris mon fils; c'est que mon fils est leur otage; c'est qu'ils tiennent un poignard sur le cœur de l'enfant pour être maître de celui du père.

Roger baissa les yeux.

— Tu me méprises et tu ne me plains pas, et tu as raison ; car c'est infâme et lâche; c'est plus infâme et plus lâche que de fuir dans un combat : un enfant de huit ans, Roger, un enfant si beau et si décidé, un enfant qui te plaisait, à toi, et que tu prenais plaisir à embrasser, quoiqu'il fût le fils de ton ennemi, tant il promettait de courage et de résolution.

— Alors ce n'est pas attendre qu'il faut dire, c'est se soumettre, à moins que cette captivité n'ait un terme.

— Elle en a un.

— Lointain?

— Dieu seul le sait.

— Ce terme est donc soumis à quelque promesse qu'il vous reste à accomplir?

— Non, dit le comte en poussant un soupir.

— A quelque événement incertain?

— Oui, à un événement... Puis le comte s'arrêta en détournant la tête.

— Enfin, dit Roger avec impatience, il faut sortir de cette voie tortueuse et nous expliquer clairement : quel événement doit vous rendre votre fils ? puis-je le hâter ?

Le comte tressaillit.

— Puis-je le retarder ?

— Oui, oui, dit le comte, il faut le retarder...

— Et laisser votre fils en otage et vous tenir lié à jamais.

Le comte se cacha la tête dans ses mains...

— Au nom du ciel, mon oncle, quel est cet événement qui doit vous rendre votre enfant ?

— Eh bien ! dit le comte en hésitant, c'est.... c'est ta défaite ! ta captivité ! ta.....

— Ma mort, dit Roger...

— Ah ! s'écria le comte, cela ne sera pas. C'est pour cela que je te dis qu'il faut attendre ; le temps amène bien des changements dans la volonté des hommes et dans la marche des choses : c'est pour cela qu'il faut que tu puisses seul résister au premier choc des armées croisées.

— Je les connais, ces armées, dit Roger ; Buat, déguisé, a parcouru le camp, et je vous jure qu'elles viendront s'abattre au pied de Carcassonne comme une vague impuissante. Adieu.

— Non, non ; ne t'en va pas encore, j'ai beaucoup à te dire. Ecoute, cette armée que tu vois campée autour de cette ville n'est que la moindre de celles qui doivent t'attaquer : une autre arrive d'Agen ; celle-là est commandée par l'archevêque de Bordeaux, les évêques de Limoges, de Bazas, d'Agen, et avec elle marchent Guy, comte d'Auvergne, et le vicomte de Turenne, ce fort vicomte, qui porte son cheval de bataille quand son cheval est las de le porter.

— Eh bien ! s'écria Roger, cheval et vicomte, je les porterai sur la terre d'où ils ne se relèveront plus.

— Une troisième, continua Raymond, vient du Velai ; elle est commandée par l'évêque du Puy. Dans celui-là se trouve, avec toutes ses lances, le terrible Guillaume des Barres, le seul chevalier du monde qui ait renversé des arçons le roi Richard Cœur-de-Lion.

— Le roi Richard s'est relevé, et a pourfendu au front le terrible chevalier ; c'est une place où l'épée doit entrer plus aisément ; je la chercherai et j'y frapperai.

— Soit, soit, dit le comte : quand je t'ai vu, bien jeune encore, car tu n'avais pas douze ans, frapper au cœur de son écu, et percer jusqu'au cœur de sa poitrine le grand chevalier de Silan, qu'on disait si ferme sur ses étriers, j'ai jugé que tu serais un vaillant et invincible chevalier. Mais ceci n'est pas le combat d'un homme contre un homme ; c'est la lutte de quelques-uns contre d'innombrables multitudes, et, contre de tels ennemis, le temps est le meilleur chevalier ; enferme-toi donc dans ta ville de Carcassonne.

— Je suis vicomte de Béziers avant tout.

— Béziers résistera avant toi, car c'est la seule armée qui est à Montpellier qui doit t'attaquer, tandis que le rendez-vous général est sous les murs de Carcassonne. C'est là qu'il faut la tête froide et le bras puissant. C'est là ton poste.

Le vicomte n'écoutait plus. Il avait été frappé de ce rendez-vous pris sous les murs de sa meilleure ville. Il dit alors à Raymond, avec un regard terrible et en se levant :

— Que faisons-nous donc à Montpellier? Pourquoi cette entrevue que j'ai demandée aux légats m'est-elle si aisément accordée, lorsqu'ils semblent avoir arrêté leur marche, comme s'ils étaient assuré que nul traité n'est possible? Est-ce donc un piége, et les légats ont-ils mis à la trahison une croix sur l'épaule pour en faire un de leurs chevaliers?

— Une trahison à Montpellier ! dit Raymond ; ils ne l'oseraient. Les évêques sont peu nombreux en cette armée et en minorité au conseil; et, eussent-ils gagné quelques chevaliers, le duc de Bourgogne, le comte de Saint-Pol et le duc de Nevers suffiraient pour empêcher un si infâme projet ; car c'est en eux que réside toute la force de cette armée ; le comte de Mauvoisin ne le voudrait pas non plus ; aucun chevalier, je pense, pas même Simon de Monfort, bien qu'i soit le plus dévoué partisan du moine Dominique, à qui tous les moyens sont bons. Mais Dominique et Simon sont en opposition avec Arnauld, et, pour lui complaire, ils ne prêteraient pas la main à une trahison.

— Dominique est donc ici? reprit Roger.

— Il est arrivé avec Foulques, mon évêque, et, pendant mon absence, ils ont établi une compagnie de prêcheurs pour la conversion des hérétiques, ou plutôt pour leur persécution.

— Alors, qu'ai-je affaire de voir le légat?

— Oh! dit Raymond, ce n'est point au légat que tu auras affaire seulement, ce sera à tous les chevaliers et capitaines commandant l'armée. Ceux-là, il faut qu'ils te voient; il faut qu'ils connaissent en toi le plus beau, le plus jeune, le plus brave suzerain de la France, le frère du roi d'Aragon, le neveu du roi Philippe. Sois-en assuré, ta présence les charmera, car ils se figurent que tu es un sale et indigne brigand qui déshonore l'ordre de chevalerie, comme on le leur a raconté. Parle-le leur avec ton courage ordinaire, mais efforce-toi d'y mettre plus de modération; sans doute ils ne manqueront pas au serment qu'ils ont fait de te combattre durant quarante jours; mais, ce temps gagné, l'intérêt que tu inspireras aux uns, la jalousie qui dévore déjà les autres, les dispersera tous, ou du moins les réduira en assez petit nombre pour que nous puissions nous lever ensemble et les écraser jusqu'au dernier.

En disant une pareille phrase, Roger, entraîné par la chaleur de son âme, eût élevé la voix, et porté, haut le front, cette superbe espérance; la voix du comte, au contraire, baissa jusqu'à n'être plus qu'une sorte de sifflement sourd, mais terrible, accompagné d'un farouche sourire, comme il convient à la faiblesse qui trame une vengeance.

— Tu viendras donc devant les légats? ajouta le comte après un moment de silence.

— J'irai.

— Tu feras prendre cet or.

— Oui!...

— Finissons, reprit Raymond, car l'heure avance, et le jour luit de bonne heure dans ce mois de juillet. Ecoute: tu chasseras de ton service le viguier Raymond-Lombard.

— Raymond-Lombard est un homme qui cache sous sa robe de laine un courage puissant et un corps de fer.

— Et un poignard d'assassin. Ecoute, écoute encore; tout peut se dire aujourd'hui entre nous. Cet homme m'est vendu depuis longtemps pour t'espionner. S'il s'est vendu à moi, il est à acheter pour tout le monde.

— Ainsi cet homme...

— Cet homme, hier, était innocent en ma main ; mais aujourd'hui il fait plus qu'être mon serviteur ; aujourd'hui, il est ton ennemi, ton ennemi furieux. Nul doute qu'il ne fasse pour sa haine autant qu'il a fait pour un salaire ; il te trahira encore : un traître, c'est ce qu'il y a de plus dangereux.

— Et de plus vil, ajouta Roger, qui ne put contenir son indignation à cet aveu naïf des piéges infâmes dont il était entouré.

— A coup sûr, dit Raymond, l'homme qui se vend est un infâme.

Roger eût pu ajouter : Et l'homme qui l'achète l'est plus encore. Mais, soit par calcul, soit par nécessité, il venait de recevoir de Raymond un secours et des avis qui lui prouvaient que le comte voulait le servir ; et, comme il arrive au cœur de tout homme, même au plus droit et au plus juste, comme il arrive aux esprits même les plus emportés, Roger fit taire l'accusation qu'il était prêt à élever, devant le service qu'il venait de recevoir : indulgence trop commune, et qui, à l'insu du cœur, a sa base dans l'égoïsme de celui qui le pratique.

Quelques minutes après, Raymond et Roger se quittèrent.

II

AMBITION, FANATISME, VENGEANCE.

Les prévisions du comte s'étaient accomplies : Roger avait paru devant les légats. Dès qu'on avait annoncé sa venue dans la grande salle de l'hôtel-de ville, où le conseil des croisés se tenait assemblé, un vif mouvement de curiosité s'était manifesté ; tous les regards s'étaient tournés vers la porte ; on désirait enfin voir paraître le monstre aux formes colossales, aux allures de brigand, sur lequel les anathèmes des évêques ordonnaient de courir comme sur une bête fauve. Roger s'avança, l'air grave et décidé; il n'avait point revêtu ses armes, et n'avait pas voulu paraître les pieds éperonnés et le poing ganté d'acier dans une réunion où des intérêts de paix allaient se débattre; mais il avait suspendu à son côté sa haute épée de bataille, si lourde, qu'en sa main puissante elle eût brisé du plat ce qu'elle n'eût pu entamer du tranchant. L'aspect de Roger étonna l'assemblée tout entière : toutefois, dans la prédisposition des deux partis, l'entrevue ne pouvait être longue; les légats demandèrent à Roger ce qu'il ne pouvait pas accorder : de rechercher tous ceux de ses hommes accusés et soupçonnés d'hérésie, et de les livrer à leur merci. La merci des légats c'était le bûcher; le vicomte rejeta fièrement cette condition de paix.

Roger avait pris occasion de sa présence parmi les croisés pour les observer rapidement; il avait reconnu le duc de Bourgogne à sa figure ouverte, confiante, et presque niaise, et aux armes damasquinées d'argent dont il était revêtu. A côté de lui, il avait vu le comte de Nevers, d'une taille peu élevée, couvert d'armes étincelantes d'or, portant un casque tout orné de plumes et un poitural sur lequel étaient écrits ces mots : *Letum quam lutum*, noble devise de son noble caractère; Mauvoisin et Saint-Pol, l'insouciant Mauvoisin, qui, sans doute, avait été éveillé à l'heure de l'assemblée, car il n'avait eu que le temps de passer des bas de chausse de toile, et de s'envelopper d'une vaste robe de laine d'Orient, toute brochée de figures et d'ornements antichrétiens, de croissants, de queues de cheval et d'oiseaux, dont ses amis disaient que c'était l'image du Saint-Esprit, et d'autres qui représentaient la colombe qui venait parler à Mahomet et lui apporter les ordres du Seigneur. Celui que Roger remarqua le plus, celui qui ne quitta pas Roger des yeux, tant que celui-ci demeura en présence des légats, était un guerrier remarquable par la noblesse et la fierté de sa personne. Voici le portrait qu'en fait un des moines qui accompagnaient la croisade. Il était d'une stature élevée, remarquable par sa chevelure, d'une figure élégante, d'un bel aspect, haut d'épaules, large de poitrine, gracieux de corps; agile et ferme dans ses mouvements; vif et léger, tel, en un mot, que nul, fût-il un de ses envieux ou de ses rivaux, n'eût pu rien trouver à reprendre en sa personne. Après ce portrait physique, le bon moine prodigue à son héros d'aussi complètes qualités pour l'âme que pour le corps : courage, beau parler, modestie, chasteté, rien ne manque à cet homme merveilleux. Si nous rassemblons quelques autres détails dispersés dans les chroniqueurs de l'époque, nous modifierons cette romanesque peinture, en ajoutant que le sillon profond qui séparait le front de ce chevalier de son nez recourbé, lui prêtait cet air de résolution obstinée et impitoyable qui dénote l'ambition large et dévorante, et que ses lèvres minces annonçaient qu'au besoin la ruse ne lui manquerait pas pour assurer le succès de ses desseins. Cet homme était Simon de Montfort. Ceux que Roger interrogea à son sujet ne surent rien lui dire de sa vie passée, si ce n'est qu'il était comte de Leicester par son mariage avec une Anglaise qui lui avait apporté ce titre, et qu'il s'était acquis le renom d'une bonne lance dans les guerres contre les Turcs.

Roger, après les légats, quitta Montpellier sur l'heure. Il expédia un homme au roi d'Aragon pour faire part à ce dernier des résultats de cette entrevue, pour laquelle la ville de Montpellier s'était offerte, de l'agrément de son seigneur. Dans un message particulier, il faisait pressentir au roi d'Aragon les dispositions du comte et de beaucoup de chevaliers, et l'invitait à ouvrir aussi les yeux sur les suites de son indifférence dans une cause qui bientôt serait la sienne. Roger dirigea sa course vers Béziers.

Nous ne le suivrons pas dans sa visite à sa ville, et nous resterons à Montpellier pour montrer comment furent préparés les événements qui amenèrent le dénouement terrible qui conclut cette première partie de l'histoire de la guerre des Albigeois.

La scène se passait dans une chambre particulière de l'hôtel-de-ville.

— Eh bien! disait Dominique à Simon de Montfort qui l'écoutait soucieusement, l'avez-vous bien vu et examiné? Croyez-vous que ce soit un homme qui s'épouvante aisément? Croyez-vous que ce soit un esprit sans ressource, un courage qui s'étonne d'une lutte?

— Oui, dit Simon, s'il porte sa lance aussi ferme et aussi droit que ses arguments, ce doit être un brave chevalier ; j'ai vu l'instant où Arnauld ne savait plus que lui répondre.

— Et véritablement il ne le savait plus, répliqua le moine, car il a fini la discussion en lui imposant silence, et en lui déclarant qu'il n'avait ni rémission, ni merci à attendre ; et vous avez pu voir combien cette absolue autorité a déplu aux membres du conseil.

— Qu'importe s'ils y obéissent ! reprit Simon.

— Sans doute ils obéiront jusqu'au terme de leur engagement ; mais nous voici à la mi-juillet et cet engagement finit avec le mois d'août.

— C'est plus qu'il n'en faut pour atteindre ce jeune aiglon.

— Peut-être. Ses villes sont largement munies d'hommes et d'armes, et la résistance est facile dans des villes pareilles à celles de Béziers et de Carcassonne ; croyez-moi, il ne faut rien donner au hasard.

— En ce cas, reprit Simon à voix basse, vous êtes-vous assuré de l'homme dont vous m'avez parlé ?

— Cet homme est à nous, et par lui Carcassonne ou Béziers, la ville enfin que le vicomte choisira pour sa retraite.

— Mais, dit Simon en regardant fixement le moine, est-ce là une victoire ?

— La défaite de l'ennemi de Dieu, reprit le moine, est toujours une victoire, et quand le glorieux archange Michel terrassa Satan et le soumit à sa lance, Dieu ne lui commanda pas de ne point se servir de son adresse, outre sa force ; de son poignard, outre son épée.

— Ainsi, dit Simon en traduisant en un précepte devenu bien commun le style ampoulé du moine, ainsi pour arriver au bien toutes voies sont bonnes ?

— Y en a-t-il de mauvaises avec ceux qui ne sont que crime et perfidie de toute leur personne, et la fin de toutes choses ne sanctifie-t-elle pas les moyens par où on y arrive ? Judith a été grande devant Dieu, quoiqu'elle ait délivré son peuple par la prostitution de son corps.

Simon se tut. Il croyait avoir pénétré Dominique, et pensait quelquefois avoir rencontré l'habile ambitieux avec lequel il pouvait concerter les desseins qui l'avaient conduit à la croisade ; mais de temps à autre, il prenait au moine des élans de bonne foi fanatique qui arrêtaient les confidences que Simon de Montfort était prêt à lui faire. Pourtant l'âme de ces deux hommes était la même au fond ; mais la carrière que chacun d'eux avait suivie y avait apporté de notables différences. Tous deux ambitieux, et ambitieux sans scrupules, ils étouffaient sous des considérations tout à fait opposées le reproche de leur conscience. Simon, lancé dans la vie de cour et dans la vie des camps, y avait appris que l'intrigue et les moyens souterrains arrivaient plus souvent que le mérite et les voies ouvertes. Or, ce qui le déterminait dans ses actions était un raisonnement basé sur le mépris qu'il faut avoir des autres, et sur la sottise qu'il y a à ne pas prendre la place qu'on mérite parce qu'on ne veut pas faire comme fait tout le monde, par faux point d'honneur. Pour résumer notre pensée, il voyait clair dans le mal et y marchait sciemment. Dominique était plus heureux ; son aveuglement religieux lui tenait lieu du raisonnement de Simon. Le fanatisme lui avait créé un mot avec lequel il recouvrait et drapait les plus cruels desseins et les plus mauvaises actions. Ce mot était : le triomphe de la cause de Dieu. On peut dire que, dans la sincérité de son âme, il croyait son ambition innocente et même méritoire, parce qu'elle avait un but en dehors de lui ; peut-être eût-il blâmé Simon et peut-être l'eût-il rejeté de son alliance, s'il avait appris qu'il mêlait l'intérêt de sa propre cause à celui de la religion. Dominique était de ces hommes dont un ambitieux fait un Ravaillac ou un Jacques Clément, avec cette différence qu'il portait l'ambition avec lui-même, mais une ambition instinctive, passionnée, furieuse, prête à se sacrifier s'il le fallait, et non pas une ambition raisonnée et ayant conscience d'elle-même comme celle de Simon. Aussi disait-il tout haut ce que l'autre faisait tout bas. Mais tous deux n'en venaient pas moins à l'exécution, et leur marche, partie d'un même point, arrivait à un même but en passant par des chemins différents : l'astuce du politique habile comme le fanatisme du moine.

Au moment où Simon avait gardé le silence, le pas pressé d'un homme s'était fait entendre dans la salle voisine, et tout aussitôt Simon, qui l'avait entendu, n'avait plus ajouté un mot.

Raymond Lombard parut à leurs yeux.

— Raymond Lombard ! s'écrièrent ensemble Dominique et Simon, avec une vive surprise.

— Le comte n'est donc point parti? ajouta Montfort.

— Il est parti, répondit brusquement Lombard ; mais il y a des traîtres parmi les croisés.

— Des traîtres ! dit Montfort.

— Oui, car le vicomte sait que je voulais... Mais il s'arrêta, car la phrase dans laquelle il s'était engagé devait nécessairement finir par ces mots : il sait que je voulais le trahir ; et quelles que soient les raisons dont le plus scélérat habille sa conduite, les deux mots traîtres et trahison se heurtaient là si inopinément que Lombard en fut lui-même stupéfait ; Simon ne put s'empêcher d'en sourire, et Raymond Lombard, jetant son chapeau avec fureur sur une table, continua, emporté par sa rage :

— Eh bien ! oui, il a su par un traître que je devais le trahir.

— Voici l'homme qu'il me faut, pensa Simon ; Dominique, au contraire, s'empressa de dire :

— Ne nommez point trahison votre dévouement à la cause du Christ : le bien que vous lui aurez fait vous sera compté devant lui pour autant que les combats des meilleurs chevaliers, pour davantage même, puisqu'il vous force à vaincre ce sentiment tout humain que vous nommez foi et honneur.

Raymond Lombard eût levé les épaules s'il eût osé, car celui-là était le lâche ambitieux dans toute sa honte bue ; mais il se raccrocha à la maxime de Dominique, n'étant pas encore assez sûr que Simon ne fût pas un homme de cette sorte.

— Hélas ! oui, reprit-il avec hypocrisie, mon dévouement n'a servi qu'à me perdre.

Ainsi, dit le comte de Montfort, votre intelligence avec nous lui a été révélée?

— Ou il l'a supposée ou il l'a apprise, je ne sais ; mais il m'a, aujourd'hui, ignominieusement chassé de son service.

— Quel reproche vous a-t-il fait?

— Aucun. Il m'a chassé, voilà tout.

— Et toute espérance de pénétrer dans Carcassonne nous est donc ôtée? s'écria Dominique.

— Il nous reste le combat, dit Montfort.

Raymond sourit dédaigneusement.

— Carcassonne est un roc contre lequel toute votre armée échouera, lances et épées, hommes et machines.

— Ah! s'écria Dominique, c'est la faute d'Arnauld; il tenait le vicomte et l'a laissé échapper.

— C'est une faute qu'il ne commettrait peut-être plus aujourd'hui, dit Simon en observant le moine, si toutefois c'est une faute que la loyauté, ajouta-t-il après un silence.

— Mais l'occasion est perdue, dit Dominique.

— L'occasion peut se retrouver, s'écria Lombard.

— En êtes-vous assuré? dit Simon, qui laissait prudemment tomber chacune de ses paroles.

— Oui, oui, dit le viguier : j'ai dans mes mains la femme et l'homme qu'il nous faut pour cela : la femme qui le hait et l'homme qui obéira à cette femme, à cette femme qui le hait comme moi, parce que, comme moi, il l'a insultée et outragée jusqu'au plus profond de son âme.

— Alors, dit rapidement Dominique, il faut courir après le vicomte, et lui envoyer un messager.

— Pas encore, dit Raymond, pas encore; l'heure viendra.

— Il faut qu'elle vienne bientôt, dit Dominique.

— Alors, dit Raymond, il faut que l'armée se hâte; il faut que le siège soit posé devant la ville où se réfugiera le vicomte; et je vous le jure, je vous le livrerai, lui, sinon sa ville, lui, l'âme de ses remparts, qui tomberont comme des cadavres dès qu'il n'y sera plus. Seulement, jurez-moi que, s'il met le pied dans le camp des croisés, tout ce qu'il m'a ravi, tout ce que je devais espérer me sera rendu. Ses comtés sont las de sa suzeraineté; il leur faut une tête plus forte, un esprit plus habile.

Montfort regarda Lombard au visage, irrité en son âme de trouver en un pareil homme l'ambition qu'il avait peut-être lui-même au cœur.

— Mais, dit-il, tant que le comte sera vivant, quel homme pourra devenir et demeurer sûrement possesseur de ses comtés?

— Mais ne vous ai-je pas dit, reprit Lombard en laissant échapper son âme dans son emportement, que je vous le livrerais ? Et quand je voulais vous livrer sa ville, croyez-vous que ce fût pour ses murs et ses rues, ses richesses et ses églises ? Je vous donnais la cage parce que le lion y était enfermé. C'est le lion qu'il faut frapper, si vous ne voulez pas que seul encore, et errant dans les campagnes, il ne harcelle et ne dévaste vos armées.

A ces mots, un léger bruit se fit entendre dans la pièce voisine ; Montfort s'y précipita, et vit une femme voilée assise immobile près de la porte.

— Quelle est cette femme ? s'écria-t-il.

— Oh ! rien, reprit Lombard ; une esclave qui m'appartient, qui m'avait suivi jusqu'aux portes de la ville où était le rendez-vous de départ, et qui m'a suivi ici, jusqu'à ce que j'aie trouvé une maison où demeurer, maintenant que Roger m'a chassé de la sienne.

— Eh bien ! dit Simon, puisque vous restez à Montpellier, vous pourrez voir Arnauld et vous entendre avec lui ; lui seul peut s'engager à vous donner la récompense que vous désirez. Je pense que le frère Dominique vous y conduira quand vous le voudrez.

Simon profita ainsi du premier moment où il put rompre cette conversation ; il y avait trouvé tout ce qu'il voulait savoir : l'assurance d'avoir près de lui tous les hommes dont il aurait besoin pour tous les desseins que l'avenir pourrait lui imposer ; mais il ne voulait pas s'engager davantage avec eux, et la conférence se trouva achevée.

III

ENCORE TROIS FEMMES.

Nous ne quitterons pas encore ces intrigues secrètes, raisons cachées de toutes choses humaines, dont l'histoire ne dit presque jamais que la surface, et qu'on a enfin permis au roman de sonder jusqu'au cœur. Cette surface, cet événement qui prend place dans la chronologie du monde, nous le rencontrerons en son temps, à son ordre de date; nous le raconterons alors comme il arriva. Mais maintenant encore, après avoir montré comment il fut préparé, il faut voir comment il fut combattu, et quelles chances diverses il éprouva dans le secret des intérêts privés, jusqu'à ce qu'il arrivât à la hauteur des intérêts historiques.

Laissons les grandes armées marcher et courir à travers la province, avec leurs ribauds en tête et leurs valets en queue, tous saintement armés d'un bourdon, pour tuer en pélérinage et en joie de conscience des hommes qui avaient la folie de croire que l'on méritait la damnation éternelle si l'on mangeait des œufs frais le mercredi, tandis qu'eux-mêmes avaient le bon sens d'être persuadés que Dieu ne peut faire grâce au plus honnête homme qui mange du poulet le vendredi. Admirable motif pour exterminer la population de la plus belle moitié de la France. Laissons donc aux historiens à tracer la marche de l'armée des croisés de Montpellier à Béziers, et, quelques jours après l'entretien que nous venons de rapporter, suivons, le soir, à la nuit tombante, une femme qui s'est échappée furtivement d'une maison de la rue des Pontifes, et qui marche en regardant avec inquiétude autour d'elle, incertaine de la route qu'elle suit, et n'osant adresser la parole aux passants, qui la coudoyaient brutalement.

Cette femme était voilée, singulièrement vêtue, et sans doute elle eût attiré l'attention de quelqu'un, si tout le monde n'eût été fort occupé, comme on doit l'être dans une ville où a séjourné une armée de cinquante mille hommes, dont les derniers soldats traînent encore dans les rues. Mais, quelque étranges que fussent sa tournure et son costume, les habitants de Montpellier en avaient vu de si singuliers parmi toutes les troupes de femmes qui suivaient l'armée, que celui-ci n'avait rien qui dût les étonner. Cependant cette femme, après avoir parcouru quelques rues avec rapidité, s'arrêta soudainement en se voyant en face d'une des portes de la ville. Elle demeura d'abord immobile, voyant qu'elle s'était trompée, puis retourna brusquement en arrière. Enfin, désespérant de trouver l'endroit qu'elle cherchait, elle demanda où était l'hôtel-de-ville, et bientôt elle y arriva.

Jusqu'à la porte de cette vaste demeure, tous les pas de cette femme, quoique incertains dans leur direction, semblaient décidés à poursuivre le but qu'elle cherchait ; mais, dès qu'elle fut à ce but, elle parut hésiter et resta quelques moments indécise. Enfin elle triompha de son irrésolution, et demanda à un garde armé d'une longue pique dans quelle partie de l'hôtel logeait Agnès, la vicomtesse de Béziers. Le garde l'adressa à une espèce de concierge qui, la toisant insolemment du regard, lui demanda ce qu'elle voulait à la vicomtesse.

— Je veux la voir, répondit vivement cette femme, ne fût-ce qu'un moment, mais sur l'heure; et, en parlant ainsi, elle avança dans la cour de l'hôtel.

— Holà! la ribaude, lui dit le concierge, la vicomtesse n'a que faire à parler à des filles de votre espèce. Retirez-vous.

— Je vous dis qu'il faut que je lui parle, reprit la femme voilée; il le faut, il le faut, entendez-vous ?

— Que lui voulez-vous ?

— Si j'avais un secret à vous dire, voudriez-vous que je le confiasse au premier passant ?

— Un secret! vous un secret pour la dame de Béziers! Allez, allez, la fille, il ne manque pas de mendiantes qui prennent de pareils prétextes pour l'assiéger de leurs demandes; retirez-vous, ou, pour Dieu, voici une gaule qui vous montrera le chemin.

— Ah! misère! s'écria la femme avec violence, faut-il que la vie d'un chevalier dépende de l'entêtement d'un tel manant! Je te dis qu'il faut que je parle à la vicomtesse.

— Eh bien! dit le concierge un peu ébranlé par l'accent irrité de cette femme, je préviendrai ce soir le sire Arnauld de Marvoill; il en parlera à madame Agnès, et, quand vous reviendrez demain...

— Mais, chrétien, s'écria cette femme avec encore plus de violence, demain je ne serai plus à Montpellier; peut-être serai-je morte demain... Déjà, sans doute, mon maître a vu mon absence et me poursuit comme une proie à travers la ville; chaque minute que tu me fais attendre approche un poignard du cœur d'un chevalier : me comprends-tu enfin ?

A ce mot de chrétien, le concierge s'était reculé, et il reprit aussitôt :

— Oh! tu es une esclave infidèle. Par le sang du Christ, retire-toi, ou j'appelle les valets du chenil pour te chasser à coups de fouet : la vicomtesse n'aime pas tes pareilles.

La femme voilée frappa ses mains avec désespoir, et, les portant à sa tête, elle s'écria comme hors d'elle-même :

— Oh! ne trouverai-je donc personne qui veuille m'aider à le sauver ?

A ce moment, une jeune fille, simplement vêtue, traverversait la cour en rentrant du dehors. La femme s'élança vers elle et dit avec un cri :

— Ah! voici une femme !

Cette jeune fille se retourna. La femme voilée reprit :

— Ecoute, chrétienne, sur ton âme et ta vie, veux-tu faire une bonne action ? veux-tu aller porter un secret à la vicomtesse de Béziers ?

— A la vicomtesse de Béziers! dit la jeune fille en devenant rouge et pâle subitement : je ne puis... je ne puis pas...

— C'est un secret de mort, un secret de l'enfer...

— Demoiselle Catherine, dit le concierge en s'approchant, laissez là cette ribaude ; je vais en débarrasser la maison.

— Catherine ! s'écria la femme voilée en se reculant, Catherine Rebuffe peut-être ?

— C'est moi, dit la jeune fille.

— Oh! pas à toi, reprit la femme voilée, pas à toi... et, en parlant ainsi, sa voix était sombre et lente, et elle se reculait comme à l'aspect d'un serpent.

— Eh bien! dit Catherine au concierge, que ne menez-vous cette femme chez la jeune dame de Béziers ?

Le concierge n'osa plus mentir et faire l'important ; il fut obligé de dire la vérité, que, depuis une heure, il cachait à la pauvre femme inconnue.

— La vicomtesse a fait défendre depuis quelques jours que personne arrivât jusqu'à elle, et elle s'est enfermée dans son oratoire, dont elle a fait fermer les portes et clore les fenêtres pour ne point entendre le départ de toutes ces troupes qui vont combattre contre son époux.

16.

— Et c'est pour cela précisément qu'il faut que je la voie, dit la femme voilée, c'est pour cela.

— Ah! il s'agit de lui? s'écria Catherine en se rapprochant soudainement.

— Oui, de lui! dit l'inconnue, qui comprit bien à ce cri que Catherine avait deviné celui qu'elle n'avait pas nommé. Oui, de lui, ajouta-t-elle en la repoussant avec dédain; en l'excluant, d'un geste de mépris, de toute participation à ce qui pouvait intéresser le vicomte.

A ce moment, un bruit de voix s'éleva dans la rue : on entendit un homme qui interrogeait vivement le garde qui veillait à la porte.

— Ah! s'écria la femme voilée en se jetant vers Catherine, cache-moi, ou il est perdu.

Haine et jalousie, le danger du vicomte avait fait taire dans l'âme de cette femme le sentiment qui l'avait d'abord éloignée de Catherine. Bientôt le bruit des voix augmenta. On frappa à la porte; le concierge alla pour ouvrir : Catherine l'arrêta hardiment.

Le concierge, sans quitter rien de son entêtement, répondit avec humeur :

— Après l'ordre de ce matin... je n'oserais pas.

— Eh bien! j'oserai, moi.

Et soudain, Catherine prit cette femme par la main, l'entraîna à travers la cour et monta rapidement dans les appartements. Catherine en connaissait les moindres détours. Pupille des consuls de Montpellier, elle était venue souvent à l'hôtel-de-ville, et avait parcouru, dans ses jeux d'enfance, tous les longs corridors de cet immense monument; elle l'habitait encore. A la suite de l'interdiction portée contre Roger, les consuls avaient forcé Catherine à y venir demeurer, et cette mesure avait été autant de prudence que de rigueur : car le lendemain du jour qui suivit le départ de Roger, quelques hommes, poussés par la prédication furieuse des moines, avaient démoli la maison de Catherine, sous prétexte qu'elle avait été souillée par l'hérétication de Pierre Mauran. Nous allons voir bientôt pourquoi Agnès de Montpellier habitait également cet hôtel; elle y occupait l'ancien appartement de la reine Marie. Cependant, en parcourant les longues salles et les escaliers qu'il fallait traverser pour y arriver, Catherine et sa compagne entendaient des voix discuter vivement dans la cour; ces voix approchaient, et la femme, tremblante, disait à chaque pas :

— Vite, vite, on va nous atteindre.

Enfin, Catherine, prenant un escalier étroit et tournant dans une des nombreuses tourelles qui se dressaient aux angles de tous les corps de bâtiments, Catherine monta quelques marches, et poussant brusquement une petite porte, elles entrèrent dans un oratoire où une femme éplorée était à genoux devant un prie-Dieu. Elle se retourna au bruit que fit la porte en se fermant, et, dans son premier étonnement, elle demanda :

— Qui est là? que me veut-on?

— C'est moi, dit la femme voilée en relevant son voile.

— Foë! s'écria la vicomtesse avec une vive expression de surprise que suivit un geste impérieux de dégoût et de colère.

— Oui, dit celle-ci, l'esclave Foë...

Catherine était restée stupéfaite et immobile. La vicomtesse reprit soudainement :

— Et qui a osé mener ici cette malheureuse? Elle regarda alors l'autre femme, et sa mémoire, prompte à se rappeler un visage qu'elle n'avait vu qu'une fois, mais dont la beauté avait tourmenté bien des heures de ses nuits, elle s'écria avec encore plus de colère :

— Catherine Rebuffe!... Insolence! Et soudain elle marcha vers une autre porte qui donnait dans les appartements.

— O madame! s'écria Catherine en tombant à genoux devant elle, écoutez-la.

— Ecoutez-moi, dit violemment Foë, écoutez-moi, épouse du vicomte de Béziers.

Agnès s'arrêta.

— Ils veulent l'assassiner, dit Foë en baissant la voix.

— Qui? cria Agnès en se rapprochant de l'esclave.

— Eh bien! lui, Roger, votre époux, son amant, celui qui m'a fait battre et fouetter, dit Foë avec dérision.

— Roger! reprirent les deux femmes.

— Oui, dit Foë rapidement, ils regrettent de ne l'avoir pas arrêté ici, seul et désarmé, et ils ont résolu de l'attirer hors de sa ville pour le prendre comme un lièvre au piége, tant ils désespèrent de le vaincre autrement que par trahison.

— Grand Dieu! dirent encore Agnès et Catherine en se regardant.

— Je vous dis que j'ai entendu le complot, reprit Foë rapidement : si Roger se fie un moment à la foi de ses ennemis, il est perdu.

— Et comment le sauver? dit Agnès.

— Comment le sauver! répéta Foë avec emportement, en lui apprenant ce complot, en l'avertissant à temps.

— Oui, oui, dit Agnès, un messager.

— Un messager! s'écria Foë, un messager trahit; il a peur; il est pris.

— Mais qui donc? dit Catherine.

— Et n'y a-t-il pas une de vous deux? s'écria Foë avec dédain; n'y a-t-il pas une de vous deux qui prétendez l'aimer qui puisse se dévouer? Ah! j'y serais allée, moi, si j'avais eu l'espoir d'échapper à la poursuite de mon maître, si j'avais pensé que le vicomte de Béziers pût avoir foi dans les paroles d'une esclave qu'il a chassée et fouettée avec le fouet de ses chiens.

Comme elle achevait, un bruit animé se fit entendre dans la pièce voisine; Raymond Lombard y disputait violemment avec Arnaud de Marvoill.

— C'est mon maître! dit Foë; maintenant que vous savez tout, abandonnez-moi.

Aussitôt la porte s'ouvrit, et Raymond Lombard entrant rapidement, s'écria :

— Je vous disais bien qu'elle était là.

— Sire Raymond, lui dit Agnès avec dignité, quelle est cette violence, chez moi, dans mon oratoire?

— Madame, répondit brutalement Raymond, votre maison n'est pas lieu d'asile pour les esclaves qui fuient leur maître; ce n'est plus ici la demeure du vicomte Roger.

— Et si c'eût été sa demeure, s'écria Agnès vivement, vous n'y seriez pas entré si insolemment, vous le savez, et sa main vous eût arraché le chaperon qui vous couvre. Mais si ce n'est devant lui qui est absent, ou devant moi qu'il ne protége plus, que ce soit devant Dieu, dans le temple duquel vous êtes, que vous découvriez votre front.

Lombard, confus et la rage au cœur, ôta son chaperon et répondit :

— Je ne supposais pas que ce fût Agnès de Montpellier qui s'indignerait de ce que Raymond Lombard, chassé comme elle par son époux, vînt ôter de sa vue et arracher du temple du Seigneur l'esclave Foë, la fille infidèle qui a souillé ce temple par ses amours avec le vicomte.

— Tu mens, dit l'esclave : Roger est pur de moi comme du démon ; tu le sais, car je te l'ai dit : et je te l'ai dit en l'avouant que je l'aimais et en te défiant de me tuer.

Lombard devint pâle et furieux, et s'écria :

— Et l'ancienne vicomtesse de Béziers prête l'oreille aux mensonges de cette infâme !

— Vous vous trompez, sire Lombard, c'est la vicomtesse de Béziers encore, car je n'ai pas voulu signer l'acte de séparation que m'ont présenté les légats, et pour lequel on m'a retenue en cette ville. C'est donc encore la vicomtesse de Béziers qui vous ordonne de sortir.

— Soit, dit Lombard, mais cette esclave m'appartient. Qu'elle me suive, si vous ne voulez que j'emploie la force contre elle.

— Vous ne l'oseriez ? reprit la vicomtesse.

— Elle serait inutile, dit Foë, et appuyant sur les derniers mots de la phrase, elle ajouta : J'ai tenté pour le salut tout ce que je pouvais. Je suivrai mon maître maintenant.

Aussitôt elle s'avança vers la porte et sortit. Arnaud de Marvoill, sur un signe de la vicomtesse, reconduisit Lombard jusque hors de l'hôtel, et Agnès et Catherine demeurèrent seules.

Elles se regardèrent en silence, s'interrogeant des yeux, sans autre embarras que celui du danger de Roger, sans autre pensée que celle de ce danger, s'oubliant dans cette pensée, s'affranchissant, Catherine, de la honte de paraître devant Agnès, Agnès, de son ressentiment contre Catherine; ne trouvant place dans leur âme qu'à la crainte de le perdre; femme et maîtresse sans rivalité entre elles; vicomtesse et bourgeoise, égales dans leur amour : et la jeune vicomtesse, révélant soudainement dans un mot tout le secret de cette intime intelligence, dit à Catherine, en se croisant les mains et en les faisant pendre devant elle :

— Et maintenant, qu'allons-nous faire?

— Ah! il faut le sauver, dit Catherine.

Pour laquelle des deux? Ni l'une ni l'autre n'y pensait.

— Oserez-vous y aller? dit Agnès.

— J'irai, s'écria Catherine; j'irai nu-pieds, s'il le faut.

— Eh bien! dit Agnès, nous irons ensemble.

— Ainsi le pacte était conclu. Mais l'exécution en était difficile : toutes deux, après ce premier mouvement, demeurèrent surtout embarrassées de ce qu'il fallait faire.

— Ecoutez, dit Agnès, je prendrai une escorte d'hommes d'armes de mon frère d'Aragon, et nous voyagerons tout le jour dans nos litières, accompagnées d'Arnaud de Marvoill, et nous arriverons promptement à Béziers et à Carcassonne.

— Une escorte, des hommes d'armes, des litières! dit Catherine, cela est impossible; à la première rencontre que nous ferons de tous ces soldats qui encombrent la route, on demandera qui nous sommes; on l'apprendra, les légats en seront instruits, peut-être soupçonneront-ils la vérité, et alors tout sera perdu.

— Mais comment faire alors? dit Agnès.

— Un guide nous suffira.

— Oui, dit la vicomtesse, un guide et deux haquenées; je suis forte, et voyagerai bien tout un jour à cheval.

Catherine sourit tristement :

— Deux femmes sur deux haquenées, c'est encore trop pour ne pas attirer l'attention. Il faudrait...

— Mais que faudrait-il? dit Agnès presque épouvantée de voir ainsi repousser les moyens que lui suggérait son amour.

Catherine s'arrêta, puis elle reprit avec effusion :

— Tenez, j'irai toute seule...

— Seule! dit Agnès en se reculant...

— Seule, dit Catherine en la regardant tristement, et, sur mon âme, madame, je vous le jure, le temps de lui dire :

— Sire vicomte, ne sortez pas, — et je ne le reverrai plus.

— Ah! Catherine, c'est moi qui dois lui dire cela, car je suis sa femme : si vous étiez sa femme, comment feriez-vous ?

— Il faudrait... il faudrait partir seule, à pied, déguisée en pèlerine, presque comme une mendiante.

— Mais, s'écria Agnès, la remettant de moitié dans ses

projets, deux femmes voyageant seules à pied, rencontrées sur une route par des soldats qui peuvent impunément les insulter... c'est impossible.

— C'est pour cela, dit Catherine en hésitant, c'est pour cela qu'il faudrait voyager la nuit.

— La nuit, seules, à pied, comme des mendiantes! Oh! je n'oserais pas, dit en tremblant la vicomtesse.

— Eh bien? reprit encore Catherine, j'irai, moi, j'irai.

— Toi, dit la vicomtesse en la regardant fixement : tu l'aimes donc bien?

Catherine baissa les yeux pour cacher ses larmes; la pauvre Agnès reprit en pleurant :

— C'est que moi je l'aime aussi.

Et les deux jeunes filles s'embrassèrent en sanglotant. Puis Agnès, se dégageant la première de sa douleur, reprit vivement :

— Eh bien! c'est dit; nous irons!... nous partirons !

— Ce soir, dit Catherine.

— Oui, ce soir, dit Agnès avec une résolution touchante dans un si jeune âge et dans un si faible corps. Pour les habits de pèlerines?...

— Je les aurai, dit Catherine; j'aurai de l'or; j'aurai tout ce qu'il faut.

— Et je dirai, reprit Agnès, je dirai au sire Arnauld de Marvoill...

— Oh! ne lui en parlez pas, il vous détournerait de ce dessein; il vous proposerait d'autres moyens; et, voyez-vous, il n'y a que celui-là.

— Mais où trouver un guide?...

Ah! dit Catherine, voilà ce qui sera difficile; cependant avec de l'or...

Comme elle allait continuer, elle fut interrompue par une voix pure et sonore, qui, dans la cour de l'hôtel, murmurait doucement sous les croisées le refrain d'une ballade bien connue :

>La vie est facile et joyeuse
>   A qui sait aimer;
>L'amour est la fleur précieuse
>   Qui doit l'embaumer.

— Ah ! celui-là sera notre guide, s'écria Catherine ; celui-là, dont la folie ne nous demandera raison de rien, dont la faiblesse nous fera plus respecter qu'une escorte armée, dont la reconnaissance nous conduira mieux que le mercenaire le plus chèrement payé. Je sais comment le faire obéir à tout ce que nous voudrions de lui.

Et, tout aussitôt, elle ouvrit la fenêtre, aperçut Pierre Vidal, et descendit vers lui. Etait-ce le hasard qui le leur envoyait ainsi ? était-ce le ciel, touché de l'innocent dévouement de ces deux enfants, du sublime accord de ces deux âmes rivales ? En tout cas, c'était bonheur ; et cette circonstance les fit croire au succès d'un voyage si hardiment conçu. Bientôt Catherine remonta vers Agnès et lui apprit que Vidal les accompagnerait.

IV

VOYAGE.

Une heure après cet entretien, Catherine et Agnès, toutes deux vêtues d'une longue robe de laine noire, un bâton à la main, la tête couverte d'un chapeau de paille grossièrement tressée, sous le costume complet de pèlerines, se présentèrent à une des portes de Montpellier.

C'est la coutume de ceux qui sentent vivement et qui se laissent emporter à une opinion mauvaise, de se venger surtout ce qu'ils peuvent du tort qu'ils en ont eu. Il y avait quelques mois, les habitants de Montpellier avaient reçu avec des acclamations de joie l'interdit prononcé contre Roger ; quelques semaines avant l'époque où nous en sommes de notre récit, leur exaltation était déjà descendue bien bas ; elle tomba tout à fait quand l'annonce de l'arrivée de l'armée parvint dans la ville ; et une semaine de séjour des troupes croisées à Montpellier suffit pour faire de cette exaltation un vif regret, et bientôt un mécontentement prononcé contre cette injuste excommunication. Tant que l'armée avait campé dans Montpellier ou ses environs, sa présence avait contenu ce mécontentement ; mais maintenant qu'elle était partie, chacun cherchait occasion de le manifester, et plus d'un valet traînard, plus d'un ribaud qui avait laissé passer l'heure, ne rejoignirent jamais l'armée. Il arriva donc que, lorsque Agnès et Catherine se présentèrent à cette porte pour sortir de la ville, les bourgeois, qui en avaient la garde, refusèrent brutalement de l'ouvrir. Pour eux, ces deux femmes étaient du nombre de ces pèlerines dont les unes, ribaudes effrontées, couvraient d'un habit saint le commerce honteux qu'elles promenaient à la suite de l'armée ; dont les autres, véritablement fanatisées de l'esprit de croisade, s'étaient vouées aux fatigues du pèlerinage et à la cure des blessés. A ces deux titres, ils les accueillirent de cruelles plaisanteries et de reproches d'indignation. Il n'y avait en tout cela rien qui épouvantât ni l'une ni l'autre de ces deux femmes, car le nom de l'une d'elles suffisait pour tout faire taire ; mais cela les retardait d'un jour, et, un jour, c'était peut-être la vie de Roger. Vidal avait dû sortir par une autre porte et les rejoindre à celle-ci, de façon qu'elles ne savaient comment s'expliquer, craignant surtout d'être reconnues, lorsqu'une troupe de cavaliers se présenta à la porte pour sortir également de Montpellier. C'était Raymond Lombard, accompagné de quelques archers ; Catherine reconnut Foë à côté de Raymond, et, s'adressant à l'esclave, elle lui demanda d'une voix suppliante de lui prêter assistance pour les faire sortir de la ville : Foë tressaillit, et Raymond Lombard, pour qui tout était matière à soupçon, demanda de quoi il s'agissait ; Foë le lui ayant répété, il dit avec colère aux gardes de la porte que c'était bien osé à eux de retenir des femmes animées du saint esprit de la croisade ; et les bourgeois, étonnés d'entendre parler ainsi un serviteur de Roger, lui demandèrent où il allait :

— Au camp des croisés, répondit-il, combattre l'hérésie et renverser le superbe.

Puis il sortit aussitôt, après avoir fait passer devant lui

les deux pèlerines, et, dès qu'il fut hors de la ville, il commença sa route au grand trot.

— Voyez, dit Agnès, la trahison court à cheval, et le dévouement le suit à pied. Ils arriveront avant nous.

— Non, non, dit Catherine; c'est la trahison qui nous a frayé le chemin et qui a renversé le premier obstacle qui nous arrêtait, c'est la marque du doigt de Dieu qui nous dirige et nous protége; rien ne nous manquera si nous ne manquons pas nous-mêmes. Du courage, madame, du courage.

Aussitôt, elle imita avec sa voix les appels vibrants et prolongés du rossignol, et Pierre Vidal accourut.

— Tu es, lui dit-il, la princesse Philomèle, fille de Pandion, roi d'Athènes.

— Oui, reprit Catherine; et toi, tu es le roi Amphion dont la harpe bâtit les villages, tant ses accords sont puissants!

— C'est moi, dit Pierre Vidal. Marchons; il est temps d'aller punir les jongleurs de Béziers et de Carcassonne qui nous ont porté le défi du chant.

Ils se mirent en route.

— Etaient-ce là les mots de reconnaissance convenus entre vous? dit Agnès à Catherine.

— Non, dit Catherine, mais c'est ainsi qu'il lui faut parler. Après s'être imaginé qu'il était loup, il a cru pendant plusieurs mois qu'il était mouton, et il ne voulait manger autre chose que de l'herbe et bêlait toute la journée; aujourd'hui, il dit qu'il est Amphion, le chanteur, et il rapporte tout à cette folie. Parlez-lui dans ce sens; et si par hasard il vous choisit un nom parmi ceux qui lui occupent l'esprit, acceptez-les, et répondez comme il voudra.

— Et c'est sur un pareil homme que vous comptez, lui dit Agnès, pour nous conduire sûrement où nous voulons aller?

— Vous voyez qu'il parle d'aller à Carcassonne et à Béziers; il nous y mènera, soyez-en sûre, plus vite qu'un autre, par les chemins détournés qu'il a appris lorsqu'il promenait de château en château sa vie errante de jongleur.

En effet Vidal quitta la route à quelque distance de la ville, et marcha rapidement à travers les champs par de petits sentiers battus qui menaient d'un hameau à l'autre.

Toute cette première nuit, elles marchèrent sur le territoire du comté de Montpellier, et traversèrent quelques hameaux qui en dépendaient. Bien que tout fût clos à l'heure où ils passèrent, ils purent remarquer que le pays paraissait tranquille et que rien n'annonçait le voisinage d'une armée si considérable. La route n'était pas longue entre Montpellier et Béziers, car on ne comptait guère plus de trente lieues de l'époque, qui en valaient à peu près quinze des nôtres. Cependant ces deux femmes étaient si faibles, et les nuits de cette saison si courtes, que, le jour venu, elles se trouvèrent à peine arrivées au château de la Jonquières, à cinq lieues au plus de Montpellier. Elles gagnèrent une cabane assez éloignée du bourg et y demandèrent l'hospitalité. Elle leur fut d'abord brutalement refusée, mais Catherine, s'approchant de Vidal, lui dit doucement :

— N'avez-vous pouvoir que de rebâtir des murailles, prince Amphion, et votre harpe ne sait-elle pas aussi ouvrir les portes ?

Pierre Vidal n'eut pas plutôt entendu cet appel à la puissance de son talent, qu'il prit sa harpe et se mit à chanter une chanson gracieuse, adressée par un amant au seuil inexorable de sa dame. Il y avait des jeunes filles dans la maison; les jeunes filles entendirent, elles écoutèrent, elles ouvrirent la porte; et lorsque Catherine leur eut dit que c'était un pauvre fou, qu'elle et sa compagne conduisaient à un saint pèlerinage pour demander à Dieu de lui rendre sa raison, on s'empressa autour de lui, on le fit entrer, et les pèlerines furent louées pour leur courage et leur bonne action.

On pria Vidal de chanter, et il chanta. Puis vint l'heure du repas du matin pour lequel on attendait le maître de la cabane : presque aussitôt il parut. A peine fut-il entré que tout le monde s'élança vers lui en lui demandant quelles nouvelles il avait apprises.

— Rien, dit-il ; je suis allé jusqu'au château de Pezenas, l'un de ceux qui ont abandonné leur suzerain le vicomte Roger. Hier les habitants du bourg ont passé la journée, l'oreille collée contre terre, car il paraît qu'il y a eu un grand fracas tout autour de la ville de Béziers.

— Oh ! s'écria Agnès, la ville serait-elle prise ?

Le serf remarqua alors les deux pèlerines, et, les considérant avec soupçon :

— Quelles sont ces femmes?

On le lui expliqua selon le conte de Catherine, et le serf poursuivit :

— Excusez-moi, mes sœurs, mais il ne manque pas de femmes vêtues comme vous qui suivent l'armée des seigneurs croisés et qui s'introduisent dans les maisons. Si par hasard on parle indiscrètement devant elles, les misérables vous dénoncent aux varlets de l'armée; ceux-ci obtiennent aisément de leurs capitaines un ordre de visiter la maison dénoncée comme enfermant des hérétiques, et cette visite, c'est l'incendie et le pillage.

— O mon Dieu! s'écria Agnès, et c'est ainsi qu'on traite les vassaux du vicomte Roger!

— Les vassaux du vicomte Roger! reprit le paysan; s'il reste encore des vassaux à ce brave vicomte, ses vassaux ne sont pas compris dans cette faveur : car ceci est une faveur, attendu que nous appartenons au comté de Montpellier, qui est territoire ami. Mais sur celui du vicomte de Béziers, il n'est besoin de permission aucune pour brûler les maisons et égorger les habitants; et, dit-on, il ne reste pas une maison debout depuis le château de Pezenas jusqu'à Béziers, si ce n'est les forteresses qu'ils n'ont pu démolir ou attaquer, quoiqu'on rapporte qu'ils ont pris et brûlé le fort de Servian, au point qu'il n'y reste que les pierres, qu'ils n'ont pu emporter.

— Mais enfin, dit Catherine, sont-ils entrés à Béziers? car vous avez parlé d'un grand fracas autour de cette ville.

— Cela n'est pas probable; car les clercs avaient annoncé qu'ils se retireraient dans l'église de Saint-Nazaire et qu'ils sonneraient les cloches si la ville était envahie, pour avertir les campagnes environnantes de ce grand désordre.

— Et l'on n'a pas entendu les cloches! dit Agnès avec anxiété.

— Nullement, dit le serf. Béziers est une ville redoutable; et si le vicomte s'y trouve, les croisés auront le temps de semer et de récolter dans les champs qu'ils ont brûlés et ravagés.

— Le vicomte est donc à Béziers? dit Catherine.

— On ne sait, reprit le serf. Ce qu'il y a de sûr, c'est qu'il y est allé en sortant de Montpellier : les uns disent qu'il y est resté; les autres assurent qu'il s'est retiré à Carcassonne. Du reste, nous le jugerons bientôt à la résistance que fera la ville.

L'heure du premier repas sonna : on fit asseoir Vidal et les pèlerines, et, pendant tout ce temps, il ne fut question que du siége de la ville. C'est là que Catherine et Agnès apprirent que le sire de Pezenas, comme beaucoup d'autres, avait déjà regret de son abandon, car ses vassaux n'avaient guère été plus ménagés que s'il était demeuré fidèle à son suzerain. Les deux pèlerines résolurent donc de se faire guider de ce côté. Après le repas, on les invita à se reposer. Jusqu'à ce moment, Catherine et Agnès n'avaient pas été véritablement seules et face à face. Leur résolution avait été si prompte, l'exécution l'avait suivie de si près, que ni l'une ni l'autre n'avaient eu le temps de réfléchir à leur situation. La fatigue de la marche, ses dangers, la présence de Vidal, les avaient, pour ainsi dire, séparées ou occupées tellement qu'elles n'avaient guère échangé que quelques mots sur la longueur de la route ou la fraîcheur de la nuit. Une fois dans l'étroite chambre où on les avait conduites et où elles devaient passer une longue journée, elles eurent le loisir de penser à la singularité de leur réunion. D'un instinct commun elles cherchèrent à détourner ces pensées, et Catherine, la première, dit à Agnès :

—Il faut vous reposer, madame, et vous mettre dans ce lit.

— Oui, dit Agnès, le sommeil m'accable ; oui, il faut nous reposer.

Catherine, avec cette admirable intelligence de tout dévouement sincère, sut prendre la place qui lui convenait. Riche bourgeoise, pupille des consuls de Montpellier, enfant gâtée par le sire de Rastoing, elle avait peut-être encore plus que la vicomtesse l'habitude du luxe et des mollesses de la vie. Cependant elle s'approcha d'Agnès, comme eût fait une femme de son service, et lui détacha sa robe. Agnès la laissa faire; mais lorsqu'elle vit Catherine qui considérait ses blanches épaules virginales, elle devint rouge, comme si un homme, comme si Roger l'eût regardée, et elle croisa les bras sur sa poitrine.

— Vous me regardez, Catherine? dit-elle.

— Oui, dit Catherine avec un doux sourire triste, flatteur et d'une expression presque douloureuse, oui, madame, car vous êtes bien belle.

Agnès rougit encore plus et se tut, tout embarrassée et timide qu'elle était. Catherine, qui avait essuyé une larme, la fit asseoir, et détacha de ses pieds ses brodequins, lacés sur le coude-pied. Les pieds d'Agnès, ses pieds blancs et délicats, étaient rouges et meurtris.

— Oh! dit Catherine avec pitié, reposez-vous, madame, reposez-vous.

Et elle la plaça sur-le-champ dans le lit; puis machinalement et profondément absorbée, elle s'assit sur une escabelle.

— Et vous, dit Agnès, vous?

— Moi, moi? dit Catherine, je resterai là.

— Là! dit la vicomtesse se levant sur son séant; c'est impossible. Venez.

— A côté de vous? dit Catherine en pleurant soudainement. Je n'oserai pas; non... non... Ce n'est pas ma place.

Aussitôt Agnès se relevant et lui ôtant rapidement ses vêtements sans vouloir écouter ses refus, poussa Catherine dans son lit, et se couchant à côté d'elle, lui dit:

— Il ne faut pas m'en vouloir si je l'aime; tu vois bien que je ne t'en veux pas.

Cœur d'enfant, où brûlaient un amour de femme et un dévouement d'ange.

Un moment après, les deux jeunes filles dormaient profondément dans les bras l'une de l'autre. Le soir venu, il fallut repartir. La marche de cette nuit les conduisit jusqu'au delà de Pezenas. Elles avaient avancé autant que possible afin d'arriver d'assez bonne heure près de Béziers, pour y pénétrer à la faveur de la nuit, en profitant de la connaissance exacte des chemins cachés qu'avait Pierre Vidal. Mais l'hospitalité qu'elles avaient trouvée à la Jonquières ne leur fut point accordée de même aux environs de Pezenas, ou plutôt elles ne surent à qui la demander. Elles se présentèrent d'abord dans une cabane. La porte en était ouverte, et les meubles brisés et dispersés. Elles s'enfuirent épouvantées, et coururent vers une autre cabane: elle était dans le même état d'isolement et de dévastation que la première : à celleci, il y avait de plus une longue plaque de sang qui se perdait derrière une porte. Catherine et Agnès devinrent pâles et tremblantes, n'ayant ni la force d'avancer, ni celle de fuir. Pierre Vidal entra, et ouvrit la porte : la plaque de sang continuait en une longue trace qui, après avoir traversé un jardin, se perdait dans un champ de blé. Elles l'avaient suivie jusque là, et n'osèrent aller plus loin. Cependant des bruits lointains arrivaient jusqu'à elles.

— Allons de ce côté, dit Agnès.

— Non, non, dit Catherine, cette désolation fait notre sûreté : ils ont ravagé tout ce pays, ils n'y reviendront pas, et la cabane la plus ruinée sera notre plus sûr asile.

— Vous avez raison, dit Agnès, allons, allons vite : voici déjà le jour et le soleil.

Elles cherchèrent des yeux et virent une masure dont le toit était arraché. Elles s'y rendirent et trouvèrent quelques bottes de paille, sur lesquelles elles se placèrent. Mais dans ce lieu ouvert et abandonné, le peu de sommeil qu'elles prirent fut inquiet et peut-être plus fatigant que n'avait été la marche de la nuit. Au moindre bruit, elles s'éveillaient en sursaut; le soleil tombait brûlant et sans relâche entre ces murs, qu'il échauffait comme une fournaise, de façon que, le soir venu, elles éprouvèrent plus de lassitude qu'elles n'en ressentaient le matin en arrivant. La veille, Catherine, plus prévoyante qu'Agnès, avait accepté quelques provisions des jeunes filles de la Jonquières ; mais quand elles eurent fini leur misérable repas, elles ne trouvèrent point d'eau pour apaiser leur soif. Ces privations étaient sans doute bien légères ; mais elles frappaient des femmes qui n'en avaient jamais eu même la pensée, de jeunes filles si faibles, que pour elles un jour de ce supplice était plus que pour un homme une semaine entière de faim et de soif. Agnès surtout, délicate et frêle enfant, semblait prête à succomber : elle ne se plaignait pas ; mais elle ne disait rien : elle ne parlait point de partir; elle était assise par terre sans force ni résolution. La nuit vint, et, avec elle, une fraîcheur qu'elles semblèrent boire avec bonheur, tant elles ouvraient, par de longues aspirations, leur poitrine aride à cet air moins brûlant.

— Madame, dit Catherine, madame, encore un effort; cette nuit, nous arriverons; cette nuit, nous sauverons Roger.

— Oui, oui, dit Agnès, allons, j'ai encore de la force.

Elle voulut se lever et poussa un cri, tant ses pieds, gonflés dans sa chaussure, étaient devenus douloureux.

— Laissez-moi, dit-elle en pleurant, laissez-moi ici; j'y mourrai; allez le sauver; va, Catherine, tu lui diras seulement que je l'ai essayé.

— Non, madame, non, il faut du courage; la marche fera disparaître l'engourdissement, et, s'il le faut, Pierre Vidal vous portera... je vous porterai, moi.

Et, en disant ces paroles, la pauvre Catherine elle-même chancelait sur ses pieds meurtris. La vicomtesse s'arma de résolution, et toutes deux essayèrent quelques pas hors de la cabane; mais Catherine vit bien qu'elle ne pourrait aller loin. Elle appela Pierre Vidal.

— Prince Amphyon, lui dit-elle, te souviens-tu qu'une nuit Roger t'emporta dans ses bras, après que tu avais été déchiré par les chiens d'une dame?

— Tu te trompes, reprit Vidal, ce fut mon ami, le jongleur Orphée, qui fut déchiré par les femmes de la Thrace, et qui périt malgré le secours de Roger.

Catherine avait voulu tenter la folie de Vidal et n'y avait point réussi. Elle commençait à désespérer, lorsque celui-ci lui dit :

— Pourquoi ta sœur, la muette Progné, ne vient-elle pas et demeure-t-elle seule à pleurer?

— Hélas! s'écria Catherine, elle ne peut marcher : la pauvre a les pieds brisés.

— Ah! dit Vidal, je la porterais bien, car je suis grand et je suis fort, mais demain je serais fatigué pour le combat, et ma voix n'aurait plus de fraîcheur; mais je l'exciterai par mes chants et je lui rendrai ses forces.

Aussitôt il se mit à chanter une chanson de danse qui mesurait exactement le pas. Catherine ne l'écoutait pas, ni Agnès non plus; mais toutes deux tentèrent un effort désespéré, ce fut d'abord la nécessité qui les soutint; puis, lorsqu'une marche d'un quart d'heure eut rétabli la libre circulation du sang, les douleurs s'effacèrent peu à peu, et le chant de Vidal leur devint un véritable secours. Elles avaient été si près de désespérer de leur entreprise que ce peu de force qu'elles retrouvèrent leur vint comme une joie. Elles marchèrent résolument, et ne purent retenir une exclamation de surprise lorsqu'au revers d'une petite colline elles aperçurent à leurs pieds d'immenses feux, qui annonçaient la présence d'un camp, et, au delà, les hautes murailles de Béziers éclairés de quelques pâles reflets. Un silence profond couvrait la campagne; jamais armée n'avait si bien étouffé le murmure qui bourdonne autour de toute grande multitude.

— Oh! sans doute, dit Catherine, ils préparent quelque attaque, il faut nous hâter.

Elle fit comprendre à Pierre Vidal qu'il fallait tromper la vigilance des ennemis de son talent, qui voulaient l'empêcher de pénétrer dans Béziers; et celui-ci, changeant de direction, prit à travers les champs sans suivre aucun sentier battu. Les deux femmes le suivaient à grand'peine. Ils approchaient rapidement des feux épars dans la campagne sans entendre aucun bruit. Soupçonnant que les troupes étaient rassemblées autour de ces feux, Vidal les fit marcher dans un fossé, pendant qu'il passait à leur hauteur. A ce moment, un long hurlement, suivi de hurlements plus nombreux, se fit entendre. Ce cri était si lugubre, que tous trois s'arrêtèrent ensemble. Le hurlement se répéta plusieurs fois, et finit par se perdre peu à peu. Agnès et Catherine n'avaient plus de force : le bruit d'un corps qui passa non loin d'elles, en renversant les hautes tiges des blés, leur rendit le pouvoir de fuir; la peur fit plus que le courage; elles avancèrent rapidement, et eurent bientôt dépassé les feux. Elles étaient à quelques minutes d'une porte qui ouvrait sur la campagne; mais cette porte était défendue par un fossé et par un pont-levis, et comment le faire baisser sans appeler l'attention des croisés qui veillaient sans doute au dehors? Malgré cette crainte, elles avancent, rasent, en marchant sur leurs mains, le parapet qui protége le fossé, et arrivent au pont. A quelques pas, elles voient une percée de jour. Leurs yeux étaient si fatigués, la nuit si obscure, qu'elles cèdent à une illusion facile à comprendre, et croient voir l'ouverture horizontale du pont-levis haussé. Elles furent sur le point de chercher un autre côté. Catherine, cependant, s'arrête un moment, et voyant Pierre Vidal aller en avant, elle lui dit d'arrêter, craignant qu'il ne se précipite dans le fossé ; mais, à l'instant, elle l'aperçut dans cette embrasure claire et ouverte, debout et leur faisant signe de le suivre. Elles avancent, et bientôt elles reconnaissent que le pont-levis est baissé, et que cette clarté est celle de la porte dont la herse est levée. Elles courent et se précipitent dans la ville, et, dans un premier transport de joie, elles s'embrassent en pleurant.

V

BÉZIERS.

Enfin Catherine et Agnès étaient à Béziers : Roger était sauvé ; Roger, jugé invincible autrement que par la trahison. Ces sentiments se précipitaient si rapides et si joyeux dans l'âme de ces deux jeunes filles, ils en chassaient si soudainement tant de craintes et de désespoir, qu'elles n'eurent pas d'abord assez de loisir de réflexion pour s'étonner de la facilité avec laquelle elles avaient pénétré dans la ville. Mais lorsque Vidal leur eut dit : « Allons au palais, où l'on nous attend, » tandis qu'elles parcouraient les rues étroites de Béziers, elles s'étonnèrent entre elles de ce que cette porte se fût trouvée ouverte, et surtout de ce qu'elles n'y avaient vu personne qui y veillât. Un doute terrible entra dans leur esprit : Béziers serait-il au pouvoir des croisés, et cette facilité qu'elles avaient eue à traverser ce qu'elles pensaient être leur camp, cette libre entrée ouverte, n'étaient-elles pas un sûr indice que l'armée tenait à la fois le dedans et le dehors de la ville? Elles s'arrêtèrent tout à coup en se pressant l'une contre l'autre, et écoutèrent. Le bruit de leur propre marche et le frôlement de leurs vêtements leur avaient jusque là assez peuplé le silence pour qu'elles ne l'eussent pas remarqué ; mais quand elles furent immobiles, ce silence devint si profondément vide de tout son vivant, qu'elles furent saisies d'un effroi encore plus mortel et qu'Agnès s'écria :

— Mon Dieu ! qu'est-ce que cela veut dire ? Elles écoutèrent encore ; rien ne répondit, pas même le pas de Vidal, qui, s'imaginant que ces deux femmes le suivaient, avait continué sa route.

Agnès et Catherine regardèrent autour d'elles. Rien ne se mouvait dans l'obscurité, rien ne bruissait dans le silence, pas une fenêtre où brillât une tardive lumière. Cependant une ville assiégée ne pouvait être dans un si complet repos, mais ce repos n'allait pas mieux à une ville prise. Toutes deux tremblaient et se serraient.

— J'ai peur, dit Agnès.

Catherine, qui jusque là avait soutenu le rôle de la femme forte et résolue entre ces deux femmes faibles, Catherine, saisie du même effroi, n'eut que le courage de ne pas répondre. Elles n'osaient faire un pas, ni en avant ni en arrière. Elles entrelaçaient leurs bras ; l'obscurité les épouvantait tellement qu'elles cachaient leurs yeux dans le sein l'une de l'autre.

— Le jour va venir bientôt, le jour va venir, dit Catherine ; asseyons-nous là, attendons le jour.

En effet, bientôt les rayons pourpres du matin glissèrent au sommet du ciel, puis s'abaissèrent doucement sur la terre. Les jeunes filles le reçurent comme une rosée d'espoir et de courage. Elles quittèrent la pierre sur laquelle elles s'étaient assises et firent quelques pas. Le jour était venu, c'était la vie : mais la vie, pour être complète, la vie d'une ville surtout, a besoin de bruit et de mouvement, et ni bruit ni mouvement ne vinrent avec le jour. Leur frayeur recommença, mais toute différente, mais incertaine, mais sans aucun de ces mille objets dont on a l'idée d'avoir peur : la solitude dans la nuit, des ennemis, une bête fauve, un homme ivre, une foule furieuse, on a peur de tout cela ; mais il faisait jour, et elles ne voyaient personne. Si elles n'avaient été deux, chacune eût douté de sa raison. Elles s'entre-regardèrent sous le poids de ce sentiment et arrivèrent à l'angle d'une nouvelle rue. Miséricorde du ciel! elle était pavée de cadavres! Elles s'enfuirent épouvantées, et coururent dans une autre direction, ne voyant rien, ne regardant rien : mais l'haleine leur manqua enfin ; il fallut encore s'arrêter et voir ; elles virent encore des cadavres.

— Ah! dit Agnès, la ville est prise, et nous sommes parmi les croisés.

— Eh bien! dit Catherine dont les dents claquaient, nous dirons qui nous sommes ; frappons à une porte, frappons.

Elles frappèrent : le bruit retentit dans la maison, mais rien ne répondit que l'écho des salles. Le cœur de ces femmes se serra dans leur poitrine, et plus pâles que les cadavres qui les entouraient, elles se regardèrent sans se parler. Cependant, le soleil se levait splendide et brûlant, mais avec lui rien ne se levait, ni armée, ni ville, ni un homme, ni un son. Catherine ne respirait plus, Agnès restait droite et l'œil fixe. Par un effort désespéré, elles s'arrachèrent à elles-mêmes, et Catherine dit en parlant à voix basse et comme en chassant ses paroles :

— Allons-nous-en, allons-nous-en !

S'en aller, pour elles, fut d'abord marcher, marcher sans but ni direction, prenant au hasard chaque rue qui se présentait, allant jusqu'au bout, tournant à droite ou à gauche quand la rue était finie, s'imaginant peut-être qu'elles s'en allaient, ne disant rien, n'ayant plus ni mouvements convulsifs, ni effroi soudain à l'aspect de chaque nouveau cadavre qu'elles rencontraient ; l'âme tellement tendue à la souffrance, que rien ne la faisait plus vibrer. Cependant un choc nouveau pouvait les frapper, tel qu'il brisât chez elle la vie ou la raison. Ce choc arriva, mais ce fut pour les rassurer et détendre leur terreur ; elles aperçurent une église : dans une église il semble qu'il y a toujours protection ; elles pouvaient y trouver un prêtre, un homme de Dieu, Dieu. Elles ne pensèrent à Dieu qu'après l'homme, tant cette effrayante solitude, magnifiquement éclairée du soleil, les tenait sous son charme infernal. Un chien leur eût fait secours. Elles entrèrent dans l'église, lieu d'asile, selon leur pensée, lieu d'asile sans doute, selon la pensée de toute une population de femmes, d'enfants, de prêtres et de vieillards : car femmes, enfants, prêtres et vieillards gisaient là pêle-mêle étendus et massacrés. La barbe des prêtres, les cheveux blancs des vieillards, le visage brun des femmes, la tête blonde des enfants, tout traînait dans le sang. Oh! la nuit, la nuit qui leur avait voilé tout ce meurtre, que ne revenait-elle, sombre et vide comme il y a quelques heures! mais le jour était grand, le jour entrait à pleins rayons par les vitraux brisés et par les fenêtres démolies, un jour splendide, magnifique, où tout saillissait à l'œil : Agnès et Catherine n'eurent plus rien à demander à leur résolution, ni fuite, ni conseil, ni peur, ni courage, ni prières. Elles tombèrent à genoux, non pour prier : elles n'avaient pas de pensée ; elles s'embrassèrent aussi, non pour se soutenir, mais parce que leur mouvement avait été complétement le même. Rien ne devait les arracher de là, aucun pouvoir, ni sentiment de la conservation, ni celui de la faim et de la soif. Il n'y avait rien d'assez fort au monde pour les empêcher de mourir à cette place, lorsqu'une voix se fit entendre. C'était celle de Pierre Vidal, assis sur l'autel et s'écriant :

— Voici le triomphe que m'ont réservé le seigneur Jupiter et son fils Roger, le soin d'évoquer l'enfer, pour les rendre à ces corps inanimés, les âmes qui gémissent dans le fleuve Tartare.

Catherine osa le regarder. Elle ne fut ni plus alarmée ni plus rassurée ; mais ce mot enfer tonna dans son oreille comme un tintement singulier. Il lui sembla qu'on lui disait toujours : L'enfer, l'enfer. Elle resta béante, le regard fixe, comme une statue où l'artiste a scellé l'épouvante au marbre. Vidal prit sa harpe ; il chanta :

> Vieillards, ceints par les ans de blanches auréoles,
> Enfants, qui pour prier, n'aviez point de paroles,
> Vierges, dont le fer seul a fait pleurer le cœur,
> Femmes aux flancs féconds, dont la terre est jonchée,
> Et comme les pavots sur la moisson fauchée,
> Tous sanglants sur le sol où passa le vainqueur.
> Femme, tu n'avais pas épuisé ta tendresse,
> Vierge, à ton nom de femme il manque une caresse,
> Femme morte au séjour, vierge morte en chemin,
> Enfant mort sans marcher debout dans tes années,
> Vous comptiez l'avenir parmi vos destinées,
> Et toi-même, vieillard, tu crus au lendemain.

17.

Ce long dénombrement remua le regard de Catherine, elle en suivit chaque objet, et, le trouvant devant elle si terriblement posé, elle associa presque ce chant à ce spectacle, cette folie à cette vérité ; et alors elle écouta ; elle écouta pour entendre. Vidal continua :

> Levez-vous ! ma voix vous appelle !
> Levez-vous, car la vie est belle ;
> La vie a des charmes puissants,
> La vie est l'amour et la joie,
> C'est le plaisir où l'on se noie,
> La volupté qui fond les sens.
>   La vie est la rose
>   Où l'âme se pose
> Balancée aux flots d'un air doux ;
>   La vie est la gloire,
>   Elle est la victoire.
> Cadavres sanglants, levez-vous !

Cet appel à la vie, si solennel et si imprévu ; cette résurrection évoquée à grands cris, frappèrent horriblement l'esprit de Catherine, et, dans son épouvante, elle regarda et attendit : elle ne savait quoi, mais elle attendait ; lorsque Vidal, poussé par son délire poétique, reprit avec feu :

> La lyre est forte,
> Elle l'emporte
> Sur le tombeau.
> Déjà leur âme
> Reprend sa flamme
> Comme un flambeau.
> Leurs mains se pressent,
> Vois, ils se dressent,
> Ils sont debout ;
> Leur voix résonne,
> Leur œil rayonne,
> Et leur sang bout.
> Un chœur les rassemble,
> Ils tournent ensemble :
> Déjà le sol tremble
> Sous leurs pieds joyeux.

> Leur vie est féconde,
> Et de cris inonde
> La voûte qui gronde
> Et les jette aux cieux.

Alors tout fut vrai : ces cadavres s'étaient relevés ; ils vivaient ; ils étaient couronnés de fleurs; ils tournaient, ils dansaient, ils chantaient, si bien que Catherine se leva, et avec un rire inouï, elle se mit à danser et à chanter. Un cri terrible et désespéré se fit entendre ; une main forte et puissante la saisit : c'était Agnès, qui, l'œil ouvert, les joues pâles, la lèvre pendante et frémissante, la tenait et la regardait dans une indicible terreur. Ce cri brisa l'horrible rêve ; un éclair de raison traversa la tête de Catherine, elle comprit qu'elle devenait folle : et criant à son tour, saisissant Agnès à son tour, elle s'enfuit avec une rapidité incroyable, entraînant Agnès avec une force surhumaine. Dieu vint à leur aide ; elles couraient dans une rue qui menait à une porte ouverte, et tout à coup elles virent la campagne s'étendre devant elles ; la campagne immense avec des arbres, des oiseaux, des épis, des herbes, de la vie, et puis, quelques pas après, des hommes qui tournaient de loin autour de la ville. Mais, avant d'arriver jusqu'à eux, elles tombèrent épuisées de fatigue. Ces hommes s'approchèrent alors, et, les ayant secourues et relevées, l'un d'eux leur dit :

— Est-ce vrai que les croisés, après avoir pris la ville, ont tué jusqu'au dernier homme, jusqu'au dernier enfant?

— Les croisés ! dit Catherine en retrouvant des idées possibles à ce mot qui la ramenait à la vérité. Ah ! les croisés ont pris la ville !

— Il y a trois jours, et l'ont abandonnée hier.

— Et ils ont tout tué, dit Catherine, qui comprenait alors tout ce qu'elle avait vu.

— Tout, dit un vieillard.

Catherine avait déjà repris sa raison. Agnès aussi, et plus vite peut-être, parce que son imagination moins forte n'avait pas aidé à l'ébranler ; plus vite, car elle s'écria soudain :

— Ils ont donc tué le vicomte?

— Le vicomte est à Carcassonne, répondit quelqu'un.

— Catherine, dit Agnès, il faut aller à Carcassonne.
— Nous irons à Carcassonne, répondit Catherine.

Ce fut la première pensée de leur esprit dès qu'elles purent penser, le dernier mot qu'elles prononcèrent tant qu'elles purent prononcer un mot; mais la fatigue et l'épouvante les avaient épuisées, et toutes deux tombèrent presque évanouies dans les bras de ceux qui les entouraient.

Pauvres enfants! on les transporta sur une civière faite des débris qui parsemaient la campagne, à l'ombre d'un mur, où avait été la chaumière de l'un des serfs qui étaient là présents.

VI

CARCASSONNE.

Il faut revenir au vicomte, qui véritablement avait été à Béziers, où il avait laissé de nombreuses troupes, et qui ensuite s'était retiré à Carcassonne, sachant que c'était là le rendez-vous général des croisés, et que là serait le plus grand effort à soutenir. En effet, nous le trouvons au premier jour d'août, tenant conseil avec ses châtelains sur la manière dont il devait défendre sa ville, dans la persuasion où il était que les croisés avaient échoué dans leur tentative contre Béziers, et qu'ils étaient accourus vers Carcassonne pour frapper, comme ils le disaient, l'hérésie au cœur. Le vicomte avait d'abord voulu tenter une sortie contre cette foule innombrable qui s'étendait autour de la ville à mesure qu'elle arrivait, et qui semblait vouloir l'étouffer dans ses bras de géant. Il réunit ses capitaines autour de lui, et, montant sur une des tours de la ville, il montra le désordre qui régnait partout, et les excita à le suivre, à jeter l'épouvante parmi tous ces hommes, et à détruire une partie de l'armée avant que l'autre pût arriver à son secours. Pierre de Cabaret s'opposa à cette démarche.

— Sire vicomte, lui dit-il, cette ardeur prouve bien que, jusqu'à ce jour, vous n'avez su combattre l'ennemi qu'en rase campagne, et non point l'attendre derrière les murs d'une forteresse. Sa vue vous fait bouillonner le sang aux veines, et votre épée vous démange dans son fourreau. Mais que pouvez-vous espérer d'une sortie ? Je suppose que vous la fassiez aussi heureuse que possible, elle vous coûtera quelques bonnes lances, et pas une seule ne doit être imprudemment exposée dans une occasion où nous avons cent ennemis contre un bon soldat.

— Ah ! je suis bien sûr que ces braves chevaliers qui vous entourent, reprit Roger, ne seront pas fâchés de savoir si c'est là le véritable compte des croisés.

— Sans doute, dit Pierre, si nous avions en face de nous ceux qu'il est nécessaire d'abattre ; mais lorsque vous purgeriez l'armée de tous ces ribauds, ce serait service que vous leur rendriez, et non point à nous : car demain nos vrais et redoutables adversaires seraient ici, reposés et forts, tandis que nous serions harassés et faibles.

— Alors, dit Roger, demain nous irons mesurer nos lances avec les leurs.

— Sire vicomte, ce sera encore une faute, reprit Pierre. Lance contre lance, homme contre homme n'est point le jeu que nous devons jouer. Faites une sortie ! et comptez le nombre des hommes d'armes qui sont à Carcassonne et le nombre des soldats qui sont autour : donnez dix de ceux-ci à tuer à chacun de nos soldats, et il restera encore assez de Français pour que leur armée soit dix fois plus nombreuse que notre garnison. En rase campagne nous serons un contre vingt : dans Carcassonne nous serons un contre un : car, sire vicomte, il faut compter comme soldats chacune des pierres de nos hautes murailles. Elles supporteront l'effort des lances et des épées mieux que nos heaumes et nos écus. Chaque pierre à arracher doit coûter une vie.

— Tu as raison, Pierre, lui dit le vicomte ; mais, dans une sortie, nous pouvons nous serrer et leur présenter une citadelle mouvante et inaccessible, contre laquelle ils se briseront de même, et qui leur portera la mort, tandis qu'ici il faut nous diviser sur cette longue enceinte de murs, sans être maîtres de frapper où nous voudrons, n'ayant d'ennemis que ceux qui daigneront se présenter.

— Cela se peut, dit Cabaret, mais il sera toujours temps de nous presser et de nous réunir. Qu'ils enlèvent ce premier faubourg, et nous les attendrons dans le second ; qu'ils enlèvent le second, et nous les attendrons dans la cité, et là l'enceinte est assez étroite et le nombre de vos bons chevaliers assez grand, pour que nous les couvrions d'assez d'épées et de haches pour qu'aucun ennemi ne se puisse glisser entre elles. D'ailleurs le temps en cette affaire est notre premier auxiliaire, et c'est lui qu'il faut laisser agir.

— C'est notre auxiliaire, il est vrai, dit Roger, et c'est aussi notre ennemi. Cependant tu as raison. Je n'ai pas encore aperçu dans la plaine une seule bannière qui vaille la peine d'être renversée, si ce n'est celle de mon oncle de Toulouse, et ce n'est pas à lui que j'ai besoin d'apprendre que l'épée du vicomte de Béziers est redoutable à ses ennemis.

Un moment après ils quittèrent les remparts.

La ville de Carcassonne était à cette époque entièrement située sur la rive droite de l'Aude. La cité, qui en faisait la partie la plus considérable, était bâtie sur un rocher au pied duquel coule cette rivière. Elle était, en outre, enceinte de deux faubourgs, tous deux entourés de murailles et de fossés. Bien que ces faubourgs fussent à l'abri d'une escalade et pussent soutenir un siège régulier, ce n'était pas en eux que les habitants de Carcassonne avaient placé l'espoir de leur défense ; ils s'étaient tous retirés dans la cité, entourée de murailles d'une élévation prodigieuse et garnies de tours du sommet desquelles on pouvait accabler les assiégeants de projectiles de toutes sortes. C'est dans la cité que se trouvait le château, et devant ce château l'orme immense où, la plupart du temps, les seigneurs tenaient leurs audiences et recevaient la foi et l'hommage de leurs vassaux. C'était l'arbre de la ville, une sorte de palladium de la cité. On le rencontre dans presque toutes les descriptions des vieilles villes du Midi, et dans beaucoup de chartes nous trouvons, comme simple désignation de l'endroit où elles ont été signées, ces mots : *sub ulmo,* sous l'orme. Ce proverbe, qui a survécu à l'existence accoutumée de cet arbre monument : Attendez-moi sous l'orme ; ce proverbe prouve qu'il était un lieu à part, où se donnaient ordinairement les rendez-vous d'affaires, un centre de réunion pour les habitants des villes. Les arbres de liberté ne sont qu'un ressouvenir de l'orme féodal ; car c'était ordinairement sous cet arbre qu'avaient lieu les traités entre les souverains et les vassaux. C'était le palais des manants, le témoin vivant de tous les engagements pris par le seigneur. L'histoire de l'orme, dans chaque cité, était ce qu'est l'histoire de l'Hôtel-de-Ville pour Paris.

Ce fut donc sous l'orme que Roger rassembla ses châtelains, ses chevaliers, ses bourgeois, ses manants. Là, il leur apprit la résolution qui avait été prise de défendre la ville jusqu'à la dernière extrémité, et de ne point tenter le sort d'un combat en plaine.

— Maintenant, ajouta-t-il, que chacun se tienne prêt pour le point du jour, car je ne fais point de doute que nous ne soyons attaqués à cette heure : en outre, que chacun ait ses armes à côté de lui : car s'il prenait fantaisie aux croisés de nous attaquer durant la nuit, j'entends qu'ils soient bien reçus à toute heure. Songez qu'il faut que chaque faubourg leur coûte autant de soldats que nous sommes d'assiégés : celui qui, ayant une muraille pour bouclier et une épée pour occire, n'aura pas tué un homme sera regardé comme inutile et renvoyé de la ville.

Tous applaudirent et se retirèrent ; lui-même, après avoir un moment entretenu ses capitaines, leur distribua les postes où ils devaient veiller, se les gardant tous et ne s'en réservant aucun : puis il entra dans son château, accompagné seulement de Buat et de Kaëb ; il ordonna à l'esclave de lui apprêter ses armes, et, tandis qu'il les visitait pièce à pièce, il s'adressa à Buat :

— Eh bien ! lui dit-il, as-tu visité les murailles et les magasins d'armes ?

— J'ai tout vu, dit Buat, et je n'ai qu'une crainte, car ce ne sera ni les remparts, ni les armes qui nous manqueront.

— Ce ne sera point non plus les provisions, je suppose, dit Roger.

— Non pas les provisions que nous pouvons faire, telles que blés, bestiaux et fourrages, mais celle que le ciel peut nous envoyer : l'eau. Les puits se tarissent, et; pour aller jusqu'à l'Aude, il nous faudra perdre un pot de sang par chaque pot d'eau que nous y puiserons.

— Plus bas, plus bas, dit Roger; j'ai prévu ce malheur, et ce malheur n'est point redoutable. Mais ce ne sera qu'à la plus terrible extrémité que je me servirai du remède que la prudence de mes pères a mis dans nos mains. Cette tour où nous sommes est, comme presque tous les châteaux de mes villes, construite autant contre la révolte de nos bourgeois que contre les attaques de nos ennemis; mais assurément, elle serait une faible défense contre les uns et contre les autres, s'ils pouvaient nous y altérer à leur gré, et nous y faire périr de soif. Mon trisaïeul Trancavel, lorsqu'il reçut cette ville et ses comtés des mains d'Alphonse, comte de Toulouse, y fit construire ce château; mais, par une prévoyance sans doute bien sage, il le fit élever par les mains d'ouvriers qui, durant sa construction, n'eurent pas permission de sortir d'une enceinte qu'on leur avait marquée. L'architecte qui le fit bâtir était un mécréant du royaume de Tunis, fort habile en toute sortes de conduits cachés et dérobés ; il en ménagea un qui descend jusqu'aux entrailles de la terre et qui, par une voûte qui traverse les fossés et les remparts du château et de la cité, va aboutir au bord de l'Aude, parmi des arbustes et des rochers qui en déguisent l'entrée. Les ouvriers qui l'ont construit n'y descendaient que les yeux bandés, et en sortaient de même; et lorsque la voûte fut finie, et qu'il fallut pratiquer dans le roc la dernière ouverture, qui ne peut livrer passage qu'à un seul homme, ce furent l'architecte lui-même et Trancavel qui s'armèrent du pic et du marteau pour la percer.

— Oui, dit Buat, et ceci m'explique comment l'architecte qui construisit ce château ne reparut plus du jour où il fut achevé.

— Tu savais cela, Buat? dit Roger.

— Oui, et s'il faut croire ce qu'on raconte, il aurait été foudroyé au moment où il voulut placer au sommet du clocher de la chapelle la croix qui le surmonte; et si je juge de ce que vous venez de me dire, Trancavel n'a cru son secret en sûreté que dans la mort.

Un signe affirmatif de Roger à Buat apprit à celui-ci qu'il

avait deviné la vérité. Après un moment de silence, Roger reprit :

— Ce secret a été confié par Trancavel à son fils seul, et par celui-ci à son héritier, de façon qu'il m'est arrivé de même, sans que jamais autre que le suzerain de cette ville en ait eu connaissance. J'étais bien enfant quand mon père me conduisit dans ce souterrain et m'en fit voir les détours, et, depuis ce temps, je n'y suis jamais redescendu. Il faut que nous le visitions cette nuit, et que je m'assure de l'utilité que j'en puis tirer. J'y serais allé seul, si je n'avais pas prévu qu'un accident, une blessure peuvent me mettre hors d'état d'y conduire des travailleurs si nous en avions besoin : et me trouvant forcé de confier à quelqu'un ce secret qui est, pour ainsi dire, un héritage de famille, je t'ai préféré à tout autre.

— C'est bien, dit Buat ; mais Saissac n'en est-il pas instruit ?

— Non, dit Roger. A la première clameur des habitants de Carcassone, il leur donnerait cet espoir : et, ce chemin, qui est notre meilleure défense tant qu'il sera ignoré, pourrait être notre perte dès qu'il serait connu. C'est une sape tout ouverte sous nos remparts, et il ne faudrait pas dix charges de fagots brûlés durant une nuit, à la hauteur de l'enceinte du château ou de la cité, pour faire crouler un large pan de muraille et ouvrir brèche aux ennemis. Et qui peut répondre d'un secret répandu parmi des milliers de personnes ?

— Vous avez raison, dit Buat, et je ne suis pas assuré qu'en chassant Raymond Lombard vous avez chassé tous les traîtres de Carcassonne.

A ce moment Kaëb rentra, apportant le souper de Roger. L'apparition de l'esclave à côté de ce mot de traître qui venait d'être prononcé, surprit les deux jeunes gens ; ils s'entre-regardèrent, et Roger dit à Buat, dès que Kaëb fut sorti :

— Que penses-tu de cet homme ?

— Je ne sais, dit Buat, mais à sa place je vous haïrais.

— Il est cependant assuré, dit Roger, que je ne lui ai pas enlevé sa Foë, et que ma prétendue séduction est un mensonge de l'interdit jeté sur moi.

— Sans doute, dit Buat ; car il vous l'a entendu dire à un moment où il a dû croire que la vérité sortait seule de votre bouche ; mais à ce moment il a appris autre chose, c'est que Foë vous aimait.

— Est-ce ma faute ?

— Non, dit Buat ; mais consultez votre cœur et demandez-vous si vous ne détesteriez pas plus le rival qui serait aimé que le rival qui aimerait.

— C'est possible, dit Roger, moi, toi, peut être, mais cet esclave ! d'ailleurs, entre lui et moi, ce mot rival peut-il entrer dans l'esprit ?

— Ah ! dit Buat, voilà parler en vicomte et non pas en homme. Quant au mot de rival, il n'a point de rang ; et j'ai eu plusieurs fois l'occasion de voir que la haine de Kaëb a bien compris ce mot, car elle s'est déjà élevée jusqu'à Raymond Lombard, non point parce qu'il est plus près de lui, mais parce qu'il tient Foë en sa possession, et qu'il est l'obstacle présent à l'amour de Kaëb pour elle. Qu'un hasard la rapproche de vous et que l'amour qu'elle vous porte devienne l'obstacle qui sépare Kaëb de son Africaine, ce sera sur ce nouvel obstacle que tombera cette haine astucieuse et cachée, capable d'un crime s'il le faut.

— Alors, dit Roger, nous avons le temps d'y penser, et Lombard nous servira de bouclier. Songeons à notre visite.

Roger ferma la porte de la salle où ils se trouvaient, et prenant son épée ainsi que Buat, tous deux, armés d'un flambeau, descendirent par un escalier qui tournait dans l'épaisseur du mur où était percée la fenêtre profonde qui éclairait la chambre. Cette chambre était la même où s'était passée la scène qui ouvre cette histoire, et la porte qui conduisait dans cet escalier se trouvait dans l'embrasure même de cette fenêtre. Ils descendirent longtemps sans trouver aucune porte qui les arrêtât, et remarquèrent que cet escalier était assez étroit pour qu'il devînt impraticable en y jetant quelques grosses pierres et en y amoncelant des matériaux. Tant qu'il tourna dans la hauteur des murailles qui étaient au-dessus du sol, ils comprirent, à la chaleur des pierres, qu'ils n'avaient pas encore atteint la partie souterraine, car le soleil brûlant qui régnait depuis deux mois les avait échauffées au point qu'ils suffoquaient dans cet étroit espace. Enfin, ils sentirent la fraîcheur et l'humidité les saisir tout-à-coup, et pensèrent qu'ils allaient bientôt arriver au but; mais l'escalier était bien plus profondément enfoncé en terre qu'il n'était élevé au-dessus de sa surface, et ils jugèrent qu'ils devaient être à une distance énorme du sol, lorsqu'ils trouvèrent une porte; cette porte ouverte par Roger, les introduisit dans une vaste salle circulaire. Cette salle circulaire s'élevait comme un puits, à perte de vue. Et le vicomte expliqua à Buat comment on avait pratiqué cette ouverture pour pouvoir enlever facilement, à l'aide d'une poulie, les tonneaux et autres objets qu'on voulait introduire dans le château. Ce puits était verticalement placé sous la tour par laquelle ils venaient de descendre, et ouvrait, par des dalles qu'on pouvait enlever, dans la salle basse de cette tour. Le vicomte traversa cette enceinte circulaire, et en face ils virent commencer la longue voûte qui devait mener à la rivière. Cette voûte était large et haute, et ils purent y marcher sans obstacle. Elle avait été si habilement et si solidement construite, que nulle trace de dégradation ne s'y faisait remarquer. Enfin ils en atteignirent l'issue et remarquèrent qu'à cet endroit elle s'enfonçait en terre, tandis que deux rampes latérales conduisaient à une porte sous laquelle une autre était pratiquée.

— Tu vois, dit Roger, cette partie basse est continuée jusqu'au-dessous de la hauteur de la rivière, et d'après la manière dont elle est construite, il suffirait de creuser encore le roc de quelques pieds pour inonder toute cette voûte, et amener l'eau jusqu'à la salle circulaire que nous avons traversée, d'où il serait facile de la tirer comme d'un puits. Quant à cette rampe, elle mène à l'issue qui ouvre parmi les rochers.

Ils montèrent, et après avoir ouvert la dernière porte, ils sentirent, à la chaleur de l'air, qu'ils avaient enfin atteint cette issue. Ils voulurent s'assurer qu'elle ne pouvait être découverte par les ennemis, et reconnurent que le temps avait plus fait que l'art pour la déguiser; car elle était tellement encombrée de plantes et d'arbustes qui avaient poussé leurs racines jusque parmi les pierres, que c'est à peine si on apercevait le ciel à travers les ronces et les feuilles. Ils ne voulurent pas pousser plus loin, craignant que leur passage ne laissât quelques traces, et ils rentrèrent. Ils regagnèrent rapidement le petit escalier et remontèrent dans la tour. A travers les fentes étroites que l'architecte avait ménagées dans les pierres, ils purent reconnaître que le jour était prêt à se lever; au tumulte qu'ils entendirent, ils jugèrent que quelque cause pressante devait tenir la ville en émoi. Arrivés dans la haute salle dont ils avaient fermé la porte, ils entendirent nombre de voix qui blasphémaient et disputaient avec violence dans la pièce voisine. Roger ouvrit la porte :

— Sommes-nous attaqués? s'écria-t-il.

— Ciel et enfer! dit Pierre de Cabaret, mais le premier faubourg est presque enlevé. Les troupes ont d'abord fait merveille, mais lorsqu'elles ont vu que leur chef manquait où elles ne manquaient pas, elles se sont découragées. Saissac, Lérida, Guillaume de Minerve les maintiennent au second faubourg ; mais Dieu sait ce qui va arriver si je leur rapporte la nouvelle que leur seigneur reste caché dans un souterrain.

— Ah! malédiction! s'écria Roger, ils ont raison. Buat, va à la tour du Paon avec tes meilleurs archers; elle tient en enfilade tout le fossé qui regarde le nord. Va, et que nul homme n'y descende que pour y rester. Reviens ensuite avec le reste de tes hommes et arrive où je serai.

Tout aussitôt il prit une hache énorme, coiffa son casque sans visière et s'élança hors de la tour.

— C'est imprudence, lui cria Cabaret en le suivant à grand'peine, c'est imprudence maintenant.

— Pierre, il faut que mes chevaliers et mes ennemis me reconnaissent.

En disant ces mots, il arriva à une des portes de la cité. Elle était encombrée de soldats qui rentraient tumultueusement, et déjà les murailles du second faubourg laissaient voir les pointes des piques des croisés. A l'aspect de Roger, le retraite des siens s'arrêta, et tous ses hommes d'armes, reprenant courage, à l'air déterminé de leur chef, le suivirent en poussant de grands cris. Ceux qui tenaient encore sur les murailles y répondirent, et Roger parut tout à coup au sommet du rempart.

Il vit devant lui tous ces flots d'ennemis qui se pressaient avec une ardeur inconcevable.

Au fond, sur un tertre, était rangé le clergé, dont les chants se faisaient entendre même à travers la clameur du combat. Roger, tout exposé qu'il était aux traits des ennemis, car il n'avait que sa cotte de mailles, Roger sauta sur le bord de la muraille, à l'endroit où était dressée une échelle ; et là, au lieu de frapper ceux qui la gravissaient, il prit cette échelle par les deux montants, et, la soulevant de terre avec tous les guerriers qui la chargeaient, il la balança un moment et la rejeta sur les ennemis qui encombraient le fossé. A ce coup de force et d'audace inouïes, les remparts retentirent d'un cri de joie, et les croisés demeurèrent stupéfaits. Quelques-uns reculèrent et laissèrent une place vide. Du haut de la muraille Roger y sauta, et quelques soldats et capitaines, de ceux qui étaient armés légèrement, le suivirent. Les croisés, étonnés à leur tour, perdirent l'ardeur qui les avait poussés si loin. Roger, suivant le faubourg dans l'enceinte qu'il formait autour de la cité, toujours à la tête du petit nombre d'hommes d'armes qui l'avaient suivi, balaya devant lui tout ce qu'il rencontra, appelant à mesure qu'il avançait ceux qui étaient sur les murailles et qui, à sa voix, sautaient ou descendaient près de lui. Ainsi, en moins d'une heure, il rétablit le combat dans le premier faubourg.

Cependant la lutte y continuait avec acharnement, lorsqu'il fit appeler près de lui dix de ses capitaines les plus déterminés. Il les fait former en cercle, et tandis qu'il se couvre de ses armes, que Kaëb lui a apportées, il leur dicte en peu de mots un ordre qui paraît d'abord les étonner, mais auquel chacun s'empresse d'obéir. Ils rentrent dans l'enceinte du second faubourg, et bientôt en ressortent par les portes ouvertes, chacun à la tête de nombreux soldats qui, la pique basse, et sans s'occuper du combat, qui s'anime autour du second faubourg, le traversent en courant, marchent droit aux portes du premier, et, dès qu'ils les ont atteintes, les ferment sur eux et sur les croisés. Cependant, ceux-ci gravissaient incessamment les murailles intérieures, et descendaient dans l'enceinte. Pierre de Cabaret le faisait remarquer avec inquiétude à Roger, qui lui répondit tranquillement :

— J'attends que le nombre que tu as voulu y soit : un homme pour chaque pierre.

Tout à coup Buat arrive près de lui à la tête d'une cinquantaine de routiers. Roger lui dit un mot, et celui-ci répète d'une voix retentissante : A l'œuvre, enfants, à l'œuvre ! Tout à coup les routiers se dispersent, et le vicomte, tirant son épée, se met à crier :

— Maintenant, allons compter les pierres de nos murailles. Quant à vous, dit-il en s'adressant à ceux qui étaient sur les murs du second faubourg, prenez garde, car je vais vous envoyer de terribles ennemis.

A l'instant, il s'élance en avant, traverse, à la tête de ses nombreux chevaliers, la mêlée confuse où l'on se frappait corps à corps, et paraît bientôt sur la muraille extérieure, se plaçant ainsi audacieusement entre les Français, qui sont dans les campements, et ceux qui occupent le premier faubourg. Presque aussitôt, les capitaines qu'il a envoyés à chacune des portes montent de même sur la muraille, et la couronnent au moment où le camp des croisés pensait déjà que les assiégeants étaient maîtres du second faubourg. Cette apparition étonne les croisés et les arrête un moment. Ils ne comprennent pas que, si les premiers assiégeants ont été repoussés, ce ne soit pas eux qui se replient sur les murailles. Ils se consultent entre eux, et ne s'arrêtent à aucun parti, lorsqu'ils aperçoivent des flots d'une fumée épaisse entourer soudainement la ville : c'est tout le premier faubourg qui est en feu. Leur indécision devient plus grande. Alors tous les croisés, qui avaient franchi les premières murailles, enfermés dans cet incendie, cherchent les portes pour se retirer, mais les portes sont fermées : ils montent aux murailles ; mais les murailles sont occupées par Roger et ses capitaines : dans un moment de courage désespéré, ils se précipitent vers la seconde enceinte ; mais la pluie de pierre et d'eau bouillante qui les accueille les fait reculer. Alors le désordre et la peur se mettent parmi eux, et ils se jettent en fuyant du côté des murs extérieurs, oubliant qu'il leur faut autant de courage pour la fuite que pour l'attaque, et qu'il faut renverser ceux qui occupent ces murs. Mais la terreur est ainsi faite, et la lutte devient terrible pour s'échapper. Au plus fort du désordre, Roger demeure presque seul, appelant à lui ceux qui fuient; appelant surtout ceux qui les poursuivent, afin qu'il les jette sous le tranchant affamé de sa hache. Comme un commis de nos barrières, armé d'un fer rouge et qui marque, à mesure qu'il passe, le bétail qui va au marché, Roger compte du bout de sa hache tous ceux qui passent, mais qui tombent. Il les amoncelle devant lui, et, quand le tas est si haut qu'il gêne sa terrible extermination, il le franchit, et va plus loin marquer sa place par un nouveau monceau de cadavres. La plupart meurt sans l'attaquer; quelques-uns, et parmi ceux-là des chevaliers armés de toutes pièces, se précipitent contre lui; mais cette hache se lève et se baisse impassiblement, brisant casques et boucliers, chaperons et cottes de buffle. On ne dirait plus que c'est un homme, mais une machine qui tue, tant il semble immobile et inébranlable sur ses pieds, régulier et irrésistible dans ses coups, on sent que la foule lui manquera avant la force. Les croisés comprennent alors ce qui s'est passé dans le faubourg; ils remontent avec ardeur à l'escalade pour soutenir leurs soldats ou leur ouvrir une voie. Roger, pressé entre ceux qui attaquent et ceux qui fuient, se replace audacieusement sur le parapet, frappant également les uns et les autres, toujours immobile et scellé à la place qu'il a choisie. Cette audace irrite les croisés; ils se ruent contre lui sans l'ébranler. Enfin, lorsqu'il voit l'ardeur des uns et la terreur des autres poussées au dernier degré, il se replie soudain vers quelques-uns des siens, et, en formant un seul corps, il fend le torrent des fuyards et le traverse en allant vers la cité. Arrivé au pied des seconds murs, Roger appelle à lui tous ceux qui le défendent. A sa voix, les portes de la ville s'ouvrent, les habitants de Carcassonne, poussés par leur victoire, se précipitent en avant et chassent les croisés devant eux comme un troupeau en désordre. Alors il arrive ce que Roger avait prévu : les fuyards rencontrent les assiégeants, qui veulent avancer : et la peur est si grande parmi les premiers, que ce sont eux qui culbutent les leurs du haut des murs qu'ils escaladent. Chassés par Roger et les siens, qui fouettent cette terreur à grands coups de hache et d'épée, les derniers poussent ceux qui les devancent, et les précipitent sur les piques des soldats qui se pressent au pied des murailles. Alors ce n'est plus un combat, c'est une épouvantable boucherie où les croisés sont tués à merci, tant qu'en veut la pique et l'épée, tant que le bras en peut désirer. Enfin, le premier faubourg est balayé. Les croisés regagnent en foule le camp, laissant dans le faubourg une armée de morts, car de vivants et de blessés il n'en resta pas un seul ; et, comme dit la chronique provençale de l'époque : *E talament se sont rencontrats que pro ne tombara, et talament tombaron que iamay ne se lavaron ne bocjaron del loc* : « et ils se rencontrèrent si furieusement, qu'il en tomba beaucoup; et ils tombèrent si bien, que jamais nul ne se releva de l'endroit où il était tombé. »

Quand la déroute fut complète, Roger se retourna, et, voyant autour de lui Pierre de Cabaret et ses autres capitaines tout dégouttants du sang qu'ils avaient répandu :

— Eh bien ! mon brave soldat, t'ai-je fait bon compte ? As-tu un homme pour chaque pierre ?

— Sire vicomte, dit Saissac, en appliquant à Cabaret le calembour de l'Ecriture : Voici la pierre qui a coûté le plus cher à l'ennemi.

— Bien, bien, Saissac, s'écria Roger, je t'ai retrouvé si jeune au combat, que je me suis presque senti d'âge à te servir de tuteur et à modérer ta fougue. Où est Guillaume de Minerve? que je l'embrasse; où est Lérida? que je le félicite; où sont-ils le lion et le tigre? ils ont déchiré ce bétail à belles dents de fer et d'acier. Sur mon âme, messires, je crois que nous pouvons aller dormir. Un moment, nos bons chevaliers ; ne tendrez-vous pas la main à Buat? Quoiqu'il ne porte pas la ceinture militaire, il a fait merveille des deux mains, de la torche et du sabre.

— Bonne épée vaut mieux que ceinture dorée, dit Saissac, à qui la voix tremblait en parlant ainsi.

— Et bonne renommée aussi, dit Pierre, et le drôle l'a aussi mauvaise que possible.

Saissac se tut, et Roger dit en souriant à Pierre de Cabaret:

— Eh bien ! mon bon Pierre, si je te priais de le prendre

pour écuyer afin de lui donner un peu de la tienne, ne le ferais-tu point?

— Sire vicomte, dit Cabaret, je crois avoir assez de bonne renommée pour deux honnêtes gens; mais je crois que le Buat en a besoin de beaucoup trop pour qu'il m'en restât assez.

— Donc, messire, dit Roger avec hauteur, il sera le mien, et non le vôtre, et si quelqu'un n'a pas son compte d'hommes tués comme je l'ai prescrit, il en peut emprunter au sire Buat, il leur en prêtera, car il n'en manque point.

Bientôt après, la garnison de Carcassonne était rentrée dans ses murs, et Roger, parcourant l'enceinte de la cité d'un bout à l'autre, alla visiter chaque poste pour voir s'il était suffisamment gardé. Arrivé à la tour du Paon, il entendit au sommet, où tous les routiers étaient rassemblés, de grands éclats de rire, mêlés de cris de triomphe. Il monta, et vit que c'étaient Kaëb et Buat qui excitaient ce mouvement. Tous deux étaient armés d'un arc et lançaient des flèches contre un but éloigné. Roger regarda et vit dans le fossé un chevalier étendu, couvert de ses armes. Ce n'était pas sur lui que tiraient ces deux jeunes gens, mais sur quelques écuyers qui s'étaient hasardés jusque dans le fossé pour l'en retirer. Déjà quatre avaient tenté ce dévouement, et l'avaient payé de leur vie. Un cinquième se présenta; il courut vers le fossé, et Kaëb tira; la flèche, heureusement ajustée, frappa sur la cuirasse, rebondit et tomba à terre. Les éclats de rire recommencèrent, et l'on railla l'esclave de la faiblesse de son coup.

— Que peut une flèche sur ces armes d'acier? s'écri-at-il avec colère.

— Tu vas voir, dit Buat.

Aussitôt il ajusta une seconde flèche, qui partit avec tant de force qu'on ne la revit que lorsque l'écuyer s'arrêta en poussant un cri, percé de part en part. C'était le jeu qui occupait si gaiement les routiers. Les quinze ou vingt hommes d'armes qui étaient à quelque distance du fossé et qui paraissaient prendre tant d'intérêt au chevalier blessé, délibérèrent entre eux, et trois se résolurent à s'avancer ensemble, espérant sans doute qu'un au moins échapperait au terrible archer qui avait atteint les autres.

18.

— Allons, Kaëb, dit Roger, pince ta corde au milieu, et tords-la un peu en le tirant ; je vais te montrer comment cela se fait.

Il prit lui-même un arc, et Kaëb suivit l'avis de son maître : la flèche partit et un écuyer tomba. Les routiers applaudirent.

— A toi le second, Buat, dit Roger.

Buat tira, et le second écuyer tomba. Cela n'arrêta pas le troisième, qui arriva près du chevalier blessé.

— Pardieu ! dit Roger, je veux connaître cet écuyer ; c'est un brave serviteur, et je le verrai si la mentonnière de son casque n'est pas agrafée de fer.

A ces mots il ajusta sa flèche, qui frappa juste sur le cimier du casque, et le fit tomber de la tête de l'écuyer.

— Jour du ciel ! s'écria Roger, c'est Jean du Man, l'écuyer de Sabran ! Quel est donc le chevalier blessé ?

Et, tout aussitôt, de la main il fit signe aux routiers de retenir leurs flèches, et courut vers l'endroit de la muraille au pied de laquelle était ce chevalier blessé ?

Pendant ce temps, un chevalier croisé, qui faisait le tour de la ville en inspectant l'état des murs, arriva vers le groupe qui n'osait plus avancer. Roger, tout en se hâtant, vit que les hommes d'armes lui expliquaient ce qui venait de se passer, car ils lui montraient alternativement la tour, le blessé et les écuyers morts. Le chevalier, dont la stature était remarquable, fit signe à l'un de ses hommes de le suivre, et il s'élança dans le fossé. Les routiers poussèrent de grands cris ; mais, sur un geste de Roger, qui était monté sur le revers de la muraille, ils retinrent leurs flèches, et Roger, s'adressant au chevalier blessé, qui était à quelques toises du mur, lui dit tristement :

— Pons, j'ai dans ma ville le meilleur médecin de la Provence ; veux-tu y venir guérir près de moi ? Je te jure qu'une fois en santé, tu seras aussi en liberté.

— Ah ! dit le jeune Sabran en se soulevant, laisse-moi mourir ici, ou dis à tes archers de me tuer pour que nul ne s'expose plus pour une vie qui m'est pesante et odieuse.

A ce moment, le chevalier croisé arriva près de Pons de Sabran, et le chargea sur son épaule comme un fardeau léger.

— Qui que tu sois, lui dit Roger, je te rends grâce de ton dévouement pour ce noble enfant. Il n'est pas le seul parmi mes ennemis qui ait levé sur moi la main qu'il m'avait tendue ; mais il est le seul à qui je le pardonne et de qui je le regrette. Merci, brave chevalier ; dis-moi ton nom pour que je m'en souvienne si jamais je puis faire quelque chose pour toi.

— Tu peux m'appeler dans le combat, lui répondit le chevalier ; et tu trouveras une lance qui répondra quand tu auras crié : Simon de Montfort !

— Volontiers, dit Roger, et si tu ne viens assez vite, je te jure de te faire un passage libre alors comme aujourd'hui.

Puis il se tourna vers ses archers, qui tenaient leurs arcs tout prêts :

— Bas les flèches, enfants. Cet homme, cria-t-il, est mon ennemi à moi.

Et comme les archers murmuraient.

— Bas les flèches, reprit-il, respect au sang que je garde pour mon épée.

VII

LE ROI D'ARAGON.

Quelques jours après cette attaque inutile, une troupe nombreuse de chevaliers se présenta à l'entrée du camp des croisés, et demanda à être conduite à la tente du comte de Toulouse. Elle y arriva bientôt, et l'un des chevaliers qui la composaient levant sa visière, Raymond reconnut le roi d'Aragon. Il l'accueillit avec de grandes démonstrations de joie, fit loger chacun des chevaliers du roi avec un de ses chevaliers pour qu'ils fussent magnifiquement traités, et étant demeuré seul avec Pierre, il lui demanda la cause de sa venue.

— Je viens savoir, dit Pierre, si tout ce que l'on publie de la conduite des légats est véritable ; si la prise de Béziers n'a été qu'une tuerie sans merci, et si la prise de Carcassonne devra être de même?

— De même, dit Raymond, Dieu n'a jamais envoyé sur la terre de plus implacables exécuteurs de ses ordres qu'Arnauld de Cîteaux et son collègue Milon. Malheur à Roger s'il est pris !

— Ce malheur est-il à craindre?

— Oui, et plus à craindre aujourd'hui qu'il y a une semaine. Nous avons attaqué le premier faubourg de Carcassonne, et l'avons enlevé. Nous étions près de nous rendre maitres du second, car je ne sais pour quelle cause Roger ne s'était point encore montré dans le combat; mais alors il y a paru, et ce n'a plus été qu'un épouvantable carnage des croisés, une terrible déroute des assiégeants.

— Ah ! la bonne épée provençale, s'écria Pierre d'Aragon, a donc fermement pesé sur ces brutes de France ! Dieu du ciel ! c'est bien là notre bon Roger.

— Sans doute, dit Raymond, mais cela n'a fait qu'augmenter la rage qui pousse les légats à sa destruction, et si on n'a pas repris l'attaque dès le lendemain, c'est qu'on prépare de terribles machines pour rendre l'assaut presque irrésistible.

— Voyons, dit le roi, après avoir hésité un moment; parlez-vous sans prétention timorée, et croyez-vous au succès des croisés?

— Vous savez, dit le comte, que si je ne manie la lance ou l'épée aussi bien que Roger ou que vous-même, je me connais autant qu'aucun à la conduite d'un siége et à la construction des machines, et véritablement, je vous le jure, jamais je n'ai vu de si effroyables préparatifs ; d'ailleurs vous pourrez en juger en parcourant le camp.

— Soit, dit Pierre d'Aragon, et si c'est comme vous dites, je ferai aux légats la proposition que j'ai résolue ; car, messire comte, votre barbe grise et ma barbe noire ont eu moins de prévoyance que la moustache blonde du vicomte.

Cela dit, ils sortirent, et un grand nombre de chevaliers, avertis de la présence du roi d'Aragon dans le camp des croisés, vinrent le saluer. Parmi ceux qui lui firent le plus d'accueil, il remarqua le comte de Nevers et le duc de Bourgogne. Après avoir échangé quelques compliments avec eux, il leur demanda s'il ne pourrait point obtenir, par leur entremise, une entrevue avec le légat et les autres généraux de l'armée. Le duc de Bourgogne se hâta de s'offrir pour arranger cette affaire et le comte de Nevers demeura près du roi d'Aragon.

— Sire roi, lui dit-il en passant son bras sous le sien, que Dieu vous seconde si vous venez ici en but d'accommodement; car il n'est aucun chevalier chrétien qui ne vous sache gré de le délier ainsi de l'obligation de continuer encore pendant trois semaines durant, cette guerre de meurtre et d'incendie. Le vicomte Roger est un grand et noble suzerain comme la France et l'Angleterre en voudraient posséder beaucoup; car ce qui fait la rage des uns fait l'admiration des autres, et ce qui lui vaut la haine des clercs lui a acquis l'intérêt des chevaliers. Sur mon âme, jamais je n'ai vu bras si redoutable et si fort; c'est un bûcheron d'hommes, si ce n'est qu'il abat ses arbres à la tête. Venez au conseil. Mauvoisin y sera des nôtres avec Saint-Pol : ce sont de braves chevaliers. Si le duc de Bourgogne n'avait l'esprit aussi obtus que son épée est tranchante, il serait pour un accommodement; mais les légats embarassent toujours de raisons subtiles la droiture de son instinct, et on lui fera faire quelque méchante action.

En parlant ainsi, ils arrivèrent au milieu d'une prairie, et virent qu'on y construisait d'immenses machines. Quelques-unes étaient basses et longues et formaient une voûte sous laquelle on abritait les soldats, qu'on attachait au pied des remparts pour les saper et y faire brèche; quelques autres étaient des pierrières d'une construction particulière : c'étaient deux énormes supports soutenant une sorte d'essieu en bois : à cet essieu était fixé un fort rayon terminé par une masse carrée de bois de dix-huit pouces, à peu près comme un marteau à battre les pilotis. Ce rayon était en outre fortement consolidé par des arcs-boutants qui s'appuyaient sur l'essieu. Voici comment jouait cette machine : on plaçait sur une planche graissée, qu'on pouvait incliner à volonté, une pierre d'un volume de huit à dix pouces; on tournait l'essieu de manière que le rayon, armé du marteau, toucha la pierre du côté où on voulait la lancer. Autour de l'essieu étaient attachées quatre cordes que vingt soldats tiraient avec force, elles imprimaient ainsi un mouvement de rotation très accéléré à l'essieu, de façon que le marteau, traçant une circonférence d'autant plus grande que la machine était plus élevée, revenait frapper la pierre avec tant de violence, qu'il la lançait à des distances considérables. Le roi remarqua cette machine dont il n'avait point encore vu de modèle, et, les soldats l'ayant mise en mouvement devant lui, il reconnut qu'en inclinant la planche de bas en haut, on pouvait enlever les pierres bien au-dessus des murailles, et les faire pleuvoir dans la ville, ce qui ne s'était pas encore vu. Il s'enquit de l'inventeur de cette machine, et les comtes de Toulouse et de Nevers lui montrèrent un homme qui, les bras nus, et armé d'une bisaiguë, travaillait à équarrir une pièce de bois, tandis que son regard actif surveillait tous ceux qui étaient autour de lui.

— Quoi! dit Pierre, c'est ce manant qui a fait une si terrible invention?

— Ce manant, dit le comte de Nevers, est l'archidiacre Guillaume de Paris, et presque tous ses ouvriers, que vous voyez autour de lui, sont les principaux clercs de l'armée.

— L'étonnement de Pierre d'Aragon fut grand, mais il s'accrut encore lorsqu'à un signal donné un des ouvriers entonna le *Veni Creator*, qui fut aussitôt repris par des milliers de voix, et chanté avec ferveur, sans cependant interrompre les travaux.

— Voilà comment ils officient, dit le comte de Nevers ; il est bien juste que les clercs fassent la besogne de soldats là où les évêques font l'office de généraux.

Au ton dont parlait le sire de Nevers, plus encore qu'à ses paroles, Pierre d'Aragon jugea que la mésintelligence régnait entre les légats et les chevaliers, et peut-être eût-il laissé au temps le soin d'aigrir cette disposition et de dissoudre toute cette armée, s'il n'avait vu que les milliers de machines qui s'élevaient rendaient le succès d'un assaut plus que probable, et qu'il restait encore assez de temps aux légats pour obtenir cet assaut des chevaliers qui composaient l'armée. L'état des machines permettait même de le livrer sur-le-champ si on eût voulu les multiplier pour frapper un coup décisif. Il marcha donc vers le pavillon (*el pabalho*) des légats, qui était surmonté d'une croix, et il se trouva admis en présence des représentants d'Innocent et des principaux chevaliers qui formaient le conseil. Après avoir pris la place qui lui fut désignée, il leur adressa la parole : il leur exposa que si le crime d'hérésie avait régné dans les Etats du vicomte et s'y était enraciné, ce ne pouvait être la faute de Roger, dont la jeunesse ne lui avait pas permis de diriger les affaires de ses comtés que depuis quelques années au plus. Il leur remontra qu'on avait été sans pitié pour lui, ayant refusé de le recevoir à merci et accommodement dans la ville de Montpellier, bien qu'il s'y fût présenté de sa volonté.

Il représenta qu'il ne pouvait être puni des fautes de ses officiers et de ses hommes, et que, dans les cas même où ils seraient coupables, ils étaient assez punis par la destruction de la ville de Béziers et de plus de cinquante châteaux que les croisés avaient ruinés de fond en comble. Lorsqu'il eut fini de parler, Arnauld répondit :

— Nous avons deviné, sire roi, quel motif vous avait amené en notre camp, et nous avons préparé notre réponse en conséquence des paroles que nous avions prévues, et que nous venons d'entendre. L'esprit de paix nous anime, surtout en présence de l'esprit de repentir. Si, comme vous le dites, le vicomte Roger est innocent des crimes d'hérésie, et que ses officiers et ses hommes en soient seuls coupables, il trouvera nos propositions d'une exacte justice, car elles épargnent l'innocent et ne s'adressent qu'aux coupables.

Ces précautions et le silence que garda un moment l'abbé de Cîteaux annoncèrent au roi d'Aragon que ses propositions étaient inadmissibles, car on voyait que le légat lui-même craignait de les aborder. Cependant il continua ainsi :

— Il sera permis au vicomte Roger de se retirer lui treizième avec douze hommes à son choix, chevaliers, châtelains ou manants, à condition par lui de nous livrer sa ville.

Le roi d'Aragon fronça le sourcil et s'écria :

— Et quelles sont les conditions pour le reste des habitants?

— Ils seront livrés à notre merci, pour en ordonner ce que bon nous semblera.

— C'est-à-dire, s'écria le comte de Nevers, pour les tuer

et massacrer jusqu'au dernier. Ce ne sont pas des propositions qu'aucun homme portant l'épée puisse accepter : c'est dérision et insulte.

— Ce sont celles qui ont été arrêtées au conseil, reprit hautainement le légat, et auxquelles vous devriez vous soumettre sans murmurer, même lorsqu'elles ne partiraient que de notre seule volonté, si cependant vous pensez que la foi du serment lie l'honneur des chevaliers. Du reste, le roi Pierre d'Aragon sera plus juste que vous, et puisqu'il a visité notre camp, et vu les forces prodigieuses dont l'esprit de Dieu a armé sa cause, il peut juger que ce n'est ni dérision ni insulte, mais clémence et pitié.

— Messire, dit le roi d'Aragon en se levant, la force ne fait point le droit, et le droit fait souvent la force. L'aspect de vos machines n'est point fait pour intimider celui qui a la conscience du sien, et je ne puis croire que Roger accède à vos demandes. Mais comme je suis venu ici dans le but de concilier cette terrible guerre, je porterai vos propositions à mon frère Roger, et vous rapporterai sa réponse. Vous ne me considérerez pas comme un fauteur de guerre, si je pense que, d'après ce que vous lui offrez, il faut vous préparer à l'attaquer.

— Et nous ne vous considérerons point comme un traître, dit le légat, si vous lui dites qu'il se tienne prêt à se défendre.

Le roi d'Aragon sortit de la tente, et le comte de Nevers, qui l'accompagnait, s'écria :

— Ah! damné serpent! Qu'il me tarde que ces quarante jours finissent; c'est une guerre de routiers qu'on nous fait faire. Et puis, voyez, ce Saint-Pol et ce Mauvoisin, ils sont sous quelque tente de ribauds à boire et à se goberger, tandis qu'on tient conseil; et cet âne de Bourgogne laisse tout faire, de manière que les évêques et quelques chevaliers à leur dévotion conduisent l'armée à toutes sortes de méchantes et déshonorantes actions. Vrai Dieu! si j'en suis requis, j'attaquerai la cité de Carcassonne, et, une fois l'épée au poing, je ferai de mon mieux; mais je donnerais un de mes bons châteaux pour que le vicomte nous donnât pareille aubaine que la première, surtout si, comme il paraît certain, c'est ce malencontreux Simon de Montfort qui mène tout ici secrètement. Ah! le vicomte a eu grand tort de ne pas le laisser transpercer d'une bonne flèche au lieu de lui promettre un combat corps à corps, car, à vrai dire, c'est un rude champion.

Un moment après, le roi quitta le comte de Nevers et les chevaliers qui le suivaient en signe d'honneur, et il s'avança seul vers une porte de Carcassonne, la tête découverte et vêtu d'un simple pourpoint, comme ami et non comme combattant. Au signe qu'il fit en élevant en l'air un pennon que portait le comte Sanche de Roussillon, qui le suivait, la porte du second faubourg s'ouvrit, car le premier avait été abandonné. Les habitants de la ville, avertis de la présence du roi d'Aragon, et en devinant les motifs, l'accueillirent de cris de joie, et il fut ainsi accompagné jusqu'au château où il trouva Roger. Le premier mouvement du vicomte fut empressé et sincère, et il dit au petit nombre de ceux qui avaient suivi le roi jusqu'à l'intérieur de la tour : — Répandez en la ville que ce sont propositions de paix qu'on nous apporte ; dites aux habitants que je leur en ferai part sous l'orme du château et que leurs souffrances tirent à la fin.

— Comment! dit Pierre, en êtes-vous à ce point, qu'on soit déjà fatigué du siége, et que les habitants murmurent?

— L'eau nous manque, dit Roger, et quoique j'aie moyen de m'en procurer, j'attendrai encore pour employer ce moyen. Cependant il faudra bientôt s'y résoudre ; car la maladie se mêle à la soif, et elle nous sera bientôt plus fatale que les croisés : mais elle nous l'est moins que la trahison, et j'ai trop lieu de craindre celle-ci pour livrer mon secret à une ville où mon évêque Béranger a laissé des partisans trop nombreux.

Après ces paroles, ils demeurèrent seuls, et Roger apprit ce que les croisés avaient chargé le roi d'Aragon de lui rapporter. Sans autre explication, il refusa hautainement et rompit l'entretien touchant la reddition de la ville. Mais lorsqu'il se fut enquis des nouvelles de l'extérieur, et que le roi lui eut raconté ce que les croisés avaient fait de la ville de Béziers, il entra dans une douleur et une rage inexprimables. Enfin le roi lui ayant demandé sa réponse, voici celle qu'il lui fit telle que l'a conservée la chronique :

— Vous direz à ces prêtres que j'aimerais mieux me

laisser arracher la barbe et les cheveux du menton et de la tête, les ongles des pieds et des mains, les dents de la bouche, les yeux et les oreilles du crâne, être écorché vif et brûlé sur un bûcher, que de remettre à ces bourreaux le dernier de mes hommes, fût-il serf, fût-il hérétique, fût-il parricide.

— A peine eut-il achevé, qu'il ouvrit les portes de la salle où il se trouvait, et entra dans celle où se tenaient grand nombre de chevaliers et de bourgeois.

— Guerre! s'écria-t-il en entrant, guerre et extermination jusqu'au dernier d'entre nous!

En parlant ainsi avec fureur, il traversa la cour du château et le pont-levis, et arriva sur la place de l'orme, où étaient presque tous les habitants qui ne veillaient pas aux murailles.

Un morne silence, suivi de quelques murmures, accueillit ce cri de Roger.

— Savez-vous, continua-t-il, ce que les légats du démon Innocent III ont osé me proposer, à moi, votre souverain et défenseur? De sortir, moi treizième, de cette ville, et de livrer le reste de ses habitants à leur merci.

— Jamais! jamais! crièrent les chevaliers et les plus puissants bourgeois.

— Et quelle sera cette merci? dirent quelques voix isolées de serfs et de femmes.

— Ce sera la merci qu'ont obtenue nos frères de Béziers, s'écria Roger, pâle et tremblant d'une rage qui ne trouvait pas assez de voix en lui pour s'exhaler, ce sera l'égorgement de tous les hommes jusqu'au dernier, de toutes les femmes jusqu'à la dernière, vieillards et enfants, catholiques et vaudois, laïques et clercs; car à Béziers, en notre ville de Béziers, dans Béziers la riche ville, la noble sœur de cette cité, il n'est resté pas un pied debout sur le sol pour venir nous donner la nouvelle, pas une main pour sonner la cloche d'alarme. Morts! morts! tous morts jusqu'au dernier : voilà la merci des légats.

— Est-ce vrai? est-ce possible?

— C'est plus que possible, dit Pierre d'Aragon, c'est vrai, vrai, sans mentir d'une syllabe, comme leur glaive ne s'est pas trompé d'un homme.

— Il n'y a donc pas d'espoir? dit quelqu'un.

— Il n'y a donc d'autre espoir, dit Roger, que de nous dire qu'il n'y en a plus. Citoyens, on nous donnera l'assaut demain. Demain, étanchez votre soif dans le sang de vos ennemis, et après-demain je l'étancherai d'eau pure et salutaire. Envoyez-moi quatre de vos capitaines : je leur dirai comment je le puis; et j'espère que vous en croirez leur parole lorsqu'ils vous l'assureront.

— Nous te croyons, s'écrièrent toutes les voix, nous te croyons sur ta parole, et tu peux ne pas la tenir si nous ne tenons la nôtre, de combattre et mourir à tes ordres tant et comme tu voudras.

Un moment après, Roger reconduisit Pierre d'Aragon jusqu'aux portes de la ville, et rentra dans la cité pour faire préparer les moyens extraordinaires de défense qu'il voulait employer. Il visita les murailles et fit réparer les moindres brèches qui s'y trouvaient. Tout autour, il fit dresser d'immenses fourneaux, et apporter dans des cruches de l'eau et de l'huile en quantité pour la faire bouillir et en arroser les assiégeants; des pierres et des traits y furent amoncelés, et des torches furent préparées. Dans l'entretien que Roger avait eu avec le roi en le reconduisant, celui-ci, emporté par l'intérêt que trop tardivement il avait pris pour la cause de Roger, lui raconta et lui nombra la quantité de machines construites. Roger ordonna aussitôt qu'un grand nombre de flèches de bois de sapin fussent préparées; elles étaient armées d'un fer pointu, et, immédiatement après ce fer, d'une grosse poignée d'étoupes qu'on devait imprégner d'huile et auxquelles on devait mettre le feu au moment de lancer les flèches. Pendant ce temps, Pierre d'Aragon était retourné au camp des croisés. Il fut d'abord accueilli par le comte de Nevers qui quitta un groupe nombreux de chevaliers, et qui aborda le roi en s'écriant :

— Il a refusé, n'est-ce pas?

— Voici sa réponse, dit le roi, et il la répéta textuellement.

— Elle est noble et digne, cria Nevers, et tant pis pour ceux qui ne la trouveront point telle, ajouta-t-il en mesurant dédaigneusement le duc de Bourgogne du geste et du regard.

Celui-ci voulut répondre; mais Simon de Montfort l'entraîna en le calmant, et le roi d'Aragon alla au pavillon des légats. Ils le reçurent et entendirent la réponse du vicomte avec une humilité affectée, sous laquelle ils ne purent s'empêcher de laisser percer une sombre joie que trahissaient les regards d'intelligence qu'ils échangeaient entre eux. Après que le roi eut parlé, Arnauld se hâta de répondre :

— Dieu sait que nous avons fait tout ce que nous pouvions pour éviter de si grands maux. Que le sang versé retombe sur celui qui ferme l'oreille aux conseils de la prudence !

Pierre se dispensa de répondre; et, lorsque le légat l'invita à demeurer dans le camp et à y recevoir son hospitalité, il refusa dédaigneusement, et répliqua qu'il en avait assez vu pour qu'il pensât à aller prendre soin de la sûreté de ses propres Etats.

— Comme il vous plaira, sire le roi, dit Arnauld. La meilleure sûreté, c'est d'être dans le giron de l'Eglise, et je ne pense pas qu'il vous prenne fantaisie d'en sortir.

— Si l'Eglise n'est plus qu'un camp, répondit Pierre, et si les clercs ne sont plus que des soldats, elle ne doit pas s'étonner que ses fils ne l'abordent que la lance haute et le poing armé.

Peu de temps après, vers le soir, Pierre quitta le camp, car ces allées et ces venues avaient occupé toute une journée, et le comte de Toulouse l'accompagna, suivi d'un nombre considérable de chevaliers qui voulaient ainsi lui faire honneur. Raymond ayant fait un signe au roi d'Aragon et pressé le pas de son cheval, ils se trouvèrent un moment en avant et isolés, et le comte dit à voix basse :

— Pourquoi ces menaces, mon frère? pourquoi avertir les légats de vos projets?

— C'est que l'indignation me suffoque, et qu'il est temps de réparer la faute que j'ai commise.

— Je le sais, je le sais, dit le comte, mais ces dispositions veulent plus de secret et de prudence. Avançons encore un peu, qu'on ne puisse nous entendre.

Ils se mirent hors de la portée de la voix, et le comte ajouta :

— Eh bien! que comptez-vous faire ?

Pierre regard Raymond avec défiance, et lui dit brusquement :
— Et vous ?
— Moi, dit le comte en hésitant, moi, je ne puis rien. Cependant, si j'étais sûr de votre appui...
— Et moi de votre foi, dit le roi.

Il y eut un moment de silence pendant lequel le roi observait attentivement le comte.

— Ah! tout ceci est bien funeste, dit Raymond, sans répondre au doute du roi d'Aragon.
— Il est bien tard pour le reconnaître.
— Pas trop tard, dit Raymond, si...; puis il s'arrêta et reprit : — Pierre, nous nous sommes trompés tous deux et laissés emporter à un mouvement de colère contre un enfant.
— Eh bien! dit le roi.
— Eh bien! dit Raymond se décidant peut-être à parler plus franchement.

A ce moment, les chevaux des deux seigneurs auxquels leurs cavaliers ne prenaient pas garde prirent une allure rapide. Celui du roi voulant toujours devancer l'autre, et celui du comte ne voulant pas rester en arrière. Le comte réfléchit et dit au roi :

— Vous voyez que mon cheval suit aisément le pas qu'il voit prendre aux autres : c'est un bon cheval.
— Oui, dit Pierre d'Aragon, quand un autre commence la course. Eh bien! soit! je prends ceci pour un avertissement de Dieu, et il en arrivera ce que Dieu décidera.

Le comte de Nevers rejoignit au même instant les deux princes, qui ralentirent le pas, et l'on causa de choses diverses jusqu'à ce que les trompes des soudards annonçassent qu'on allait clore l'enceinte du camp. Raymond tourna bride et dit au roi :

— Je vous quitte à regret; mais vous voyez, mon frère, que je réponds à la voix qui m'appelle.
— Moi aussi, dit Nevers; mais que Satan m'étreigne si je ne cassais volontiers les dents de la bouche qui souffle ces trompes. Oh! les clercs! les clers! ils m'ont volé mon serment; que Dieu les protége quand je l'aurai racheté.

A cet instant, les deux troupes se séparèrent : les uns

regagnant le camp des croisés, et Pierre continua sa route du côté de la montagne.

VIII

ROGER.

Deux jours après le départ du roi d'Aragon, l'assaut qui devait livrer Carcassonne aux croisés commença avec le jour. Ce fut un terrible spectacle que celui de cette armée de machines roulantes qui s'avancèrent comme une ville contre une ville. Ce dut être un grand effroi pour les assiégés que de se voir ainsi enveloppés de tours avec des ponts qui allaient s'attacher au sommet des murailles, de boucliers qui couvraient les mineurs qui allaient s'attaquer à leurs racines, de balistes et de pierrières de toutes sortes qui les battaient au ventre, tout cet attirail heurtant et frappant les murs, à toutes les hauteurs, si violemment et si continument que les remparts en vibraient dans leur vaste circonférence. Il fallait à tous ces hommes enfermés dans Carcassonne un courage bien désespéré pour penser à résister à cette multitude de chevaliers et de soldats se précipitant à l'escalade par milliers, et qui se succédaient sans qu'il parût que la mort comptât pour quelque chose dans de si innombrables bataillons. Mais lorsque, après quatorze heures de combat acharné, toute cette armée fut culbutée, lorsque toutes ces tours flambèrent autour de la ville, comme pour éclairer la victoire des uns et la défaite des autres, alors la consternation passa des murs de Carcassonne dans le camp des croisés ; et lorsque Roger ordonna aux siens de rentrer dans l'enceinte de la cité, ne voulant pas garder le second faubourg, tant il était encombré de cadavres, les assiégés trouvèrent assez de force pour emporter Roger en triomphe jusque dans son château. C'est que Roger avait été dans ce jour plus grand que n'eût espéré son père, s'il eût vécu, plus redoutable que ses meilleurs amis ne l'eussent pu croire s'ils ne l'avaient vu. C'était lui qui le premier avait laissé approcher une des tours des croisés ; c'est lui qui avait, de ses propres mains, attaché au mur le pont que cette tour y avait lancé, ne craignant de ses ennemis que la fuite ; et c'est lui qui, après avoir ainsi enchaîné à sa ville cette tour qui l'assiégeait, avait assiégé cette tour la torche et la hache au poing ; c'est lui qui avait fait de ce pont, qui devait être le chemin de l'attaque, celui de la défense ; lui qui le premier avait pénétré dans cette tour, et l'avait fait crouler, toute chargée d'hommes, sous l'incendie qu'il lui avait attaché au flanc. C'est Roger qui le premier, debout sur le revers des remparts, exposé aux pierres et aux flèches des croisés, avait précipité sur le bouclier des mineurs les pots énormes d'huile allumée qui se brisaient en tombant sur la machine, l'inondaient de flammes, et la dévoraient en un moment. C'est lui qui, aidé de Buat, avait hérissé d'un si grand nombre de flèches enflammées la pierrière immense de l'archidiacre Guillaume, qu'elle s'était enfin allumée comme les autres. Mais ce qui surpassait toute croyance, c'est ce dont l'armée et la ville avaient été témoins, si intéressées toutes deux, si haletantes à l'aspect d'une si grande audace, que le combat en était demeuré suspendu.

Un des boucliers des croisés avait résisté assez longtemps aux rochers et aux torches qu'on lui avait lancés, pour que quelques mineurs eussent pu détacher bon nombre de pierres du pied du rempart, s'y creuser un trou et y travailler à l'aise. A cet endroit, le combat s'était ralenti ; l'escalade avait cessé, et un grand nombre de chevaliers s'étaient réunis en face de cette brèche, attendant la chute du rempart pour s'y précipiter, et trouver enfin la chance d'un combat corps à corps, sur terre ferme, et non pas en l'air sur des ponts volants ou des échelles fragiles. Roger, dont le courage se promenait partout et se distinguait partout, voit de loin, d'un côté, une foule attentive, de l'autre l'isolement du rempart, où les plus intrépides craignaient de s'aventurer. Il s'y élance, ayant le seul Buat près de lui, Buat, qui trahit son sang et son origine à chaque danger qui se présente, tant il s'y précipite avec ardeur, et tant il triomphe avec rapidité. Ils arrivent tous deux, Roger et Buat, au sommet du rempart que le pic creuse et harcèle au pied. Un rire terrible et moqueur de toute l'armée des croisés les accueille aussitôt. On ne daigne pas leur lancer une flèche, tant on se sent assuré de pouvoir les atteindre bientôt de lance et de l'épée.

Alors une entreprise qui ne pouvait avoir que Buat pour complice s'offre à l'esprit de Roger. Il prend une corde que Buat s'attache autour des reins, et la jette du côté des assiégeants. Ceux-ci ne peuvent d'abord s'imaginer ce que le vicomte prétend faire, et tous les chevaliers qui sont sur les murailles accourent pour prévenir ce que Roger fera; mais ils arrivent trop tard, car déjà Roger se glisse le long de la corde que Buat retient; Buat debout sur le revers, comme un pieu planté au mur, Roger en dehors des remparts, comme un tigre pendu à une liane qui le descend vers sa proie; tous deux tournent la face aux ennemis. A cette vue, ceux-ci poussent de grands cris et veulent se précipiter sur la muraille; mais les chevaliers accourus sur les remparts se sont armés de tous les projectiles qui y sont amassés, et en inondent si furieusement ceux qui en approchent, qu'ils ne peuvent franchir le vide qui les sépare du mur. Cette première attaque, faite tumultueusement, recule en tumulte, et bientôt laisse voir Roger frappant de sa hache le dernier des mineurs qu'il a surpris et massacrés.

A cette vue, les croisés irrités courent vers lui avant qu'il ait ressaisi la corde qui doit le ramener au sommet des remparts; tout Carcassonne tremble, mais Roger, sans se hâter de faire une retraite nécessaire, Roger se retourne audacieusement, et d'une voix terrible il appelle Simon de Montfort. Ce cri n'arrête pas tout d'abord les assaillants, mais il met le désordre dans leurs rangs; car, à ce cri, le comte de Nevers, Mauvoisin et Saint-Pol se sont mis en travers de l'attaque, s'écriant qu'il y a combat promis entre les chevaliers, et qu'ils tueront de leurs mains le premier qui le troublera. Mais Simon de Montfort n'est point en cet endroit, et, bien que quelques varlets se précipitent du côté où il combat pour l'avertir, il se fait un moment d'attente pendant lequel, du rempart et du camp, tout le monde accourt à cet endroit. Cependant Guillaume des Bares, et le vicomte de Turenne, qui se trouvent parmi les spectateurs, s'avancent tout à coup, et demandent à Roger s'il veut échanger un coup d'épée avec l'un d'eux.

— Avec tous deux, dit Roger, pourvu que ce soit ensemble, car je vois Montfort qui accourt, et il a ma parole.

Le vicomte de Turenne s'élance le premier et porte à Roger un coup terrible de son épée, que Roger reçoit sur le tranchant de la hache qu'il tient de la main gauche.

— On dit que vous portez votre cheval, sire vicomte, lui dit Roger en riant; voyons si vous porterez ce chevalet.

Et, s'armant d'un énorme morceau de bois dont se servaient les mineurs pour soutenir les murs qu'ils sapaient jusqu'au moment où ils allumaient la fougasse, il en frappe Turenne sur son casque et l'étend par terre comme un bœuf assommé. Guillaume des Bares accourt tout aussitôt; mais Roger ne l'attend pas, et, lui lançant son chevalet dans les jambes au moment où il approche, il le fait tomber avec violence. Il s'approche alors de lui et lui dit doucement :

— Pardonnez-moi cette surprise, sire comte, mais voici mon ennemi qui approche. C'était assez de vous sans lui, j'espère que ce ne sera pas assez de lui sans vous. Emportez le sire de Turenne ; j'emporterai celui qui vient.

Des Barres s'éloigne et Simon accourt; il descend de cheval, prend son bouclier, sa hache, son épée, et les examine un moment. Roger tire aussi son épée, et s'assure sur ses pieds. Après s'être postés à la longueur de leur épée, ils se mesurent de l'œil et les deux armées les admirent, l'un à trente-huit ans, dans tout le développement d'une force jusqu'alors sans rivale; l'autre à vingt-quatre ans, souple, élancé et cachant sous son élégance une vigueur qui jusque là n'avait encore rien trouvé qu'elle n'eût vaincu. Ils se portent d'abord quelques coups adroits et prudents, s'observant comme des joueurs qui se veulent deviner. Mais avec le facile entraînement de Roger, ce genre de combat ne pouvait être long, et bientôt, au grand étonnement des spectateurs, il jette son épée, et, d'un bond, se précipite sur Simon. Le comte de Nevers en pâlit de crainte pour le malheureux vicomte, tant il prend d'intérêt à son jeune ennemi; mais les assiégeants, qui connaissent la force prodigieuse de Roger, applaudissent, et la surprise des croisés devient inouïe en voyant tout à coup les bras de Simon de Montfort qui étreignaient Roger, s'ouvrir convulsivement, et laisser tomber le bouclier et la hache qu'ils portent. Ils ne comprenaient rien à ce combat et regardaient avec stupéfaction ces deux hommes, debout, face à face, immobiles tous deux comme deux statues : c'est que Roger avait saisi Montfort à la gorge, et que, de ses deux mains de fer, il pressait l'acier de son collet, et, le pliant, en faisait un étau où Simon étouffait étranglé. Cette immobilité ne dura pas longtemps, car Roger ouvrit ses bras à son tour, et Simon tomba de ses mains, comme étaient tombés, de celles de Simon, son épée et son bouclier. Cette lutte et son résultat avaient épouvanté l'armée des croisés, et elle demeurait stupéfaite, lorsque Roger saisit la corde qui pendait au mur et l'attache aux mains de Simon. Alors toute la troupe, à l'exception des plus braves, qui respectent la loi de ce combat singulier se précipite sur le vicomte avec des cris de rage ; mais, avant qu'elle pût l'atteindre, Buat et les siens enlèvent Simon et Roger, qui s'est attaché à lui, à une hauteur où ne peuvent arriver les lances ni les épées. A cet endroit, Roger crie aux siens d'arrêter : d'une main il se tient à la corde, de l'autre il défait le haume de Simon, sa cuirasse, son collet, et lui rend l'air qui lui manque. Bientôt celui-ci reprend connaissance pour se voir en l'air, suspendu par les poignets, et exposé aux traits des siens, qui n'osent les lancer contre Roger, auquel il sert de bouclier. Le vicomte monte alors, et appuyant son pied sur la tête de Simon, il lui dit :

— Comte de Montfort, je vous confie la défense de ce rempart, et je suis assuré que nul mineur n'osera le faire crouler.

Puis il se remet sur la muraille, et le combat se reprend plus acharné que jamais. Cependant rien n'y fit, ni la valeur terrible des uns, ni le fanatisme furieux des autres. Tout se brisa contre ces murs, défendus avec le courage d'un homme qui veut mourir plutôt qu'être vaincu, qui veut vaincre plutôt que mourir, et qui avait animé toute une population de ce courage. Enfin toute lutte cessa, et chacun se retira, comme nous l'avons dit.

Cependant l'heure du repos, qui était venue pour tous, n'était point arrivée pour Roger. A peine fut-il rentré dans son château, qu'il regarda autour de lui, et chercha attentivement quelques visages où il demeurât un reste d'ardeur et de force ; mais tous les capitaines, tous les soldats, les bourgeois qui l'entouraient, portaient la lassitude dans leurs traits et dans leur maintien ; car ce fut à ce moment que le terrible besoin qui les avait tourmentés toute la journée se fit sentir cruellement, augmenté encore par cette ardeur même du combat qui le leur avait d'abord fait oublier. Aucune voix n'osa demander au vicomte l'eau qu'il avait promise ; mais il vit bien qu'il fallait assouvir la soif de sa ville. Il pouvait, sans doute, livrer son secret à toute cette population, et il n'eût pas manqué de bras pour l'aider ; mais il avait su que des flèches parties de la ville étaient allées tomber près des tentes des croisés, où on les avait ramassées : il n'avait pu découvrir quelles mains les avaient lancées ; c'était sans doute la main d'un traître, et alors autant valait livrer la ville que son secret.

Alors il arriva ce qui arrive toujours : Roger s'adressa à ceux qui avaient le plus fait et qui avaient le plus besoin de repos ; il calcula leur courage plutôt que ce qui devait leur rester de forces, et s'enferma avec eux dans la salle basse de son château : ceux qu'il choisit étaient Guillaume de Minerve, Lérida, Pierre de Cabaret, Saissac, Buat, Galard du Puy et quelques autres. Il leur expliqua ce qu'il avait déjà raconté à Buat. L'avis fut unanime, et la marche à suivre fut ainsi résolue.

On introduisit dans le château cent hommes de Buat, à qui fut promise une forte récompense. On les fit descendre par le puits dans le souterrain circulaire, et les chevaliers descendirent après eux. Une grande cuve fut disposée au bas du puits ; une poulie armée d'une corde et d'un seau devait puiser l'eau dans cette cuve, et la vider dans des tonneaux disposés autour de la salle. Le long du souterrain on établit la chaîne des routiers ; mais, à l'endroit où la voûte s'ouvrait sur la campagne, s'établirent Buat, puis Pierre de Cabaret ; puis les autres chevaliers fournirent ainsi le reste de la chaîne jusqu'à la rivière, de manière qu'eux seuls pouvaient connaître l'endroit précis où aboutissait le souterrain. Ainsi travaillèrent durant toute la nuit, et après un long jour de combat, ces hommes résolus et infatigables, Roger en tête,

Roger les pieds dans l'Aude, où il puisait l'eau seau à seau.

Dès que les premiers rayons du jour rougirent l'horizon, tous se retirèrent, et Roger le dernier; mais il fut saisi d'un cruel désespoir en voyant le peu qu'avait produit un si dur travail; une vingtaine de tonneaux pour toute une population. Il calcula cependant qu'on pourrait distribuer un pot à chaque habitant; et il ordonna qu'on ouvrît les portes du château, et que tous fussent introduits l'un après l'autre. Après avoir fait placer quelques gardes à côté des tonneaux, il chargea l'un des viguiers bourgeois de présider à la distribution. Chaque capitaine devait recevoir l'eau de toute sa compagnie; chaque bourgeois ou manant, celle de toute sa famille. Toutes ces précautions prises, Roger alla prendre un moment de repos.

Déjà il dormait, lorsqu'un tumulte terrible et des vociférations exaspérées l'éveillent en sursaut. Il se lève, regarde, et voit la cour envahie et pleine d'hommes, de femmes et d'enfants qui se ruent vers la tour en criant : De l'eau, de l'eau! Il descend; et, arrivé à l'endroit où les tonneaux sont placés, il trouve que la garde est forcée, l'autorité du viguier méconnue, les tonneaux livrés au pillage; deux déjà, renversés dans ce tumulte, avaient inondé les pavés, et coulaient vers la porte. Là des malheureux se couchaient par terre pour sucer cette eau pétrie de boue, tandis que ceux qui étaient en arrière, incessamment poussés, leur passaient sur le corps et arrivaient jusqu'à la tour. Roger se précipite au milieu de cette troupe de forcenés, et son aspect les arrête.

— Malheureux! cria le vicomte, insensés et misérables, ne voyez-vous pas que cette eau que vous versez, c'est le sang de vos femmes, de vos enfants et de vous-mêmes? Arrière aux traîtres qui ont fait ce désordre! Le premier qui s'avance n'aura plus, je le jure, ni soif ni faim.

Tout aussitôt il se place en travers de la porte, et à la nouvelle de son apparition toute tentative de la forcer s'arrête. Mais les cris redoublent : De l'eau! de l'eau! de l'eau! hurlent des milliers de voix. Cependant il rétablit l'ordre; chacun entre à son tour, reçoit l'eau qui lui revient, et sort par une autre porte; car c'était la rencontre de ceux qui sortaient et de ceux qui entraient qui avait causé ce tumulte, les derniers voulant arracher leur part à ceux qui l'emportaient ; enfin tout redevient ordonné, sinon paisible. Les cris continuent, mais chacun arrive à son tour et en sort en sûreté. Bientôt Roger, qui s'était établi debout, l'épée au poing, à côté de l'entrée de la tour, cède à la fatigue, et s'assied sur une escabelle ; alors la lassitude le domine, son épée tombe de sa main ; sa tête se penche sur sa poitrine ; il s'endort; mais alors aussi quelques-uns le remarquent; ceux qui sont près de Roger disent son sommeil à ceux qui les suivent : le grand murmure de cette foule s'apaise doucement, se tait peu à peu, puis s'éteint tout à fait, et enfin chacun passe à son tour devant son seigneur endormi, marchant sur la pointe du pied, parlant à voix basse, le regardant avec une tendre admiration, jusqu'à ce que toute cette ville, tout à l'heure si turbulente et si forcenée, et qui avait eu, grâce au courage de Roger, sa nuit de sommeil et de repos, eut emporté de même sa portion d'eau, qu'elle ne savait pas devoir à la privation de ce sommeil et de ce repos qu'elle avait eus. Quand Roger s'éveilla, il ne restait plus d'eau. Tout en se levant, et dans cet oubli de toutes choses qui accompagne le premier moment du réveil, il dit en étendant les bras, comme s'il se débarrassait d'un rêve affreux :

— Oh! j'ai soif! à boire!

Ce fut une vieille femme qui se retourna à sa voix, et qui lui donna les quelques gouttes d'eau qu'elle avait pu obtenir, et qu'elle emportait dans une sébille de bois.

— Qui êtes-vous? dit le vicomte.

— Ah ! dit la vieille, une pauvre femme qui n'ai plus besoin de rien, car mon mari a été tué à la première attaque de la ville, et mes deux fils à la seconde. Mais, béni soit Dieu ! sire vicomte, vous avez droit à l'eau que j'emportais pour leur laver le visage et les enterrer proprement. Buvez-la, car vous les avez vengés.

Elle s'éloigna, et le vicomte sortit pour parcourir la ville.

LIVRE SIXIÈME

I

TRAHISON ET DÉVOUEMENT.

Notre récit va encore une fois quitter les combats et tout cet appareil de faits passés au grand jour, pour pénétrer dans les obscures intrigues de cette histoire.

Simon de Montfort, Dominique et Raymond Lombard étaient assemblés dans la même tente ; Simon de Montfort, couché sur son lit, les poignets gonflés et meurtris, le visage sombre, et contenant mal sa rage; Dominique, soucieux et abattu ; Raymond Lombard souriant et fier de les voir revenus à lui, et s'apprêtant à leur vendre cher ce qu'il leur avait d'abord offert presque pour rien. La scène avait lieu le soir du lendemain de l'assaut.

— Eh bien ! dit Simon, en quel état est l'armée, en quelles dispositions les légats?

— L'armée est en désordre, les légats en désespoir : on parle de lever le siége, répondit Dominique.

— Lever le siége ! dit Montfort. Exécration et anathème sur eux, s'ils le font avant d'avoir puni et brûlé jusqu'aux entrailles cette infâme cité, ses habitants !...

— Et leur seigneur, n'est-ce pas? dit Raymond Lombard. N'y comptez pas, sire comte, ce n'est pas le feu de vos torches qui brûlera les entrailles de la cité ; ce ne sera pas non plus le feu du soleil, car voici l'avis que je viens de recevoir, et qui m'a été transmis comme les autres.

Il remit alors à Dominique un petit parchemin écrit, et celui-ci y lut ce qui suit :

« Ne comptez pas sur la soif comme auxiliaire ; il y a eu
» une distribution d'eau ce matin ; nous avons presque
» réussi à la rendre inutile ; mais la présence du vicomte a
» tout calmé. »

— Toujours ce vicomte ! s'écria Dominique : lui au premier assaut, quand nous étions maîtres des faubourgs ; lui encore, lorsque nous sapions les murs de la ville ; lui, lorsque la révolte s'introduit dans la cité ; toujours lui ! C'est lui qu'il faut atteindre et frapper, lui qu'il faut anéantir.

— Et vous devez savoir, dit Raymond Lombard, que ce n'est pas chose facile et que le premier venu puisse entreprendre.

— Trêve à vos observations, maître Lombard, s'écria Montfort. Vous nous avez promis beaucoup à Montpellier, que pouvez-vous nous tenir ici ?

— Je puis tenir tout ce que j'ai promis, répliqua Raymond.

— Eh bien ! dites, reprit Dominique ; il est temps.

— Il est temps pour tout, ajouta Raymond Lombard, pour dire ce que je puis faire, aussi bien que pour apprendre ce qu'on fera pour moi.

— Les légats peuvent seuls répondre, dit Montfort, qui ne voulait point s'engager.

— Les légats profiteront-ils de ce que je ferai ? répondit Raymond, je ne le crois pas. J'aime mieux la parole de ceux qui en tireront le fruit, car ils auront en main ce que j'attends pour récompense.

— La viguerie de Carcassonne suffit-elle à votre ambition ? dit Montfort.

— La viguerie de Carcassonne m'appartenait il y a un mois ; j'aurais pu la garder, répondit Lombard.

— On peut y joindre, reprit le comte, celles de Béziers et d'Albi.

— Toutes les vigueries de la Provence, dit Raymond Lombard, ne sont que titres vains et d'obéissance envers le seigneur, et je suis las d'obéir.

— C'est donc châtellenie qu'il vous faut, messire? dit Montfort.

— Un château, eût-il en sa mouvance un bourg de cent feux, est un pauvre équivalent de la cité de Carcassonne.

— Jour du ciel! c'est donc la cité de Carcassonne où vous levez vos yeux? s'écria Montfort.

— La chose à qui la livre, me paraît un marché juste, reprit sèchement Lombard.

— Alors, prenez-la tout seul, dit avec hauteur Simon de Montfort.

— Eh bien! prenez-la sans moi, repartit aigrement le viguier.

— Messires, dit Dominique, point de querelles sur une chose qui n'est pas en notre pouvoir, et qui n'y sera peut-être jamais. A dire vrai, maître Lombard, si Milon fût resté le seul légat de notre saint-père en cette armée, je vous aurais pu promettre ce que vous demandez et plus que vous ne demandez. Mais Arnauld est un homme dont la volonté est à lui et non à la disposition d'un ami bien intentionné. Venez donc vers lui, et faites vos propositions.

— Y pensez-vous? dit Montfort; oubliez-vous qu'Arnauld ne connaît d'hommes utiles que ceux qui brillent par leur pouvoir et leurs positions, et qu'il préférera le nom d'un Nevers, d'un Bourgogne ou d'un St-Pol, à cause de leurs nombreux soldats, à celui du meilleur chevalier de la croisade? N'est-ce pas coutume des puissants de ne donner qu'à ceux qui ont déjà, et supposez-vous que le légat accorde à Raymond Lombard ce qu'il a refusé à un homme dont le nom marche l'égal de celui des Plantagenets?

Simon de Montfort, qui portait aussi le titre de Leicester, ne pouvait pas dire plus clairement ce qu'il avait demandé et ce qui lui avait été refusé. Raymond Lombard le comprit, mais il comprit aussi qu'il valait mieux avoir affaire à Simon qu'à Arnauld, et il ajouta :

— Eh bien! sire comte, à la chance des événements. Laissons faire l'avenir; et alors, à vous la première place, à moi la seconde : il arrivera ce qui arrivera : si vous devenez vicomte de Béziers...

— Vous serez seigneur de Carcassonne, répondit Montfort.

— C'est dit, et j'aurai soin de vous pousser haut pour que

vous me tiriez haut de même. C'est comme vous a fait le sire Roger : vous m'attacherez à la corde de votre fortune, répliqua Raymond, qui ne put s'empêcher de faire un peu de mal à l'orgueil de son complice, en attendant qu'il en fît à son ennemi.

— Oui, dit Monfort, ce sera ainsi. Seulement, pensa-t-il tout bas, je t'attacherai la corde au cou, misérable.

— Maintenant, dit Lombard, c'est à notre frère Dominique à déterminer l'abbé de Cîteaux à retenir le vicomte quand il se présentera au camp.

— La détermination est prise, dit le moine; elle est irrévocable. C'est la venue du vicomte qui est incertaine.

— Je demande cette nuit pour préparer l'affaire, et demain il sera sous la tente des légats. Allez les en prévenir, et qu'ils parlent aux chevaliers dans le sens d'un traité à conclure; beaucoup s'y prêteront. Je me charge du messager qui déterminera le vicomte à quitter Carcassonne.

— Mais, dit Simon, si le vicomte voulait un otage?

— Je livrerais l'otage, répondit Lombard.

— Mais alors cet otage?... dit Simon.

— Alors, dit le viguier, nous nous rappellerons le précepte du frère Dominique, qui sans doute est inspiré du même esprit que les légats contre l'ennemi de Dieu, tout est juste et sacré; la fin sanctifie les moyens.

Dominique sortit pour se rendre auprès de l'abbé de Cîteaux et faire assembler un conseil; puis Lombard se retira et se rendit, vers l'extrémité du camp qui regardait la ville, à la tente du sire de Sabran qui, blessé qu'il était, n'avait pu prendre part au combat de la veille, et s'en faisait rapporter les merveilleuses circonstances. A côté du lit où il était, se trouvaient Mauvoisin et St-Pol, qui prenaient plaisir à vanter le vicomte, tandis qu'Etiennette de Penaultier, pâle de rage et assise au chevet, laissait tomber d'amères paroles à chaque louange.

— Oui, disait-elle, vous n'êtes que des enfants auprès de ce terrible adversaire, et je plains ceux qui ont remis leur vengeance en de si faibles mains. Il y en a pourtant qui s'étaient vantés de punir ce frelon à la première rencontre, et de l'abattre comme un méprisable ennemi, et qui ont eu la honte de lui devoir la vie.

— Oui, dit St-Pol qui ne comprenait pas le sens caché des paroles d'Etiennette, Simon de Montfort, par exemple, qui avait défié le vicomte ; jamais pareille chose ne s'était vue, et sans Mauvoisin, qui est parvenu à le décrocher, je crois qu'il pendrait encore comme un épouvantail aux murs de Carcassonne.

— Il y en a d'autres, dit Etiennette : et cette fois elle adressa ses paroles à Pons avec un regard de mépris et de pitié.

Le malheureux jeune homme baissa les yeux, et le récit ayant continué, il eut la douleur d'entendre Etiennette donner des éloges outrés à tous ceux dont on citait quelque action hardie.

— Ah ! s'écriait-elle à tout propos, c'est un vaillant chevalier, celui-là ; — une armée est fière de le posséder ; — une femme doit être heureuse de l'aimer. — Mieux vaut laisser tôt un grand nom de brave que de porter longtemps un nom de couard.

Chacune de ses paroles, dont l'intention échappait aux deux chevaliers, pénétrait au cœur de Pons de Sabran et le déchirait. L'heure de sa punition était venue, mais non l'heure de son désenchantement ; car s'il souffrait de ses reproches, c'était parce qu'il croyait n'avoir rien fait pour l'amour de cette femme, et il lui donnait raison. Il se fût levé s'il l'eût pu et eût été appeler Roger au combat, dût-il y succomber. Etiennette ajoutait à ce supplice celui d'une coquetterie barbare, car elle écoutait en souriant les propos de Mauvoisin sur sa beauté ; et une fois elle lui répondit doucement, en arrêtant sur lui ses yeux, auxquels elle savait donner une si puissante expression :

— Vous êtes un mauvais croisé, sire de Mauvoisin, car je parierais que ce n'est point pour les grâces de Rome que vous êtes venu combattre ici, mais pour celles de quelque noble dame à qui vous avez promis ce pèlerinage pour un doux regard.

— Sur mon âme, dit Mauvoisin, vous dites vrai et faux en un coup, car je suis parti saint comme un frère prêcheur, et à ce moment, je donnerais toutes les indulgences du saint-père pour un regard d'une certaine dame que je sais bien.

— Mais ne craindriez-vous point, s'écria Pons en se levant sur son séant, qu'il se mît une épée devant vos yeux qui ne fût pas aussi douce à regarder ?

— J'en connais, dit Etiennette avec un sourire hautain, dont l'éclat pourrait éblouir le sire de Mauvoisin, car elle n'est ternie d'aucun sang.

— Ah ! dit Pons en retombant sur son lit et en parlant si bas à Etiennette, qu'elle seule l'entendit, cet éclat se ternira du mien, ah ! Etiennette, si tu parles longtemps ainsi. Est-ce là ce que tu veux...? Dis, est-ce mon sang qu'il te faut ?

Etiennette ne lui répondit pas ; mais ayant aperçu Lombard, elle congédia les chevaliers et passa avec le viguier dans une autre partie de la tente, laissant Pons en proie à sa tristesse et à son désespoir. Elle demeura longtemps enfermée avec Lombard. Pons l'envoya demander plusieurs fois, mais elle lui fit répondre qu'elle allait le rejoindre bientôt. Enfin, lorsqu'elle reparut, elle était pâle et agitée. Etait-ce un jeu de la fausseté de cette femme? était-ce véritablement les sentiments qu'elle montra à Pons qui la troublaient ainsi? Ce fut un secret entre elle et Lombard, entre elle et sa conscience, dont sa vie antérieure peut seule faire soupçonner le mystère, sans l'éclaircir cependant tout à fait.

— Ah ! vous voilà, lui dit Pons, vous voilà triste et malheureuse, car vous ne m'aimez plus. Vous vous repentez d'avoir aimé un enfant qui n'a pas encore attaché de gloire à son nom, qui n'a rien fait de ces grands coups que vous racontait le sire de Mauvoisin. Tu ne m'aimes plus, Etiennette.

— Je ne t'aime plus ! dit la dame de Penaultier : enfant, je t'aime comme une folle que je suis ; car je me suis attachée à toi croyant t'aimer pour ta gloire et ma vengeance, et je t'aime, quoiqu'il ne soit venu ni gloire à ton nom ni vengeance au mien. Je t'aime languissant et obscur parmi tous ces chevaliers de renom ; je t'aimerais déshonoré ; et pourtant, si je suis quelquefois dure envers toi, c'est que j'ai besoin aussi de ta gloire, non pour moi, mais pour les autres, qui ne te blâment point, mais qui ne te vantent pas. Ah ! si dans ces récits on eût dit une fois ton nom, je me serais mise aux genoux de celui qui l'eût prononcé. Tu pleures, Pons ; tu as raison et j'ai tort ; j'ai tort, oui, j'ai tort, car on te considère comme un des plus puissants de cette armée ; je viens d'en avoir la preuve.

— Oui, dit Pons amèrement, pour mes nombreux vassaux et mes hommes d'armes.

— Non, dit Etiennette, pour ton honneur et ta loyauté.

— Ma loyauté! répéta Sabran avec une colère douloureuse, ma loyauté! je l'ai laissée à l'église de St-Pierre de Maguelonne.

— Ah! que ne dis-tu, reprit Etiennette amèrement, que tu l'as laissée dans mes bras? Cependant c'est toi qui as voulu te dégager de ta foi ; je ne voulais pas, moi. Je t'ai supplié de ne pas le faire, je te l'ai demandé en grâce, et c'est toi qui me le reproches aujourd'hui.

— Je ne te reproche rien, Etiennette, dit Pons accablé, je souffre, voilà tout. Ne parlons plus de cela. Que te voulait ce traître de Raymond Lombard?

— Si tu veux le savoir, dit Etiennette, il faut bien parler de ce qui te déplaît tant ; car il venait de la part des légats pour te parler de Roger.

— A moi? dit Pons.

— A toi. Ils désirent avoir un entretien avec lui, et pensent que mieux qu'un autre tu pourras déterminer le vicomte à sortir de sa ville et à venir traiter avec eux.

— Ah! dit Sabran, le vicomte a pour sûreté de ses jours les murailles de sa ville, et ne viendra pas au camp de ses ennemis. A quelle foi se remettrait-il qui valût mieux que ses remparts et son épée?

— Tu te trompes, Pons, il y a eu sédition et révolte en la ville de Carcassonne ; les habitants y meurent de soif et des maladies qu'elle engendre.

— Ah! pauvre Roger! dit Pons en baissant la tête.

— Oui, dit Etiennette, ils savent cela ; et les amis que Roger compte parmi les croisés pressent les légats de traiter avec lui, pour ne pas le voir réduit à l'extrémité de se rendre à merci, et afin qu'il n'arrive pas à Carcassonne ce qui est arrivé à Béziers.

— Ils ont peut-être raison, dit Pons. Si cette proposition peut convenir à Roger, il l'acceptera ; mais quelle sûreté lui donne-t-on pour qu'il vienne en notre camp?

— Ne te l'ai-je pas dit? répliqua Etiennette ; la tienne,

— La mienne! s'écria Pons en se levant sur son séant ; la mienne ! c'est une dérision ou une insulte : la mienne !... que j'aille offrir ma garantie à mon seigneur, que j'ai abandonné et trahi. Que j'aille lui jurer qu'il sera respecté au camp de ses ennemis, moi qui l'ai délaissé dans l'assemblée de ses châtelains. Oh ! les légats se font les complices de tes reproches ; ils brisent et torturent mon cœur par ta bouche. Moi garantir sur mon honneur la vie de Roger! Oh! l'honneur de Sabran n'est plus, il est tombé trop bas pour pouvoir abriter une si haute tête.

— Pons, dit Etiennette, tu t'affliges à tort, car ce n'est pas ainsi que l'entendent les légats ; ils supposent que tu t'offrirais en ôtage pour répondre de Roger, et que tu resterais en la ville de Carcassonne pendant qu'il serait ici.

— Tu as raison : ils n'ont pas parlé de mon honneur, mais de ma vie, dit Pons. Mais pour cela encore il faudrait que ma vie valût la sienne, et il n'acceptera pas l'échange.

— Les paroles qu'il t'a dites, quand tu étais gisant au pied du rempart, leur persuadaient le contraire.

Pons garda le silence un moment ; puis il s'écria avec résolution :

— Je ne le ferai pas! je ne le veux pas ! non, je ne veux pas !

— Eh bien ! soit, dit Etiennette ; j'ai fait ce que j'avais promis : j'avais promis d'étouffer ma haine contre Roger, d'aider de tout mon pouvoir le traité par lequel plusieurs chevaliers espéraient le sauver : tu ne veux pas, tant mieux. Malédiction sur lui! il périra, et je serai vengée. Au moins, cette fois, tu me comprends, et tu me sers selon mes vœux. Ils diront que c'est la crainte de la colère de Roger et du ressentiment des habitants de Carcassonne ; ils diront, et ce traître de Lombard a osé le dire tout à l'heure, que, n'ayant pas tenu ta foi, tu crains qu'on ne tienne pas la sienne envers toi, et qu'on ne t'abandonne aux chevaliers du vicomte. Qu'importe, et que sont ces propos auprès de ton amour, et, s'il faut le dire, auprès de ma vengeance ?

Si Etiennette se fût arrêtée au mot amour, peut-être Pons n'eût-il pas cru à la vérité de son transport ; mais elle venait d'invoquer un mauvais sentiment, et, malgré lui, il pensa qu'elle se réjouissait sincèrement de sa résolution. Ils en étaient là lorsque le comte de Nevers entra.

— Eh bien! dit celui-ci à Pons, acceptez-vous? Il vient d'y avoir conseil : j'ai poussé de toutes mes forces à un arrangement; Simon de Montfort n'était plus là pour crier guerre et destruction, et les légats des évêques, jusqu'à Dominique, sont si abattus de notre mauvaise fortune d'hier, qu'ils n'ont point fait d'obstacle. Je me suis réservé d'accompagner le vicomte de sa ville au camp et du camp à la ville, si l'arrangement ne pouvait avoir lieu. Mauvoisin a pris le même engagement, et je jure Dieu que Roger sera en sûreté entre nos hommes d'armes aussi bien que dans ses murs.

— Avez-vous décidé cela? dit Pons après un moment de réflexion. Eh bien! j'irai porter vos propositions au vicomte, et je me remettrai en otage aux mains de ses chevaliers.

— Merci pour lui, dit le comte de Nevers. Préparez-vous de grand matin, car une nouvelle sédition pourrait éclater parmi les siens, et rendre sa position assez périlleuse pour qu'on ne voulût plus traiter avec lui.

— Cette sédition est donc vraie?

— Oui, dit Nevers; nous la savons des émissaires que les légats entretiennent dans la ville par le moyen de Raymond Lombard.

— Alors, dit Pons, au point du jour.

Le comte sortit, et Pons demeura avec Etiennette. Si au moment où il avait consenti à se rendre à Carcassonne, il avait vu le sourire de joie qui agita la figure de la dame de Penaultier, peut-être eût-il persisté dans son refus; mais il ne la regardait pas alors, et quand il reporta les yeux sur elle, il la vit pleurer silencieusement.

— Oh! lui dit-il, tu m'en veux, n'est-ce pas? tu m'en veux d'abandonner ainsi ta cause?

— Non, lui dit Etiennette, c'est un devoir d'honneur que tous les chevaliers honorables de l'armée attendent de toi : tu dois le remplir; je le veux; tu vois bien que je m'y étais déjà résignée; et puis, s'il faut tout te dire, ajouta-t-elle en baissant la voix et en se penchant vers Pons, je sens là, malgré ma haine, que ce qui est bien a un pouvoir invincible. Je pleurerai peut-être de n'être pas vengée; mais je serai heureuse de ce que tu auras acquitté une dette sacrée. Oui, vraiment, dans ta position, Pons, c'est plus louable et plus magnanime à toi de sauver le vicomte que de le perdre; c'est en cela seulement que tu peux retrouver le calme de ton âme, et te faire véritablement plus grand que lui.

Ses caresses, qu'Etiennette savait rendre si enivrantes, achevèrent de persuader Pons, et ce fut le matin venu qu'il sortit de ses bras pour se rendre aux portes de Carcassonne avec le comte de Nevers.

C'en était donc fait de la liberté du vicomte; rien ne lui avait servi: ni les ressources rapides qu'il avait trouvées dans son génie; ni son courage, inouï même à cette époque de courages si terribles; ni son dévouement à sa propre cause; car, il ne faut pas s'y tromper, tout le monde n'a pas la force de tenter son salut avec toute la puissance qu'il peut y mettre : rien ne pouvait le sauver.

Cependant tout n'était pas fini; car si, d'un côté, la trahison s'acharnait à sa perte, de l'autre, un dévouement non moins persévérant venait à son secours; et à la même heure où une compagnie de douze chevaliers quittait le camp pour aller demander une entrevue au vicomte, deux femmes, deux jeunes filles, deux enfants venaient lui dire : Cette entrevue, c'est la trahison, c'est la captivité, c'est la mort!

En effet, Agnès et Catherine, retenues par la maladie dans la cabane d'un serf de Béziers, avaient déjà repris leur route; elles arrivaient enfin à ce but qu'elles cherchaient encore sans l'espérer. Elles avaient marché toute une longue nuit et se traînaient, faibles et mourantes, à travers les champs, lorsqu'elles virent, du sommet d'une colline, la ville de Carcassonne qu'elles attendaient depuis si longtemps. Elles poussèrent un cri de joie.

— Oh! regarde! dit Agnès, regarde, Catherine! les portes des faubourgs sont brisées; mais, vois, les gardes veillent sur celles de la cité; la ville a résisté aux efforts des croisés; Roger y est enfermé assurément. Oh! nous pourrons le sauver!

— Oui, dit Catherine, qui était la plus faible des deux, à son tour. Oui, nous le sauverons... O mon Dieu, mon Dieu! grâces te soient rendues! nous le sauverons!

Toutes deux tombèrent à genoux et ouvrirent leur cœur à une précieuse espérance. Encore un peu de force, ô mon

Dieu! pour le voir et mourir! Alors elles aperçurent un groupe de chevaliers qui quittait le camp des croisés, et qui se dirigeait vers Carcassonne; elles suivirent sa marche des yeux, et, lorsqu'elles le virent aller droit à l'une des portes, elles devinrent plus attentives :

— Oh! regarde, Catherine! dit Agnès; regarde! ils ont agité un pennon blanc : c'est une entrevue qu'ils demandent. Dieu du ciel, il est perdu!

— Non, dit Catherine, en se relevant avec un mouvement de joie convulsif; le voyez-vous? le voilà sur le mur! C'est lui, c'est lui.

— Oh! oui! c'est lui, dit Agnès avec un cri...

Et toutes deux, oubliant pourquoi elles étaient venues, se mirent à le regarder, se le montrant du doigt, le reconnaissant, ou le devinant plutôt, à ces mouvements familiers qui se gravent au cœur de la femme qui aime, de la tournure et du maintien. Ainsi Roger était hors de la vue pour un indifférent qui n'eût connu que ses traits; mais l'homme qui se tournait ainsi pour parler à ceux qui étaient près de lui, le chevalier qui avec le geste s'était penché sur le mur pour répondre à ceux qui étaient en bas, cet homme, ce chevalier, c'était Roger. Elles le regardaient, et voyaient qu'il s'entretenait avec les croisés qui étaient au pied du rempart. Bientôt il le quitta, et la porte de la cité s'ouvrit. Deux chevaliers se détachèrent de l'escorte qui les accompagnait, et s'avancèrent jusqu'auprès de Roger qui était sorti de la ville. L'entretien ne fut pas long, et l'anxiété qui jusque là avait tenu immobiles Agnès et Catherine, cette anxiété se changea en désespoir lorsqu'elles aperçurent un des chevaliers descendre de cheval, et le céder à Roger; puis quand celui-ci se réunit à l'escorte pendant que le chevalier entrait à Carcassonne, elles demeurèrent anéanties; enfin, lorsqu'elles virent Roger prendre la route du camp, toutes deux, du même mouvement spontané, se prirent à crier, avec une douleur déchirante :

— Non, Roger : non, n'y va pas... N'y va pas!...

Et elles agitaient leurs bras en l'air, s'imaginant qu'il les entendait, qu'il les voyait, qu'il pouvait les comprendre. Mais il continuait sa marche. Alors, pâles, désespérées, criant et pleurant à la fois, elles se précipitèrent avec une rapidité inouïe vers la route qu'il suivait, espérant l'atteindre avant qu'il eût dépassé les limites du camp. Elles accouraient, rapides, échevelées, se déchirant les pieds aux ronces des champs, se heurtant aux pierres, laissant les lambeaux de leurs vêtements aux buissons, Catherine qui était la moins avancée, excitant Agnès, en lui criant : — Courage ! courage !

Et lorsqu'un accident du terrain, un arbre, un buisson plus élevé, leur avait un moment caché Roger, elles poussaient un cri de joie quand elles le revoyaient encore devant elles. Cependant Roger avançait vers le camp, mais sa course était lente, et Agnès semblait avoir puisé dans son désespoir une force surnaturelle ; elle courait si rapide qu'elle comprit qu'elle arriverait avant lui ; elle le croyait, elle en était assurée ; elle en sentait la joie, lorsque, tout à coup, et sans que rien ne parût y donner occasion, l'allure des chevaliers change, et les chevaux prennent le trot... Elle faillit s'arrêter de désespoir ; mais Catherine était derrière elle ; Catherine qui lui cria, haletante et épuisée :

— Encore... encore... Courage !

La course d'Agnès continua. Tant de persévérance devait trouver grâce devant Dieu : Roger n'était plus qu'à quelques pas de la porte, mais Agnès n'était plus aussi qu'à une distance à peu près égale ; elle fait un dernier effort, s'élance, arrive à la porte au moment où Roger allait la dépasser, et tombe épuisée, mourante, sans haleine, en travers de la route, en laissant échapper un cri sourd où nul ne peut entendre ces mots :

— Roger, n'y va pas...

Le vicomte s'arrête à l'aspect de cette femme étendue, couverte de poussière, maigre, pâle, défigurée ; il est prêt à descendre pour lui porter secours, lorsqu'une autre voix de femme se fait entendre, et détourne son attention, une voix railleuse et aigre :

— Oh ! c'est quelque noble dame, quelque victime de la puissante séduction du vicomte de Béziers, qui vient lui redemander sa foi trahie ; c'est quelque femme qui n'avait ni frère ni ami pour la venger.

C'était Etiennette de Penaultier, qui s'était insolemment portée à la rencontre du vicomte pour jouir de sa vue, pour qu'il se ressouvînt plus tard de cette rencontre, pour qu'il pût reconnaître qu'elle était pour quelque chose dans son infortune, et qu'il la rattachât aux douleurs qu'il aurait à souffrir. Roger détourna la tête; et le comte de Nevers, qui savait ce qui s'était passé entre le vicomte et Etiennette, et voulant débarrasser Roger de la présence de la châtelaine, Nevers s'écria avec impatience :

— Holà ! valets, ôtez cette ribaude du chemin, pour que nos chevaux ne la foulent aux pieds.

Et il poussa son cheval dans le camp ; et Roger le suivit sans jeter un second regard, ni sur la femme qui le bravait, la tête haute, ni sur celle qui voulait le sauver, étendue et mourante sur la poussière du chemin. Catherine était tombée à quelques pas de là.

II

LES LÉGATS.

Ce fut un grand émoi dans le camp des croisés que l'apparition de Roger : toutes les troupes se précipitaient sur son passage, et se le montraient avec curiosité. Parmi ceux qui ne considéraient en lui que le suzerain et le chevalier, il excita un singulier étonnement et un vif enthousiasme. Ceux qui l'avaient vu sur les remparts se disaient que ce ne pouvait être lui; ils le trouvaient trop jeune, trop délicat, trop petit, pour ce qu'ils lui avaient vu faire; mais le plus grand nombre, dont le fanatisme égarait le jugement, s'écriait en le regardant passer :

— Si Satan ne l'animait, serait-il si fort? c'est un démon, qui combat sous cette forme. Malédiction sur lui!... Anathème!...

Nevers avait fait taire quelques-uns des plus criards en leur assénant sur le chef un coup de bois de lance; cependant il n'avait pu cacher à Roger les dispositions hostiles du camp, et il hâta encore le pas des chevaux pour arriver rapidement à la tente des légats. Ceux-ci parurent environ une heure après que le vicomte fut arrivé. Voici comment se passa cette entrevue :

Lorsque le vicomte eut salué tous ceux qui étaient présents, comme il savait bien le faire (*aisin que sabia ben far*), il prit la parole et dit :

— Il n'y a pas assez longtemps, messires, que je me suis présenté à vous à Montpellier, pour que vous ne vous rappeliez que je suis déjà venu vous offrir la paix ; j'y venais alors avec la chance d'être puni en quelques heures comme un écolier rétif qu'on fait fouetter par un frère servant : j'y viens aujourd'hui après vous avoir montré que l'écolier est un homme, sa barrette un casque, et sa souquenille une cuirasse qu'on ne relève pas aisément pour le punir. Cependant ce que j'offrais alors, je l'accepterai aujourd'hui ; car lorsque Dieu me fit suzerain de ces contrées, il me les confia autant pour les défendre par d'honnêtes alliances que par la force des armes. Chacun de mes hommes qui choit dans les combats est une blessure faite à mes comtés, par où s'échappent la puissance et le bien-être de mes populations. Vous en avez ouvert une large, messires, en exterminant la ville de Béziers, et il semble qu'il dût y avoir alors assez de sang versé pour laver les péchés de nos malheureuses cités. Vous ne l'avez pas jugé ainsi; mais Dieu en a jugé autrement : la ville de Carcassonne est debout, et la tour du Paon, qui, par un miracle du Seigneur, se pencha pour recevoir les soldats de l'empereur Charlemagne et attester la sainteté de sa cause, cette tour est restée ferme et droite. Si donc, mieux inspirés de l'esprit de Dieu, vous avez telles propositions à me faire que je les puisse accepter comme chrétien, comme suzerain et comme chevalier, parlez, je suis prêt à les entendre.

Roger se tut, et les légats se regardèrent entre eux, n'ayant pensé à faire aucune proposition au vicomte Dominique, qui savait combien, pour leurs projets, il était utile de gagner du temps; il se leva et reprit la parole :

— Ce n'est point l'ordinaire que ceux qui assiègent fassent

des propositions d'accommodement, car ce ne sont pas eux qui ont à sauver leurs vies et leurs biens. Les seigneurs légats vous ont admis en leur présence pour vous répondre et non pour vous rien demander.

— Maître moine, s'écria Roger en portant autour de lui un regard terrible et soupçonneux, un chevalier de votre camp est venu aux portes de Carcassonne, et voici ce qu'il m'a dit : Roger (car ce chevalier a été mon ami, et bien que l'on ait changé son cœur pour moi, il n'a pas été le maître de changer sa vieille coutume de me parler), Roger, m'a-t-il dit, les légats ont reconnu l'impossibilité de prendre une ville si forte que Carcassonne ; il a ajouté : « et si vaillamment défendue. » Pons a été mon ami, messires, je vous l'ai dit, et il a ainsi parlé par ancienne affection. « Les légats veulent prévenir un nouveau combat, où de quelque part que soit la victoire, ce sont des chrétiens qui succombent; ils désirent t'offrir d'honorables propositions de paix. Viens en leur camp : ma personne, remise entre les mains de tes chevaliers, servira de sûreté à la tienne. » Voilà comment le marquis de Sabran m'a parlé, et l'un de vos chefs, ici présent, le comte de Nevers, s'est avancé, et m'a répété les mêmes choses, ajoutant que ces propositions seraient dignes d'un suzerain et d'un chevalier. C'est pour cela que je suis venu. Si donc vous n'avez rien à me dire, je n'ai qu'à me retirer après vous avoir salués. Dieu vous garde, messires!... »

Roger se leva et se dirigea vers la porte ; les légats et généraux se levèrent en grand trouble, et le comte de Nevers courut vers Arnauld en l'interpellant violemment. Mais comme Roger arrivait à l'issue de la tente, deux soldats croisèrent leur pique et lui défendirent le passage.

— Trahison ! cria le vicomte : suis-je prisonnier ici ? Comte de Nevers, êtes-vous un infâme? Nevers se retourna à ce mot, et, en voyant les soldats qui avaient baissé leur pique, il comprit la cause des paroles de Roger ; il courut jusqu'au milieu de la salle, et tournant autour de lui un regard furieux, comme un sanglier qui choisit un chien qu'il veut déchirer, il s'écria :

— Où est le duc de Bourgogne? Ces deux hommes sont de la compagnie du duc de Bourgogne : il a osé mettre ses hommes où les miens seuls avaient le droit de se placer. Où

est ce duc, que je lui arrache sa ceinture et ses éperons?
Ah! il n'est pas ici, le lâche ! Malheur sur lui! je le trouverai.
Aussitôt il s'élança vers la porte, en repoussant les gardes et
en criant : Mauvoisin ! à moi, Mauvoisin ! Puis Roger l'entendit s'éloigner en criant : Mauvoisin! Mauvoisin!

Tout était en rumeur sous la tente; chacun était debout, se parlant à voix basse, Arnauld et Milon ayant autour d'eux bon nombre de chevaliers, Dominique allant à ceux qui se tenaient à l'écart, et qui causaient entre eux. Tout à coup Nevers reparaît pâle, hagard, bouleversé, la colère sur le visage.

— Enfer et malédiction! cria-t-il d'une voix tonnante, vous êtes tous des lâches. Malheur sur ceux qui ont joué si insolemment mon honneur et mon nom ! Je leur arracherai la langue et le cœur. Que veut dire ceci? Qu'on parle, qu'on s'explique, ou je le jure sur mon âme et mon épée, pas un ne sortira de cette tente sans qu'il ne m'ait passé sur corps.

Roger, qui était resté spectateur silencieux de ce désordre, s'approcha alors et dit à Nevers :

— Sire comte, ne vous mettez pas ainsi en fureur ; c'est sans doute une méprise qui a fait éloigner vos hommes et mis à leur place ceux du duc de Bourgogne. Nous ne sommes pas ici en compagnie de routiers et de brigands, mais d'honorables chevaliers, et c'est d'eux que je réclame ma libre sortie de ce camp, où je suis librement entré.

— Sire vicomte, dit Arnauld en se replaçant sur son siége, le conseil a décidé que vous seriez retenu prisonnier jusqu'à la reddition de votre ville de Carcassonne.

— Tu mens et tu es un félon, s'écria Nevers s'élançant sur lui l'épée levée.

Arnauld ne bougea pas, mais il dit d'une voix haute et comme inspirée :

— Bienheureux Pierre de Castelnau, faites agréer mon martyre au Seigneur.

A ces mots, Nevers s'arrêta. La pensée de frapper un prêtre, un légat du pape, un homme qui n'avait ni défense ni armes, un homme sacré à l'égal du saint-père, cette idée lui vint à l'esprit et l'épouvanta. Ce nom de Pierre de Castelnau, cet appel à un prêtre assassiné, et dont le

20.

meurtre était précisément la cause de cette guerre épouvantable, tout cela brisa, sinon la colère de Nevers contre la trahison, du moins sa vengeance contre le traître. Alors, jetant son épée avec fureur, il se pressa la tête en poussant des cris de rage, et finit par dire en suffoquant :

— C'est impossible! vous n'avez pas voulu cette trahison ; vous n'avez pas ainsi jeté la foi de l'un de vos chevaliers à la honte d'une telle félonie! Que dis-je? reprit-il avec une sorte de joie, non-seulement l'honneur, mais la vie de l'un d'eux, car le sire de Pons de Sabran est aux mains des habitants de Carcassonne, et sa tête leur répond de celle du vicomte.

— Les habitants de Carcassonne, dit Arnauld, sont avertis que s'ils touchent un cheveu de la tête du sire de Sabran, tous les habitants, jusqu'au dernier, en répondront de tout leur sang.

— Ah! reprit Nevers à cette réponse, en parcourant la salle avec plus de fureur encore; ah! où est Mauvoisin? où est Mauvoisin?

A l'instant un écuyer entra, et Nevers se jetant à sa rencontre, lui dit :

— Eh bien! que sais-tu? où est-il? où sont mes hommes?

— Monseigneur, dit l'écuyer, pendant que vous étiez en cette assemblée, la dame de Penaultier est venue parler au sire de Mauvoisin ; ils se sont éloignés ensemble et on ne les a pas revus.

— Ah! l'infâme! l'insensé! le misérable! dit Nevers, la sale prostituée! et mes hommes d'armes où sont-ils?

— A peine le sire de Mauvoisin a-t-il été éloigné, ajouta l'écuyer, qu'un officier des généraux du conseil, le sire Raymond Lombard, est venu leur dire que le traité était signé et leur présence inutile. Ils se sont éloignés et sont en leurs quartiers.

— A cheval et armés, je suppose, dit Nevers, en ramassant son épée.

— Désarmés et perdus de vin que leur versaient à la fois ribaudes et clercs pour les égarer et leur ôter la raison.

— Eh bien! dit Nevers en se tournant vers les chevaliers qui étaient en l'assemblée, le souffrirez-vous, maintenant que vous le voyez? c'est une trahison, je suppose, un piége honteux où on a pris la vie de votre adversaire et l'honneur de votre allié : défendrez-vous son honneur ? resterez-vous complices de ce crime ? N'y a-t-il ni foi ni honneur sous aucune de ces cuirasses ? Saint-Pol, Des Barres, Turenne, ne dites-vous rien, n'avez-vous rien à dire ? Ah ! vous m'avez crié plus d'une fois aide et secours dans le combat, et je suis accouru ; je vous crie aide et secours... Ne m'entendez-vous pas ? m'entendez-vous ?

— Ce n'est pas nous, dit Saint-Pol, qui avons garanti la suzeraineté du vicomte.

— Ah ! merci à toi, Saint-Pol, s'écria Nevers avec une rage exaspérée, merci à toi d'avoir dit un mot, car je trouve enfin quelqu'un à qui répondre. Tu es un lâche et un félon, un chevalier menteur et sans foi ; tiens, voilà mon gant sur ton visage, voilà que j'ai craché sur ton écu ; tu es un misérable et un infâme.

Saint-Pol tira son épée, et une lutte terrible allait s'engager, lorsque, sur un signe du légat, la plupart des chevaliers s'élancèrent sur le comte de Nevers et le désarmèrent. Tout aussitôt un tumulte furieux se fit entendre, mêlé de cris de mort et de malédiction ; tandis que Nevers, se secouant comme un lion entre les mains qui l'enchaînaient, s'écriait :

— A moi, Mauvoisin, Mauvoisin, Mauvoisin ! Enfin suffoqué de rage, de l'écume à la bouche, il tomba par terre, le cou gonflé et le visage presque noir, haletant et épuisé.

Cette scène n'était pas finie que deux femmes se précipitèrent dans la tente : l'une d'elles se précipita vers Roger et lui cria avec un effroi désespéré.

— Sauvez-moi, monseigneur, sauvez-moi ! sauvez-moi !

Roger reconnut, à ses vêtements de pèlerine, la femme qui était tombée devant lui une heure auparavant ; et, lorsqu'il l'eut relevée et considérée, sous ces misérables habits, il reconnut Agnès : Agnès, son épouse, sa femme, vêtue comme une mendiante, pâle, défigurée, mourante ; Agnès, qui s'était jetée au travers de son chemin lorsqu'il marchait à la captivité. Il l'éloigna de lui et la regarda fixement ; puis, la ramenant sur son cœur, il s'écria presque avec des pleurs :

— Agnès ! Agnès !

Ce premier moment passé, distrait de sa propre et terrible situation par cette apparition inattendue, oubliant son malheur pour ceux de cette enfant, il reprit avec plus de calme :

— Agnès ! Agnès ! vous ici sous cet habit? vous! pourquoi ? que vous est-il arrivé ? quel malheur vous a atteinte, vous aussi ?

— Moi, reprit-elle en tremblant, moi, je suis venue pour vous dire qu'il y avait un complot pour vous arracher de votre ville et vous prendre en trahison ; mais, hélas! je ne suis arrivée que pour voir votre perte et tomber aux pieds de votre cheval qui ne m'a pas écrasé la tête.

— O noble enfant, tu le savais, et tu es venue vers moi, Agnès ! reprit Roger en la considérant avec une sainte pitié.

— Oui, dit Agnès, je suis venue à pied, durant la nuit, à travers les chemins perdus, à travers la fatigue et la faim.

— O malheureuse ! tu as ainsi souffert pour moi qui t'ai délaissée et abandonnée ! dit Roger. Pardonne-moi, pardonne-moi. Puis il ajouta :

— Mais dis, pourquoi cet effroi, et pourquoi ces cris, Agnès, pourquoi ces cris maintenant?

— C'est que, quand je me suis relevée, ils m'ont demandé qui j'étais, et, comme je n'ai pas voulu le leur dire, ils m'ont battue et insultée; et quand, n'ayant plus de force pour supporter leurs coups, je leur ai dit que j'étais la vicomtesse de Béziers; ils m'ont accablée de malédictions et m'ont poursuivie par tout le camp en criant : Anathème et mort!

— Ah! les infâmes ! s'écria Roger en tirant son épée que jusque là il avait laissée dans son fourreau, en voulant tenter pour la vengeance d'une enfant ce qu'il n'avait pas jugé possible pour sa cause, transporté de plus d'indignation pour le mauvais traitement qu'elle avait souffert que pour la trahison qui le perdait; prêt à mourir pour elle, quand il n'avait pas pensé à se défendre pour lui.

Maintenant, il demeura anéanti en voyant que tout le monde s'était éloigné. On avait emporté le comte de Nevers, et les gardes du duc de Bourgogne occupaient toute la tente. Chacun, profitant de cette occupation de Roger pour échapper à ses reproches et à ses hautaines réclamations, s'était éloigné avant de se voir jeter sa honte à la face. Roger ne trouva personne à qui demander compte de sa lâcheté; la tente était vide de chevaliers; une autre femme, honteuse et la tête baissée, se trouvait seule sur la porte.

— Quelle est cette femme, Agnès? dit le vicomte.

— C'est... c'est... dit Agnès, en baissant les yeux, c'est Catherine qui m'a suivie et soutenue dans ma malheureuse entreprise...

— Toi...! s'écria Roger en allant vers Catherine; vous! reprit-il tristement en tournant les yeux vers Agnès qui s'éloignait en pleurant.

A ce moment, le vicomte sentit son cœur déchiré entre cette jeune fille qu'il aimait encore et sa jeune épouse qu'il aimait déjà; toutes deux si dévouées, dévouées au point de s'être unies pour le sauver. Les larmes vinrent aux yeux de Roger, il regarda alternativement Agnès et Catherine, et, se laissant aller à l'effusion de sa douleur :

— Ah! merci de moi, ajouta-t-il en leur tendant les mains à toutes deux; ne soyez pas jalouses l'une de l'autre. Vous êtes deux anges qu'il faut adorer à genoux, et non pas aimer d'un amour de ce monde. Catherine, je te remercie; Agnès, vous êtes ma femme. Devant Dieu et les hommes soyez bénies!

Et ces deux femmes se pressèrent toutes deux sur son cœur en pleurant. Roger se détacha le premier de ces embrassements; et, se souvenant alors de sa funeste position, ou bien cherchant à rendre cette situation pénible, il s'écria :

— Ah! je suis plus malheureux que je ne pensais. C'est ma destinée de vous être fatal; vous venez me sauver de la captivité, et je vous y traîne avec moi.

Puis, se reprenant et marchant vers les soldats, il ajouta :

— Mais tout ceci ne peut être fini; une telle traîtrise est hors de toute croyance. Il faut que je parle aux légats. Holà! quelqu'un! il faut, que je parle aux légats.

— Sire vicomte, dit un écuyer en s'avançant, les légats n'ont rien à vous dire, sinon ce que vous avez entendu. Vous êtes prisonnier et confié à ma garde. Cette tente sera votre habitation jusqu'à ce qu'on vous en ait trouvé une plus convenable.

— Dites donc aux chevaliers ici présents, répliqua Roger, que j'appelle de cet acte de félonie au jugement du roi de

France, mon oncle et suzerain : et dites aux légats que je porte le même appel au saint-père en sa propre cour, et devant ses cardinaux.

— Vos paroles seront répétées fidèlement, dit l'écuyer. Qu'ordonnez-vous de ces femmes ? Doivent-elles rester ici, ou les voulez-vous faire conduire ailleurs ?

— Agnès, dit le vicomte, que voulez-vous faire ?

— Ah ! monseigneur, dit la jeune vicomtesse, ne m'avez-vous pas dit que j'étais votre épouse, et n'est-ce pas mon devoir de rester près de vous ?

— Et vous, Catherine ? dit Roger.

— Moi... moi, répondit Catherine, à qui les paroles sortaient de la bouche comme des sanglots déchirants. Moi... je m'en irai, je m'en vais...

— Et où voulez-vous aller ? dit le vicomte.

— Ah ! reprit Catherine, je ne sais pas... Où voulez-vous que j'aille ?

— Ah ! qu'elle reste, s'écria Agnès, qu'elle reste... Catherine, veux-tu rester... ? Je t'aime, ah ! je t'aime comme ma sœur et mon amie. Reste, je t'en prie.

— Je veux bien, dit Catherine, je resterai jusqu'au jour, jusqu'à ce que je puisse trouver un couvent ou un cachot... pour mourir.

Roger se taisait, Roger avait le cœur trop plein pour parler. Tant d'émotions diverses l'agitaient. La trahison qui le frappait, sa captivité, l'arrivée de ces deux femmes, leur réunion, leur présence, leur dévouement, tout cela en moins de deux heures, c'était comme un rêve qui tournait dans sa tête sans qu'il pût fixer sa pensée sur un seul de tous ces événements. Il les avait vus, et on peut dire qu'il n'y croyait pas. Plusieurs fois il se leva, il parla haut, il s'agita comme pour s'éveiller. Puis, après un long silence, en voyant près de lui Catherine et Agnès qui l'observaient, il s'écria :

— Ah ! tout ceci est vrai... vrai comme le jour qui nous éclaire... Ah ! les infâmes ! les infâmes... Buat, Buat, Cabaret, Guillaume, à moi, mes chevaliers ! à moi, ma ville ! ils m'ont trahi et pris comme des lâches... Mes chevaliers ! mes chevaliers ! où êtes-vous ?

Ainsi, il se laissa aller un moment à sa douleur, et tomba sur un siége ; mais il se releva tout à coup, et, parcourant la tente avec violence, il reprit en parlant à Catherine et à Agnès qui restaient muettes :

— Mais ils se sont trompés, les misérables; ils n'auront pas ma ville de Carcassonne, parce qu'ils en ont traîtreusement surpris le seigneur. Carcassonne renferme des chevaliers dont le moindre vaut mieux que toute cette armée d'esclaves et de bourreaux. Saissac est un brave ; Pierre de Cabaret, c'est le fer et le courage unis ensemble ; Guillaume de Minerve, Lérida et Buat... Buat défendra Carcassonne à lui tout seul, s'il le faut; car c'est un terrible soldat ! Buat, c'est un cœur de lion et un cœur fidèle ; c'est le plus brave de tous, c'est mon frère ; car tu ne sais pas, Agnès... Oui, c'est mon frère, un enfant de vingt-deux ans, qui chassera ce troupeau de croisés du plat de son épée. Ah ! la journée n'est pas finie. Je dois espérer... J'espère, oui, j'espère !... Puis il s'arrêta, et, se frappant la tête avec rage : — Oh ! reprit-il en retombant dans son fauteuil, oh ! j'ai bien mérité ce qui m'arrive, je suis un insensé qu'ils feront bien de laisser dans sa cage de fer.

Agnès et Catherine s'approchèrent de lui et voulurent le consoler...

— Hélas ! continua-t-il, en les regardant avec désespoir, vous aussi, vous, je vous ai traînées dans ma misère. Puis, se levant soudainement : — Oh ! oh ! s'écria-t-il, Etiennette ! Etiennette ! je boirais le sang de cette femme, je la ferais déchirer par des chiens... O Pons ! malheureux enfant ! Le ciel n'est pas juste.

Un long silence succéda à toutes ces exclamations. Pendant ce temps, Roger se levait, s'agitait, écoutait le moindre bruit; car, à plusieurs reprises, il s'éleva dans le camp de longues acclamations, et, quand ce bruit se taisait, il se rasseyait, et, s'adressant de temps à autre à Agnès et à Catherine :

— Merci, leur disait-il, merci...., puis il se reprenait à crier : Ah ! les lâches, les lâches !

Une partie du jour se passa ainsi, et lorsque le soir fut venu, Roger, qu'une seule pensée occupait sans cesse, comme un homme qui a un espoir qui lui échappe à tout moment, et qui à tout moment cherche des raisons pour s'y rattacher, Roger dit en parlant à sa pensée :

— C'est bien, c'est bien, ils attendent la nuit. La nuit est meilleure pour une expédition de cette sorte. Buat s'y connaît. Oh! que la nuit vient tard aujourd'hui!

On leur apporta des aliments, mais ni lui ni les deux jeunes filles n'y touchèrent. Un moment après, on annonça le comte de Nevers. Roger n'avait à lui reprocher que d'avoir eu la même confiance que lui, et cependant il le reçut avec un regard de mépris hautain qui n'ajouta rien à la pâleur comte, tant il était livide et défait.

— Sire vicomte, dit Nevers humblement, vous ne devez pas un meilleur accueil à votre bourreau. Je ne m'en plains pas, et cependant j'ai à vous dire telles choses qu'il vous importe de savoir, et qui doivent vous donner de l'espérance.

— Excusez-moi, comte de Nevers, lui dit Roger. Je vous plains plus que moi, mais je n'ai pas été maître d'un mouvement injuste en voyant sur votre épaule cette croix... la croix où vous m'avez attaché comme à la potence.

— Oh! reprit Nevers en l'arrachant et la foulant aux pieds, elle est encore sur ma poitrine! Pourtant je l'ai reniée tout à l'heure. Je ne suis plus un chevalier de cette armée, je la quitte, je l'abandonne; mais cette croix n'en aura pas moins marqué mon nom d'un signe éternel d'infamie, si justice ne vous est rendue. Et elle vous sera rendue si je ne meurs avant le temps qu'il faut pour aller d'ici à Compiègne et en revenir.

— Ou si je ne meurs moi-même, dit Roger.

— Ah! ne dites pas cela, reprit le comte, et pourtant vous avez le droit de le dire. Ils peuvent bien tuer celui qui est sous la sauvegarde de toute l'armée, puisqu'ils l'ont traîtreusement retenu prisonnier quand il était sous la mienne. Mais ils ne l'oseront. Les légats eux-mêmes ne l'oseront. Un tel crime serait trop épouvantable, et le serment qu'ils ont fait est trop sacré.

— Que s'est-il donc passé? dit Roger.

— On a assemblé le conseil et on a nommé un seigneur (*dominus regimen*) de vos comtés...

— Un seigneur de mes comtés, moi vivant! s'écria Roger.

— Un seigneur simplement, dit Nevers, et non un vicomte; un seigneur pour gouverner les villes et campagnes jusqu'à ce que votre appel soit porté au roi Philippe et au pape Innocent III.

— Et ce seigneur, dit le vicomte, c'est sans doute le duc de Bourgogne ?

— Non, dit Nevers, la brute a commencé à comprendre quel rôle infâme il jouait en cette affaire, et il a refusé ; mais ce que vous ne sauriez imaginer, c'est qu'ils ont eu l'impudence de m'offrir cette mission.

— Et peut-être eussiez-vous dû l'accepter, dit Roger, si vous êtes en disposition de réparer le mal qui m'arrive.

— Non, dit Nevers, j'ai un autre devoir à remplir. Enfin, après le refus de Saint-Pol, car on lui a aussi offert vos comtés, c'est Simon de Montfort qui a accepté. Saint-Pol a demandé qu'il lui fût permis de me combattre en lice pour l'outrage que je lui ai fait ; mais on a ajourné sa demande jusqu'à ce que j'eusse porté moi-même votre appel au roi de France tandis que Richard de Narbonne ira vers le saint-père.

— Et jusque là, que dois-je devenir ?

— Vous resterez prisonnier en votre château de Carcassonne sous la garde d'un chevalier croisé.

— Savez-vous le nom de ce chevalier ?

— C'est Raymond Lombard qu'on a choisi, comme connaissant la ville et pouvant la garder le plus sûrement.

— Raymond Lombard ! dit Roger ; autant valait m'envoyer au bourreau.

— Non, sire vicomte, dit Nevers, non : car il répond de votre vie sur la sienne ; non point si vous lui échappiez, mais si vous mouriez en prison par violence ; cela a été bien entendu, et lui-même s'y est engagé.

— Mais, sire comte, on dispose de ma ville comme si on la tenait déjà ; et vous savez si les murs en sont faciles à gravir ?

— Demain on recommence l'assaut, dit le comte, et le succès de notre première attaque que vous seul avez arrêtée doit vous faire assez juger que tout manque à cette ville, puisque vous lui manquez.

— Et vous partez ? dit le vicomte.

— Dans une heure, dit Nevers. J'ai hâte d'en finir pour

revenir vous tendre une main que vous ne refuserez pas, et pour la présenter armée à Saint-Pol.

— Que Dieu vous conduise ! dit Roger.

— Dites plutôt qu'il me ramène ! Adieu... Espérez, et maudissez-moi, si dans quarante jours vous n'êtes libre et rétabli suzerain de vos comtés.

— Si je vis à cette époque, dit Roger, je ne vous maudirai point, quoi qu'il arrive, non plus qu'aujourd'hui ; car de nous deux le plus malheureux, ce n'est pas moi, je le vois.

— Non, dit le comte, le plus malheureux c'est celui qui emporte le remords d'un crime qu'il n'a pas fait.

Ils se quittèrent, et Roger vit dans un coin de la tente Agnès et Catherine endormies sur les marches de l'estrade où s'asseyaient les légats. Il ne voulut pas les éveiller, et s'assit à côté d'elles. La nuit était tout à fait close, et Roger commença à écouter. Le pas des sentinelles qui veillaient dans le camp lui paraissait quelquefois le bruit d'une troupe qui s'avançait lentement et sourdement ; il se levait soudain et portait la main à son épée. Quand le vent agitait les fragiles étais du pavillon, il écoutait encore et se levait de même ; mais rien ne venait, et toute cette nuit se passa dans cette horrible anxiété, dans cette attente désespérée. Roger calculait les heures, les minutes ; dans son imagination, il rassemblait tous les habitants de Carcassonne sur la place de l'Orme ; il entendait Buat les exciter, il les voyait s'armer en masse, il calculait le temps qu'il leur fallait pour ces préparatifs et pour se réunir... puis ils sortaient de la ville, ils marchaient doucement, ils arrivaient au camp des croisés ; c'était le moment : il leur avait donné deux heures pour cela, il écoutait le cri d'attaque qu'on allait pousser ; mais le silence seul répondait, et Roger se rasseyait, la tête penchée sur sa poitrine, recommençant un nouveau plan, faisant un nouveau calcul qui demeurait stérile comme le premier. Ce fut ainsi qu'il passa la nuit, jusqu'à ce que le jour parût, et que, cédant à la fatigue, il se jeta sur un siége et se résolut à dormir.

A la même heure, une femme ouvrait la portière d'une tente et examinait si quelqu'un ne passait pas aux environs ; lorsqu'elle se fut assurée qu'il n'y avait personne, elle fit un signe, et un chevalier sortit : il lui donna un dernier baiser et s'éloigna. Mais cette femme, en levant les yeux devant elle, vit un cadavre qui pendait aux murs de Carcassonne, et rentra dans sa tente en poussant un cri.

Ce chevalier était Mauvoisin, la femme était Etiennette de Penaultier, le cadavre était celui de Pons de Sabran.

III

PRISE DE CARCASSONNE.

Un tumulte immense éveilla Roger, au moment où ses yeux commençaient à se fermer. Presque aussitôt Arnaud de Citeaux, Milon, Dominique et quelques chevaliers entrèrent dans la tente de Roger. Arnaud de Citeaux avait la figure menaçante ; et, sans prendre garde à Catherine et Agnès qu'il heurta du pied en montant sur l'estrade qui lui servait de trône, il s'adressa violemment à Roger :

— O sire vicomte ! lui dit-il, si votre corps n'habite plus la ville de Carcassonne, votre esprit y est resté. Malgré l'avertissement qu'ils ont reçu, vos chevaliers et bourgeois ont touché à la tête sacrée du sire de Sabran.

— De Pons ? dit le vicomte avec douleur.

— Ils l'ont audacieusement attaché et pendu aux murs de leur infâme cité.

— Mort ? reprit Roger.

— Mort, assassiné par lâcheté et trahison ! s'écria Arnaud avec l'accent d'un homme qui était convaincu de bonne foi que c'était lâcheté et trahison.

— Alors, dit Roger en étendant solennellement la main vers le légat, que son sang versé retombe sur votre tête ! car ce sang était le gage de ma liberté, et la corde qui m'attache ici est la même qui le tient pendu aux remparts de Carcassonne ; c'est vous qui l'avez serrée à mon pied et passée à son cou.

— Oh ! reprit Arnaud sans répondre à l'accusation, ils sauront ce qu'il leur en coûtera d'avoir oublié mes avertissements. Jusqu'à la dernière goutte du dernier habitant, tout le sang de cette cité sera versé pour le venger.

— Faudra-t-il faire comme à Béziers ? demanda sourdement une voix cachée derrière un casque, et que Roger reconnut pour celle de Montfort, quoiqu'il ne portât pas ses armes accoutumées.

— Comme à Béziers ! répondit Arnaud, frappez sans grâce ni merci.

— Mais, reprit Milon, cette ville renferme peut-être quelques justes ; n'y eût-il que ceux qui nous y servaient d'espions.

— Frappez toujours, répondit Arnaud, Dieu connaîtra les siens et les recevra dans son sein.

Les chevaliers sortirent en hâte ; et, à un signe d'Arnaud, la tente s'ouvrit d'un côté, et laissa voir le camp, la distance qui le séparait de la ville et la ville elle-même dans tout son développement. La tente était située sur une élévation qui dominait toute la plaine, et elle s'apercevait de partout, comme elle voyait partout. Tandis que les troupes se levaient et se rangeaient dans leurs quartiers, les clercs qui se trouvaient dans le camp se réunissaient à la tente des légats, s'apprêtant à prier pour ceux qui allaient combattre.

— L'heure est venue du triomphe ! s'écria Arnaud, priez, mes frères ; et toi, dit-il à Roger, persécuteur des enfants proscrits de l'Eglise, regarde, et puisse le spectacle que tu vas voir faire entrer en ton cœur le repentir et l'humilité !

— Oh ! mes bons chevaliers, s'écria Roger en levant les yeux au ciel, que Dieu vous prête sa force, car c'est sa cause que vous défendez !

— Il blasphème ! crièrent quelques voix.

— Silence ! dit Arnaud, voici le signal.

Aussitôt, d'une voix forte, il entonna le *Veni Creator*. C'était le chant accoutumé pour exciter les croisés au combat, c'était la *Marseillaise* de l'époque. Agnès et Catherine, qui étaient demeurées près de Roger, fermèrent les yeux et tombèrent à genoux, en cachant mutuellement leur tête dans leur sein. Cependant, aux chants des prêtres, les troupes sortaient du camp et s'avançaient vers la ville. Roger avait jusque là tenu la tête basse, n'osant, pour ainsi dire, regarder sa chute entière s'accomplissant dans la chute de Carcassonne. Cependant, lorsqu'un cri poussé par l'armée, parti d'un bout et arrivé à l'autre comme un long déchirement, annonça l'attaque, il ne put s'empêcher de lever la tête. Les deux jeunes filles aussi se levèrent pour voir. Les prêtres suspendirent leurs chants, et tout le monde devint attentif. A ce moment, Roger ferma et ouvrit les yeux plusieurs fois ; il y passa la main, regarda Agnès et Catherine avec une sorte de terreur, et leur dit :

— Suis-je fou ou aveugle? ne voyez-vous rien d'extraordinaire?

— Rien... dit Agnès, rien...

Roger se reprit à regarder ; il devint pâle et se frotta les yeux, comme un homme qui comprend que ses sens lui manquent.

— Oh! je ne vois rien sur les remparts, cependant...

— C'est qu'il n'y a rien véritablement, dit Agnès.

— Quoi! dit Roger, ni chevaliers, ni soldats, ni archers?

— Rien, dit Agnès. N'est-ce pas, Catherine? rien; pas une âme vivante!

Roger doutait encore, tant cela lui semblait hors de toute croyance, lorsqu'il entendit Arnauld s'écrier :

— Qu'on laisse les ribauds s'aventurer ; c'est un piége, assurément.

Ce doit être un piége, pensa Roger ; et chacun reprit son anxiété. C'était un singulier aspect véritablement que celui de cette armée qui s'était deux fois ruée à l'assaut de Carcassonne avec une fureur aveugle, lorsqu'elle avait vu ses murs couronnés d'armes et de soldats, et qui, maintenant que cette cité semblait morte et déserte, s'en approchait à pas craintifs, comme un enfant d'un dogue endormi. Quelques ribauds coururent jusqu'à l'une des portes, la frappèrent avec force, et s'enfuirent tout à coup épouvantés. Etait-ce qu'on les avait accablés de traits ou de pierres? C'était seulement que rien n'avait répondu, et que la ville était demeurée silencieuse comme une tombe. Toute l'armée s'arrêta d'un mouvement unanime, et les chefs coururent les uns vers les autres en se consultant vivement. L'un d'eux accourut vers Arnauld, et lui dit d'une voix émue :

— Seigneur légat, il y a maléfice et sorcellerie en cette affaire, et les plus résolus chevaliers craignent de s'avancer vers une ville défendue assurément par le mauvais ange. Ils réclament, contre cette puissance de l'enfer, le secours de la puissance céleste, et seraient d'avis qu'avant d'être attaquée la ville fût exorcisée et bénite, et que les légats, l'étole au cou, le goupillon en main, s'avançassent au premier rang de l'armée.

Cette proposition jeta d'abord quelque embarras dans le visage des clercs, mais ce ne fut qu'un nuage, et parmi les plus obscurs de l'assemblée la lâcheté ou même la crainte étaient choses rares à cette époque où la vie était en danger : à cette époque aussi, l'Eglise n'était pas, comme de nos jours, le refuge de quelques âmes faibles et craintives, mais la lice d'ambition où se jetaient les esprits les plus ardents et les âmes les plus passionnées. Arnauld se leva donc en entendant cette proposition ; et, faisant porter un large bénitier devant lui, il s'avança vers les murs de Carcassonne. Roger considérait ce spectacle avec un singulier étonnement. Il avait trop de lumières et de hauteur dans l'esprit pour se laisser aller à la terreur qui semblait tenir toute cette armée : mais enfin il était de son siècle : les prodiges qu'il refusait d'admettre paraissaient d'une vérité si incontestable à la crédulité universelle, et le silence morne de cette cité avait quelque chose de si inconcevable, qu'un doute s'éleva en son cœur. Il ne sut ce qu'il devait croire, et, dans une singulière anxiété, il suivit attentivement des yeux la marche des légats, et les vit s'avancer au milieu des chants religieux jusqu'à une des portes de la ville. La ville demeura muette. Arnauld détacha de son cou l'étole qu'il avait revêtue, la passa à une de ces grosses aspérités de fer qui garnissaient les portes ; et, tenant l'étole de la main gauche et le goupillon de la droite, il prononça d'une voix tonnante la formule connue d'exorcisme, et répéta par trois fois le *vade retro, Satanas*, en aspergeant la ville d'eau bénite. A ce moment un silence de désert régnait sur cette cité et sur toute cette armée qui s'était mise à genoux.

C'était chose ordinaire, pour ce temps, que d'avoir vu le

malin esprit, chassé par l'exorcisme du corps d'un homme, en sortir sous la forme d'un cochon, ou d'un bouc, ou d'un dragon. Mais le malin esprit de toute une ville devait être de bien autre taille, et chacun s'attendait à quelque apparition monstrueuse et colossale qui allait obscurcir le jour. Mais rien ne parut, rien ne se fit entendre, pas le moindre gémissement; la ville ne se secoua pas jusqu'en ses fondements; elle n'eut pas de convulsives étreintes pour se débarrasser de la possession. On crut un moment que Satan avait résisté. L'armée était consternée. Mais Arnauld n'était pas homme à s'arrêter à un obstacle quel qu'il fût, et, se tournant vers les plus proches, il s'écria qu'il venait de recevoir par inspiration céleste la confession des péchés de toute cette armée, qu'il lui donnait complète et entière absolution. Chacun, se trouvant alors assuré de mourir en état de salut, se signa et se releva pour combattre.

Aussitôt le légat regagna la tente d'où Roger voyait toute ces choses, aussi étonné que ses ennemis, sans oser cependant en tirer aucune espérance. Ceci n'était point la fin de ces étranges cérémonies. Un homme, un chevalier, s'avança vers la porte de la ville, où pendait l'étole d'Arnauld, et, clouant son gant à cette porte avec son poignard, il la défia au nom du Seigneur, en se proclamant le *chevalier du Christ*, et, selon la coutume, il répéta trois fois son défi et se retira; ce chevalier était Simon de Montfort. Mais rien ne répondit encore; et le silence glacé qui tenait toute cette armée immobile devint un effroi si profond, que le moindre événement extraordinaire y eût jeté plus de désordre que l'apparition d'une armée dix fois plus nombreuse. Montfort cependant venait de faire un acte d'audace qu'il ne pouvait laisser inachevé. Il prit d'une main une échelle et de l'autre son épée; soit inattention, soit volonté, il posa son échelle à l'endroit où pendait le cadavre de Pons et monta. L'armée entière, Roger, les jeunes filles, les légats, tous le suivaient des yeux. Il continuait à monter intrépidement, lorsqu'il arriva à la hauteur du corps du marquis de Sabran. Là, il s'arrêta un moment, car son échelle était trop courte pour arriver au sommet du mur. Devait-il descendre? devait-il tenter un effort désespéré? Simon comprit que, s'il descendait, c'en était fait de cette espérance qu'il portait avec lui, et à laquelle toute la résolution de l'armée était attachée. Il se décida. Il mit son épée entre ses dents, et, se servant du cadavre comme d'un secours qui se trouvait placé là pour lui achever le chemin, il s'y cramponna et le gravit comme un tigre qui monte à sa proie, sauta sur le mur et y parut debout. Son audace, son apparition sur cette muraille ensorcelée changèrent en un enthousiasme effréné la terreur de toute cette armée, et Arnauld s'écria d'une voix qui retentit au loin :

— Saint, trois fois saint devant Dieu, celui qui a vaincu l'esprit malin !

— Oh ! dit Roger à Agnès à ce cri et à cet aspect, voilà le marchepied qu'Etiennette a préparé à la fortune de cet homme.

A ce moment, toute crainte avait cessé ; l'armée s'était ruée en foule vers les murs de la cité. Les murs furent tumultueusement gravis, les portes frappées du bélier cédèrent bientôt, et toute cette armée se précipita à flots dans la ville. Roger se sentit prêt à défaillir ; à chaque instant il s'attendait à voir ses bourgeois et chevaliers précipités du haut des murs : mais la foule entrait toujours et personne ne sortait.

— Point de merci, dit Arnauld avec impatience, point de merci ; ne le savent-ils pas ?

Et ceux qui étaient restés en arrière se précipitèrent à l'envi pour avoir leur part du carnage. C'était un horrible tumulte, mais non pas celui d'un combat, ni celui d'une résistance désespérée, ni celui d'un égorgement universel : c'était un bourdonnement sourd de gens affairés qui courent de toutes parts, s'alarment et s'appellent entre eux. Peu à peu toute cette armée s'engouffra et disparut derrière les murs de la ville, de façon que le clergé, au milieu duquel se trouvait Roger, demeura presque seul sur le monticule où il était placé.

Roger, stupéfait, ne trouvait aucune explication à ce qui se passait sous ses yeux, lorsque tout à coup la tente est entourée et envahie, et une vingtaine d'hommes s'y précipitent furieusement : c'est Buat, c'est Saissac, Pierre de Cabaret, Lérida ; ils se jettent sur tous les clercs désarmés, les dispersent en un clin d'œil, et Buat, donnant une épée à Roger, lui dit :

— A nous, à nous! à la fuite!..., à la liberté!

Roger le reconnaît, pousse un cri de joie, et s'élance parmi les siens. Il s'arrête un moment comme irrité de ne trouver personne à combattre, lorsqu'un cri d'épouvante, répondant à son cri de joie, arrive jusqu'à lui. Il se retourne et voit Agnès et Catherine à genoux aux pieds d'un homme qui tient un poignard sur leur tête. Cet homme, c'est Dominique. Roger demeure anéanti.

— Vicomte de Béziers, lui dit le moine, tes hommes nous ont montré le cadavre d'un chevalier pendu aux murs d'une ville pour prix de ta captivité. Je suivrai leur exemple : je montrerai au monde le cadavre de ces femmes pour prix de ta liberté.

— Malédiction ! dit Roger, en voulant s'élancer sur lui.

La main de Dominique leva le poignard sur Catherine.

— Viens, dit Buat, en entraînant de quelques pas le vicomte furieux.

La main de Dominique leva encore le poignard. Roger s'arrêta, les yeux effarés, la mâchoire tremblante : les dents lui claquaient ; il était pâle et avait les cheveux hérissés :

— Viens, lui disait Buat, qui voulait l'éloigner de la portée de cette vue et de ces cris de femmes.

Mais Roger demeurait immobile, n'osant fuir, n'osant se précipiter sur Dominique.

— Malheur sur nous ! s'écria Buat, en saisissant Roger par le bras, on revient de la ville ; voici une troupe de chevaliers qui accourt : viens ! viens !

Pierre de Cabaret prit l'autre bras de Roger, et voulut l'entraîner ; mais le vicomte leur résista comme un roc ; Dominique était immobile.

— Les voilà ! les voilà, dit Buat : viens, Roger, viens.

Le vicomte semblait cloué au sol.

— Va, va, sauve-toi ! cria tout à coup Catherine avec une exaltation inouïe ; va, mon Roger !

Et, tirant elle-même un poignard qu'elle portait sous ses vêtements, elle l'enfonça dans sa poitrine, et tomba étendue aux pieds du moine. Roger échappa d'un bond aux mains de fer de Pierre et de Buat, qui le tenaient ensemble, et courut vers Dominique : mais celui-ci, tenant d'une main les longs cheveux d'Agnès, qu'il avait saisie et renversée

21

sur ses genoux, le visage tourné vers le ciel, leva impassiblement son poignard sur la vicomtesse. Agnès était sublime ainsi : les yeux sur le poignard, les mains jointes, les lèvres agitées d'une prière, car elle croyait mourir aussi. Roger s'arrêta encore.

Rien ne peut peindre l'état de cet homme, dont chaque pas en avant ou en arrière était la mort d'une autre, la mort d'une enfant qui s'était dévouée pour lui. Tous les supplices de l'enfer passèrent dans l'âme de Roger pendant cette agonie d'un instant. Oh ! que ne souffrit pas aussi cette jeune fille, la mort devant les yeux, pantelante sous ce poignard ! Ce qu'elle souffrit, si cela eût duré plus longtemps, l'eût sans doute fait mourir, mais elle ne mourut pas : car Roger, demeuré immobile à son aspect, saisi au cœur d'une pitié invincible, les yeux troubles, les mains pendantes, Roger laissa tomber son épée, et du geste, sans pouvoir prononcer une parole, fit signe à ses libérateurs de s'éloigner.

Peut-être n'eussent-ils pas obéi, si de grands cris ne leur eussent annoncé l'approche des chevaliers avertis par les clercs, et qui arrivaient en toute hâte. A peine restait-il aux amis de Roger le temps de fuir et de s'échapper : ils partirent : Buat s'éloigna le dernier, promenant autour de lui un horrible regard de rage et de désespoir ; enfin il disparut en criant à Roger :

— Tu me reverras, frère, tu me reverras.

L'abbé de Cîteaux revint, et les chevaliers, qui étaient accourus, lui apprirent qu'on n'avait pas trouvé dans Carcassonne un seul homme vivant ; pas une femme, pas un enfant ; que la ville était déserte, comme si les habitants se fussent engloutis ou envolés. Les légats, à cette nouvelle, demeurèrent d'abord aussi épouvantés que surpris, croyant qu'il y avait véritable sorcellerie, car aucune recherche n'avait encore pu faire découvrir par où les habitants de Carcassonne avaient ainsi disparu.

Roger seul eût pu le comprendre et le leur dire, mais il n'entendait ni n'écoutait rien : les yeux fixés sur le cadavre de la malheureuse Catherine, auprès de laquelle Agnès était à genoux, le vicomte regardait, et mesurait, pour ainsi dire, à ce cadavre l'amour d'une belle jeune fille, qui déjà lui avait sacrifié son honneur et la pureté de son nom, et n'avait reçu en échange que les douleurs poignantes de l'amour, et qui maintenant lui jetait encore sa vie, après qu'elle avait vu que cet amour n'était plus la seule pensée de Roger ; lui jetant sa vie ; autant peut-être par désespoir que par dévouement ; car depuis que Catherine était entrée dans cette tente, où Agnès était entrée avec elle, elle avait compris qu'elle ne pouvait plus usurper des droits qu'elle-même avait aidé à rendre si sacrés. Agnès pleurait, elle pleurait sincèrement. En effet, sa jalousie, si elle ne l'eût oubliée pour le salut de son époux, avait dû fuir par la blessure ouverte au cœur de Catherine. Roger seul souffrait véritablement. Mais l'histoire de tout ce qui bouleversait son âme, l'histoire d'un de ces moments où les douleurs âcres et violentes tourbillonnaient et se ruaient dans le cœur l'envahissant et le déchirant ensemble, cette histoire serait trop longue, et ce récit appelle déjà sa fin.

Donc Roger ne fit pas attention à ce qui se dit à ses côtés, et ce ne fut que longtemps après qu'il comprit que Buat s'était servi, pour sauver les habitants de Carcassonne, du souterrain dont il lui avait révélé le secret.

IV

LE MÉDECIN.

C'était dans une chambre haute du château de Carcassonne, et du même aspect que celle dont nous avons donné la description au commencement de cet ouvrage. Le jour était sombre et pluvieux, car on était déjà arrivé dans le mois de septembre ; la vue s'étendait au loin sur la ville, et au delà de ces murs on voyait une campagne nue et désolée ; les bois qui couvraient le sommet de quelques collines étaient troués de larges brèches faites par la hache, sans mesure ni soin, car des arbres tout entiers gisaient sur le sol avec leurs branches; les vignes qui tapissaient le penchant de ces coteaux ne se devinaient qu'à quelques pieds chargés de feuilles et qui avaient échappé à la dévastation; les arbres fruitiers pliaient leurs branches mourantes vers la terre : ceux qui étaient debout avaient tous été frappés par la cognée, pour les faire périr, quand on n'avait pas eu le temps de les abattre; on voyait qu'une saturnale de destruction avait passé sur cette contrée.

Dans cette chambre, un jeune homme assis sur une escabelle, une jeune fille assise sur les genoux du jeune homme, regardaient à travers une fenêtre grillée ce triste et vaste tableau.

— Roger, dit la jeune fille, vois, que sont devenues tes belles comtés si resplendissantes de vie et de joie lorsqu'elles t'avaient pour seigneur? Ce n'est plus que désolation, là comme ici, dehors ainsi que dans la prison.

— Agnès! mon amour! dit Roger; n'oublie pas que Buat m'a crié : Frère, tu me reverras! Buat est libre, et s'il est libre, je le serai; s'il vit, je vivrai : ayons espérance en lui, Agnès; si quelqu'un peut arriver jusqu'à moi, c'est lui, car seul il connaît le secret du château.

— Mais, dit Agnès, à quoi lui sert de connaître ce secret? Tu sais bien qu'il lui est impossible d'en profiter; car, par un malheur incompréhensible, notre geôlier est le maître de cette issue.

En effet, voici comment était disposée la prison où l'on tenait Roger. La tour où il logeait était celle où se trouvait l'escalier qui conduisait au souterrain par lequel s'étaient évadés les habitants de Carcassonne, et dont nous avons donné la description; mais la chambre qu'habitait le vicomte n'était pas celle où aboutissait cet escalier. Celle-ci était occupée par Raymond Lombard en personne, et c'est à l'étage supérieur qu'on avait relégué Roger. Cet étage n'ayant pour toute issue qu'un petit escalier qui descendait dans cette chambre, Raymond s'en était emparé, ne se fiant qu'à lui seul de la garde de son prisonnier. De cette façon, personne ne pouvait arriver, ni de nuit, ni de jour, jusqu'à la prison de Roger, sans passer par la chambre de Lombard. Outre cette précaution, il portait toujours avec lui les clefs qui fermaient l'escalier d'un étage à l'autre. Chaque étage était composé de plusieurs salles, et dans celui où Lombard était logé, l'une d'elles était sans cesse occupée par des soldats prêts à accourir au moindre bruit. Une attaque de vive force par l'escalier dérobé était donc presque impossible. Une autre de ces salles servait à l'habitation de Foë, et la jalousie de Lombard la tenait aussi bien fermée que la prison de Roger, quoiqu'il n'eût pu encore obtenir de cette esclave qu'un dégoût qu'elle lui montrait audacieusement, et quoique sa résistance aux désirs de son maître eût été souvent jusqu'à braver la mort. Avec le vicomte et sa femme, on avait enfermé dans l'étage supérieur, pour les servir tous deux, l'Africain Kaëb; mais il n'en pouvait pas sortir non plus, et aucune nouvelle de l'extérieur n'était arrivée jusqu'au vicomte depuis le jour de son arrestation. Après ces éclaircissements nécessaires à l'intelligence de ce qui va suivre, écoutons le reste de l'entretien du vicomte et de sa jeune épouse.

— Ce que Buat ne pourra accomplir par force, il le tentera par la ruse, dit Roger. Je ne sais pourquoi j'ai ce soir une espérance dont je ne saurais dire la cause; mais il me semble, Agnès, que notre captivité va bientôt finir.

— Ah! dit Agnès après un long silence, si Catherine vivait, j'espérerais comme toi.

— Catherine! dit Roger en devenant triste, pauvre Catherine!

Agnès se mit à regarder Roger et devint triste à son tour; puis, comme si elle eût entendu la pensée de Roger, elle lui dit avec un accent où se trahissait sinon de l'amertume, du moins de la douleur:

— Oui, elle t'aimait bien, celle-là; elle t'a aimé jusqu'à mourir...

Quelques larmes silencieuses tombèrent des yeux d'Agnès sur les mains de Roger. Il tressaillit.

— Et toi, mon amour, dit Roger, toi, n'as-tu pas voulu me sauver comme elle? Oh! le souvenir et le nom de Catherine me seront toujours chers et sacrés; et si jamais je deviens puissant, je lui ferai élever un plus riche tombeau qu'on n'en a fait jamais à une reine. Mais nous y viendrons pleurer ensemble; ensemble, entends-tu, Agnès? Et son ombre ne sera point jalouse de mon amour pour toi, enfant ; car c'était la même âme dans deux corps différents.

— Dis-tu vrai, mon Roger? dit Agnès, et m'aimes-tu comme tu l'aimais?

En parlant ainsi, elle appuya sa tête sur celle du vicomte et passa les mains dans ses cheveux. Tous deux avaient repris leur silence, lorsque tout à coup Agnès poussa un cri de surprise, car quelque chose venait d'effleurer son front avec la rapidité d'un éclair. A l'instant même un bruit léger se fit entendre au fond de la chambre.

— Qu'as-tu? dit Roger qui ne s'était aperçu de rien.

— Je ne sais, répondit Agnès en se levant ; il me semble que quelque chose a passé devant mes yeux. N'as-tu rien entendu?

— C'est Kaëb, reprit Roger, qui aura fait ce bruit.

— Cela se peut, dit Agnès ; mais j'ai eu peur.

En disant ces paroles, elle parcourut la chambre et marcha sur une baguette qui roula sous son pied. Elle se baissa pour la ramasser.

— C'est une flèche, s'écria-t-elle.

— Une flèche! dit Roger.

Il la prit et l'examina ; elle n'avait rien d'extraordinaire.

— Oh! dit Agnès, c'est quelque soldat croisé qui nous a vus et qui nous a pris pour but. O Roger! cette prison sera notre tombeau.

— Non, reprit le vicomte ; non, le fer de cette flèche est émoussé, et il n'y a qu'un bras au monde qui puisse lancer si juste une pareille flèche à une telle hauteur.

Il courut vers la fenêtre, mais ne vit personne au pied de la tour, personne hors des fossés du château. Cependant un sifflet aigu se fit entendre ; il venait d'assez loin pour qu'on n'en pût saisir la direction. C'était un signal dont les routiers se servaient entre eux. Roger rentra dans la chambre.

— Cette flèche vient de Buat, dit-il, je n'en puis douter.

Il l'examina de nouveau sans y rien découvrir ; il en arracha le fer et les barbes : c'était une flèche commune, et Agnès secoua la tête en souriant tristement. Roger voyant son examen inutile, lui dit :

— C'est un avertissement sans doute, mais que signifiet-il ? Peut-être il en viendra un nouveau. Il faut briser cette flèche et en faire disparaître les morceaux.

Il cassa la flèche en deux et aperçut un mince parchemin roulé qu'on y avait introduit.

— O Buat! s'écria Roger, mon frère, cœur ingénieux et noble, c'est toi...

Agnès s'approcha. Le parchemin était à peine large de deux lignes et de la longueur de la main. Roger y lut ces morts : « Faites semblant d'être malade et demandez un médecin. »

Le lendemain, lorsque Lombard monta dans la prison, Kaëb, à qui le viguier remettait les aliments de Roger et d'Agnès, Kaëb lui dit :

— Sire Lombard, mon maître est malade et souffrant ; il a passé la nuit à se plaindre, et vous savez s'il doit y avoir une vive douleur dans le corps du vicomte pour qu'il l'exhale en plaintes et en soupirs.

— Malade! reprit Lombard; malade, sa vie n'est pas en danger, je pense?

— Comme la vôtre est attachée à la sienne, c'est à vous à vous en assurer, reprit l'esclave.

— Ai-je pour cela les connaissances qu'il faut? dit Lombard. Cependant, je vais le voir.

— En ce cas, allez vêtir un casque et une cuirasse, reprit l'esclave, et faites qu'on l'enchaîne sur son lit, car vous savez qu'il a juré de vous arracher l'âme du corps si jamais vous vous montrez devant lui.

— Eh bien! dit Lombard, je saurai ainsi s'il est malade.

Il entra dans la chambre de Roger. Celui-ci était sur son lit, Agnès à genoux à côté de lui. Lombard s'approcha du lit ; Roger resta immobile.

— Souffre-t-il? dit le viguier à voix basse en s'adressant à Agnès.

Roger se retourna, et comme un homme qui tente un effort impossible, il se leva sur son séant ; et, se laissant retomber, il dit d'une voix sourde :

— Ah traître! traître! Puis, après de nouveaux efforts, il ajouta en se détournant : Oh! je bénirai ma mort si elle doit entraîner la tienne.

-Lombard resta un moment immobile ; Agnès alla vers lui

en le suppliant de s'éloigner, mais sans lui parler de la nécessité d'un médecin. Roger connaissait trop Lombard pour ne pas savoir qu'il soupçonnerait toute demande qui lui serait trop clairement adressée, et il avait dit à Agnès de ne point lui témoigner ce désir, parce que l'idée d'appeler un médecin lui venant de la nécessité d'en appeler un, il ne se méfierait pas de sa propre pensée. Lombard sortit et retrouva Kaëb dans la chambre voisine. Déjà il calculait en sa tête le danger qui se présentait. Simon de Montfort, en quittant Carcassonne, lui avait confié la garde de Roger ; mais Lombard s'était aperçu qu'il avait changé de maître seulement, et les menaces de Simon, que Lombard avait crues sincères, n'allaient pas moins qu'à le faire mourir dans les tortures, si, par sa faute, il arrivait malheur à son prisonnier. Montfort n'en était pas encore venu à oser mettre au grand jour toute l'étendue de son ambition, et le soin qu'il avait pris pour assurer la vie de Roger, lui avait concilié l'estime de ses ennemis mêmes. Le viguier ne savait trop que décider, lorsqu'il vit Kaëb qui le considérait attentivement. Une pensée lui vint, et, s'approchant de Kaëb, il lui dit :

— Esclave, ceux de ton pays sont adonnés à toutes sortes de connaissances secrètes ; il n'est pas que tu ne saches quelques plantes merveilleuses qui guérissent les plus cruelles maladies?

— Sire Lombard, reprit l'esclave, ces connaissances sont en général le partage des femmes dans nos contrées ; il n'y en a pas une seule qui ne sache l'art de faire des poisons, l'art de les combattre et de les guérir ; Foë est surtout habile en ces sortes de choses ; envoie-la près du vicomte, je te jure qu'elle le soignera avec zèle.

Lombard devint pâle, et Kaëb sourit. L'esclave savait bien qu'il avait porté un coup sensible au viguier ; mais, désespéré dans son amour, il se réjouissait de faire partager à un autre le supplice de la jalousie qui le rongeait. Buat avait bien deviné l'âme de cet homme. Entre Lombard, qui était possesseur de Foë, et Roger, qui en était aimé, la haine de Kaëb avait choisi l'obstacle présent. Il ne pouvait enfoncer un poignard au cœur de Lombard, mais il y enfonçait son amère et fatale parole. Cependant Lombard ne répondit pas ;

il sortit, et, quelques moments après, il envoya chercher le juif Nathanias : ce juif était du nombre des habitants de Carcassonne qui étaient rentrés dans la ville sur la foi de Montfort, celui-ci ayant promis protection à tous ceux qui reviendraient l'habiter.

— Le soir venu, on introduisit Nathanias en présence de Lombard. Le juif était tremblant, et ce fut à peine s'il eut la force de demander ce qu'on voulait de lui.

— Hélas! dit-il en entrant, messire Lombard, je suis un pauvre médecin qui vit retiré de ce monde et qui ne contrevient en rien aux saintes lois de notre seigneur le très-illustre comte de Montfort, devenu général de l'armée des légats. Je sais qu'il est le plus noble et le plus vaillant chevalier de toute la France, et je le proclame en tous lieux, et si quelqu'un vous a dit le contraire, soyez assuré qu'il a menti.

— Paix, chien de juif, lui dit brutalement Lombard; si tu meurs sur un bûcher, comme tu le mérites, ce ne sera pas aujourd'hui; j'ai besoin de toi, mécréant.

— Etes-vous malade? reprit Nathanias avec empressement, où la belle Foë, votre chère maîtresse, a-t-elle besoin qu'on la délivre de quelques nausées ou maux de cœur qui la tourmentent?

— Te tairas-tu? reprit Lombard. Grâce au ciel, je n'ai nul besoin de toi, et Foë n'a ni nausées, ni maux de cœur, la folle qu'elle est; mais cet homme qui est en cette tour est en danger de mort, peut-être, et lui malade, je suis malade.

Nathanias ne comprit pas, et Lombard reprit avec une humeur plus marquée :

— Eh bien! lourde bête de savant que tu es, ne m'as-tu pas entendu, et ne vois-tu pas qu'il s'agit du vicomte Roger?

Le médecin se recula avec effroi, et, secouant la tête lentement, il répondit :

— Messire, la santé du vicomte est chose dont ni moi ni autre ne doit se mêler. Non, non, je ne puis, car si le vicomte mourait en mes mains, qui me garantirait que ma vie, comme la vôtre, ne répondrait pas de la sienne? Ceci est une affaire entre vous et lui.

— Damné juif! s'écria Lombard avec colère, qui s'occupera d'un misérable tel que toi?

— Messire, dit Nathanias, il y a des potences de toutes tailles. Je ne puis, vous dis-je, je ne puis.

— Eh bien! lui dit Lombard, n'oublie pas une chose : maintenant que tu es au château, tu n'en sortiras plus; et songe que si tu ne guéris le vicomte dans deux jours, je te ferai pendre le troisième.

— Miséricorde! s'écria le juif avec désespoir, puis-je répondre de la vie de ce vicomte? et d'ailleurs, si je consentais à le traiter, le pourrais-je sans préparer les médicaments qui lui sont nécessaires?

— Ah! tu cherches un moyen de t'évader, dit Lombard; mais, par le sang du Christ qui te brûlera dans l'éternité, tu ne sortiras d'ici que lorsque le vicomte sera aussi bien portant que moi.

— Eh bien! dit Nathanias profondément attristé, je le tenterai cartainement.

— Et si tu réussis, tu seras libre.

— Et qui me paiera? dit soudainement Nathanias.

— Ah! vieille barbe, dit Lombard presque en riant, je ne te connaîtrais pas pour juif, je ne te connaîtrais pas pour Nathanias, que je t'aurais deviné à ce mot. Ne seras-tu pas assez payé de n'être pas pendu?

— C'est un marché que je ne puis faire, dit le juif; ce n'est ni la coutume, ni la justice. La charte du vicomte de Trancavel déclare que le médecin sera payé quand il aura guéri le malade, et que, si le malade est noble, le paiement sera d'un marc d'argent.

— Eh bien! dit Lombard, je t'en donnerai dix.

— Dix! s'écria Nathanias avec une joie toute juive, dix marcs d'argent! c'est beaucoup. C'est assez, reprit-il un moment après; ce n'est pas trop, ajouta-t-il en changeant de ton; car, moi qui suis un misérable, je paierais bien plus cher un service bien moins important.

— Que ce soit beaucoup ou pas assez, dit Lombard, ce sera ainsi. Allons, viens chez le vicomte.

Tous deux gagnèrent l'escalier et montèrent à l'étage supérieur. Nathanias, après avoir salué le vicomte, qui fut surpris de le voir, s'approcha lentement de lui; il le considéra un moment. Il lui tâta le pouls, et dit après un assez long silence :

— Ce n'est rien ; c'est une maladie qui fait cruellement souffrir, mais qui se peut guérir aisément. Je vous préparerai, sire vicomte, une boisson qui vous soulagera en moins de deux heures, et demain vous serez guéri. Il faut que vous soyez guéri demain, ajouta-t-il rapidement et à voix basse. Je viendrai dans la nuit. Lisez.

Le vicomte ne put s'empêcher de tressaillir ; il regarda ce médecin : c'était bien Nathanias, et cependant il avait cru entendre la voix de Buat. Lombard, toujours soupçonneux, s'approcha.

— Avez-vous fini? dit-il.

— Oui vraiment, dit Nathanias, je n'ai plus affaire ici ; il n'est pas même nécessaire que je remette moi-même cette boisson au vicomte, pourvu que je sois assuré qu'elle lui sera remise.

— Eh bien! dit Raymond Lombard, je me chargerai de ce soin.

Nathanias redescendit avec Lombard, et se mit en devoir de préparer la boisson qu'il avait promise au vicomte. Il se fit allumer un brasier sur lequel il plaça un vase de terre, et se fit apporter un grand nombre d'herbes communes qu'il triait et épluchait avec soin, et qu'il pesait ensuite en les jetant dans l'eau à doses différentes. Lombard le regardait faire, et Nathanias n'y paraissait pas prendre garde. Cependant toutes les fois que Lombard allait, soit vers la porte qui menait à la salle des gardes, soit vers la fenêtre, le juif parcourait l'appartement d'un regard, et semblait en observer attentivement la disposition. Lorsque tout fut prêt, il dit à Lombard en entr'ouvrant la porte de la salle des gardes :

— Maintenant, sire Raymond Lombard, il faut passer de ce côté.

— Pourquoi cela? dit le viguier.

— Parce que le moment est venu où l'œuvre va s'accomplir, et où il faut que je sois seul pour les dernières opérations.

— Tu vas faire quelque sorcellerie, enfant de Satan ; n'en puis-je être témoin?

— Ah! dit Nathanias, le moment favorable va s'écouler, et ce sera à recommencer ; et si je ne reste seul, je jure que je ne ferai rien.

— Soit ! dit Lombard en s'éloignant.

Mais au lieu de passer par la porte que lui ouvrait Nathanias, il en prit une autre.

— Oh ! dit Nathanias en jetant un regard furtif dans la chambre, cette tour est plus vaste qu'elle ne semble du dehors.

Lombard sortit sans lui répondre, et Nathanias resta seul. Il parcourut rapidement la chambre, alla jusqu'à l'ouverture de la fenêtre, où il examina la porte secrète de l'escalier secret. Mais ce n'était plus Nathanias à l'air humble et rampant, vieillard courbé à la voix tremblante ; c'était une allure ferme et décidée : c'était Buat. Après ce rapide examen, il prit le vase où bouillaient ensemble toutes les herbes qu'il s'était fait remettre, et les jeta par la fenêtre. Il versa dans le vase un peu d'eau, et, ouvrant la porte par laquelle Lombard était sorti, il lui dit :

— Sire Lombard, tout est fini.

L'instinct de la jalousie était si puissant chez le viguier, qu'il repoussa le juif avec violence, et referma à clef la porte de cette chambre ; mais Nathanias avait aperçu Foë.

— Qui t'a permis d'entrer ? lui dit-il.

— Sire viguier, dit humblement Nathanias, je croyais bien faire de vous avertir le plut tôt possible.

— Tu as raison, reprit Lombard ; voyons cette boisson.

Nathanias lui présenta avec un air de triomphe l'eau qu'il avait versée dans le vase, et le viguier la regarda avec stupéfaction.

— C'est cela ? dit-il.

— Cela ; et si le vicomte n'est pas guéri d'ici à demain, vous pouvez me faire pendre.

Lombard regarda le juif et le vase l'un après l'autre, et finit par dire :

— Il n'y a que des mécréants, qui ont commerce avec le démon, qui puissent donner cet aspect à une eau où on cuit plus de dix sortes d'herbes. Je te le dis sur mon âme, Nathanias, tu mourras sur le bûcher.

A ces mots, il prit le vase après s'être signé, et monta jusque chez Roger. Nathanias courut à la porte de Foë.

— Foë ! dit-il à travers l'ouverture de la serrure.

Et l'esclave, étonnée de s'entendre ainsi appeler par une voix étrangère, colle son oreille à la porte.

— Foë, dit Nathanias, il faut sauver Roger.

— Comment? dit l'esclave.

— Il suffit d'éloigner Lombard de cette chambre. Le pourrez-vous ?

Foë ne répondit pas. Buat, ou Nathanias, trouva que son silence durait un siècle. Il écoutait. Enfin Foë répondit d'une voix altérée :

— Je le puis...

— Comment? dit à son tour Buat.

— Demandez, dit Foë, à m'acheter un secret qui est précieux pour votre science.

Buat entendit Lombard descendre de l'escalier et s'éloigna de la porte. Dès que le viguier eut refermé celle par laquelle il venait d'entrer, le médecin lui dit :

— Eh bien! maître Lombard, j'ai fait ce que vous avez voulu, maintenant baillez-moi mes dix marcs d'argent et permettez-moi de sortir de ce château.

— Tu te railles de moi, chien de juif, dit Lombard. Notre marché est que tu seras pendu si le vicomte n'est point guéri demain, et je crois qu'il faut que je commande la corde; car il m'a pris fantaisie de goûter ton remède avant de le présenter au vicomte, et, sur mon âme, je crois que c'est de l'eau pure que tu m'as donnée; et j'en attendrai l'effet pour te mettre en liberté.

— Oh! dit Nathanias, voilà en quoi ce médicament est merveilleux! Mais, reprit-il, après un moment de silence, mes études ne sont rien auprès des connaissances qui se transmettent de race en race chez les enfants africains de Mahon! et je suis sûr que votre esclave, Foë, en connaît pour lesquels je donnerais toute ma science.

— Oui! dit Lombard en ricanant et en regardant d'un air de mépris le juif à barbe grise et au dos voûté.

— Oui, vraiment; et si votre esclave était à vendre, je la paierais plus cher que prince n'a jamais payé une province.

— Une esclave comme Foë, à un chien de juif comme toi ! dit Lombard avec colère. Tu mérites d'être pendu d'y avoir seulement pensé.

— Là, lui dit Nathanias en calmant Lombard du geste,

vous vous méprenez, beau sire. Vous oubliez que je suis un vieillard à qui sont devenues indifférentes les choses à quoi vous pensez. D'ailleurs, notre loi ne nous défend-elle pas d'avoir commerce avec les infidèles?

— Je t'ouvrirai le crâne si tu prononces un mot de plus, dit Lombard en allant vers la porte de Foë.

— Bah! dit le juif, après un moment de silence, tout ceci ne sont que fadaises; et si votre esclave voulait seulement me dire un secret que savent toutes les femmes de son pays, je vous tiendrais quitte des dix marcs d'argent convenus.

— Vraiment! dit Lombard qui s'arrêta; dix marcs d'argent! Si tu en offres dix le secret en vaut cent.

— S'il en vaut cent, j'en donnerai cent, dit Nathanias.

— Alors, dit Lombard, il en vaut mille.

— Mille! reprit Nathanias, c'est plus qu'un médecin n'en peut amasser toute sa vie. J'ai dit dix marcs d'argent.

— Tu as dit cent, reprit le viguier, qui commençait à se prendre au piége.

— Dix. J'en puis donner dix; mais pas un de plus.

— Alors, va au diable ton patron, dit Lombard en sortant.

— J'ai peut-être dit cent, reprit le juif.

— Ni dix, ni cent, répliqua le viguier. Je suis fou d'écouter tes paroles. Est-ce que je fais commerce de médecine?

Nathanias eut l'air de se consulter, et arrêta Lombard par le bras. Puis il dit en secouant la tête:

— Ce serait folie d'en donner mille.

— Tu les donnerais? dit Lombard repris à cette somme énorme; et que te faudrait-il pour cela?

— Oh! un entretien d'un moment avec l'esclave.

— En ma présence, dit Lombard, dont la vieillesse apparente du médecin ne rassurait pas la jalousie.

Buat réfléchit, et, se fiant à l'intelligence de Foë, il répondit avec assurance:

— En votre présence, sire viguier.

— Eh bien! dit celui-ci, c'est un marché conclu, si toutefois je puis la décider à faire une chose que je désire.

— Oh! reprit Buat, continuant son rôle de Nathanias, je verrai bien si elle me trompe.

Ce dernier trait était si franchement juif, qu'un plus fin que Lombard y eût été pris. Sans doute Foë fit de son côté toute la résistance qu'il fallait pour écarter tout soupçon d'intelligence ; car l'entretien fut long entre elle et Lombard.

Enfin, ils reparurent ensemble.

Buat demanda à l'esclave, en termes auxquels il n'attachait aucun sens véritable, mais qui avaient pour but de tromper Lombard, si elle connaissait le remède puissant qui fermait en un jour les blessures les plus profondes.

— Je puis vous le dire, répondit Foë ; mais je vous nommerais les sucs qui le composent, que, si je ne vous en montrais la préparation, ce serait peine perdue.

— Ne peux-tu le faire ici? dit Lombard.

— Je le puis, dit Foë.

— Devant moi? reprit son maître.

Foë leva les yeux sur lui, et avec une expression de haine où il se mêlait une profonde cruauté, elle répondit :

— Devant vous? cela se peut.

— Eh bien! reprit Lombard, dis ce qu'il te faut, on te le procurera.

Foë demanda diverses substances qu'il fallut envoyer chercher hors du château, et, pendant ce temps, une conversation presque familière s'établit entre les trois acteurs de cette scène. Buat cherchait toujours à deviner dans les paroles de Foë quelque sens caché qui ne s'adressât qu'à lui ; mais il ne put rien y saisir. Il crut qu'elle voulait profiter du moment où la préparation de ces substances les rapprocherait plus librement l'un de l'autre ; mais quand ce moment fut arrivé, Foë y apporta une telle attention, et Lombard une telle surveillance, qu'il ne put obtenir une parole de l'esclave. Et tout se serait passé dans ce silence et ce doute, si tout à coup un homme ne fût entré dans la chambre, disant qu'un messager parti du camp du sire de Montfort, venait d'arriver tout couvert de sueur et de boue, tant il avait hâté sa marche. Lombard ordonna qu'on le fît monter, et Buat et Foë, qui au nom de Montfort avaient prêté l'oreille, se regardèrent fixement l'un l'autre. Lombard reçut le message des mains d'un homme qui véritablement semblait avoir fait une course rapide. Il se retira pour lire le message à l'écart, près d'une lampe accrochée au mur. Buat profita du moment, et dit tout bas à Foë, en prenant le vase où elle avait versé sa préparation :

— Et maintenant?

— Maintenant, répondit Foë, laissez-moi ce vase.

— Ce vase? Qu'est-ce donc? dit Buat étonné.

— Du poison, répondit Foë d'une voix sourde.

— Du poison! répliqua Buat, qui, dans sa surprise, ne put modérer l'éclat de son exclamation.

— Du poison! répéta Lombard, en se levant et en arrachant le vase à Foë. Ah! misérable juif! dit-il à Buat, tu viens acheter ici du poison? pour qui? pour le vendre à tes pareils et en faire commerce contre les chrétiens. Je ne sais ce qui me tient de te jeter par la fenêtre.

— Si vous faisiez cela, dit Foë, vous n'oseriez dormir cette nuit dans cette chambre.

— Oh! je n'ai pas peur des revenants, dit Lombard. Rentre, Foë; et toi, juif, va-t'en au chenil que je t'ai fait préparer, et n'oublie pas que si le vicomte n'est pas bien portant demain, tu seras pendu au sommet de cette même tour; et souviens-toi que, s'il est guéri, la seule grâce que je puisse te faire, c'est de te faire chasser de Carcassone à coups de gaule.

— Buat avait compris le terrible dessein de Foë; il avait presque reculé en son esprit à l'idée de le voir exécuter; et maintenant que ce moyen paraissait lui échapper, il en sentit un désespoir cruel; il voulait essayer un nouveau moyen et gagner du temps.

— Hélas! reprit-il, que voulez-vous que je devienne?

Lombard le prit par l'épaule et le poussa rudement dehors; mais Buat observait Foë, qui, les yeux baissés et les lèvres tremblantes, semblait prendre une terrible résolution. Il fit semblant de chanceler, et s'approcha assez près de l'esclave pour entendre ces mots :

— Venez la nuit prochaine, il ne sera pas dans cette chambre.

— Après que Lombard l'eut poussé tout à fait dehors, Foë rentra, et Lombard, posant la lampe sur la table, à côté du vase où était le poison, s'assit et commença la lecture du message de Montfort.

V

LA LETTRE.

« Sire Lombard, j'ai de fâcheuses nouvelles à vous apprendre; les choses n'en sont plus au point où vous les avez vues devant Carcassonne; l'esprit de division dans l'armée, l'esprit d'insurrection parmi les peuples, gagnent de jour en jour. Après la prise de Fanjaux, il semblait que rien ne pût résister à notre marche; mais c'est vainement que j'ai assiégé les châteaux de Minerve et de Cabaret; il m'a fallu reculer devant les difficultés insurmontables de leur position. Les deux seigneurs qui les commandent sont, dit-on, encore plus amis de leur ancien vicomte que partisans des hérétiques : ils espèrent le délivrer; il semble qu'on oublie l'esprit de cette guerre toute divine, pour en faire une querelle de suzerains à suzerains. St-Pol a quitté l'armée sous ce prétexte; le duc de Bourgogne emmène ses troupes; dans deux jours, je resterai seul ou presque seul, et dans cette situation, il est fort heureux qu'un homme de la puissance et de l'activité de Roger soit en nos mains. J'espère que vous ne vous relâcherez en rien de la rigueur de votre surveillance. »

Lombard s'arrêta et réfléchit; il pensa que, le succès des affaires tournant d'un autre côté, il aurait peut-être à se repentir de la route qu'il avait choisie, mais il était trop engagé pour pouvoir reculer, et cette réflexion ne fit que traverser son esprit; il continua :

« Ce n'est pas que les ennemis me manquent, car déjà le comte de Toulouse, que j'ai fait sommer de me livrer son château d'Auterive, m'a fait répondre insolemment qu'il n'avait ordre ni sommation à recevoir de moi; le roi d'Aragon arme en toute hâte, et, malgré l'alliance que m'a offerte le comte de Foix, je puis être assuré que ce n'est qu'un leurre pour se mieux préparer en secret. Mais aucun de ces hommes n'a la tête assez forte ni l'esprit assez ferme pour diriger un si vaste mouvement ; le vicomte seul le pourrait. A propos de vicomte, vous ne m'avez point dit qu'il fût très-malade. Je l'ai appris par le bruit public. »

Lombard s'arrêta de nouveau. Il n'y avait que quelques heures que le vicomte était malade, et déjà Simon le savait. C'était chose impossible, vu la distance qui les séparait. Il relut la phrase, et jugea que Simon avait été trompé par quelque faux bruit. Cependant il réfléchit à ces derniers mots, et reprit sa lecture plus attentivement :

« D'un autre côté, la position de l'armée deviendra presque impossible, si ce qu'on me mande de Paris est certain, que Philippe a admis l'appel du vicomte, et le rétablit dans la suzeraineté de ses comtés. »

Lombard, tout surpris, posa la lettre sur la table. Il calcula ce qu'il avait fallu de temps pour aller à Paris, pour voir le roi, pour obtenir un jugement des pairs, et pour revenir ; et il vit que Montfort n'avait pu recevoir les nouvelles qu'il annonçait. En tout cas, si quelqu'un était arrivé d'une manière plus rapide que personne, ce devait être Nevers, et Nevers serait déjà à Carcassonne si quelqu'un pouvait y être. Ces nouvelles étaient donc pure supposition, faux bruit, comme celle de la maladie de Roger. Deux faux bruits en cette lettre auxquels Montfort prête créance ! Lombard resta longtemps les mains appuyées sur ses genoux, les yeux ouverts devant lui, profondément absorbé. Il pensait qu'il y avait une trace à suivre pour comprendre cette lettre, et ne la trouvait pas ; enfin il se décida à poursuivre.

« Si cela arrive ainsi, j'en serai charmé, car cela mettra un terme à la captivité du vicomte, dont la prison pourrait peut-être aggraver la maladie et amener la mort. Je n'ose prévoir toutes les accusations qui fondraient sur moi si tel malheur arrivait, car pour vous il ne serait question que de prouver que vous avez fourni un médecin au vicomte, et tout serait dit, puisqu'il n'y a que le cas où il serait frappé d'une mort violente où vous avez à en répondre. Quant à moi, je quitterai l'armée, et irai chercher ailleurs la gloire que j'espérais ici. C'est à vous de juger quel parti vous voulez prendre.

» D'après toutes ces nouvelles, c'est tout au plus si j'ose encore signer : *Comte de Montfort, vicomte de Béziers.* Il faut aussi rayer de votre signature : *Seigneur de Carcassonne.* Que Dieu vous aide.

» Occupez-vous de la maladie du vicomte. »

Lombard avait achevé la lettre sans s'arrêter. Enfin il était sur la voie. Quand il eut fini, il se laissa aller à respirer avec force comme un homme qui porte un fardeau sur sa poitrine. Il jeta un regard inquiet autour de lui, et recommença à relire la lettre. Cette fois, il la lut d'un bout à l'autre, et, après l'avoir finie encore, il se dit, si bas qu'il put s'entendre à peine :

— Oui, c'est cela.

Après ces mots, il retourna la lettre pour découvrir si elle n'avait pas quelques caractères cachés ; il la plaça entre ses yeux et la lampe pour voir s'il ne verrait rien dans la transparence du parchemin. Il ne découvrit rien. Tout à coup un léger bruit se fit entendre ; il se leva soudainement en serrant cette lettre avec terreur dans son sein. Cependant cette lettre était innocente ; mais il l'avait lue au delà de ce qu'elle semblait dire, et ce parchemin eût porté, en caractères de sang : « Assassine Roger, » qu'il ne l'eût pas cachée avec plus d'effroi. Ce n'était rien : Foë ou quelques gardes qui avaient remué dans une des salles voisines. Lombard fut longtemps avant de reprendre ou plutôt de recommencer une nouvelle lecture de cette lettre ; il se leva, marcha avec agitation, prit une cruche pleine de vin et une coupe ; il s'en versa une bonne moitié, et la but d'un trait. Cela fait, il se rassit à côté de la table, et reprit sa lettre et la relut une troisième fois. Il la parcourut encore avidement, et ne s'arrêta qu'à cette phrase : « Il n'y a que dans le cas où il serait frappé de mort violente où vous avez à en répondre. » A ce moment, il pensa à la maladie réelle du vicomte, à Nathanias qu'il aurait pu ne pas faire appeler. Pensait-il aussi qu'il aurait pu laisser mourir Roger faute de soins ; cherchait-il comment il pourrait réparer cette imprudente humanité ; calculait-i qu'un coup de poignard saigne, qu'une corde serrée au cou meurtrit, que nul assassinat n'est discret? Nous ne savons ;

mais sa réflexion l'absorbait complétement : sa main gauche, qui tenait la lettre, pendait appuyée sur son genou, son œil fixe et ouvert devant lui ne voyait rien, et sa main droite cherchait machinalement sur la table sa coupe qu'il avait de nouveau remplie; il la trouve, la saisit, la porte à ses lèvres. Un hasard, un mouvement involontaire fait qu'il baisse les yeux vers sa coupe : ce n'est pas le vin qu'il a versé, c'est le poison. Il la repose sur la table et se recule épouvanté. Mais cette coupe reste devant lui, et absorbe insensiblement ses regards, et alors entre lui et elle commence un dialogue infernal. Si l'on pouvait entrer dans le secret de ces funestes visions où se discute le crime, et où il trouve les raisons de sa nécessité, on pourrait supposer que, sur cette coupe que Lombard regardait d'un œil fixe, flottait sur le poison une ombre, à laquelle il parlait en disant : — Quel bonheur m'a averti que c'était le poison? Et la coupe répondit : — C'est que le poison que j'enferme n'a pas l'aspect du vin que tu voulais boire. — En effet, c'est la transparence et la limpidité de l'eau. — Un autre y eût été trompé, un autre n'eût pas connu le secret! — Un autre!... Roger, peut-être?... — Roger..., comme un autre. — Mais ce poison ne laisse-t-il point de traces? — Foë peut te le dire. — Le voudra-t-elle? — Essaie.

Arrivé à cette voie, Raymond Lombard en calcula toutes les chances. Lorsqu'il se représentait Roger libre et redevenu maître de ses comtés, il comprenait qu'il n'y avait pour lui d'autre parti que la fuite, tandis que, Roger mort, l'avenir s'ouvrait si large à son ambition qu'il ne l'avait pas même mesuré tout entier. Cependant l'idée du crime l'épouvantait, car empoisonner son seigneur était un crime qui était une lâcheté, et une lâcheté était peu commune à ce siècle de violences. Lombard allait et venait, s'agitant dans cette chambre ; sa respiration était haletante ; il suffoquait sous le combat qui se passait en lui. A plusieurs fois il essaya d'étourdir ses pensées dans le vin ; à chaque fois la coupe et le poison s'offrirent à lui comme un démon tentateur. Il combattit d'abord la tentation ; mais, à force de la combattre, il s'accoutuma à la regarder en face ; peu à peu elle lui devint moins épouvantable, et bientôt il ne resta au poison d'autre hideur que les traces qu'il pourrait laisser. Une fois qu'il n'y eut plus que cet obstacle, la résolution de Lombard ne tenait plus qu'à un mot ; ce mot, Foë pouvait le prononcer ! Lombard entra chez elle.

Par quelle fatalité arriva-t-il que Foë, si rebelle d'ordinaire à ses désirs, lui répondit ce soir-là avec complaisance, et que lorsqu'il lui parla de la propriété de ce poison, elle répondit qu'il était terrible et rapide, et ne laissait que des traces si légères qu'il fallait l'œil savant d'un médecin habile pour les reconnaître. Etait-ce qu'elle commençait déjà par cette apparente soumission l'exécution du dessein qu'elle acheva le lendemain ? Nous devons le croire. Mais une heure après, Lombard, qui croyait Nathanias un célèbre médecin, le fit chasser du château.

VI

LA DERNIÈRE NUIT.

Dans cette même tour, à différentes hauteurs, dans diverses salles, s'agitaient des sentiments bien différents et qui tous cependant aboutissaient au même objet.

Dans le souterrain de cette tour, Buat et quelques amis déterminés attendaient l'heure arrêtée pour monter à l'escalier secret.

Au sommet de cet escalier, Lombard, assis devant une table, y buvait largement le vin que Foë lui versait en abondance.

Plus haut, Kaëb, la tête appuyée sur ses genoux et accroupi par terre, semblait dormir et méditait.

A côté, Roger et Agnès écoutaient et attendaient.

— Roger, disait Agnès, vont-ils venir bientôt ?

— Pas encore, disait Roger brûlant lui-même d'impatience, pas encore. Kaëb ! cria-t-il, donne-moi un coup d'eau.

— Maître, répondit l'esclave, toute l'eau que m'a remise le sire de Lombard est épuisée.

— On a oublié de nous envoyer de l'eau, dit Agnès, on n'a placé que du vin sur cette table aujourd'hui.

— Cela se peut, dit Kaëb. Et il se retira.

— Ah! dit Roger, jamais attente ne m'agita à ce point. Conçois-tu, Agnès : la liberté, la gloire, la vengeance, des ennemis à fouler aux pieds ; ton bonheur, ta jeunesse à couronner de puissance et d'amour? Ah ! le sang me bout, touche mon cœur, il brise ma poitrine. J'étouffe, donne-moi de l'air, puisque je ne puis éteindre ma soif.

Il faisait nuit, et cependant Roger essaya plusieurs fois de lire un parchemin qu'il tenait à la main.

— Agnès, n'est-ce pas qu'il m'annonce que ton frère d'Aragon s'est armé, que notre oncle de Toulouse s'arme de même, que Minerve et Cabaret sont encore debout?

— Oui, dit Agnès qui avait lu avec Roger ce billet de Buat, que Roger ne pouvait lui lire et qu'il se répétait avec joie. Oui, et dix hommes déterminés nous attendent à la sortie du souterrain.

— Sans doute, dit Roger, Buat m'aura apporté des armes? Des armes, mon épée, mon avenir, ma vengeance. Ah ! Agnès, tu n'es pas contente et heureuse?

— J'ai peur, dit Agnès.

— Peur, dit Roger, quand c'est Buat qui a fait cette entreprise? Mais tu ne peux pas juger de ce qu'est Buat ni de ce qu'il peut. Ainsi, tu ne connaissais pas Nathanias, mais moi je le connais, je lui ai parlé cent fois en ma vie; et, quand Buat est entré sous ses habits de juif, j'ai cru voir Nathanias devant moi. Oh! j'en suis sûr, il réussira. Agnès, je le sens là, il réussira.

Ainsi, entre Agnès et Roger, c'était le trouble et l'inquiétude de l'espérance! leur entretien n'était plus que d'avenir ; ils avaient dix fois vécu leur vie dans leurs projets et dans l'arrangement de tout ce qu'ils devaient faire, et ils en faisaient d'autres à tout moment. Pour un captif, la liberté est si vaste qu'il lui semble qu'il trouvera à y enfermer le monde et l'éternité.

Près d'eux, dans la salle voisine, Kaëb avait repris sa place. Et voilà ce qu'il disait en lui-même, rapportant tout à sa passion, ne faisant entrer dans ses réflexions ni les calculs de l'ambition ni ceux de la crainte; ne comprenant d'autre passion que l'amour, d'autre crime que la mort d'un rival :

« Lombard m'a remis du poison pour le vicomte. Oh! je comprends pourquoi : c'est que l'amour de Foë pour Roger le torture et le fait mourir. Si je tuais Roger, Lombard pourrait être aimé, ou du moins il ne serait plus jaloux, et je serais seul malheureux. Roger vivra ; je ne lui donnerai pas le poison; car c'est du poison, je l'ai reconnu à la face livide de Lombard, quand il me l'a remis, en me disant : Ceci est l'eau du vicomte : je l'ai reconnu; car j'y ai plongé mon doigt et je sais la saveur de ce poison. Je ne le donnerai pas à Roger, mais je ne le dirai ni à l'un ni à l'autre; car maintenant je suis leur maître à tous deux. »

Plus bas, Lombard, déjà à moitié ivre malgré ses habitudes de tempérance, avait fini par perdre dans le vin l'agitation convulsive qui l'avait tenu toute la journée. Il s'excitait à boire, et Foë l'animait et semblait imiter son exemple. Bientôt les chaleurs du vin allumèrent les désirs de Lombard : il se pencha vers Foë et l'attira vers lui ; elle le repoussa, mais assez doucement pour qu'il obtînt en ce moment plus qu'il n'avait jamais obtenu, un baiser presque librement accordé. Il ne crut pas à la bonne volonté de Foë, tant l'astuce de cet homme surnageait dans le vin dont il s'inondait : mais il supposa que l'ivresse faisait sur l'esclave ce que n'avaient fait encore ni prières ni menaces. Il s'excita donc à son tour et l'excita lui-même, la suivant d'un regard rouge d'ivresse et de passion, tandis qu'elle s'affaissait lentement dans les mouvements incertains de faiblesse et d'étonnement, comme heureuse et surprise de ce qu'elle sentait. Peu à peu la tête de Lombard s'exalta et brûla tout à fait, et lorsque Foë, feignant de se laisser aller aussi tout à fait à l'ivresse, fit glisser sur lui des regards troublés et trempés de volupté, il s'élança vers elle. Elle s'enfuit dans sa chambre : il l'y suivit avec ardeur, et la lutte qui s'engagea entre eux fut assez courte pour que Kaëb, qui écoutait, l'oreille au plancher, se sentit le corps glacé d'un frisson convulsif, tandis que son cœur, brûlant comme un charbon, battait avec violence dans sa potrine.

Pendant ce temps Buat gravissait l'escalier qui conduisait à la chambre de Lombard ; il monte, et plusieurs fois il s'arrête, s'assurant si son poignard sort bien du fourreau, si son épée, qu'il tient à la main, ne s'émousse pas sur les pierres qu'il tâte de la pointe. Enfin il arrive et pousse la porte qui donne dans l'embrasure de la croisée ; il entre, la chambre est déserte ; une lampe veille ; sur une table il y a les débris d'un festin. Cependant un bruit sourd se fait entendre et une voix répond :

— Ce n'est rien, Raymond, ce n'est rien, mon beau sire, dors à côté de moi, dors paisiblement.

Buat écoute, et de longues aspirations lui apprennent que Raymond Lombard a cédé au sommeil ; il s'approche, et Foë paraît nue sous une chemise de toile, les cheveux flottants, dans le désordre d'une femme qui se lève du lit où dort son amant. Elle tient à la main une clef : c'est celle de l'escalier qui monte chez Roger. Mais derrière cette porte Kaëb écoute, et quoique Buat parle bas et Foë plus bas encore, les organes de l'esclave sont si subtils, un sentiment indicible de haine les a tellement aiguisés, qu'il saisit les mots suivants qui retentissent à son oreille comme s'ils avaient été sonnés par la voix éclatante d'un démon :

— Ah ! j'avais eu raison de compter sur toi, dit Buat.
— Tu vois que j'ai tenu ma promesse, répondit Foë.
— Mais comment as-tu éloigné Lombard ? dit Buat.
— Regarde-moi, reprend Foë.
— Ainsi ? dit Buat en s'arrêtant et en considérant, tantôt cette femme demi-nue, les cheveux dénoués, et tantôt la porte de cette chambre que la veille elle habitait seule.
— Ainsi, dit Foë, je me suis livrée à Lombard, et ne pouvant le tuer par le poison et l'endormir dans la mort, je l'ai épuisé de caresses et endormi d'amour.
— Tu aimes donc bien Roger ? dit Buat.
— Assez, dit Foë, pour m'être donnée à un autre pour lui.

A ces mots, un bruit imperceptible se fit entendre et les avertit que chaque moment était précieux ; Buat ferma la porte de la salle des gardes, ouvrit celle de l'escalier, et Foë rentra dans la chambre où était Lombard, pour l'arrêter si quelque bruit venait à l'éveiller. A l'instant même, Kaëb entra rapidement dans la chambre du vicomte,

Il avait fallu à Raymond Lombard toute une nuit, tout un jour de combat furieux avant de dire à Kaëb : Voici l'eau de ton maître, cette eau qui était du poison. Dans ce combat, un parti était appuyé en son âme de la peur du passé, des chances de son ambition, du soin de sa vengeance. Et cependant, il avait fallu tout un jour et toute une nuit au crime pour rester vainqueur. C'est que ce n'est pas impunément qu'une civilisation, toute grossière qu'elle soit, touche à l'âme d'un homme. Ces mots : devoir, honneur, fidélité, ne bourdonnent pas vainement à l'oreille la plus sourde; c'est que quand ils n'y parlent plus pour être écoutés, ils y retentissent encore pour tourmenter; c'est que l'âme humaine, livrée à son instinct de bien ou de mal, marche violemment et sans bride, à ses vœux d'amour ou de haine; c'est que Lombard, qui avait eu besoin d'un intermédiaire pour parvenir à empoisonner son seigneur, avait pâli en présentant le poison à l'esclave qui devait le servir, tandis que l'esclave était calme et satisfait en disant à son maître et en le lui présentant :

— Maître, voici une coupe d'eau que je viens de trouver.

N'ayant pas plus de remords de le tuer pour sa vengeance que Foë n'avait de honte de s'être donnée pour son amour, tous deux au même point de nature absolue et indisciplinée.

Cependant Buat parut.

A l'exclamation sourde mais sublime qui partit du fond de l'âme de Roger, Agnès fit taire ses craintes, et Buat, leur imposant silence de la main, répondit en tendant à Roger son épée :

— Oui, dit Roger en la prenant, mon épée, c'est comme ta main fidèle et terrible. Il l'attacha à son flanc.

Buat lui donna aussi un poignard que Roger passa à sa ceinture. Il lui donna son casque, ses gantelets et sa hache d'armes; et Roger ainsi vêtu, ainsi armé, l'épée au flanc, le casque en tête, lui qui n'avait vu ni touché une arme depuis sa captivité; Roger, comme enivré de ce fer qui le ceignait et semblait lui rendre sa force en le touchant, sa liberté, son pouvoir, Roger s'écria :

— A moi la Provence, maintenant !

Aussitôt il prend Agnès dans ses bras et court vers la porte. Oh ! la liberté ! la liberté ! elle était à dix marches au-dessous de cette chambre, car l'escalier secret gagné, le salut était gagné. La liberté, le pouvoir, le bonheur, ils étaient à deux minutes de l'heure qui passait, car minuit allait sonner; mais ces dix marches à franchir, ces deux minutes à passer le poison ne les donna pas à Roger. Arrivé à la porte de la chambre, il se trouble, il chancelle, il tombe. Buat n'a pas le temps de s'étonner, Agnès n'a pas le temps d'avoir des pleurs; tous deux regardent stupéfaits, anéantis.

— Roger, dit Buat à voix basse, tant d'émotions t'accablent, assieds-toi. Attendons.

Roger ne répond pas et reste couché par terre.

— Roger, dit Agnès, c'est l'agitation de la journée. Calme-toi.

Elle prend la main de Roger; mais cette main ne brûle pas de fièvre; elle n'est même plus tiède de vie; elle est froide. Agnès pousse un cri terrible et désespéré, un cri où le soin du salut et de la liberté est oublié, car une affreuse idée lui est venue au cœur.

— Ah! crie-t-elle, il est mort..... il est mort.....

— Mort! dit Buat en se précipitant vers lui et en touchant son cœur qui ne bat presque plus... mort... mort.... mort... mort.... et il ne peut répéter que ce mot qui sort lent et régulier de sa poitrine, sombre et retentissant comme un tocsin, tandis que sa main cherche la vie au front, à la bouche, aux mains, partout.

Ils s'écrient tous deux; ils oublient qu'on peut les entendre, lorsque Foë, attirée par leurs cris, s'élance dans la chambre, s'étonne et s'informe de ce qui se passe; puis, voyant Roger ainsi étendu, elle porte sa main au front, comme si tout le malheur de cette nuit s'y illuminait d'un terrible éclat : elle se jette à genoux à côté de lui, demande un flambeau, soulève le vicomte, écarte ses cheveux de son front et consulte le visage pâle du mourant.

— Mais, s'écria Buat, qu'est-ce donc?

— C'est, dit Foë, dont le regard devient fixe et arrêté, c'est le poison.

Et elle laisse tomber la tête de Roger, qui heurte le pavé; et elle tombe à côté de lui, et Kaëb, qui tenait le flambeau, le laisse tomber aussi en s'écriant avec un rire funeste :

— Oui, c'est le poison!... Puis il s'enfuit.

Buat veut s'élancer sur lui ; mais un sourd gémissement le retient ; il se retourne et voit Roger qui s'agite ; il se penche vers lui, mais ne peut entendre les mots qu'il murmure à voix basse, car les gardes de la salle inférieure, alarmés de tous ces cris, ont voulu forcer la porte et la heurtent avec fracas. Cependant il approche son oreille de la bouche mourante du vicomte, et il entend ces derniers mots :

— Frère, frère, sauve-toi... tu me vengeras...

Puis Roger, prenant la main d'Agnès qui était tombée évanouie près de lui, ajouta en la mettant dans celle de Buat :

— Tu protégeras mon fils...

Puis il expira. Buat se relève ; il eut un moment d'hésitation : on ne saurait dire à quoi il pensa, si ce n'est qu'un moment il chercha quelqu'un à tuer sur ce cadavre, le premier venu, un innocent peut-être ; il fallait du sang à cette douleur. Il pense à Lombard ; il prend Agnès dans ses bras et appelle Foë ; Foë ne répond pas. Buat la laisse, et descendant rapidement de l'escalier, soutenant la vicomtesse d'un bras, et de l'autre tenant son épée, il s'élance dans la chambre de Lombard ; mais Kaëb était descendu avant lui, et Lombard gisait par terre un poignard dans la poitrine.

— Ah ! dit Buat avec un rugissement terrible, à Simon de Montfort alors !

Un moment après, quand les gardes eurent achevé de briser la porte, ils ne trouvèrent dans la tour que les débris d'un festin et trois cadavres : celui de Lombard, celui de Foë et celui du vicomte de Béziers.

NOTES

1

Il n'est pas douteux que beaucoup de personnes ne s'étonnent que nous nous soyons constamment servis du nom de Provence pour désigner les provinces connues particulièrement sous le nom de Languedoc ou de Gascogne. Ce n'a pas été sans être assuré que cette dénomination était parfaitement exacte, et c'est parce qu'elle était la seule qui convînt à l'époque dont nous avons parlé, que nous l'avons choisie.

Voici quelques-unes de ces raisons : elles nous paraissent sans réplique, parce que nous ne les avons pas adoptées sans examen.

Il y a plusieurs siècles que deux différents langages ou idiomes partagent la France, savoir : le français et le provençal ou le gascon. Le premier est propre aux provinces septentrionales, et l'autre aux méridionales du royaume. Ces deux langues, qui dérivent également du latin, ont leurs dialectes particuliers. Le français a le picard, le normand, le champenois, le bourguignon; et le provençal a le dauphinois, le languedocien, le gascon, le limousin, le périgourdin. Nous ne parlerons pas ici de quelques pays particuliers de la France, dont les peuples ont un langage différent de ces deux idiomes, comme le pays des Basques, la Basse-Bretagne, et quelques cantons où l'on parle la langue tudesque ou allemande, parce qu'ils ne sont pas assez considérables pour être dans la division qu'on a faite de la France en deux langues et en deux parties.

La division de la Gaule en deux parties est plus ancienne que la monarchie. On sait, en effet, qu'on la partageait, au quatrième siècle, en Gaule proprement dite et en cinq provinces, et que deux de ces cinq provinces ayant été subdivisées chacune en deux autres, formèrent le vicariat des sept provinces des Gaules, qui comprenait l'ancienne Narbonnaise et l'ancienne Aquitaine, c'est-à-dire la moitié de l'ancienne Gaule. On se rappelle aussi qu'on donna, dès le même siècle et dans les suivants, le nom d'Aquitaine, pris en général, à ces sept provinces. Cette division subsista jusqu'à l'usurpation des droits régaliens par les ducs et comtes, vers la fin de la seconde race de nos rois. Alors les différentes provinces du royaume n'eurent plus entre elles la même liaison qu'elles avaient auparavant, par l'établissement d'autant de petites souverainetés qu'il y avait de ducs et de comtes ; et la langue latine, qu'on parlait communément dans les Gaules sous les Romains, s'étant enfin entièrement corrompue, et ayant formé, depuis le commencement du neuvième siècle, les deux idiomes dont on a déjà fait mention, on partagea dans la suite le royaume en deux langues, suivant l'usage établi parmi les peuples de la partie septentrionale de parler la française, qu'on appelle aussi gallicane, et parmi ceux de la méridionale, de parler la provençale.

On appelle cette dernière provençale, tant parce qu'elle fut principalement en usage dans la province romaine ou l'ancienne Narbonnaise, qu'à cause que, depuis la fin du onzième siècle jusque vers la fin du treizième, le nom de Provence, pris en général, fut donné aux provinces qu'on avait appelées auparavant du nom général d'Aquitaine, c'est-à-dire, non-seulement à la Provence proprement dite, mais encore à la plus grande partie de l'ancienne Aquitaine, au Languedoc, à la Gascogne et au Dauphiné.

Nous avons divers monuments du treizième siècle qui prouvent que la division de la France en France proprement dite, et en Provence prise en général, était fondée sur les différents idiomes ou langues dont se servaient les peuples de ces deux parties. Arnauld, archevêque de Narbonne, dans la supplique qu'il présenta au mois de septembre de l'an 1216 au pape Honoré III, se plaint de Simon de Montfort, qui était entré malgré lui dans Narbonne avec ses gens de la langue française : *et cùm vellem claudere portam*, dit ce prélat, *homines gallicâ linguâ qui erant ex parte comitis, armati ignominiosè repulerunt me.* Catel cite une charte de Raymond VI, comte de Toulouse, de l'an 1220, dans laquelle ce prince distingue les habitants du pays des Français par leurs différentes langues : *quod quicumque homines nostri idiomatis, videlicet de linguâ nostrâ.* On voit la distinction des deux langues dans le traité qu'Amaury de Montfort conclut au mois d'août de l'an 1221, avec les habitants d'Agen, dans lequel il est marqué qu'ils donneront l'entrée libre de leur ville à ses baillis et à tous ceux qui ne sont pas de cette langue (ou de la provençale), c'est-à-dire aux Français : *nostros autem bajulos et cæteros nuntios, et etiam istos qui non sunt de istâ linguâ, quos constiterit nobis firmiter adhærere, liberè permittent in dictam civitatem intrare.*

La même distinction se trouve dans Joinville et dans Guillaume de Puilaurens. Le premier fait mention, dans son histoire du roi saint Louis, des chevaliers de la langue torte ou de la provençale ; et l'autre, qui finit sa chronique à l'an 1272, parle, sous l'an 1211, d'un chevalier du château de Montréal, au diocèse de Carcassonne, nommé Guillaume Cat, qui manqua de fidélité à Simon de Montfort ; ce qui, ajoute-t-il, engagea ce général à éviter dans la suite, avec plus de soin, d'avoir commerce avec les chevaliers de notre langage. *Propter quod idem comes ex tunc fortius abhorrere cœpit consortium militum nostræ linguæ.*

Enfin Catel rapporte quatre vers d'un poëte provençal de Narbonne, qui dans l'éloge qu'il écrivit en 1270 d'Almaric, vicomte de Narbonne, le qualifie le plus noble personnage de ce langage.

Il ne paraît pas dans ces divers témoignages que nous venons de rapporter, qu'on donnât encore alors ce nom de langue d'oc à ce langage différent du français, et nous avons lieu de croire qu'on l'appelait langue provençale, sur ce qu'on qualifiait, au XIII. siècle, du nom de poëtes provençaux tous ceux qui se mêlaient de faire des vers ou des chansons en langue vulgaire dans les provinces méridionales du royaume.

Un des plus anciens monuments qui nous soient connus, où il soit fait mention de la langue d'oc, est un acte du 4 des nones (ou du 2) de février de l'an 1290, au sujet de Jean Chrétien, capitaine de Montpellier, et des marchands provençaux de la langue qu'on appelle communément la langue d'oc, aux foires de Champagne et de Brie. *A domino Joanne Christiano, capitaneo Montispessuli et mercatorum provincialium de linguâ quæ vulgariter appellatur lingua d'oc.*

Nous trouvons ici une preuve bien claire que lorsque le nom de Languedoc fut mis en usage, on le donna au pays qu'on appelait auparavant Provence d'un nom général, ce qu'on peut confirmer par une lettre que Jacques, roi de Majorque, seigneur de Montpellier, écrivit le 21 de novembre de l'an 1289, aux gardes des foires de Champagne, au sujet du même Jean Chrétien élu capitaine par les consuls de Montpellier et les autres marchands de la langue provençale, *et aliis mercatoribus linguæ provincialis.* Par des lettres du roi Philippe le Bel, données à Paris, le lundi dans l'octave de l'Assomption de l'an 1295, suivant lesquelles le lieu de Valabrègues, au diocèse d'Usez, est compris dans la Provence. *Exposuit nobis,* dit le roi dans ses lettres adressées au sénéchal de Beaucaire, *Rostagnus Coutor, miles de Volobrica, quod cùm ipse et quidam alii de Provinciâ, pro eundo.* Enfin, par des lettres suivant lesquelles le capitaine de Provence, dit de la langue d'oc, aux foires de la Champagne et de Brie, fut destitué le 15 d'avril de l'an 1317.

Si donc le nom du langage resta attaché à la province où il était en usage, on ne saurait disconvenir que nous ne pouvions nous servir en 1209 du nom de langue d'oc lorsque ce nom ne paraît dans aucun acte avant l'année 1290.

2

Après avoir expliqué pourquoi nous nous sommes servi du nom de *Provence* pour désigner des provinces qui ne portent plus ce nom, nous allons expliquer pourquoi nous appellerions ce livre *Première partie de la guerre des Albigeois*, lorsque véritablement, ni l'Albigeois, ni les Albigeois proprement dits, n'y jouent aucun rôle. Cette note nous est fournie par les savantes dissertations des bénédictins de Saint-Maur.

Les modernes sont partagés touchant cette origine : les uns prétendent que le nom d'Albigeois fut donné aux hérétiques de la province dès le temps de saint Bernard, à cause qu'il y avait alors un grand nombre de ces sectaires à Albi, ou dans le diocèse ; les autres soutiennent au contraire que les hérétiques de Languedoc furent condamnés dans le concile tenu à Lombers, en Albigeois, en sorte qu'on leur aurait donné ce nom dès l'an 1165, que ce concile fut tenu. Basnage, célèbre protestant, réfute l'opinion de ces derniers ; il prétend que, comme les hérétiques qui furent condamnés en 1172, dans le concile de Latran, étaient dans la Gascogne et le pays d'Albi, c'est la véritable raison qui les faisait appeler albigeois : au lieu, ajoute-t-il, que Catel et d'autres historiens veulent que cette qualité leur ait été donnée à cause que leur condamnation fut prononcée à Albi. Ce fait est faux, poursuivit-il : mais, de plus, on ne tire jamais le nom d'une secte du lieu où elle a été condamnée. Ainsi, suivant cet auteur, le nom d'Albigeois aura été en usage dès l'an 1179, pour signifier les hérétiques qui habitaient ce pays et la Gascogne. Mais on ne peut pas tirer cette induction du canon ou concile de Latran qu'il cite. Il y est parlé seulement en général des hérétiques nommés cathares, patarins et poplicains, qui avaient fait des progrès dans la Gascogne, l'Albigeois, le pays de Toulouse et ailleurs. Or, comme le concile ne marque pas qu'ils étaient en plus grand nombre dans l'Albigeois que dans la Gascogne et le Toulousain, et qu'on voit au contraire, par les actes et la mission que le cardinal de Saint-Chrysogone avait faite l'année précédente à Toulouse et aux environs, qu'ils y dominaient encore plus que dans l'Albigeois, il s'ensuivrait que, si on leur eût donné alors le nom d'un pays, on aurait dû les appeler plutôt Gascons et Toulousains qu'Albigeois ; d'ailleurs, nous ferons voir bientôt que ce dernier nom n'a pas été donné aux hérétiques avant le commencement du XIII siècle, et qu'ils étaient alors bien plus étendus dans le Toulousain, les diocèses de Béziers et de Carcassonne, que dans celui d'Albi. La difficulté subsiste donc ; et si les Albigeois n'ont pas pris le nom de leur condamnation au concile de Lombers (quoiqu'il ne soit pas impossible, malgré ce qu'en dit Basnage, qu'on ne puisse tirer le nom d'une secte du lieu où elle a été condamnée), il est vrai de dire qu'on n'a aucune preuve qu'ils aient été ainsi nommés parce qu'ils étaient en plus grand nombre à Albi et dans les environs que partout ailleurs.

Enfin, le célèbre M. de Thou, suivi par le Père Percin, donne une autre étymologie à ce nom ; il le fait dériver d'Alba ou Alps, ancienne capitale du Vivarais, où il suppose que les vaudois passèrent du Lyonnais, et d'où, ajoute-t-il, ils se répandirent dans le reste de la province. On ne trouve cette étymologie que dans l'édition de l'histoire de M. de Thou de l'an 1626, et elle manque dans celles de 1604, de 1606 et 1609. Au reste, cette opinion est sans fondement, car il n'y a pas lieu de douter que le nom d'albigeois, donné aux hérétiques du XIII siècle, ne vienne du pays de ce nom, dans l'ancienne Aquitaine. Tout consiste à savoir s'ils furent ainsi appelés, ou parce qu'ils furent condamnés dans le pays, ou parce qu'ils y étaient en plus grand nombre que partout ailleurs. Pour connaître la véritable origine du nom d'Albigeois, il faut recourir aux anciens auteurs et aux monuments du temps. Nous n'en trouvons aucun avant la fameuse croisade qui fut entreprise, en 1208, contre ces hérétiques, qui leur ait donné le nom d'albigeois ; tels sont, entre les contemporains, Pierre le vénérable, abbé de Cluny, saint Bernard, abbé de Clairvaux, Roger de Hoveden, Guillaume de Neubrige, Bernard, abbé de Fonteaude au diocèse de Narbonne, qui écrivit, en 1185, un traité contre les vaudois et les ariens de la province, et enfin Alain, religieux de Cîteaux et évêque d'Auxerre, mort en 1202, dans son traité contre les mêmes hérétiques, qu'il dédia à Guillaume VIII, seigneur de Montpellier. Il fallait sans doute que Casimir Oudin n'eût pas lu ce dernier ouvrage, car il avance que l'auteur y fait mention des hérétiques albigeois. Aucun de ces auteurs ne leur donne ce nom.

Entre ceux qui ont écrit depuis la croisade de 1208, l'un

des plus célèbres est Pierre, moine de l'abbaye de Vauxsernai au diocèse de Paris, qui dédia son histoire des Albigeois, ou de l'Albigeois, comme il y a dans le titre, au pape Innocent III; son témoignage est d'autant plus respectable, qu'il était témoin oculaire de cette croisade, où cet auteur marque clairement, dans son épître dédicatoire au pape, l'étymologie du nom d'Albigeois par rapport à ces hérétiques: *Undè sciant*, dit-il, *qui lecturi sunt, quia in pluribus hujus operis locis, Tolosani, et aliarum civitatum et castrorum hæretici et defensores eorum, generaliter albigenses vocantur, eo quod aliæ nationes hæreticos provinciales, albigenses consueverint appellare.*

On voit par ce que nous venons de dire, qu'avant la croisade de l'an 1208, le nom d'Albigeois, pour désigner les hérétiques de la Provence, n'était pas encore connu, et qu'on les appelait Toulousains ou Provençaux. En effet, Pierre de Vauxsernai lui-même leur donne communément ce dernier nom; il les appela les hérétiques toulousains. Dans plusieurs endroits de son histoire, Arnauld, abbé de Cîteaux, leur donne le même nom en 1212; et le pape Innocent III, qui en parle si souvent dans ses épîtres, ne les nomme jamais que les hérétiques provençaux ou de Provence, excepté dans une lettre qu'il adressa le 2 juillet de l'an 1215 à Simon de Montfort, dans laquelle il les appelle les hérétiques albigeois. Quant à la dénomination de Provençaux elle vient non de ce que la Provence propre fut infestée, la première, des erreurs, comme le croit un historien moderne, mais de ce que l'on comprenait alors le Languedoc dans la Provence généralement dite. On peut remarquer encore que ce sont les étrangers qui se croisèrent en 1208 qui donnèrent les premiers le nom d'Albigeois aux hérétiques qu'on nommait Provençaux, et qu'on désignait sous divers autres noms. On peut confirmer tout ceci par l'autorité de Robert, religieux de Saint-Moren d'Auxerre, qui écrivait dans ce temps-là, et qui finit sa chronique à l'an 1211. Cet auteur, sous les années 1201, 1206, et 1207, donna le nom de Bulgares (*Bulgarorum hæresis*) aux hérétiques de la province; et, sous l'an 1208, il fait plusieurs fois mention des hérétiques albigeois, à l'occasion de la mort du légat Pierre de Castelnau, et de la croisade qui fut publiée en conséquence. C'est ainsi que Guillaume de Nangis, dans la chronique, appelle bulgares, en 1207, ceux qu'il nomme albigeois en 1208. *Anno 1207, dit cet auteur, bulgarorum hæresis invaluerat terrâ comitis Tolosani et principum vicinorum, et anno 1208 Guillelmus, Bituricensis archiepiscopus, parans iter contra albigenses, in Christo dormivit.* Il résulte de ce que nous venons d'établir que le nom d'Albigeois, pour signifier les hérétiques de la Provence, n'ayant été en usage que depuis l'an 1208, le sentiment de l'abbé Fleuri, qui prétend que ce nom leur fut donné au milieu du treizième siècle à cause du grand nombre d'hérétiques que saint Bernard trouva à Albi et aux environs, ne saurait se soutenir ; on doit en dire de même de Basnage, qui leur donna ce nom dès l'an 1179.

Mais, dira-t-on, il sera du moins vrai que, lorsque le nom d'albigeois fut donné aux hérétiques au commencement du treizième siècle, ce fut la ville d'Albi et le reste du diocèse qui y donnèrent occasion, comme il est marqué expressément dans Mathieu Paris, auteur anglais qui vivait vers le milieu du même siècle.

« Circa dies istos (dit cet auteur, sous l'an 1213) hæreticorum pravitas qui Albigenses appellantur, in Wasconiâ, Arumpniâ et Albigesio, in partibus Tolosanis et Aragonum regno adeo invaluit, ut jam non in occulto, sicut alibi, nequitiam suam exercerent, sed errorem suum publicè proponentes, ad consensum suum simplices attraherent et infirmos : dicuntur autem Albigenses ab Albâ civitate, ubi error ille dicitur sumpsisse exordium. »

Il est bien certain que les hérétiques albigeois, qui n'étaient pas différents des manichéens, des henriciens, des pétrobusiens, des bonshommes, ne prirent pas leur origine dans la ville d'Albi, et qu'ils avaient infesté diverses provinces du royaume de leur erreur avant que de pénétrer dans l'Albigeois. En effet, s'ils avaient pris leur origine à Albi dans le douzième siècle, durant lequel ils firent tant de ravages en France et dans les pays voisins, il faut donc avoir recours à une autre raison pour trouver l'étymologie de leur nom.

En 1208 lorsque ce nom fut mis en usage, les hérétiques qu'on appelait manichéens, bulgares, ariens, poplicains, patarins, cathares, vaudois, sabatti, ou insabatti, avaient à la vérité fait de grands progrès dans le diocèse d'Albi, mais beaucoup moins que dans ceux de Toulouse, Béziers, Carcassone, Narbonne ; aussi le fort de la croisade tomba-t-il sur ces derniers diocèses où les hérétiques firent beaucoup plus de résistance que dans l'Albigeois, pays qui se soumit volontairement presque tout entier à Simon de Montfort en 1209 ; nous inférons de cela que les étrangers qui, suivant Pierre de Vauxsernai, donnèrent alors le nom général d'Albigeois à tous les hérétiques de la province, soit manichéens ou ariens, soit vaudois, le firent, ou parce que ces sectaires avaient été condamnés longtemps auparavant au concile tenu à Lombers en Albigeois, ou à cause qu'on comprenait sous le nom général de pays d'Albigeois une grande partie de la province, entre autres les diocèses de Béziers et Carcassonne et Lauraguais, qui étaient avec l'Albigeois sous la domination du vicomte Raymond-Roger et qui étaient également infestés par les hérétiques. Ce dernier motif nous paraît le plus raisonnable.

On peut l'appuyer, en effet, sur divers monuments qui donnent à tous ces pays le nom de parties d'Albigeois. Guillaume le Breton, auteur contemporain, parlant sous l'an 1208 de la croisade entreprise cette année contre les hérétiques de la province, s'exprime en ces termes : *Proceres regni Franciæ terram provincialem et albigensem visitârunt.*

Or l'armée des croisés fit alors ses principales expéditions dans les diocèses de Béziers, de Carcassonne ; et elle se sépara après la prise de cette dernière ville. L'Albigeois, proprement dit, ne comprenait alors que le seul diocèse d'Albi. Or, Pierre de Vauxsernai, auteur contemporain, parle d'une députation faite en 1213 par Simon de Montfort et les évêques de la terre d'Albigeois au roi d'Aragon, preuve certaine qu'au commencement du treizième siècle on comprenait sous le nom d'albigeois une grande partie de la Provence. Gui, comte de Clermont en Auvergne, dans une donation qu'il fit le 16 avril de l'an 1209, en faveur de Pétronille, sa femme, déclara qu'il voulait aller dans le pays d'Albigeois : *Volens ire versus partes albigenses*, et dans son testament, qu'il était sur le point de partir contre les hérétiques. *cùm jam esset profecturus contra hæreticos.* Or, nous avons déjà remarqué qu'en 1209 l'armée des croisés borna ses expéditions au diocèse de Béziers et de Carcassonne, où était le fort de l'hérésie. Il faut donc que l'on comprît alors ces deux diocèses, avec l'Albigeois propre, sous le nom général de parties d'Albigeois, soit à cause qu'ils étaient sous une même dénomination, soit parce que l'Albigeois propre, qui faisait partie de l'Aquitaine, était plus étendu que chacun de ces diocèses, qui d'ailleurs n'avaient pas de dénomination particulière de pays, comme l'Albigeois. Ainsi, ces étrangers auront cru devoir donner ce nom aux autres pays voisins où régnait l'hérésie ; nous voyons que le comté de Toulouse même était compris, en 1224, sous le nom général de pays d'Albigeois, comme il paraît par la cession que Amaury de Montfort fit, au mois de février de cette année, au roi Louis VIII, de ses droits sur le comté de Toulouse et les autres pays d'Albigeois : *Super comitatu tolosano et alia terra Albigesii.* On trouve une preuve bien claire que l'on comprenait alors la plus grande partie de la province et des pays voisins sous le nom d'Albigeois, dans les demandes que le roi Louis VIII fit la même année au pape Honoré III. Car ce prince pria le pape d'agir auprès de l'empereur afin que les terres voisines de l'Albigeois ne fissent aucun obstacle à l'expédition qu'il méditait d'entreprendre contre le comte de Toulouse. *Item petit quod D. papa procuret erga imperatorem quod terra sua vicina Albigesio non noceat regis in hoc negotio.* Or, l'empereur n'étendait sa domination que jusqu'au bord oriental du Rhône. Enfin pour omettre un grand nombre d'autres preuves, Henri de Vizilles, Nicolas de Châlons et Pierre de Voisins, que le roi envoya pour ses commissaires, en 1259, dans les deux sénéchaussées de Beaucaire et de Carcassonne pour restituer les biens mal acquis au domaine, sont qualifiés *inquisitores in partibus albigensibus,* dans une requête que Pons, évêque de Béziers, leur présenta en 1262 ; et ils prennent eux-mêmes le titre de *inquisitores deputati ab illustrissimo rege Francorum super injuriis et emendis ipsius D. regis in partibus albigensibus.* Il s'ensuit de là que les différents hérétiques qui, sous divers noms, avaient infesté la province du Languedoc et les pays voisins durant tout le douzième siècle, furent appelés à la vérité, au commencement du siècle suivant, du nom général d'Albigeois, de la ville d'Alby et du pays d'Albigeois proprement dit, mais non pas à cause qu'ils y étaient en plus grand nombre que dans les diocèses voisins, ou parce qu'ils avaient pris leur origine dans cette ville.

On pourrait objecter contre notre système le témoignage de' Geoffroy, prieur de Vigeois, auteur décédé avant la fin du douzième siècle, qui, parlant pour l'an 1181 de la mission que Henri, cardinal-évêque d'Albano, entreprit alors dans le Toulousain et l'Albigeois, dit que ce légat marcha à la tête d'une grande armée contre les hérétiques albigeois (*contra hæreticos albigenses*). On appelait donc dès lors albigeois les hérétiques de la province ; mais il faudrait vérifier d'abord dans les manuscrits de la chronique de Geoffroi, si le nom d'hérétiques albigeois s'y trouve en effet, car on sait que le père Labbe, qui l'a donné, a inséré de lui-même diverses notes dans le texte sans en avertir, au lieu de les renvoyer à la marge ou de les faire exprimer en italique, en sorte qu'il est très-aisé de s'y tromper et de prendre les additions pour le texte lui-même. Quand les mots hérétiques albigeois se trouveraient dans les numéros de cette chronique, cela ne déciderait pas qu'on donnait alors le nom général d'albigeois à tous les hérétiques de la province, comme on fit dans la suite ; cela prouverait seulement que les hérétiques du diocèse d'Albi furent l'objet de la mission et de l'expédition du cardinal Henri, évêque d'Albano, comme ils le furent en effet.

C'est ainsi que Pierre de Vauxsernai appelle hérétiques toulousains ceux qui étaient dans cette ville en 1209 et aux environs, et que Robert, abbé du Mont Saint-Michel, dans sa chronique, donne le nom d'Agenois aux mêmes hérétiques qui s'étaient rassemblés en 1178 aux environs de Toulouse : *Hæretici quos Agenenses vocant convenerunt circa Tolosam, male sentientes de sacramento altaris.*

Ainsi, les hérétiques qu'on nommait plus communément cathares, poplicains, ariens, bulgares, bonshommes, dans le xii⁰ siècle, furent nommés quelquefois alors par un nom particulier, toulousains, albigeois, agenois, du nom des pays particuliers qu'ils habitaient, jusqu'à la fin du même siècle, ou au commencement du suivant, qu'on les nomma par une dénomination générale, hérétiques provençaux ou de Provence, à cause que les provinces méridionales du royaume,

qu'ils avaient inféctées de leurs erreurs, faisaient partie de
la Provence prise en général, laquelle comprenait tout le
pays où on parlait la langue provençale ou romaine, de
même que la France, qui était l'autre partie du royaume,
renfermait toutes les provinces où on parlait français. Les
peuples qui se croisèrent en 1203 contre les hérétiques leur
donnèrent alors le nom d'Albigeois, à cause qu'ils combatti-
rent d'abord contre ceux de ces sectaires qui étaient établis
dans les diocèses de Béziers, Carcassonne et Albi, et dans les
domaines de Raymond-Roger, vicomte d'Albi, de Béziers, de
Carcassonne et de Rasez, pays qu'ils comprenaient sous le
nom général de parties d'Albigeois, parce que l'Albigeois
proprement dit était le plus étendu des pays soumis, en
sorte que le nom d'Albigeois, qui fut d'abord particulier aux
hérétiques qui habitaient dans les domaines du même vicomte, fut donné bientôt après généralement, par les étrangers, à tous ceux qui étaient dans les Etats de Raymond VI,
comte de Toulouse, dans le reste de la province et dans les
pays voisins.

FIN.

TABLE

LIVRE PREMIER

		Pages
CHAPITRE	I. — Le marché..................................	
—	II. — La vicomtesse de Béziers................	15
—	III. — L'esclave.................................	24
—	IV. — Le loup	30
—	V. — Les routiers...............................	42
—	VI. — Le moine.....	56

LIVRE DEUXIÈME

CHAPITRE	I. — Catherine.................................	73
—	II. — L'Africaine...............................	89
—	III. — La comtesse de Montpellier............	99
—	IV. — Le rendez vous..........................	110
—	V. — L'hérétication............................	119

LIVRE TROISIÈME

CHAPITRE	I. — La lice.....................................	131
—	II. — Le comte de Toulouse...................	143
—	III. — Etiennette...............................	162
—	IV. — Le légat..................................	180
—	V. — Trois femmes............................	185

LIVRE QUATRIÈME

CHAPITRE	I. — Assemblée de chevaliers.................	199
—	II. — Suites et conséquences..................	219
—	III. — Conseil...................................	233

LIVRE CINQUIÈME

Pages.

Chapitre I. — Le suzerain et son vassal 252
— II. — Ambition, fanatisme, vengeance 263
— III. — Encore trois femmes 270
— IV. — Voyage 280
— V. — Béziers 290
— VI. — Carcassonne 296
— VII. — Le roi d'Aragon 311
— VIII. — Roger 322

LIVRE SIXIÈME

Chapitre I. — Trahison et dévouement 330
— II. — Les légats 342
— III. — Prise de Carcassonne 355
— IV. — Le médecin 363
— V. — La lettre 377
— VI. — La dernière nuit 381
Notes 389

FIN DE LA TABLE.

www.ingramcontent.com/pod-product-compliance
Lightning Source LLC
Chambersburg PA
CBHW071222240426
43671CB00030B/1610